绘画

从民艺赏析到童趣表达

Huihua

Cong Minyi Shangxi Dao Tongqu Biaoda

主编　陈夏贤

编者　赵丽华　赵丽娟
　　　张卉卉　申妍　殷荣荣

复旦大学出版社

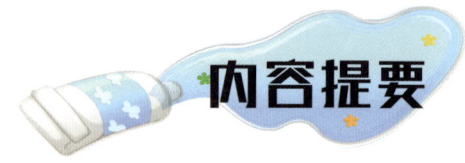

内容提要

　　本教材以我国民间美术或经典传世绘画为整体框架,以"探寻传统——技能学习——实践应用"为主线,总体贯穿了"从民艺赏析到童趣表达"的编写思路,共分为八章,内容涵盖线描、色彩、儿童题材绘画、图案、装饰、版画、水墨、幼儿园平面设计等。学生在学习绘画技能的同时学习传统文化,提升审美意识,提高人文素养。

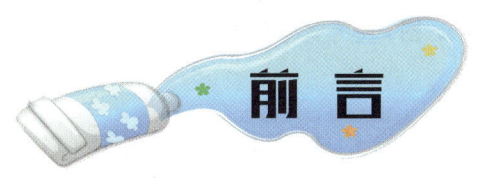

前 言

"教育是国之大计、党之大计。"党的二十大报告从"培养什么人、怎样培养人、为谁培养人"的根本问题出发，对"办好人民满意的教育"作出总体战略部署，学前教育是教育体系中基础和起始的环节，有着重要的作用。而绘画则是学前教育专业美术技能教学的重要内容，主要包括线条、色彩、多样的绘画形式和表现技法等，是培养幼儿教师美术素养和人文素养的重要途径。

党的二十大报告同时提出"以社会主义核心价值观为引领，发展社会主义先进文化，弘扬革命文化，传承中华优秀传统文化"，从而"推进文化自信自强"。教育部在《完善中华优秀传统文化教育指导纲要》中明确提出"要将中华优秀传统文化教育系统融入课程和教材体系"。如何在学前教育专业绘画技能教学中渗透中华优秀传统文化，在培养学生动手能力和创意思维的同时，提高人文素养，这是我们亟待思考的问题。民间美术无论是从造型、色彩还是表现形式等方面都与儿童绘画有着一定的契合点，这些充满着原野泥土芬芳的艺术正是我们探寻和学习的源泉。因此我们在拓展原有绘画教学资源的基础上，注重民艺赏析与幼教绘画技能的有效结合，优化现有绘画教学内容。

本教材的编写贯穿了"从民艺赏析到童趣表达"的整体思路。教材以我国民间美术或经典传世绘画为整体框架，遴选了具有代表性的八个项目。分别为永乐宫壁画线条、社火马勺脸谱色彩、六合农民画、黎族织锦图案、扬州漆器髹饰、苏州桃花坞木版年画、民间美术字、齐白石水墨艺术。这些项目涵盖了线条、色彩、儿童题材绘画、图案、装饰、版画、美术字、水墨等，内容丰富、形式多样。

本教材结构清晰，以"探寻传统——技能学习——实践应用"为主线，在每章探寻传统部分，不仅对所选项目的历史发展、艺术特征、文化内涵、作品表现进行了梳理、整合，还挖掘出其他相似项目，以此拓宽学生的知识结构，为后续绘画技能学习找到源头。在技法学习中，结合学前专业绘画教学知识点，每章都详细讲解了与所选项目相关的多样绘画技法及表现形式，其中还包括一项与之相关的拓展提高项目，供学有余力的学生选修。在实践与应用部分，列举了本章节所学技法在幼儿园环境创设、区域游戏、教学活动等方面的成功运用案例，将优秀的传统文化与实用技能回归到幼儿园的实践岗位，体现出了学以致用的根本目的。

本教材图文并茂，在每章探寻传统部分中，图片生动、鲜活。教材中大量的技法图片、作品图片和幼儿园实践与应用图片清晰而精美。技法部分都配有步骤图,便于教师课堂教学与学生课后自学。

本教材由陈夏贤担任主编,负责教材内容体系的构建、大部分章节的编写及全文的统稿;赵丽华负责第八章第二部分"儿童水墨画创作"中所有作品及技法展示;殷荣荣负责第三章第二部分"儿童题材绘画上色技法——水粉"中的作品表现部分;张卉卉、申妍、赵丽娟老师均绘制了大量精美的示范作品,为此她们付出了极大的心血。除此还要感谢摄影师朱坤、宋正然为本书拍摄了精美的图片,以及南通师范高等专科学校学前专业多名学生为本书提供了大量作品,并参与了作品绘制的拍摄,在此也一并向他们表示感谢。

本教材的编写初衷是让学生在学习绘画技能的同时学习传统文化,并且通过技能教学的课堂,让优秀的传统文化在绘画课程教学及未来的幼教工作中得以传承与延续。书中不足或疏漏之处,期待读者指正,帮助我们日臻完善。

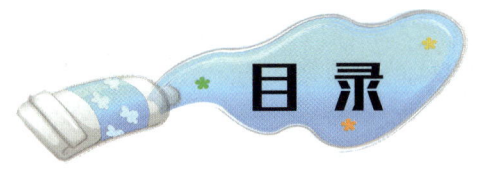

目 录

第一章

探 永乐宫壁画线条艺术之生动 ... 1

第一部分　探寻传统线条 ... 1
第二部分　线条表现 ... 4
模块一　线条静物表现 ... 4
模块二　线条人物表现 ... 10
模块三　线条风景表现 ... 15
拓展与提高　创意线描 ... 18
第三部分　幼儿园实践与运用 ... 24

第二章

寻 社火马勺脸谱色彩之绚丽 ... 26

第一部分　探寻传统色彩 ... 26
第二部分　色彩表现 ... 29
模块一　色彩的分类与属性 ... 29
模块二　色彩的知觉与情感 ... 33
模块三　色彩的对比与调和 ... 37
模块四　色彩的主调与层次 ... 41
拓展与提高　民间色彩的借鉴 ... 46
第三部分　幼儿园实践与运用 ... 53

第三章

观 六合农民画艺术之淳朴 ... 56

第一部分　探寻民间绘画 ... 56
第二部分　儿童题材绘画创作 ... 59
模块一　儿童题材绘画造型 ... 59

　　　　模块二　儿童题材绘画构图 —————————————— 64
　　　　模块三　儿童题材绘画上色技法——油画棒 —————— 68
　　　　模块四　儿童题材绘画上色技法——彩铅 ——————— 72
　　　　模块五　儿童题材绘画上色技法——水粉 ——————— 75
　　　　模块六　儿童题材绘画主题创作 ———————————— 80
　　　　拓展与提高　故事绘本创编 —————————————— 87
　　　　第三部分　幼儿园实践与运用 ————————————— 96

第四章

赏　黎族织锦图案艺术之独特 ———————————————— 98

　　　　第一部分　探寻传统织锦图案 ————————————— 98
　　　　第二部分　图案创作 ————————————————— 103
　　　　模块一　图案的形式美 ———————————————— 103
　　　　模块二　图案的组织形式 ——————————————— 107
　　　　模块三　图案的创作方法 ——————————————— 112
　　　　拓展与提高　屋顶上的图案——藻井 —————————— 117
　　　　第三部分　幼儿园实践与运用 ———————————— 121

第五章

品　扬州漆器髹饰艺术之精美 ——————————————— 123

　　　　第一部分　探寻传统漆器 ——————————————— 123
　　　　第二部分　儿童装饰画创作 ————————————— 127
　　　　模块一　沥粉装饰画 ————————————————— 127
　　　　模块二　纸浆装饰画 ————————————————— 130
　　　　模块三　线材装饰画 ————————————————— 133
　　　　拓展与提高　废旧材料装饰画 ———————————— 135
　　　　第三部分　幼儿园实践与运用 ———————————— 138

第六章

鉴　桃花坞木版年画之雅致 ———————————————— 140

　　　　第一部分　探寻传统版画 ——————————————— 140
　　　　第二部分　儿童纸版画创作 ————————————— 144
　　　　模块一　油印剪贴纸版画 ——————————————— 144
　　　　模块二　吹塑纸版画 ————————————————— 147
　　　　模块三　实物拓印纸版画 ——————————————— 151
　　　　拓展与提高　橡皮章纸印画 ————————————— 154
　　　　第三部分　幼儿园实践与运用 ———————————— 158

第七章

赞 民间美术字设计之巧妙 ———— 160

- 第一部分　探寻民间美术字 ———— 160
- 第二部分　幼儿园美术字设计及应用 ———— 164
- 模块一　儿童创意美术字设计 ———— 164
- 模块二　幼儿园区域标识设计与制作 ———— 169
- 模块三　幼儿园墙饰设计与制作 ———— 172
- 拓展与提高　幼儿园活动海报设计 ———— 178
- 第三部分　幼儿园实践与运用 ———— 183

第八章

叹 齐白石水墨艺术之灵动 ———— 186

- 第一部分　探寻经典水墨画 ———— 186
- 第二部分　儿童水墨画创作 ———— 190
- 模块一　儿童水墨画基础知识 ———— 190
- 模块二　水墨植物表现 ———— 193
- 模块三　水墨动物表现 ———— 198
- 拓展与提高　水墨人物表现 ———— 203
- 第三部分　幼儿园实践与运用 ———— 206

参考文献 ———— 208

第一章

探 永乐宫壁画线条艺术之生动

学习导语

壁画是我国最古老的绘画艺术形式之一，山西永乐宫壁画是我国现存艺术价值最高，保存最完整的元代壁画作品，而三清殿的《朝元图》更是其杰出代表，虽出自民间画工之手，但整体构图完美，气势恢宏，线条富于变化，体现出精湛的绘画技艺和娴熟的艺术表现手法，成为中国画线描艺术的典范。在这一章节中，我们将探寻传统线条艺术的精彩表现，学习线条造型的基本方法，尝试以线描的形式表现身边事物，在实践中加深对传统线条艺术的理解。

第一部分 探寻传统线条

永乐宫原建于山西芮城永乐镇，传说"八仙"之一吕洞宾就出生在这里，后来人们将其故居改为"吕公祠"。金末，易祠为观。公元1220年，全真教首领丘处机率十八弟子应诏拜见了成吉思汗，被封为国师，掌管天下道教，从而使全真教在道教中居于正统地位。吕洞宾被全真教尊崇为北五祖之一，吕祖故里的吕公祠因而被改建为"大纯阳万寿宫"，也就是永乐宫，宫殿的修缮与宫内壁画的绘制前后延续了110年，几乎贯穿了整个元朝。20世纪50年代末，国家修建三门峡水利枢纽工程，永乐宫正处于淹没区内，为保护古迹，将永乐宫宫殿建筑连同宫内壁画原物原貌迁移至芮城县城北的古魏城遗址之内保存。

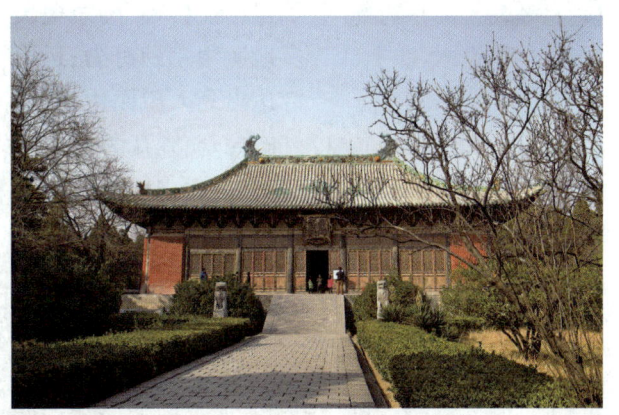

永乐宫无极殿

永乐宫壁画是元代道教壁画，就目前发现的寺观壁画而言，其艺术价值最高，保存最完整。永乐宫壁画总面积达一千多平方米，分布于无极殿、三清殿、纯阳殿和重阳殿内，它以中国道教思想为源流，融入了博大精深的道教文化。作品继承了唐、宋以来优秀的绘画技法，又融汇了元代的绘画特点，以高超的技艺表现出了气势恢宏的道释人物壁画。尤其是三清殿的《朝元图》更是其中的精品，描绘了290名天神地祇朝拜元始天尊的磅礴阵容，画中人物身高均达两米以上，虽出自民间画工之手，但其规模巨大，绘制精美，笔法娴熟，形象生动，尤其是对人物神态的描绘一丝不苟，堪称14世纪中国绘画史上最具创造性的民间艺术品，也代表了古代寺观壁画艺术的最高成就。今天看来，这些壁画无论是线条艺术表现还是造型艺术塑造都达到了极高的境界，是留给我们的极其珍贵的文化遗产。

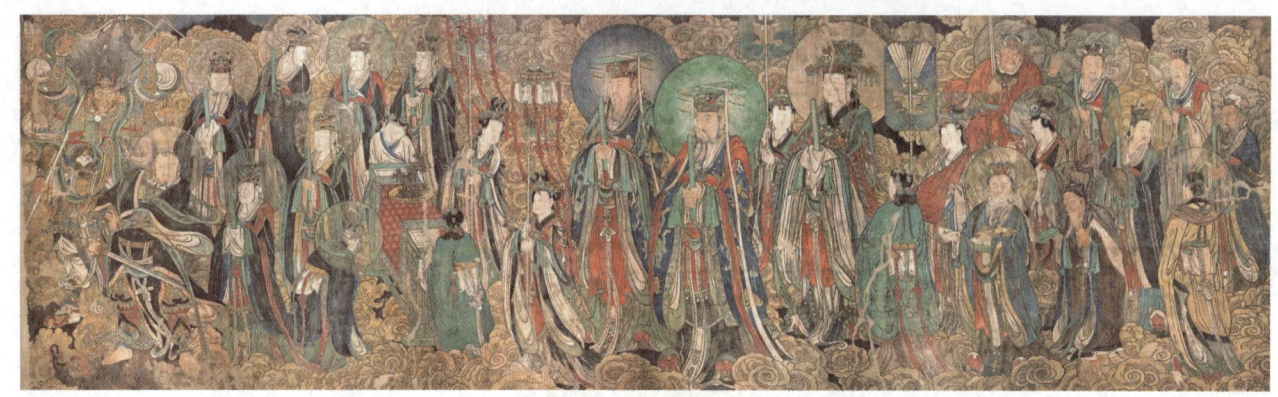

永乐宫壁画《朝元图》（东壁）

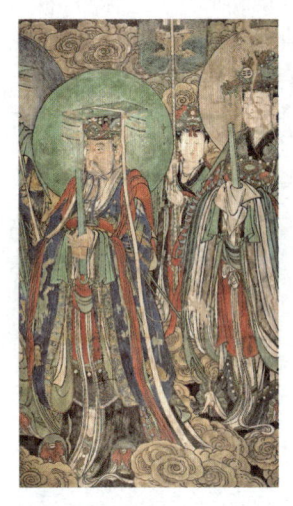

《朝元图》局部

永乐宫壁画线条以书法入画，极具形式美。画师将"书画同源""骨法用笔"的审美精神融入壁画创作中，用书写的方法描绘线条，用线灵活多变，有着极强的艺术表现力。以主殿三清殿内的《朝元图》为例，以线条的粗细、浓淡、长短、虚实等变化表现不同人物的角色、服饰等特征。在处理人物衣纹转折上，运笔行云流水，注重线条的气韵变化和自然流畅，集中体现了"吴带当风"的典范。画面中人物衣纹线条豪放洒脱，简洁有力，流畅不失严谨，衣纹的长线条与珠饰等短线条形成对比。描绘对象不同，线条又有粗细浓淡变化，如描绘玉女时，以"柳叶描"虚入虚出勾勒出女性细腻光滑的脸部线条，区别于男子众神面部线条的描绘。

《朝元图》中线条以形写神，画师通过不同线条刻画人物外貌、神态及动态等，具有"传神"的意蕴美。如为了形象地描绘出威严、高大的玉皇大帝形象，更多地运用刚劲有力、运笔流畅的长线条来勾勒描绘，人物形象高大，线条挺拔，传达出令人望而生畏的神韵，对玉帝的面部和手部采用"铁线描"，以达到力量感，象征无上威严的王权。而宫女、随从等则用婉转飘逸的曲线表达出谦和顺从的人物神态。

民间画师用浪漫夸张的手法表现出道教的精神世界，体现出传统道教绘画艺术"天人合一"的审美

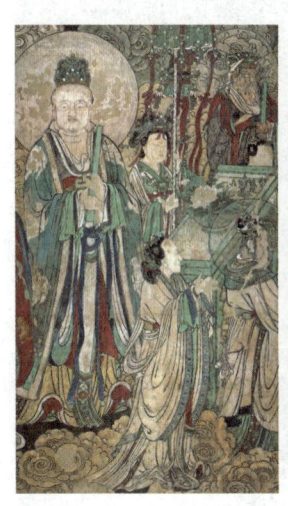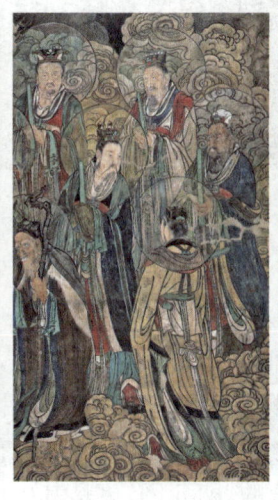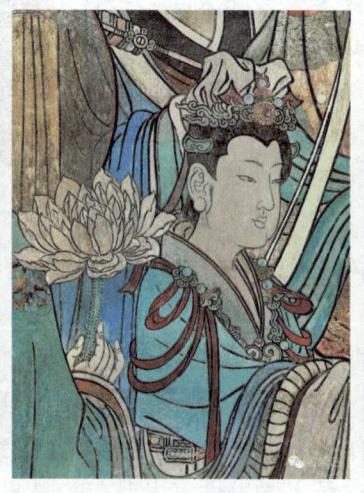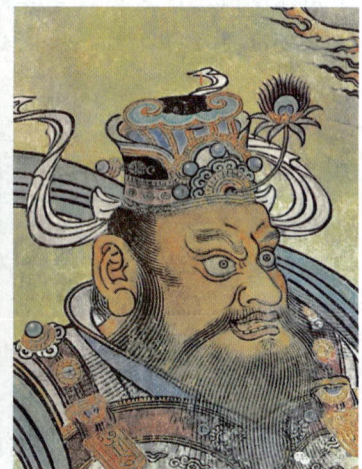

《朝元图》局部

思想，以特定的时代审美表现出人们的政治思想、文化需求、服饰类型等等。从作品中能看到对现实生活的艺术处理，表现出丰富的想象力，传达道教对人类生命价值的关注，表达对神仙世界的向往。永乐宫壁画以变化灵动、流畅有力的线条塑造出众多特征鲜明的人物造型，成为传统人物绘画的精品，以气韵生动、神形俱备的线条表现，彰显出中国传统绘画线描艺术的精髓，无疑是元代人物题材绘画的典范。

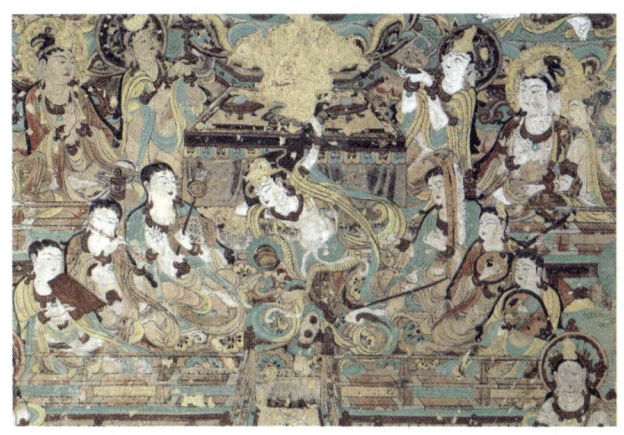 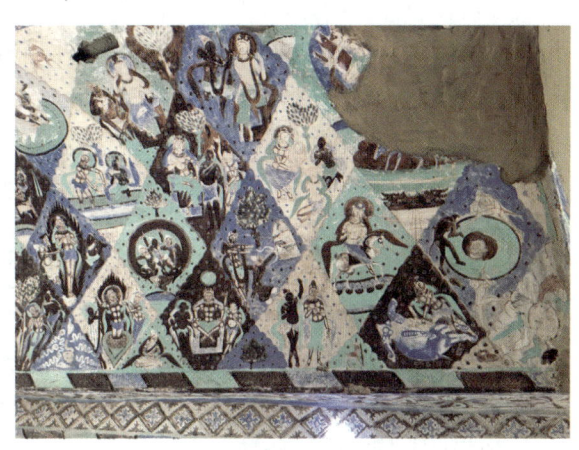

甘肃敦煌莫高窟第112窟 观无量寿经变　　　　　　　新疆克孜尔石窟壁画

中国古代壁画除了像永乐宫壁画这样线条造型生动的寺观壁画，还有石窟壁画、墓葬壁画、宫殿壁画等。尤其像甘肃敦煌莫高窟壁画，数量巨大，内容丰富，以宗教题材、社会生产劳动等为主，贯穿多个朝代，其中又以唐代壁画成就最为空前，场面巨大，结构严谨，线描生动富于变化；新疆克孜尔石窟壁画，线条粗犷简约，异地风情浓厚，以菱格构图、一图一故事的形式表现多姿多彩的佛教故事，体现古龟兹画师非凡的智慧；还有出土的各朝代众多的墓室壁画，由于朝代更迭，线描艺术的不断发展，展现出不同的风貌。如陕西乾县永泰公主墓壁画，人物造型丰满，勾线圆浑、挺劲，成为唐墓壁画的代表作品。这些都为我们后世学习线条造型艺术提供了取之不尽的艺术资源。

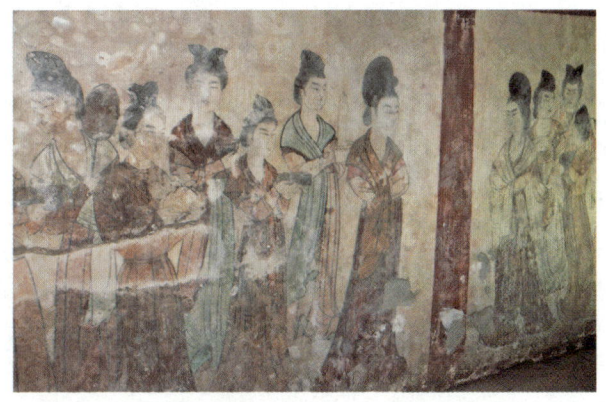 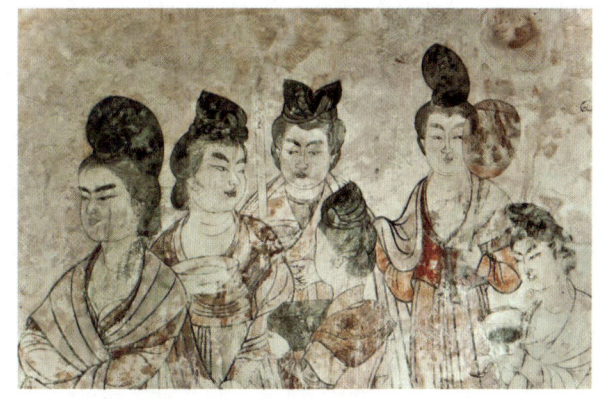

唐永泰公主墓壁画局部　　　　　　　　　　　　唐永泰公主墓壁画局部

学习建议

1. 思考永乐宫壁画线条的艺术特征是什么。
2. 收集各朝代壁画线描资料，分小组进行展示并交流。

第二部分　线条表现

我国壁画艺术历史悠久，形式多样，不同时期的壁画作品表现出的绘画风格迥然不同，也体现了不同时期对线条、造型和色彩的风格追求，成为后世绘画学习取之不尽的资源宝藏。其中，尤其是永乐宫壁画，它继承了唐、宋以来优秀的绘画技法，又融汇了元代的绘画特点，规模宏大，描绘人物众多，技艺精湛，线条组织疏密有致，在刚柔相济的变化中，表现出和谐的韵律美，成为存世古代道教壁画中最为精彩的一章。我们从传统壁画艺术的探寻而来，直观地感受到了民间画师精湛的线条艺术表现手法和一丝不苟的绘制匠心。从中也能窥探到中国传统绘画的发展历程，以及人们在特定时代中的精神追求。我们在探寻传统线条艺术的基础上学习线条造型的基本方法，以丰富的线条表现形式以及更贴近儿童的艺术语言来探索学前教育专业的线条造型教学，能用精炼、流畅的线条准确描绘身边事物，体验线条的表现力与塑造力，以及线条教学在幼儿园的实践应用等。我们在学习绘画的同时也能进一步体会中国传统绘画中线条表现的精髓。

模块一　线条静物表现

静物是指静止不动的物体，包括的内容十分丰富，如花卉植物、蔬菜瓜果、锅碗瓶罐、鞋帽衣物等，这些生活中的常见物品都可以作为静物描绘的对象。静物表现是绘画造型的基础，用线条画好静物，对提高分析更复杂形体的能力和对不同物体结构质感的表现能力有着十分重要的意义。

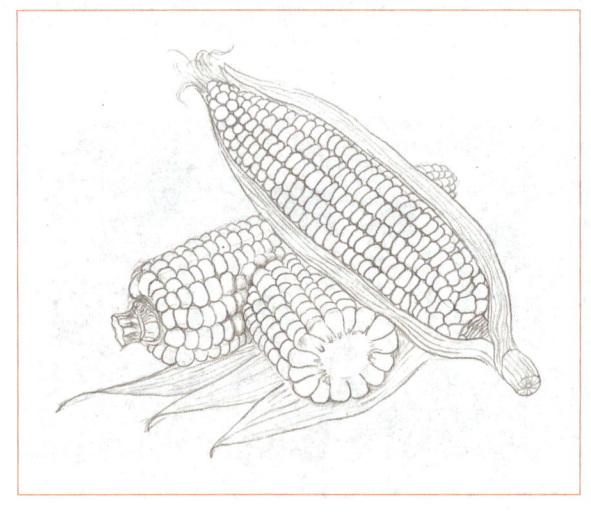

线条造型《玉米》

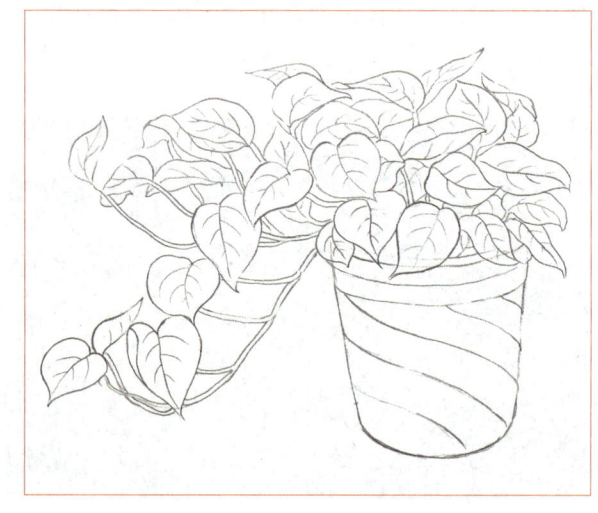

线条造型《绿萝》

一、静物表现基础知识

（一）构图

构图是画面的组织与调度，中国传统绘画中也叫"经营位置"，就是把构成画面的物体在纸上有序地布置与安排的过程。进行构图时，所画物体在画面中所占面积不宜过大或过小，位置不宜过偏，组织安排画面时，所画物体应该主次分明，错落有致，避免安排平均、呆板，尽量不要出现在同一直线上。

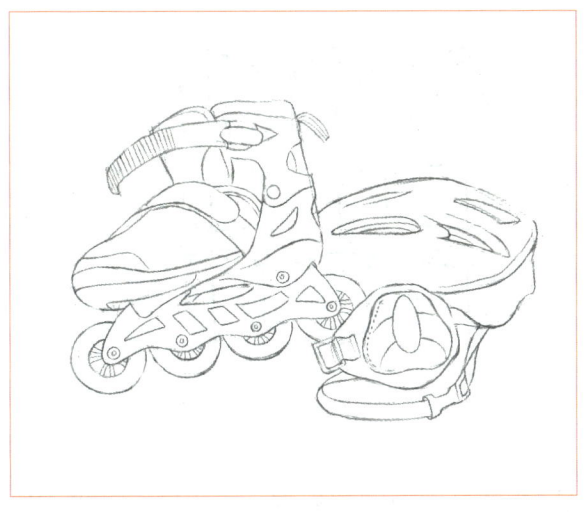

构图合适

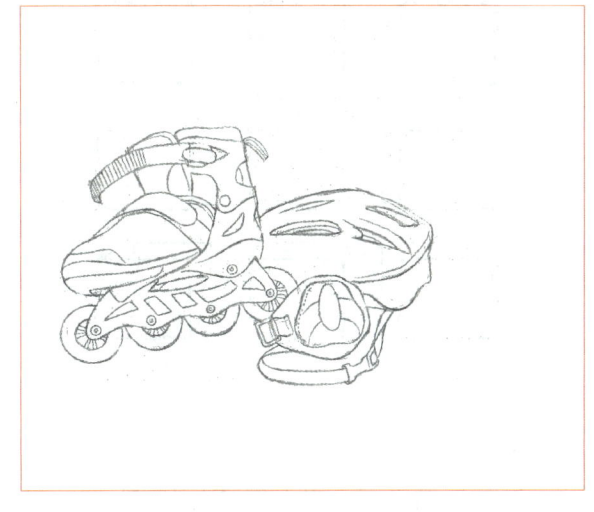

构图偏左

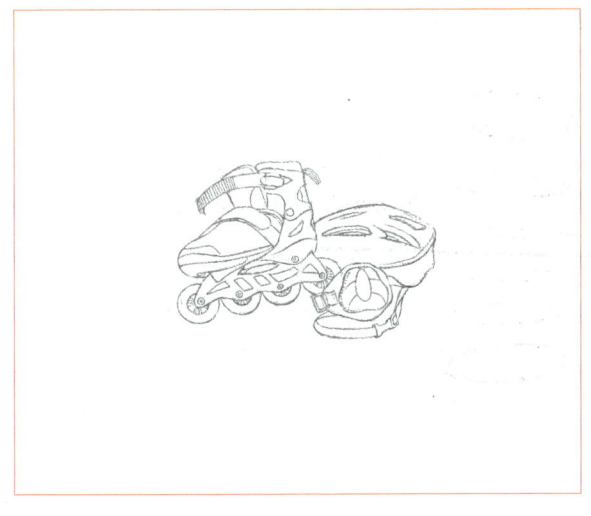

构图偏小

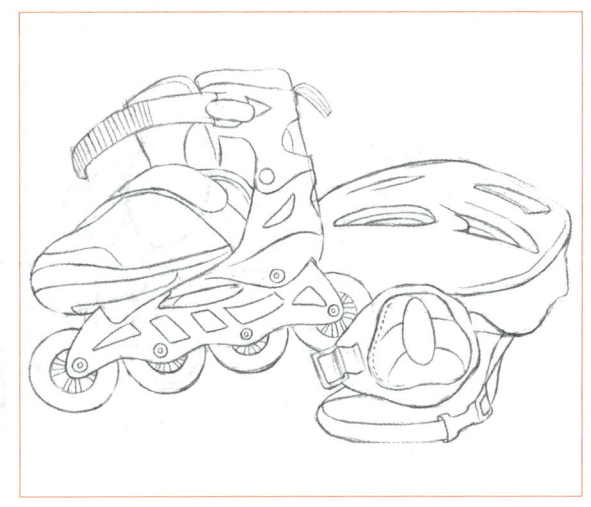

构图偏大

(二) 透视

由于人眼视觉的原因，我们看到的物体都是近大远小的，这种现象被称为"透视现象"，我们画静物常遇到的有立方体透视和圆柱体透视，了解透视规律，掌握透视原理，有助于我们更好地表现静物线条造型的空间立体感。

以下是常用的透视基本术语。

视平线：假设的一条与画者眼睛平行的水平线。

视点：画者眼睛的位置。

消失点：物体实际上的平行棱线，越远越聚拢，最后汇聚于一点，即消失点。

心点：画者眼睛正对视平线上的一点。

余点：视平线上任意一点。

以下是常见的透视规律。

1. 立方体透视

立方体透视中常见的有平行透视和成角透视。

平行透视就是有一面与画面成平行的立方体透视，也叫一点透视。成角透视就是有一个面与地面平行，其他任何一面都不与画面平行的立方体透视，也叫两点透视。

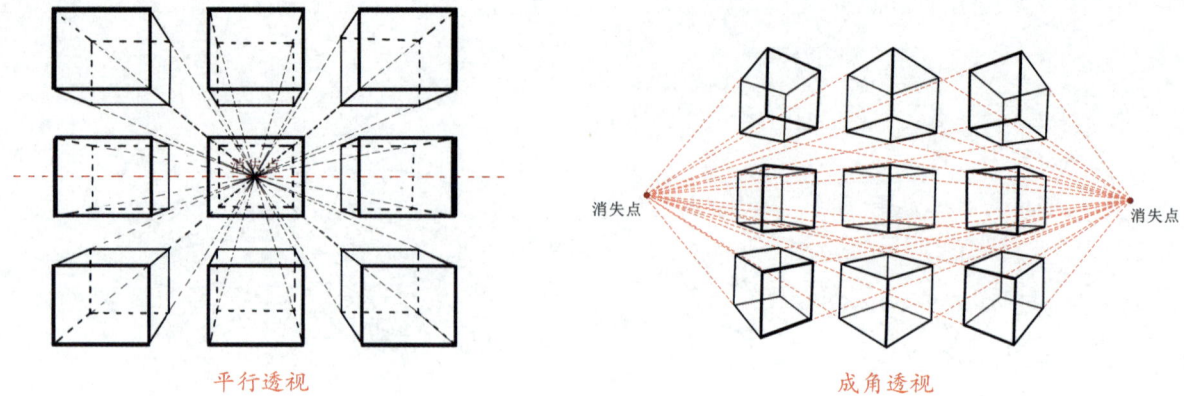

平行透视　　　　　　　　　　　　　成角透视

2. 圆柱体透视

圆柱体是由多个圆面叠加而成，圆柱体顶面和底面的变化就是圆面的透视变化。当圆面与视平线垂直时，近处的圆形大而圆，远处的圆形小而扁；当圆面与视平线平行时，离视平线越远，圆面越圆，离视平线越近，圆面越扁；当圆面与视平线重合时，圆形则变成了一条直线。

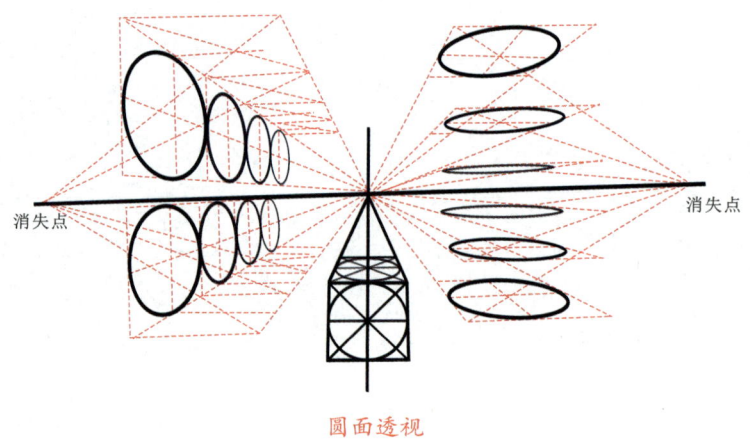

圆面透视

简单来说，透视规律就是近大远小，近宽远窄；在视平线以下近低远高、以上近高远低；透视角度与圆面弧度大小变化决定于离地平线的远近。

二、线条的基本表现

在线条造型中，线条是绘画最基础的语言和构成形式。线条的表现有各种各样的形式，如长短、粗细、曲直、疏密、虚实和韵律等。在写生造型时，要突出表现线条的美感，通过比较和感受有目的地进行取舍与提炼。

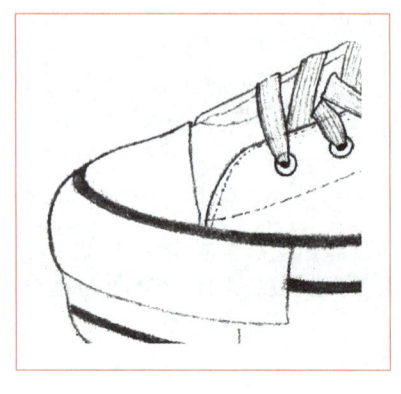

粗细

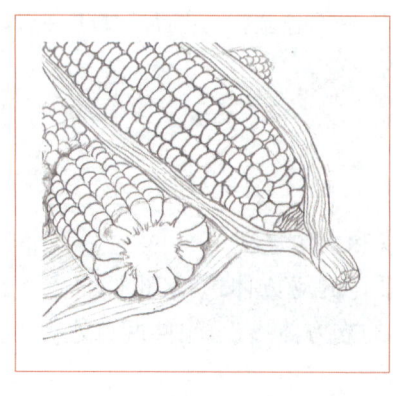

长短

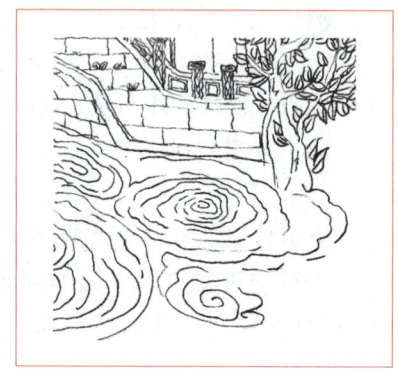

曲直

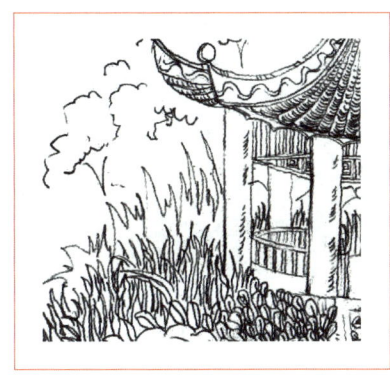 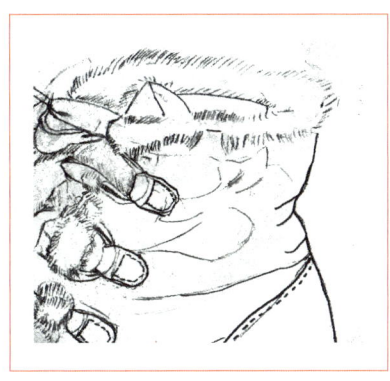 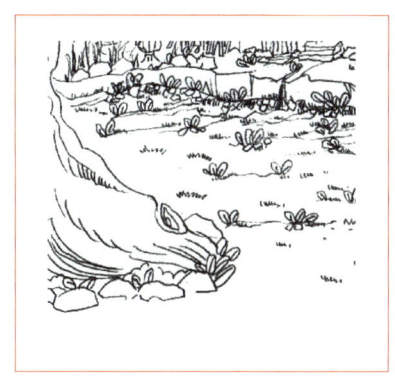

疏密　　　　　　　　　虚实　　　　　　　　　韵律

三、方法步骤

在线条静物表现中掌握了构图方法和透视原理，正确运用于实践中，才是关键。运动鞋和书包是我们日常生活中必备物件，结构稍许复杂，也能体现一定的透视规律，我们以此为例，进行线条造型表现。

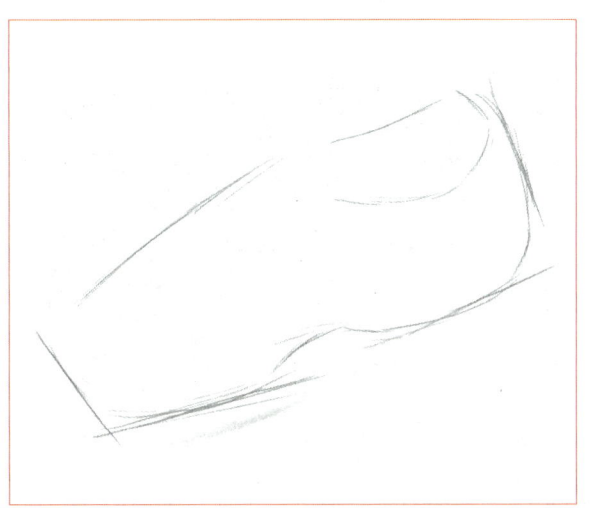 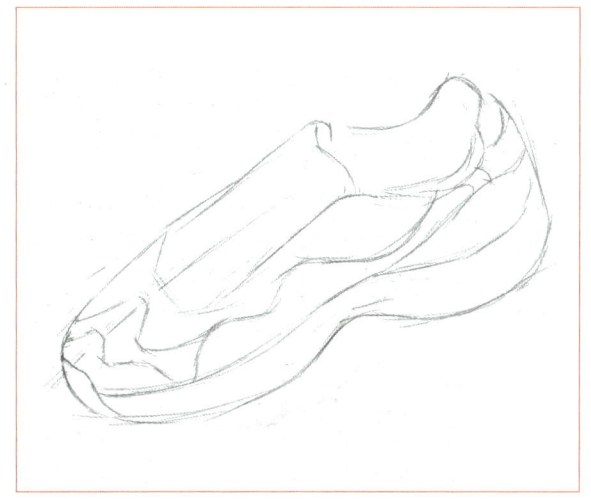

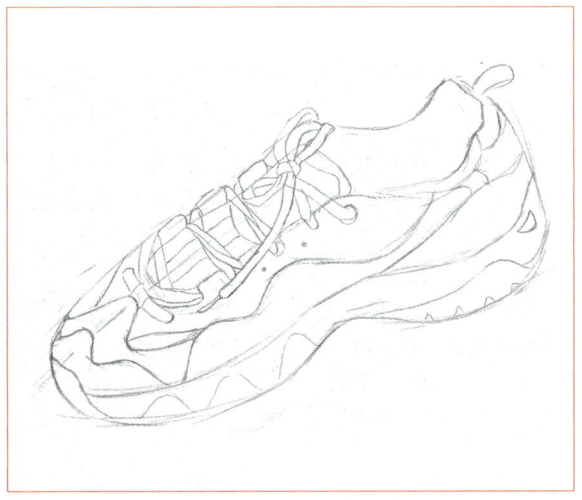 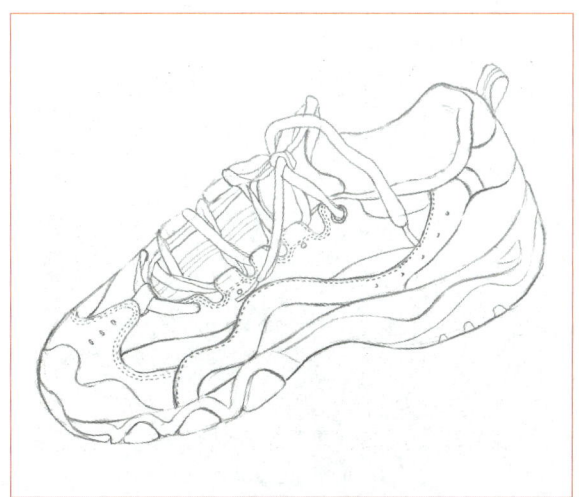

运动鞋画法步骤

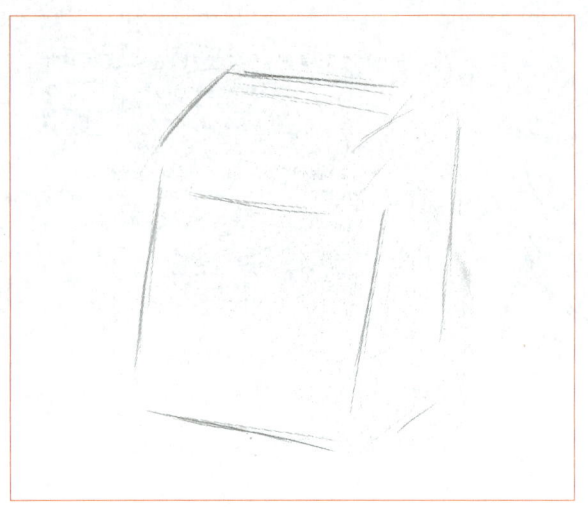
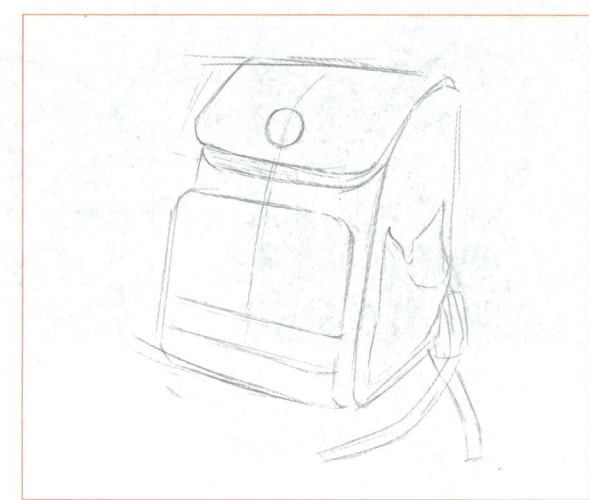
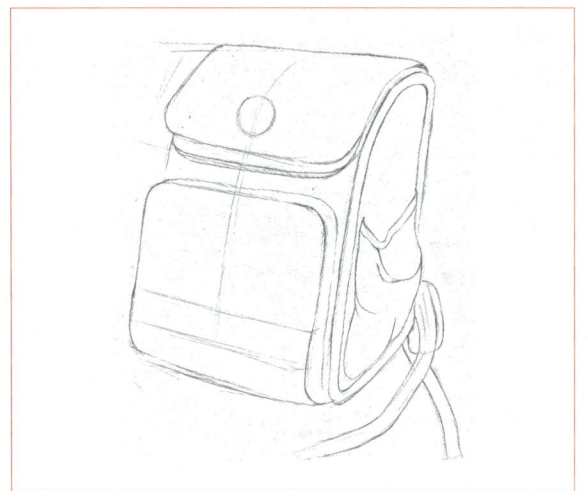
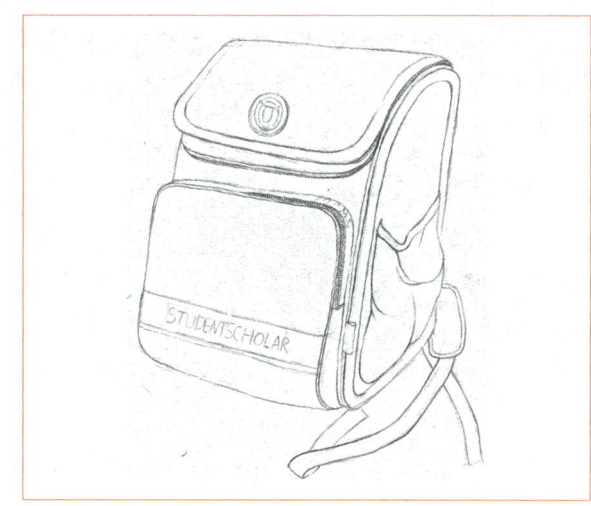

书包画法步骤

① 以线条画出物体的大致位置，确定基本构图。
② 以线条表现物体的形体结构、透视关系、前后层次等。
③ 深入刻画各部分细节，细致勾画。
④ 调整完成。

四、作品表现

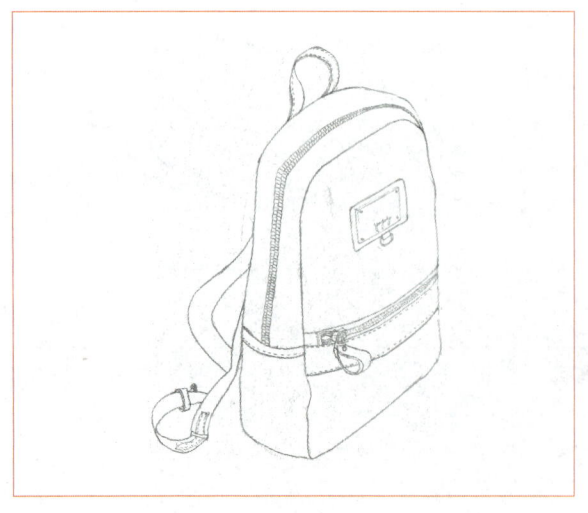
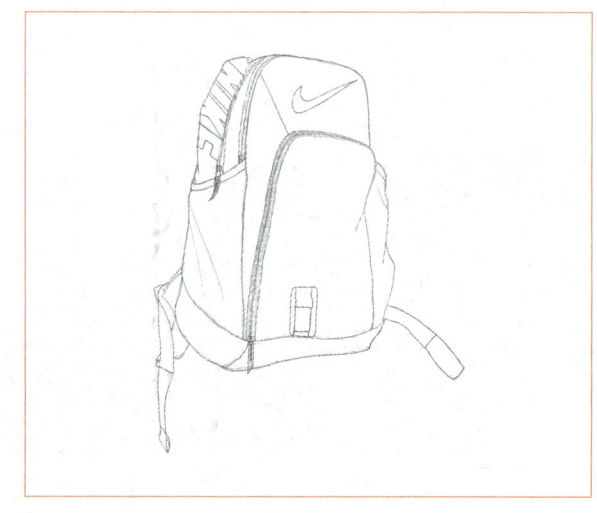

《书包》　　　　　　　　　　　《书包》

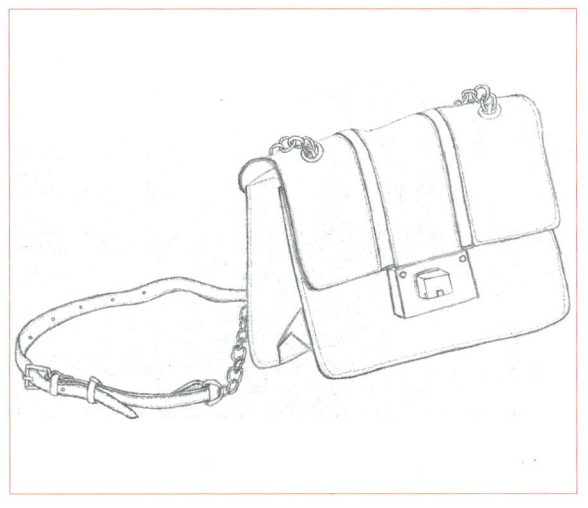
《链条小皮包》

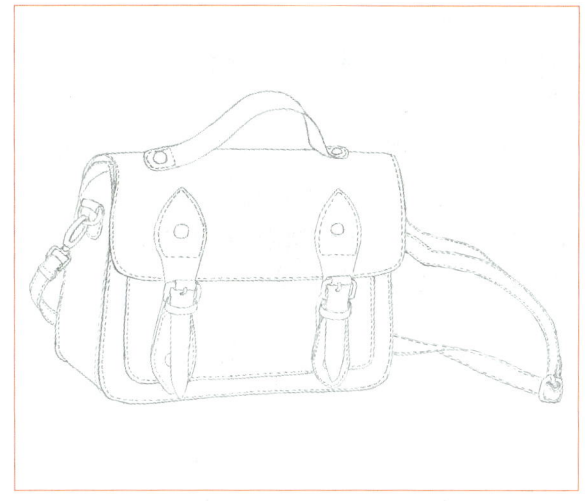
《小皮包》

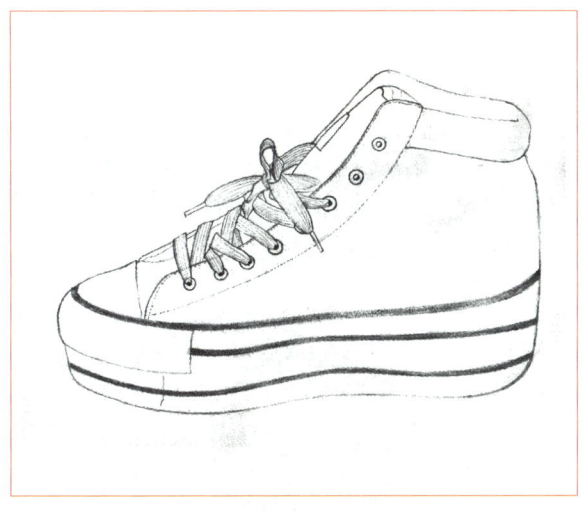
《板鞋》

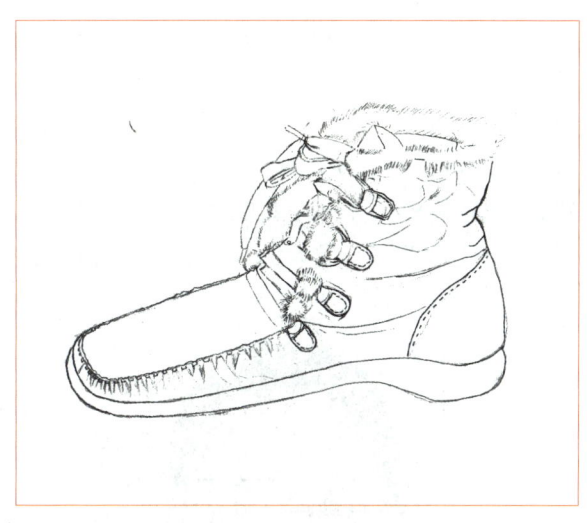
《反皮毛短靴》

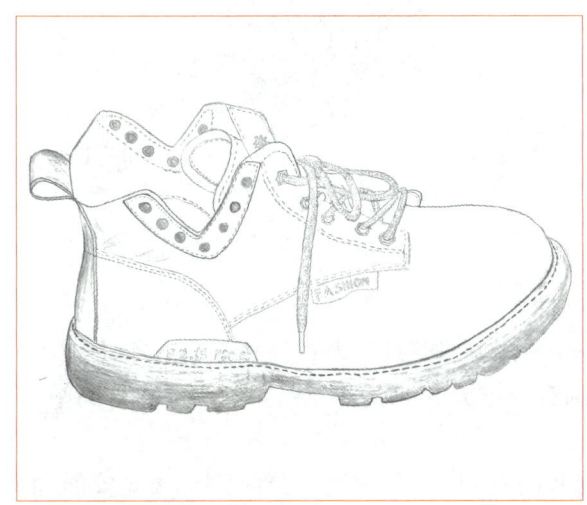
《大头皮靴》

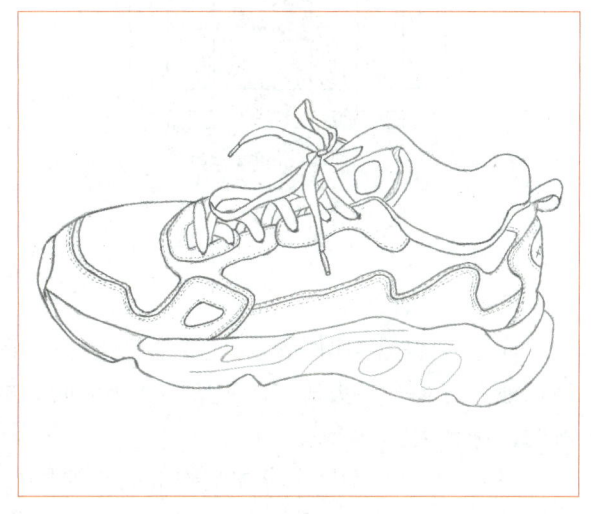
《运动鞋》

学习建议

尝试用线条表现自己的鞋子或者书包。

模块二　线条人物表现

在中国传统人物画中,线条是塑造人物形象重要的表现形式,也是表现人物形态结构、布局关系最为直接有力的手段。线条的人物表现是以线条的节奏、疏密、韵律与对比塑造表现出人物的动态与神态,也就是中国传统绘画中提出的"骨法用笔""以形写神""神形俱备",理解人物的结构、比例和动态规律也是画好人物画的基础。

一、人物表现基础知识

(一)比例

在线条人物表现中,掌握人物的比例是关键,而儿童的比例又和成人有着一定的差异。需要我们在生活中注意观察,绘画时多注意比较,才能将人物比例表现准确,进而形象才会生动。

1. 头部比例

头部的基本比例为"三庭五眼","三庭"是发际线到下巴分为三等份,即发际线到眉弓为上庭,眉弓到鼻底为中庭,鼻底到下巴为下庭,耳朵位于中庭。"五眼"是指人的头部宽度相当于五个眼睛的距离。眼睛位于头部二分之一处,嘴巴的下唇线位于下庭的二分之一处。

儿童的头部比例与成人有明显的区别,儿童五官相对紧凑、小巧,眼睛位于头部二分之一以下的位置,两眼距离略大于一个眼睛的宽度。总体来说,儿童面部特征为大脑袋、大前额、大眼睛、小鼻子、小嘴巴,这个比例关系与成人的"三庭五眼"有很大区别,且年龄越小,这个区别越明显。

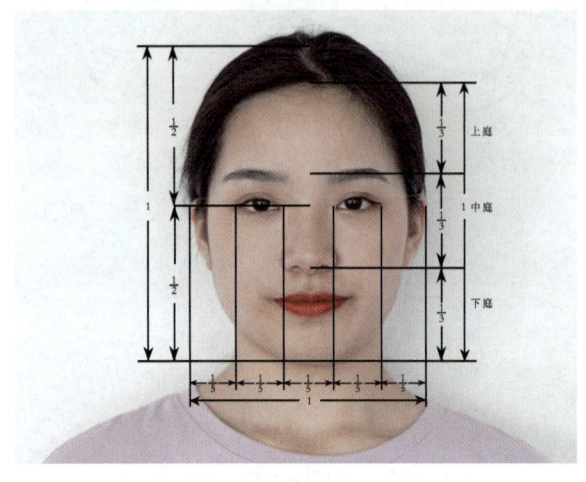

成人头部比例

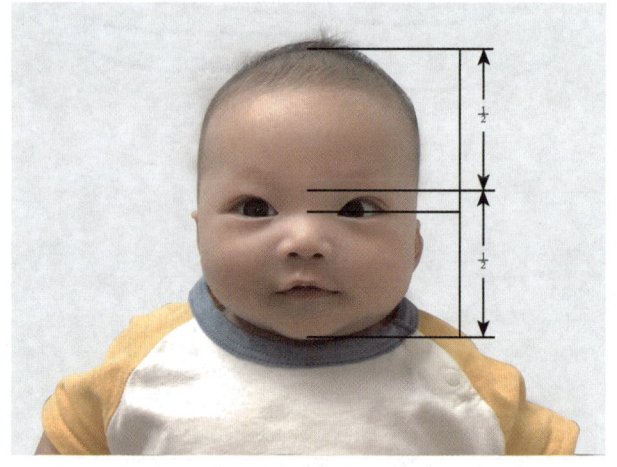

3月龄婴儿头部比例

2. 人体比例

成人人体基本比例关系为"立七坐五盘三半",即人站立时有七个头长,坐在椅子上有五个头长,盘坐在地上有三个半头长。而儿童不同年龄阶段的身高比例有着很大的变化,年龄越小,头部在身高中所占的比例越大。

另外,男性与女性在身体结构上也有差异。男性颈部较短且粗,肩部较宽,腹部短窄,腰线较低,四肢粗壮,整体呈倒三角形;女性颈部纤细,两肩较窄,胸部丰满,腰线高,盆骨较宽,四肢细长,整体呈正三角形。

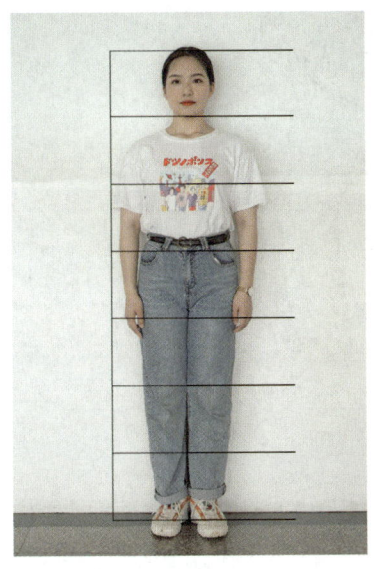 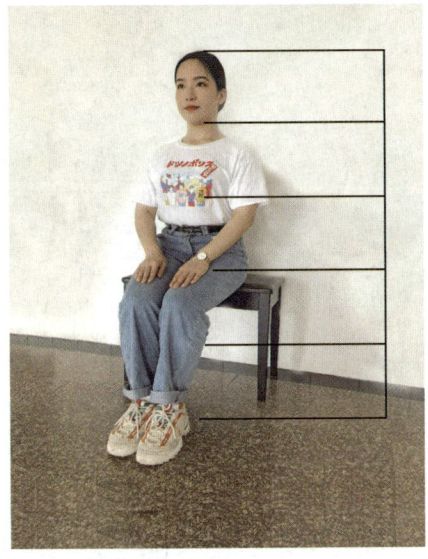 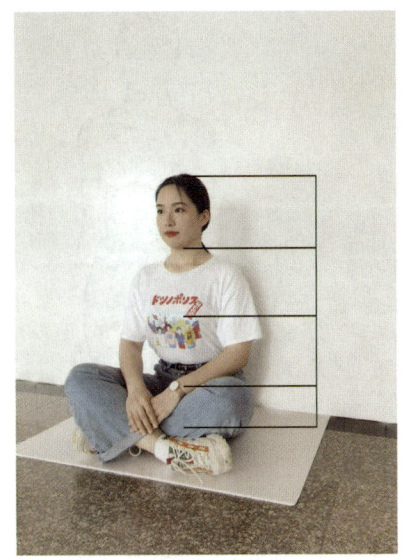

立七　　　　　　　　　坐五　　　　　　　　　盘三半

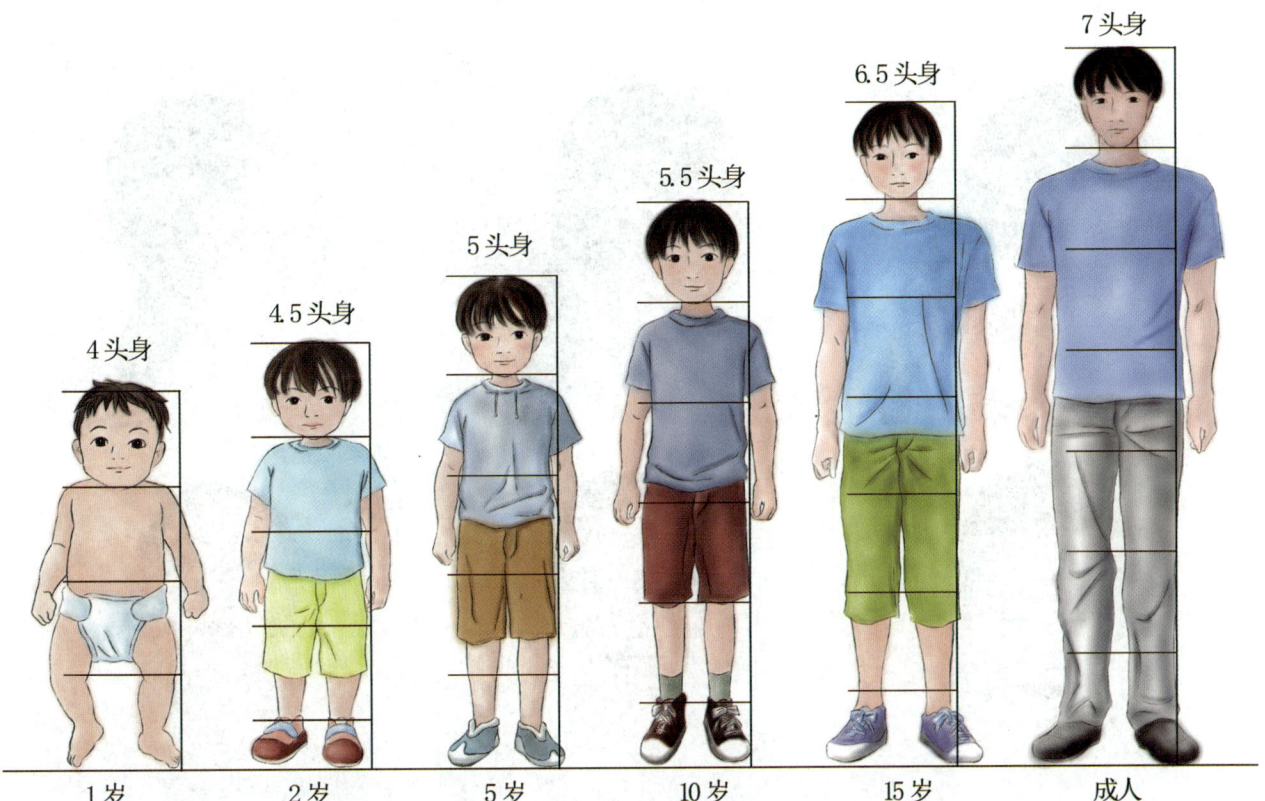

不同年龄头身比例

(二) 动态

人物多数情况下是活动的状态，把握住人物的动态至关重要。在描绘人物头像时，如仰视、俯视等角度不同，绘画时应找准中轴线，遵循透视规律。描绘全身动态人物时，在快速抓住人物脊柱动态线的基础上，还要留心观察人物肩部和臀部的连线，人直立时，这两条线互相平行，但运动时，两条线会形成一定角度，头、胸、臀部三者之间也会形成扭转、倾斜等各种状态，另外人物运动时的四肢为人体的次动态线，也应该准确描绘出上下肢的位置与动态特征。

绘画：从民艺赏析到童趣表达

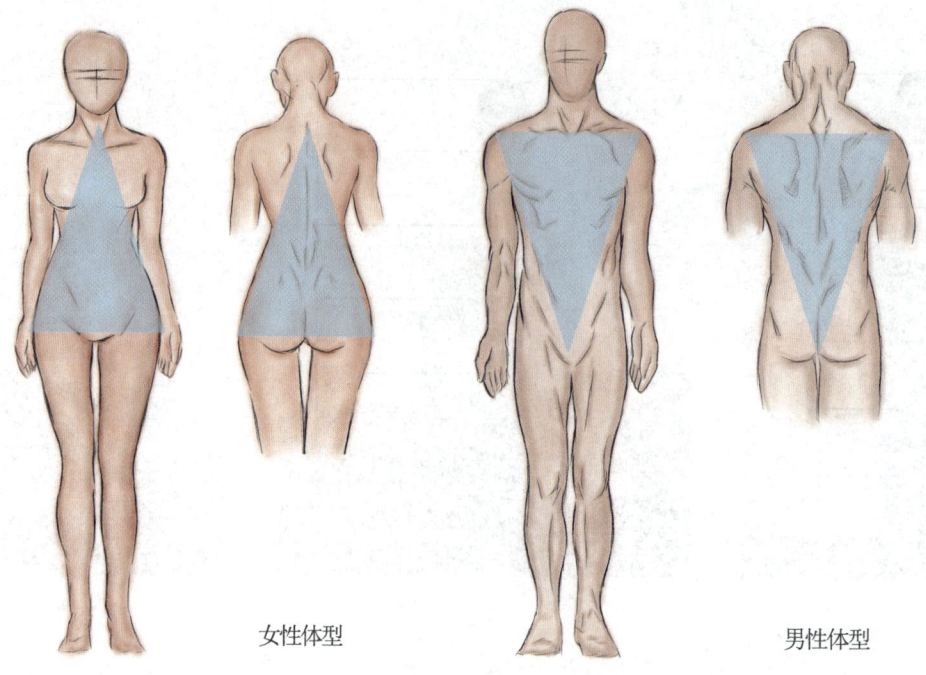

女性体型　　　　　男性体型

男性与女性的人体结构特征对比

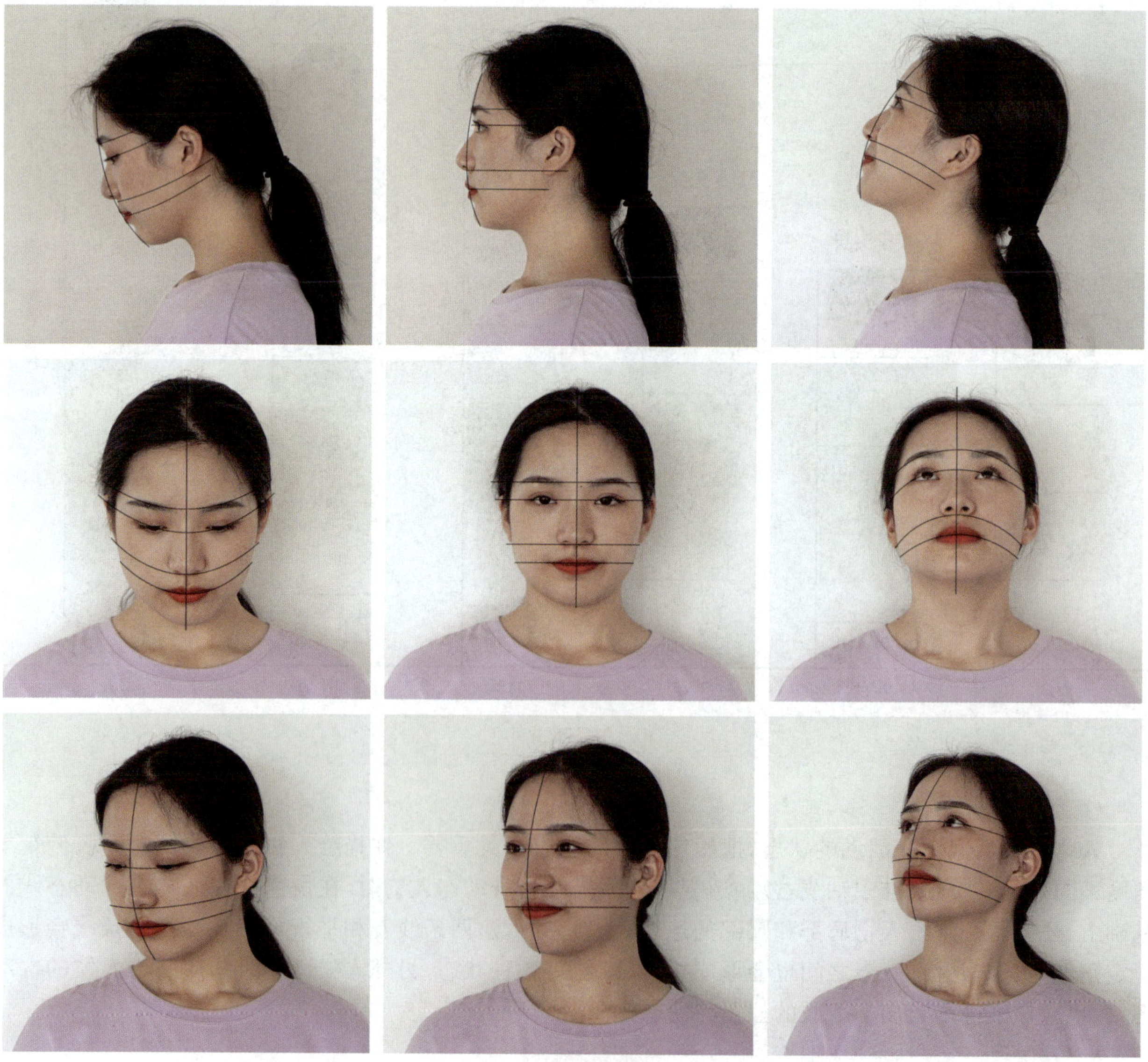

不同角度的头部变化

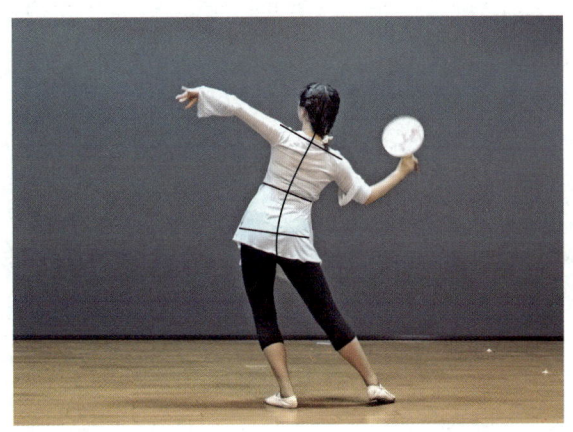

人物动态变化

二、方法步骤

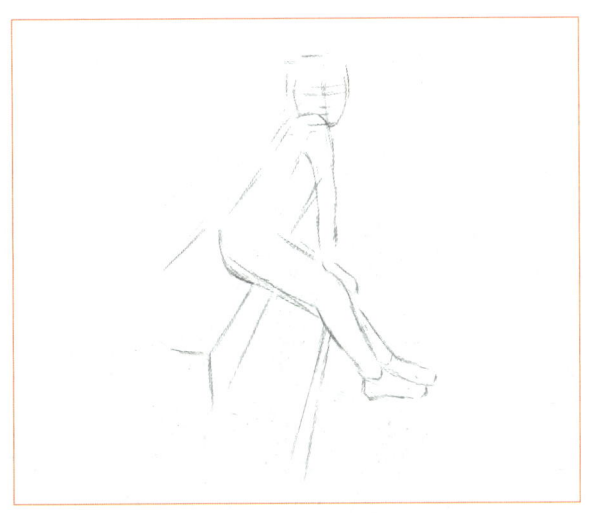
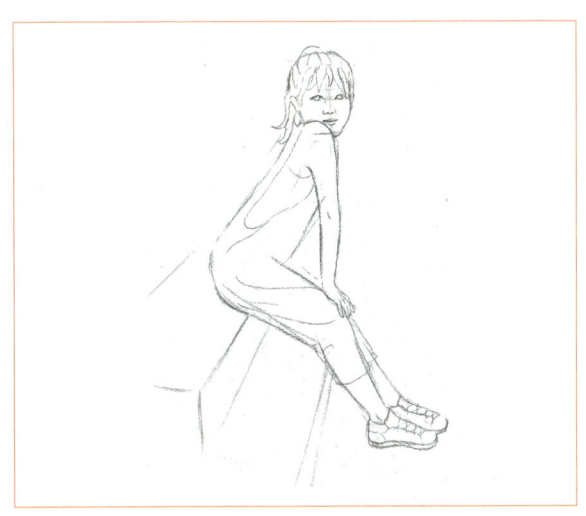
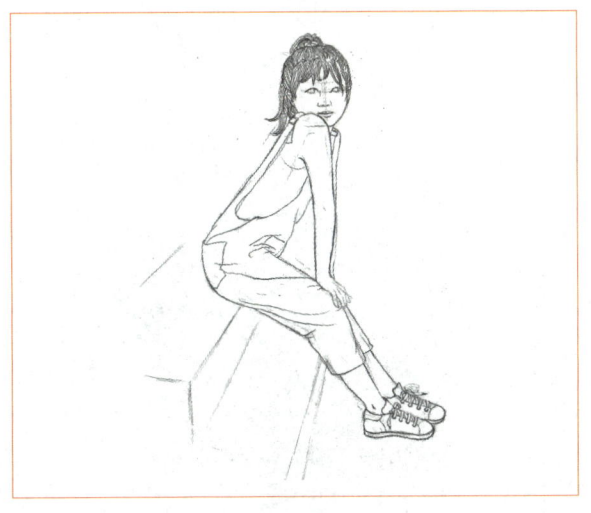
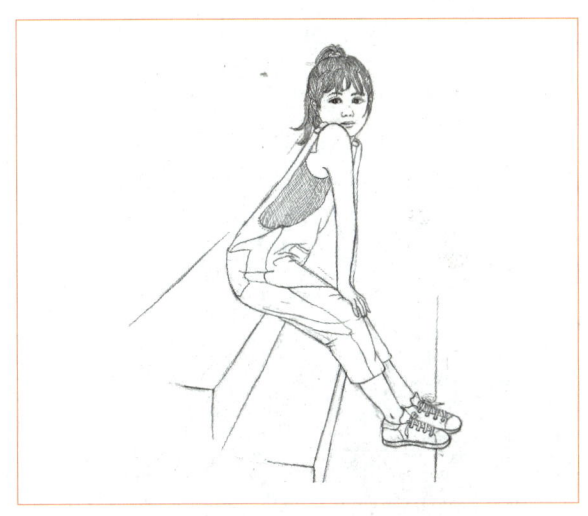

人物画法步骤

① 以线条画出人物的大致位置，确定基本构图。
② 以线条表现人物各部分的比例及动态关系。
③ 深入刻画各部分细节，细致勾画，突出重点。
④ 调整画面线条的虚实关系，体现层次感。

三、作品表现

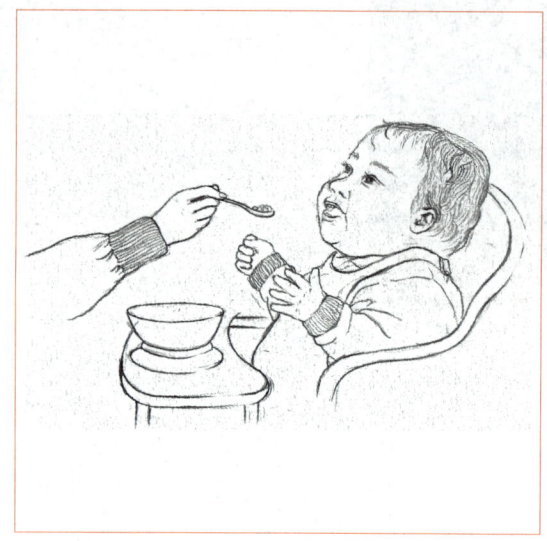

《给弟弟喂饭》

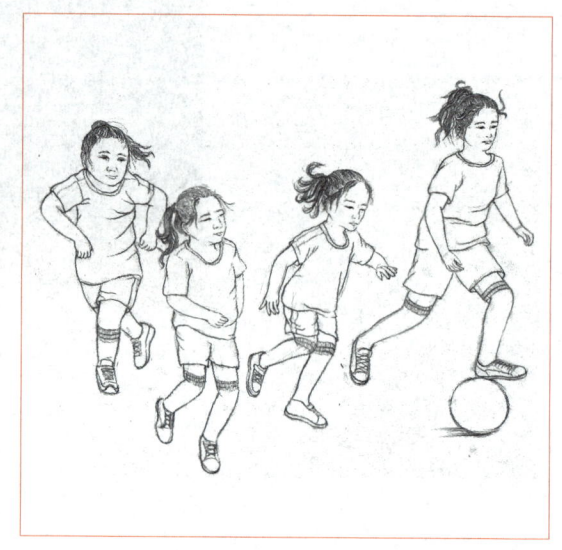

《少年足球梦》

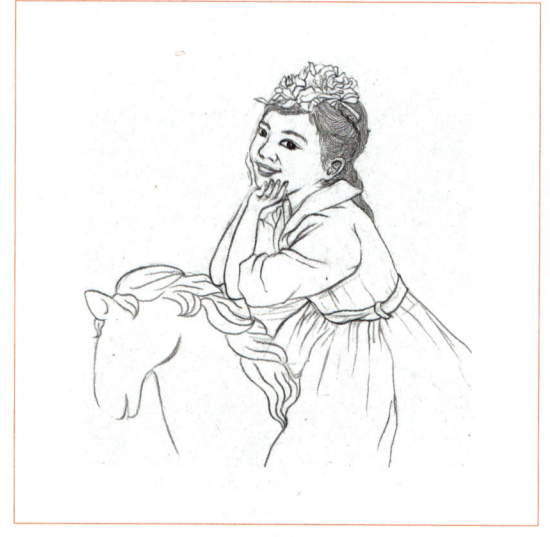

《少女的梦》

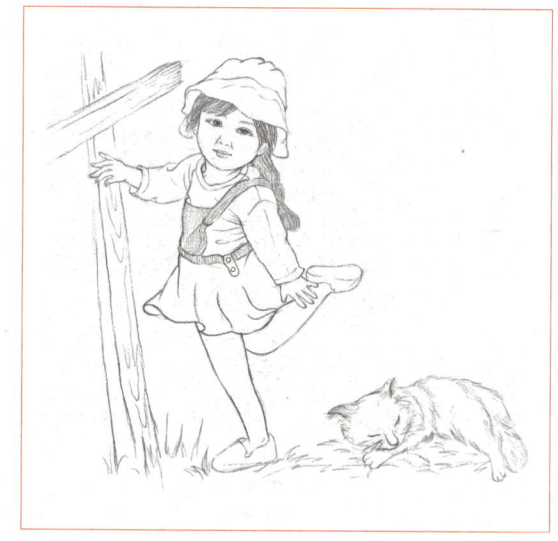

《午后》

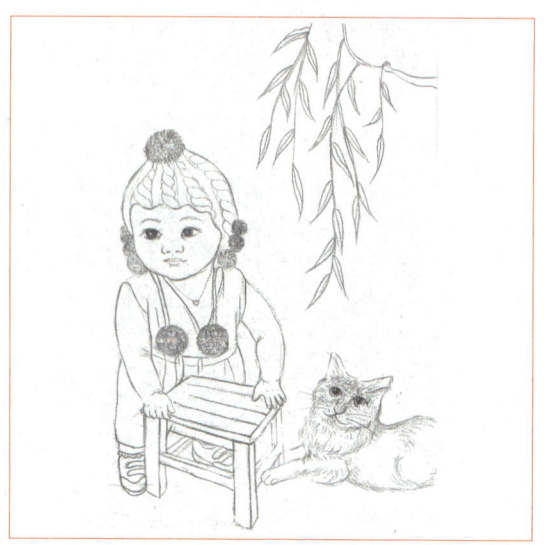

《1岁的懵懂》

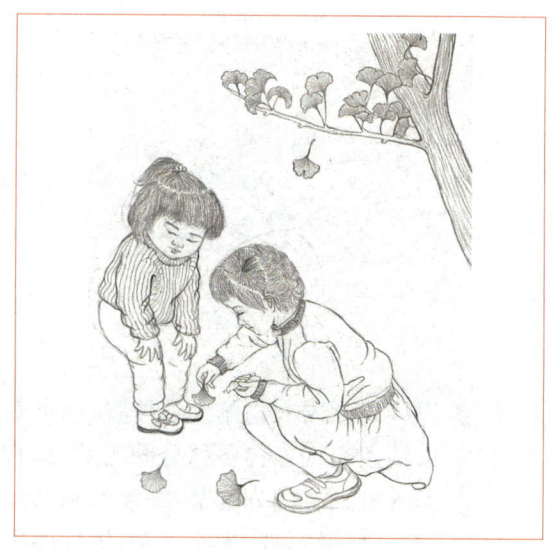

《寻秋》

> **学习建议**
> 1. 尝试用线条表现自己的同学。
> 2. 尝试用线条表现幼儿。

模块三　线条风景表现

风景的线条表现是以我们生活中的自然风光为主要描绘对象，其内容表现丰富，包括山川河流、花草树木、房屋建筑等。由于表现对象相对繁杂，因此，不可能事无巨细地将所有见到的东西都画出来，必须进行适当的取舍，以自己想要画的对象为主体，配上相关的辅助对象，使画面远近层次分明，整体和谐统一。

一、风景表现基础知识

（一）空间

空间是观察物体时产生的距离感和纵深感，在风景的描绘中会因远近不同而产生景物虚实的变化。线条风景表现中要表现好空间层次，在于通过线条的长短、曲直、虚实变化主观地处理好远景、中景、近景的层次关系，做到近实远虚。

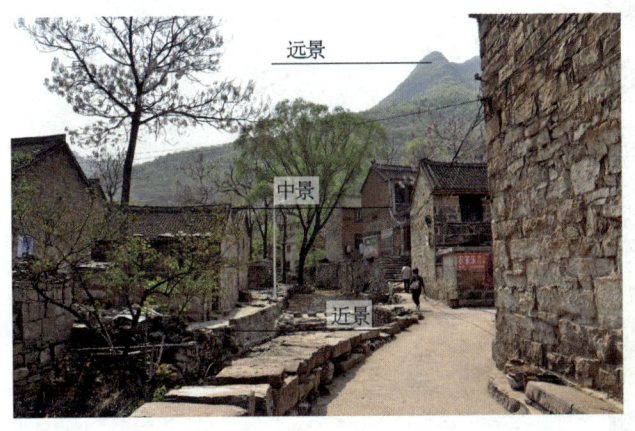

风景空间层次

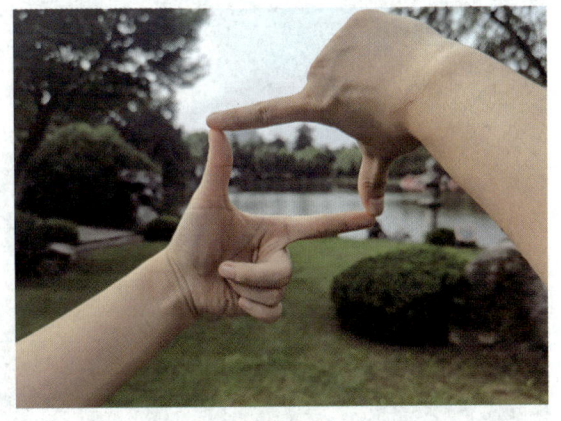

取景方式

（二）取景

取景是风景线条表现的关键，直接决定画面的构图。取景时可用一个跟画纸比例相当的矩形框来取景，简单的方式就是用手指组成矩形框来取景，以此确定要表现的内容和范围，也可用手机取景。

（三）构图方式

风景线描写生时，根据不同内容则选择的构图方式也不相同。横构图又称水平构图，能够表现出广阔的场景，空间感较强。

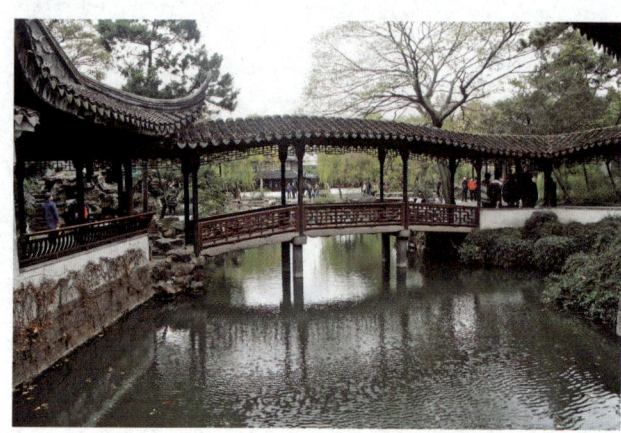 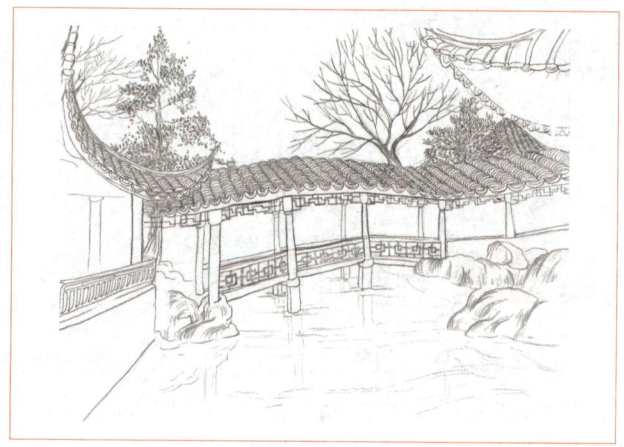

横构图

竖构图也是一种常见的构图方式，能够表现出场景前后广阔的空间，使整个场景显得空旷、深远。它也可以表现出场景中修长的物象，如较高的树木、建筑等。

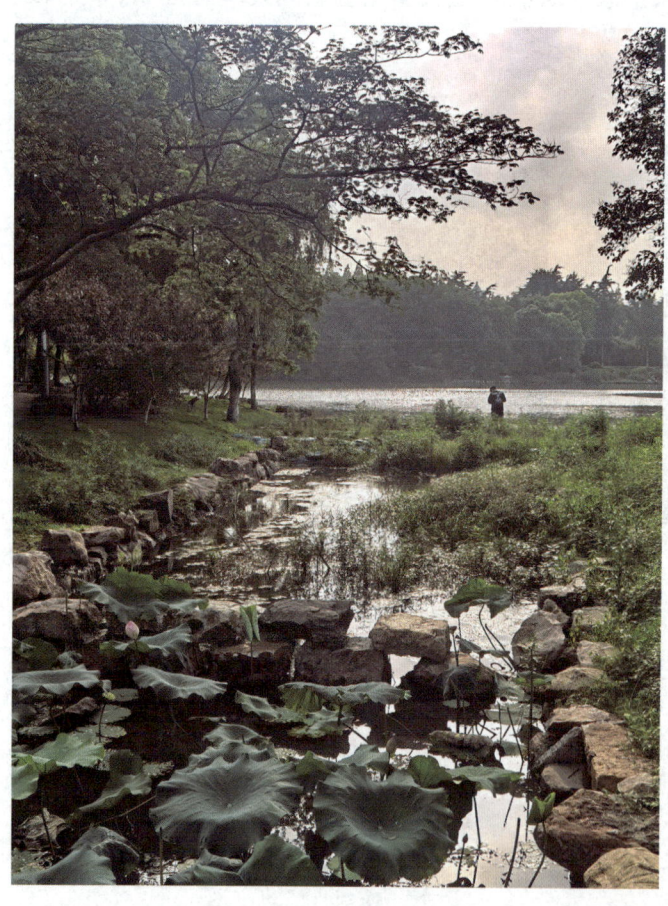 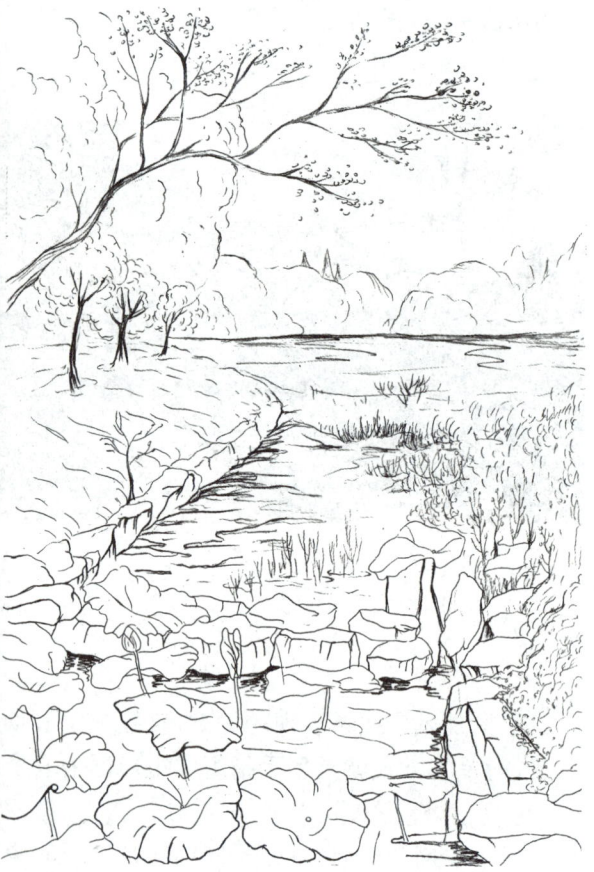

竖构图

二、方法步骤

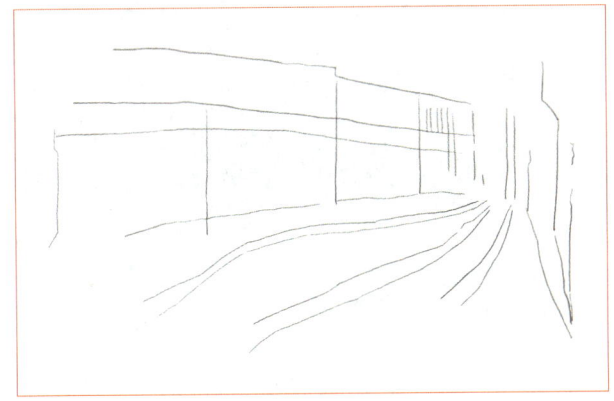
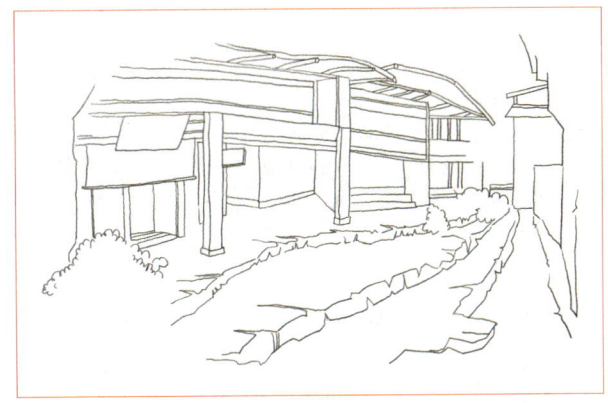
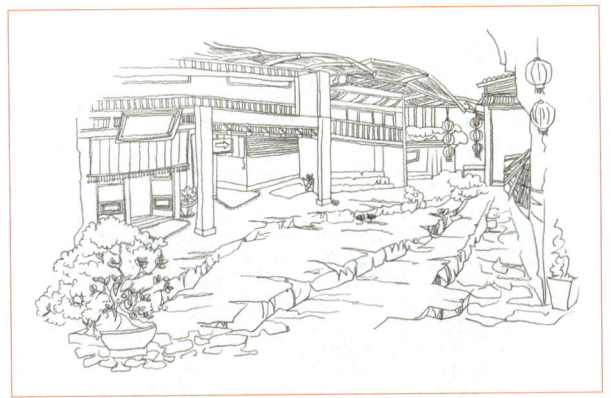
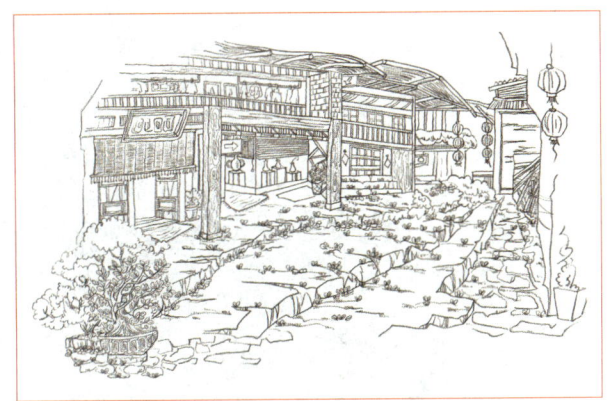

风景画步骤

① 取景观察,确定画面的视平线。
② 画出近景、中景、远景在画面上的位置及轮廓。
③ 画出各部分结构关系,把握特征深入刻画。
④ 调整画面,进一步调整近景、中景和远景的层次感。

三、作品表现

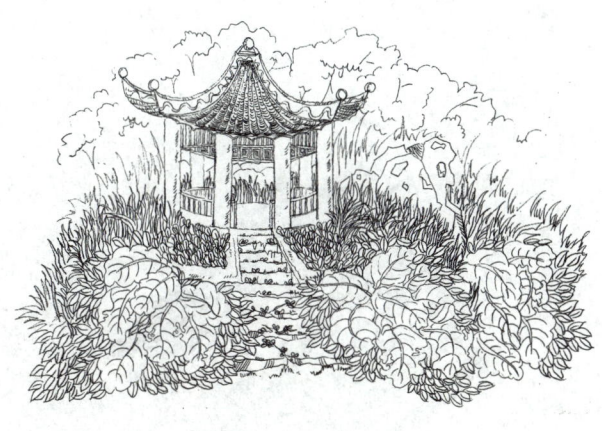

《芳草亭》

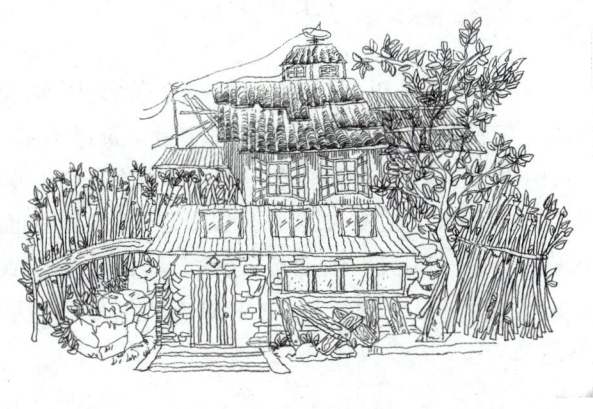

《老屋》

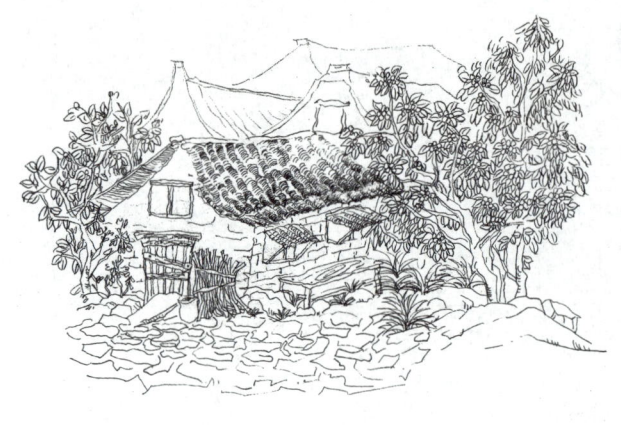
《乡村》

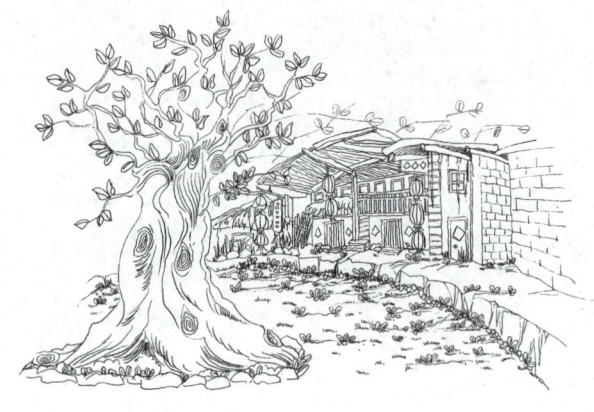
《老街一角》

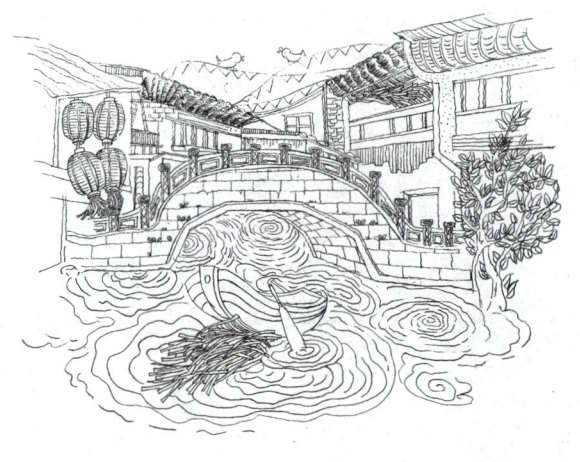
《小桥流水》

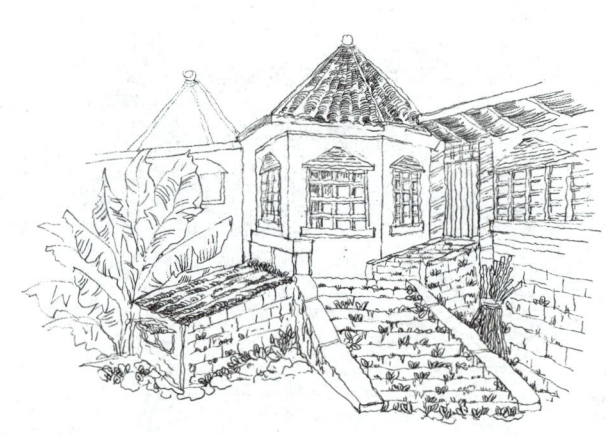
《洋房》

学习建议

尝试用线条表现校园一角。

拓展与提高　创意线描

创意线描是以线条作为主要表现形式，结合点和面，在表现对象自然形态的基础上，通过夸张、变形、拟人、幻想等创意思维，形成具有创意性、装饰性、儿童趣味性的一种绘画形式。它通过点线面和黑白灰的安排组合，画面极具形式美感。多观察身边的事物，并勇于创新，对创意线描的创作有着积极的意义。

一、创意线描工具材料

钢笔、针管笔、记号笔、签字笔、铅笔、橡皮、直尺和稍有厚度的纸，如卡纸、素描纸等。

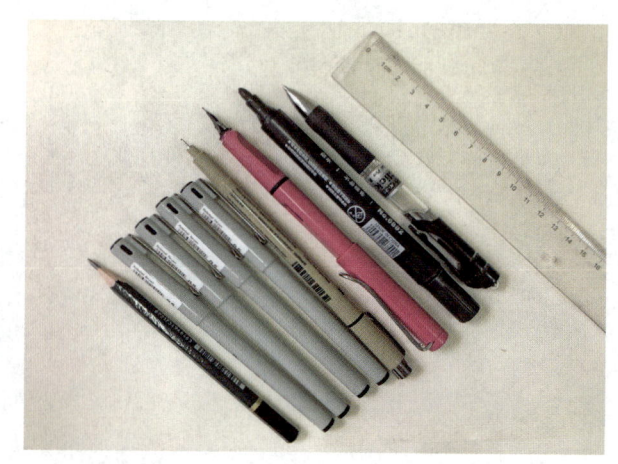
线描工具

二、创意线描基础知识

(一) 基本元素

1. 线

创意线描中线的表现形式呈现多样化,有直线、折线、曲线、虚线、双线等。

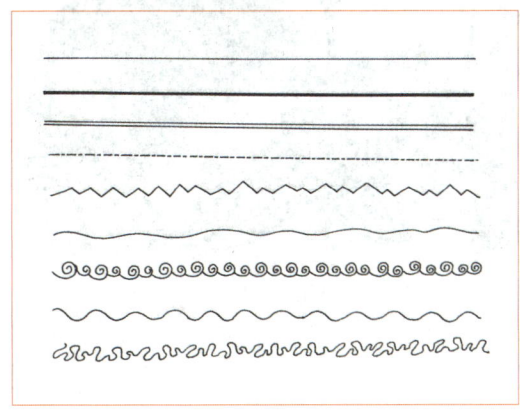

线的形态

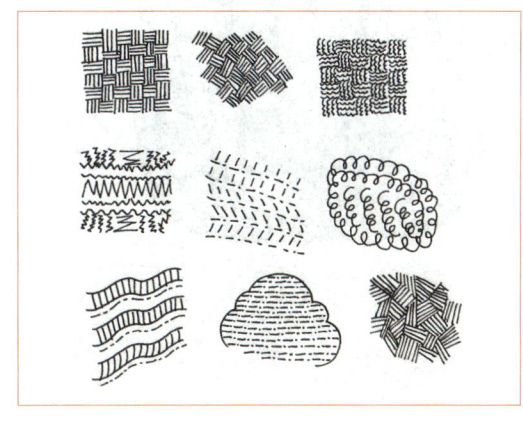

线的装饰表现

2. 点

创意线描中,点和面是相对而言的,不只是局限于纯粹的圆点,还包括其他各种形状、大小的点,如方形、三角形、心形、月牙形等。

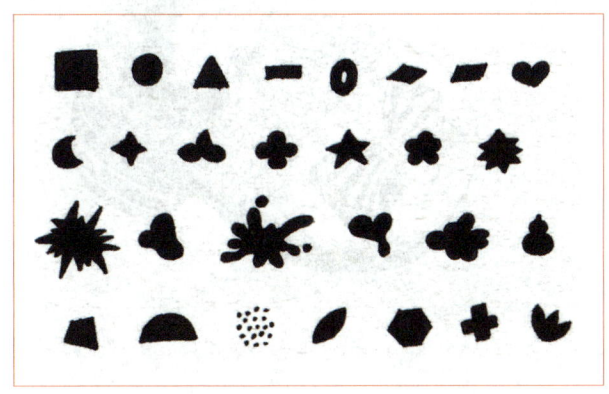

点的形态

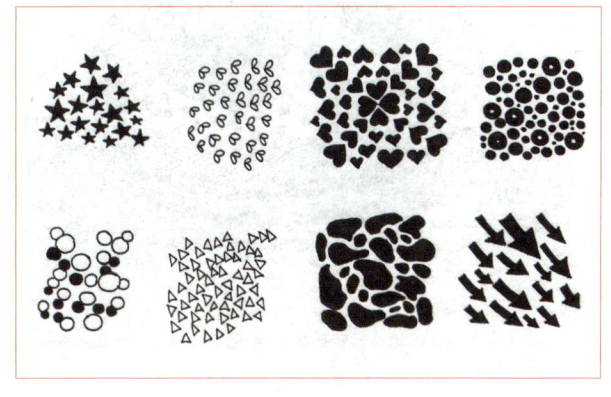

点的装饰表现

3. 面

创意线描中,面是相对于点和线而言的,各种色块和形状以及点和线聚集形成的块面,我们都可以称作面。

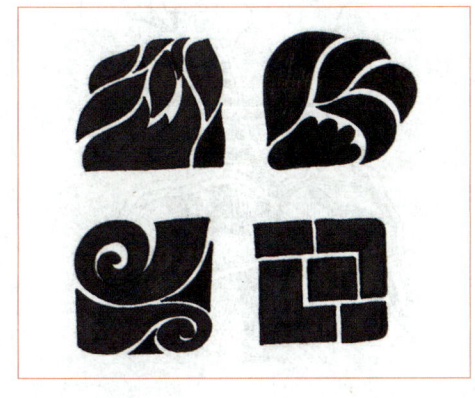

面的形态

面的装饰表现

在创意线描的创作中，单独运用点、线、面元素的情况并不多，很多情况下是点线面的综合运用，以点和线的疏密及面来体现画面黑白灰的层次。

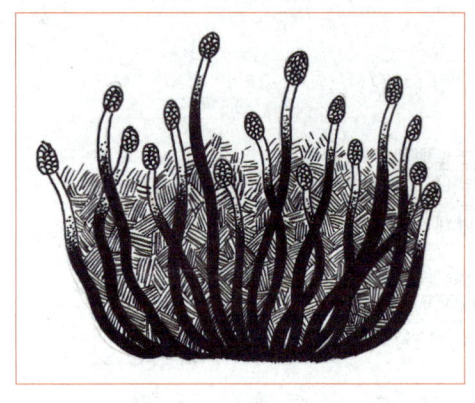

《秋草》

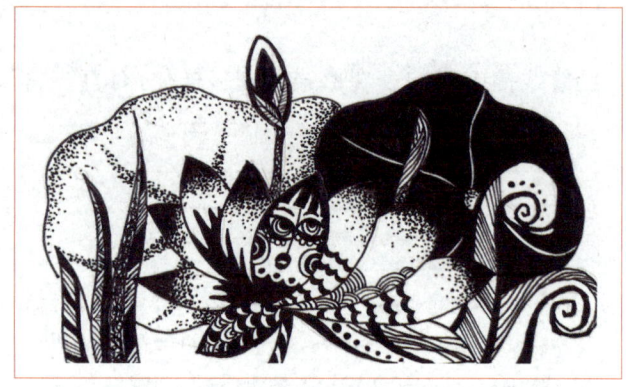

《莲花》

(二) 创意方法

1. 夸张

夸张是对事物的形象、特征等方面着意扩大或缩小，以达到线描的创意效果。如把人画小，体现物体的大。

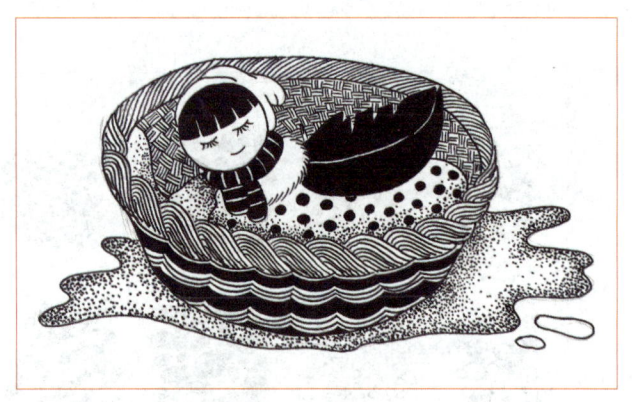

《摇篮宝宝》

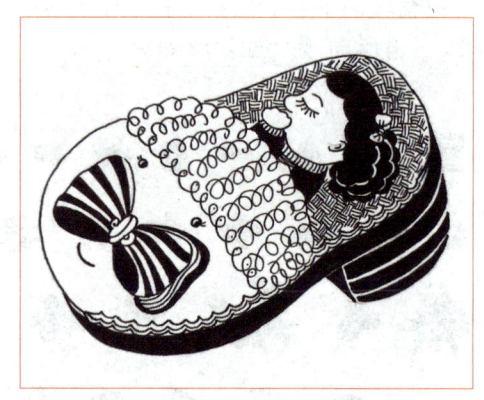

《晚安》

2. 变形

变形是通过拉长、压缩、扭曲、添加、删除、分解、重构等方式将一个形象变成另一个新的形象，或者是针对表现对象的某一特征进行夸张处理。

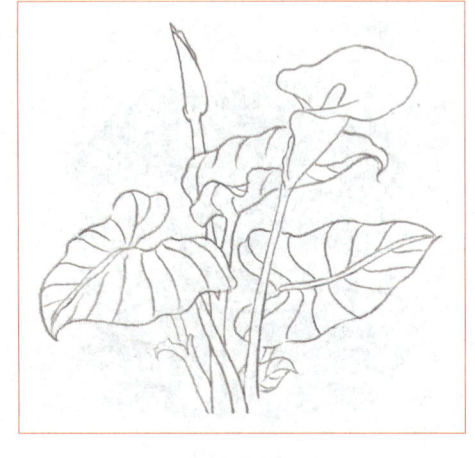

马蹄莲线描写生

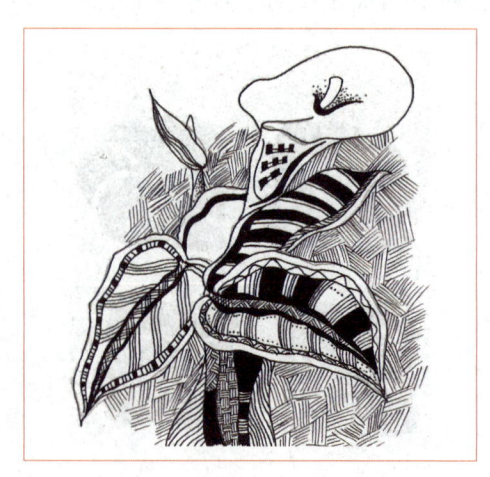

马蹄莲变形

3. 拟人

拟人是将人类以外的有生命、无生命、有形、无形的一切事物人格化，使它们具有人的思想、行为举止和语言表现。

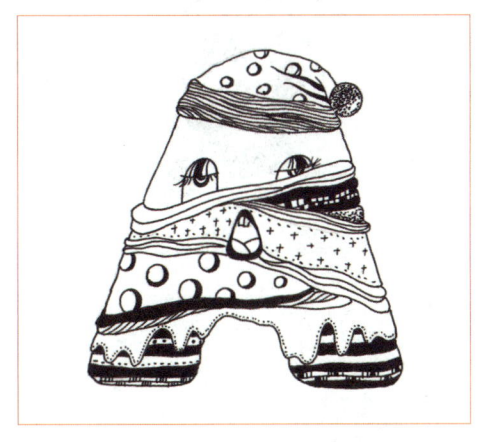
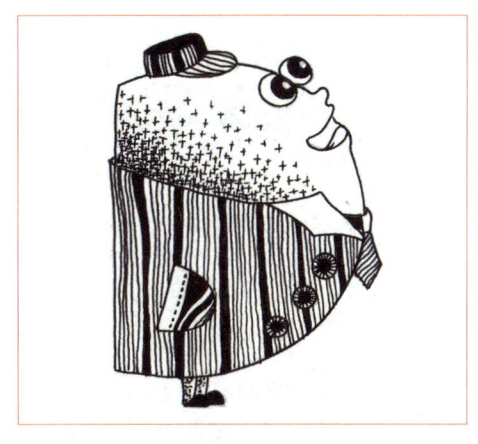

《A宝宝》　　　　　　　　　　　《D先生》

4. 幻想

幻想是脱离真实、自然的物体形象，以丰富的想象力和创造力，表现出不同寻常的、有趣的、全新的形象。

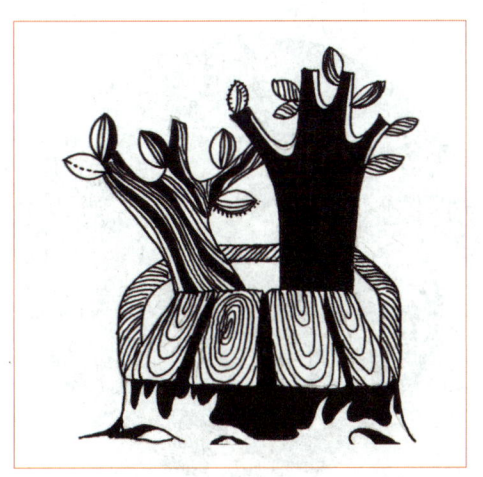
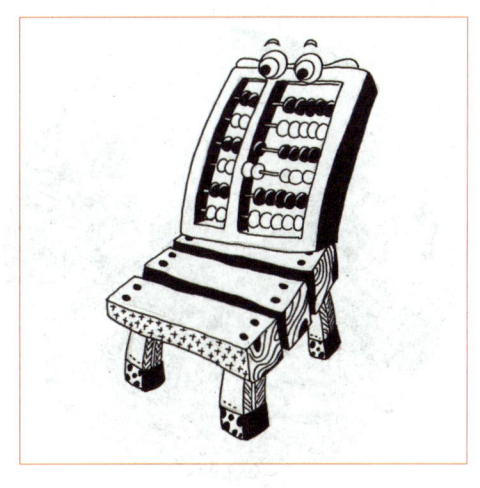

《树桩椅》　　　　　　　　　　　《算盘椅》

三、方法步骤

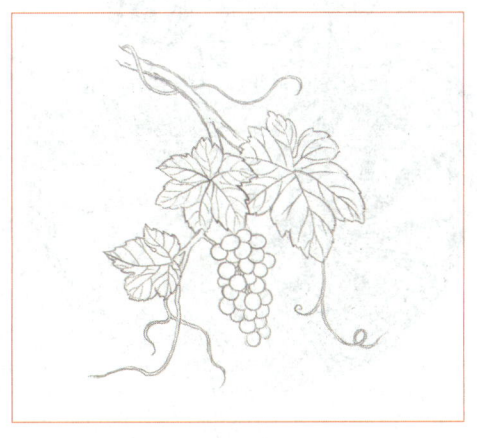
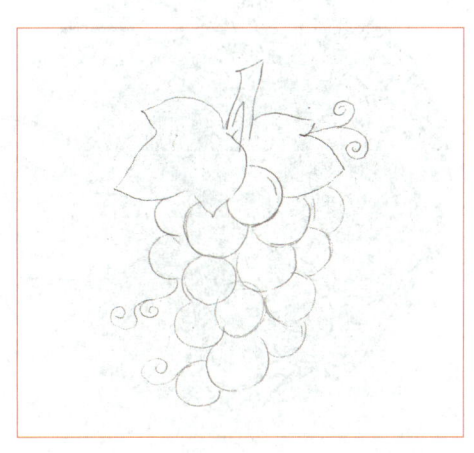

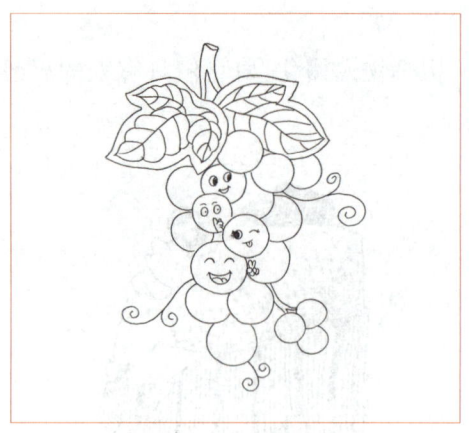 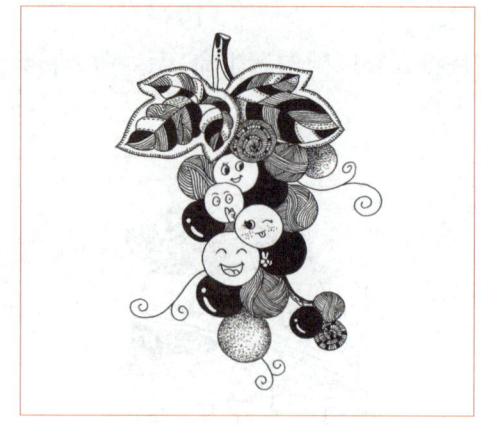

线描步骤

① 线条写生形态，做创意思考。
② 创意变形，以简练的线条画出大形。
③ 以点、线、面形态深入刻画细节，注意黑白灰的层次关系。
④ 调整画面，完成。

四、作品表现

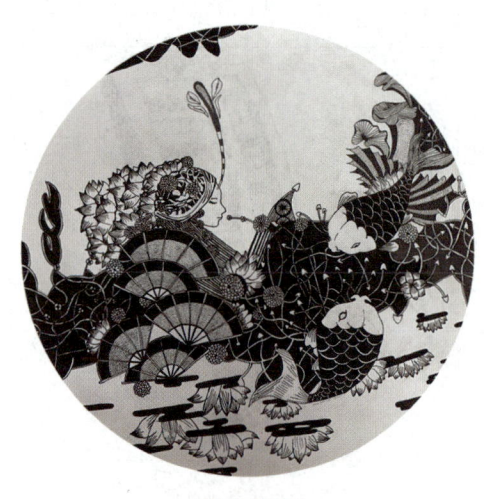 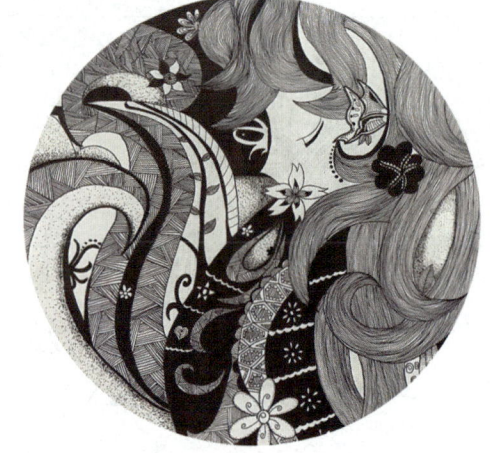

《荷塘精灵》　　　　　　　《丛林幻想》

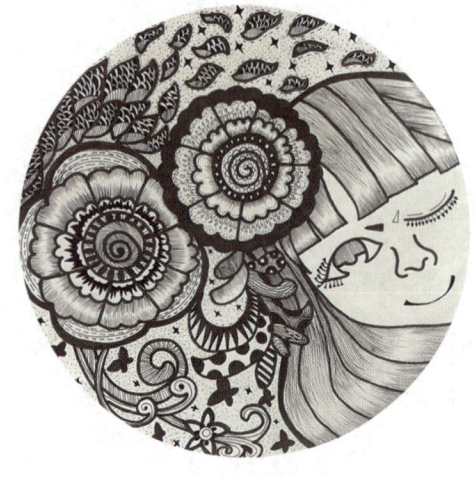 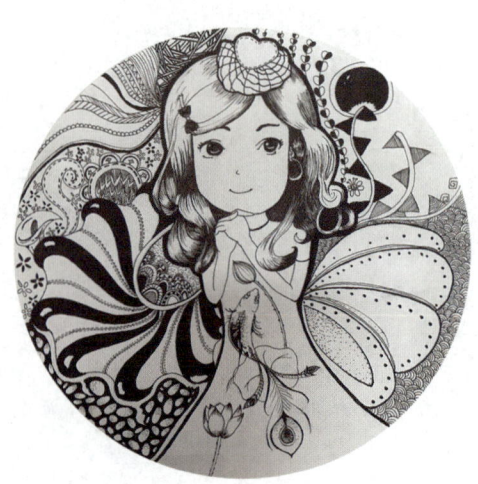

《雏菊之恋》　　　　　　　《梦想》

第一章 探 永乐宫壁画线条艺术之生动

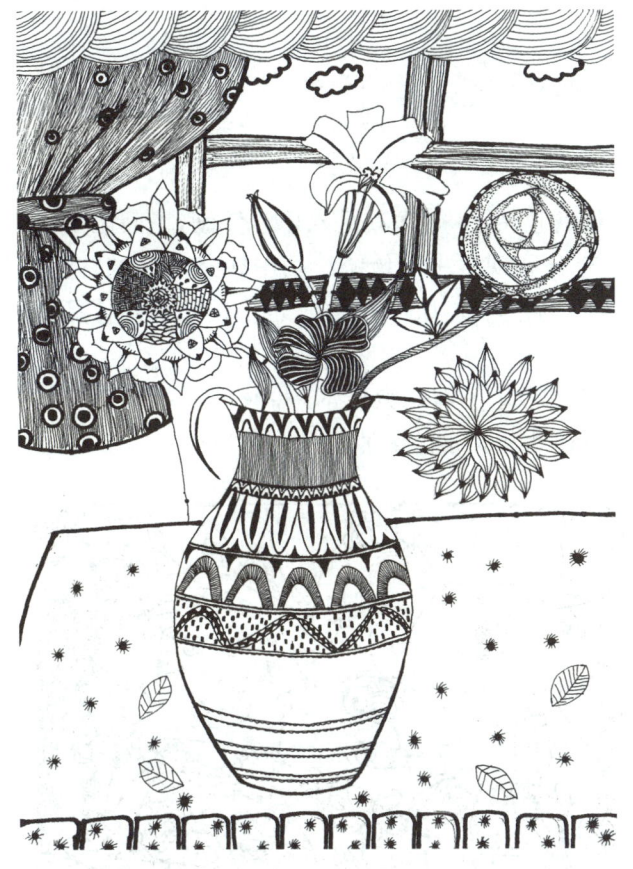

《瓶花》

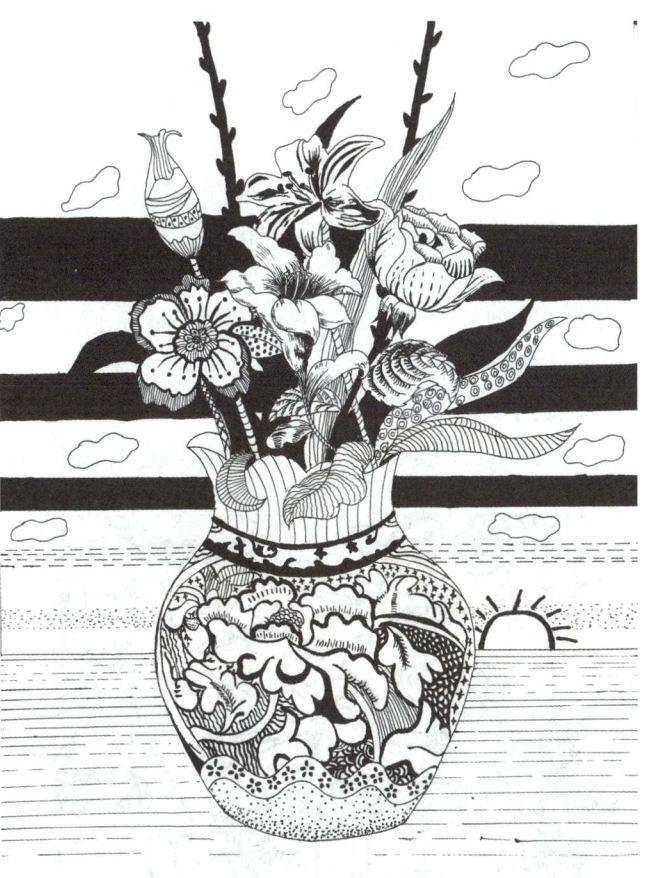

《瓶花》

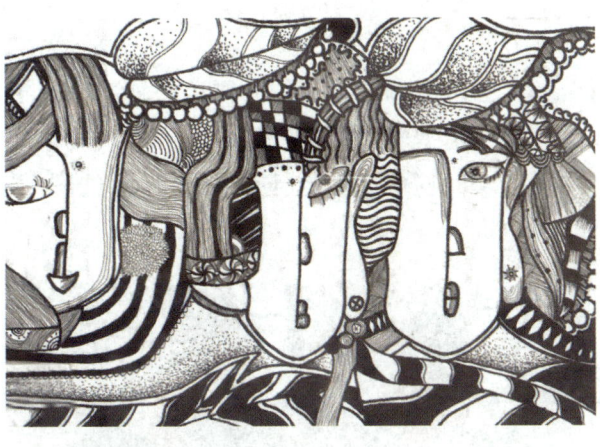

《我们》

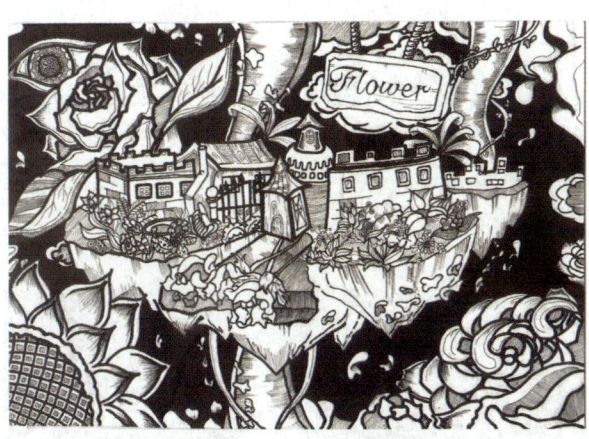

《天空之城》

学习建议

在写生的基础上，尝试进行创意线描创作，主题自定。

第三部分　幼儿园实践与运用

从历代传统壁画的探寻中我们感受到了线条艺术创作的独特韵味，尤其是永乐宫壁画，民间画师以简练流畅、刚劲多变的线条刻画了众多生动的人物形象，充分展现了中国传统绘画中线条表现的神韵。从线条造型的学习中，我们也进一步体验和感受了线条表现的艺术魅力。而线条，也是幼儿绘画作品中最基本的表现符号。

我们可以将线条造型应用于幼儿园的教学实践中，带领幼儿仔细观察生活，并鼓励大胆表现与创造，引导幼儿用线条表现身边事物和熟悉的故事，甚至可以让幼儿画自己编的故事。

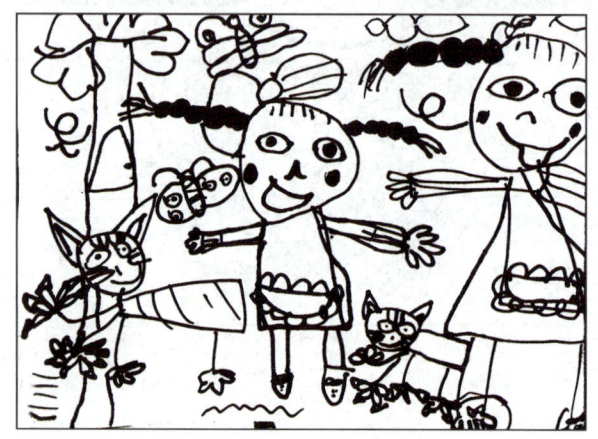
5岁幼儿线描作品《我们是好朋友》

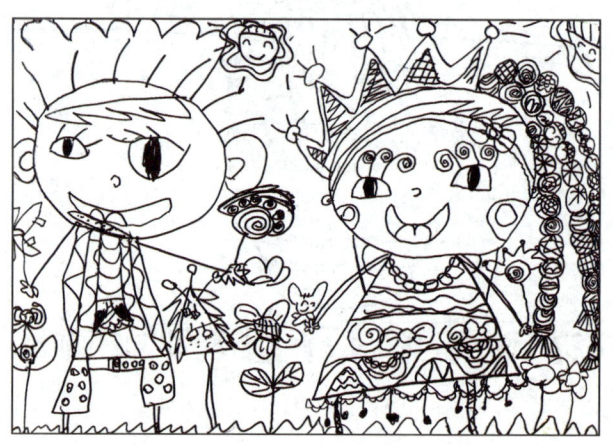
6岁幼儿线描作品《我和爸爸》

我们可以设计游戏活动引导幼儿感知和理解线条，如活动"会跳舞的线"，让幼儿舞动各种颜色的彩带，记录彩带舞动的路径，并根据线条的形状取名。如起伏的线叫波浪线，卷起来的线叫蜗牛线，断断续续的线叫雨点线。让幼儿在游戏活动中学会有规律的线条画法，理解线条的多样性和疏密关系，增添线条认知的乐趣。

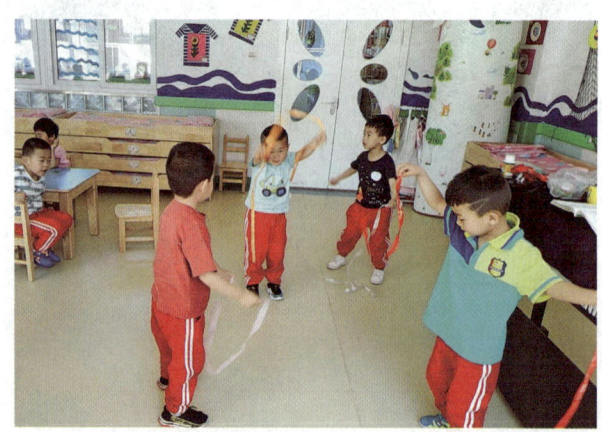
教学活动"会跳舞的线"

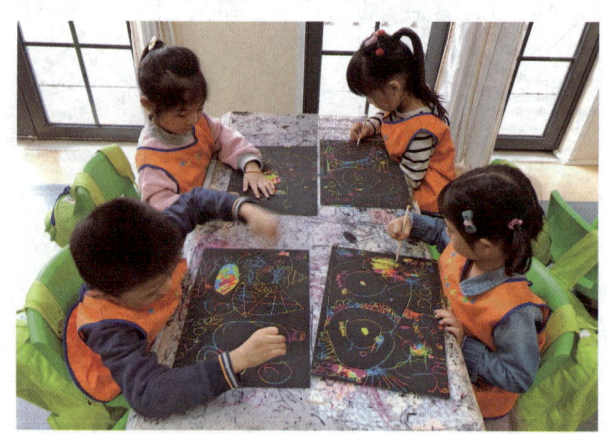
幼儿刮画教学活动

我们可以引导幼儿欣赏传统线描作品，让幼儿感受绘画艺术带来强烈视觉冲击的同时，引导幼儿充分感受艺术作品的线条美。也可以请幼儿欣赏同伴和哥哥姐姐的线条表现作品，听听他们作品中的故事，引导幼儿说一说，欣赏的同时也锻炼了幼儿的语言表达能力。

我们可以在美工区投放丰富的线条表现材料,如纸盘、刮画纸以及各种粗细不同的画笔、线材等,让幼儿在活动中感受线条的多种形式表现,建构幼儿对线条造型的认识以及表现能力,并了解线条在生活中的运用。我们还可以自制玩教具投放区域,进一步加深幼儿对线条造型的理解,同时幼儿优秀的线条造型作品也可以用于园区的环境布置,提升幼儿对线条表现的自信。

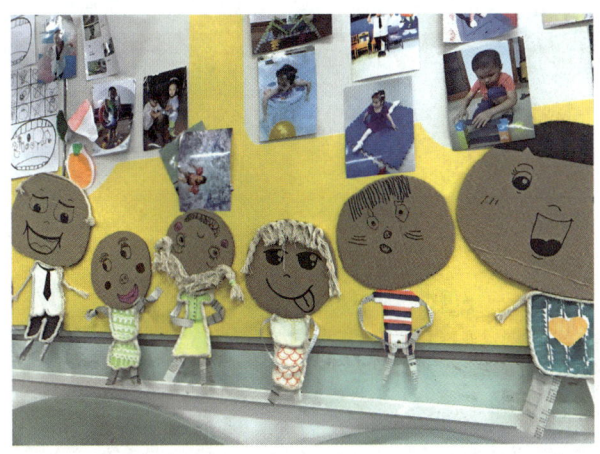
幼儿线条造型作品展示

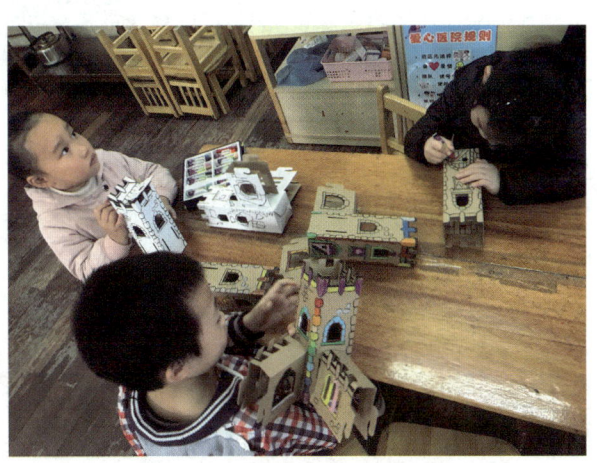
自制线条造型玩教具

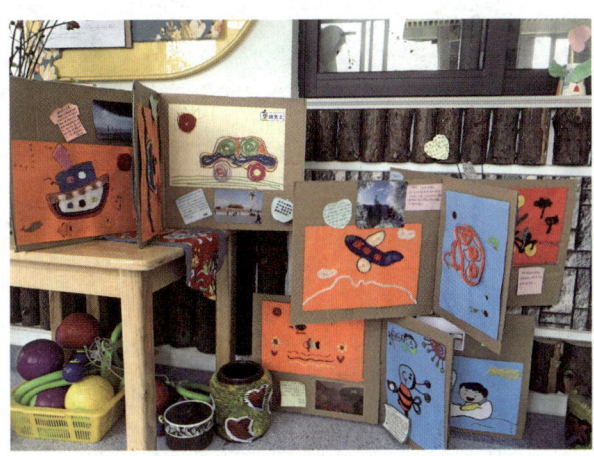
幼儿线条造型作品展示

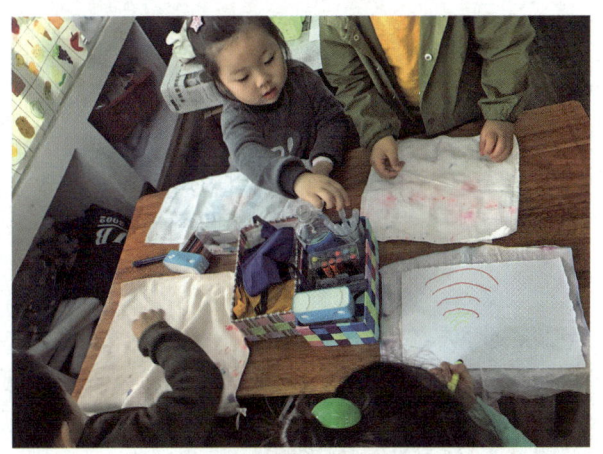
幼儿线条创作活动

线条是绘画的基础语言,生活中的万物都是我们线条造型的生动素材,引导幼儿感受线条美,体验线条创作带来的乐趣,勇于尝试,用线条表现身边事物,并相互交流、欣赏,丰富审美经验,对提高幼儿的观察能力、想象力和创造力有着积极的意义。而扎实的线条造型表现能力也是每一位幼儿教师必备的绘画技能。

 学习建议

1. 以小组为单位,收集周边幼儿园有关幼儿线条造型的绘画资料,分组交流并讨论。
2. 针对不同年龄段的幼儿,在美术教学中开展线条教学活动。

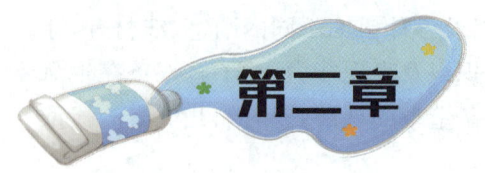

第二章

寻 社火马勺脸谱色彩之绚丽

学习导语

社火马勺脸谱源于陕西民间传统社火脸谱,其色彩绚丽夸张,造型奇特,寓意丰富,体现了地道的黄河文化和关中地区百姓质朴的审美观,具有鲜明的地方特色和深厚的文化底蕴。在这一章节中,我们将探寻社火马勺脸谱色彩的精彩表现,汲取民间色彩表现的精髓,学习色彩基础知识,能够在绘画中灵活运用色彩,并在实践中加深对民间色彩运用的理解。

第一部分　探寻传统色彩

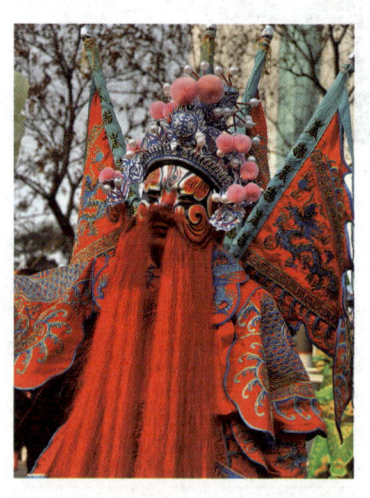

民间社火表演

　　社火,来源于我国古代劳动人民对土地与火的崇拜,是春节期间一项重要的民俗娱乐活动。社火表演时以表演者舞台亮相的形式进行游展,观众对扮相角色的辨认靠的是脸谱。关于社火脸谱的由来,相传周武王率兵伐纣,大军行至麒麟山下,被驻守山下的闻太师挡住去路。姜子牙计上心头,让士兵戴上神兵神将的面具上阵叫骂,个个威武凶煞,好似天兵下凡。闻太师不知真假,以为天意,拔寨而逃。此事传入民间后便产生了画脸谱驱邪的传统民间习俗,并逐渐融入社火中。

　　社火马勺脸谱起源于陕西省宝鸡市凤翔县,由民间传统的社火脸谱演化而来。它是以夏商周时期沿用至今的木制马勺为载体,将陕西民间社火脸谱作为原型,在马勺上以抽象夸张的表现手法勾画社火脸谱的形式,堪称"秦艺六绝"之一。马勺与社火脸谱的结合,以立体的形式传承着中华上下五千年的悠久文明,记载着周秦文化最辉煌的民俗过程,同样也赋予了社火脸谱新的表现形式。

　　社火马勺脸谱的制作要经过选材、削形、涂底、修理、勾线、附色、修整等七道工序。马勺主要以柳木、桐木制成,以一头带把另一头为圆形或椭圆形的勺状造型为马勺木坯的基本形态。除此,还有木梭、木斗、木抄等其他表现形式。脸谱的题材内容多取自民间神话传说形象、著名历史人物以及地方戏曲中具有法力、正义感的人物脸部造型,如黄帝、蚩尤、三国人物、金蟾、夔龙等。它以社火脸谱为蓝本,从传说人物的容貌、性格特征出发,用特定的脸谱谱式表现形象的忠奸、善恶和美丑。谱式大致分为对脸、破

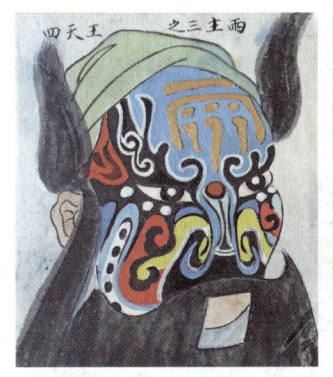 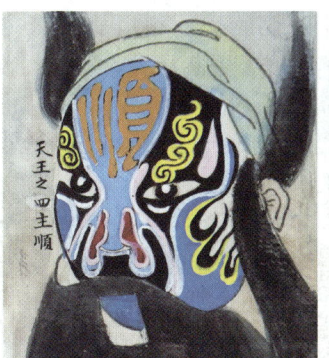 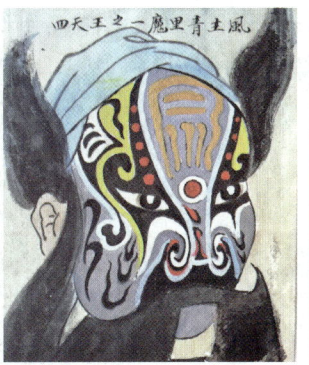 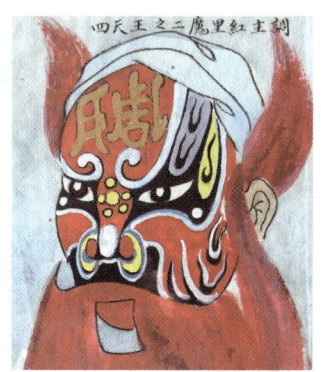

传统社火脸谱

脸、旋脸、碎脸、定脸等，其中以对脸和旋脸最为常见，对脸即对称谱式，表现关公、包公等正直稳重的形象，旋脸即面部额头到鼻子至嘴的纹样呈扭曲感，多表现凶狠、残暴的性格特征。根据不同的形象特征，再加以水纹、云纹、火焰纹、卷草纹、如意纹等多种纹样装饰，具有极强的韵律感。

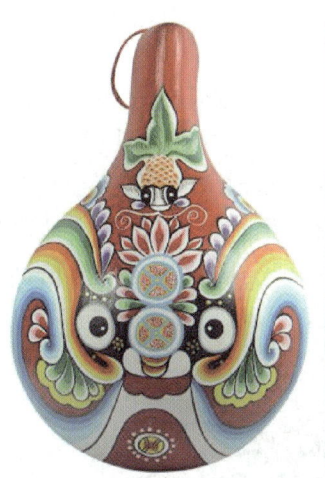 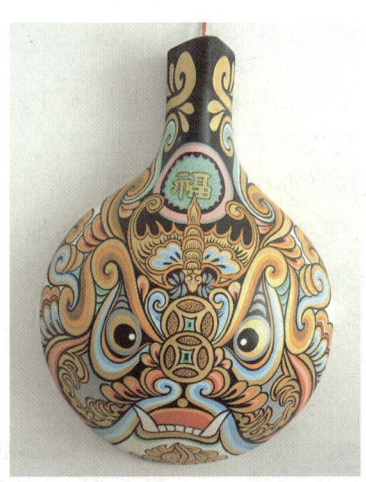 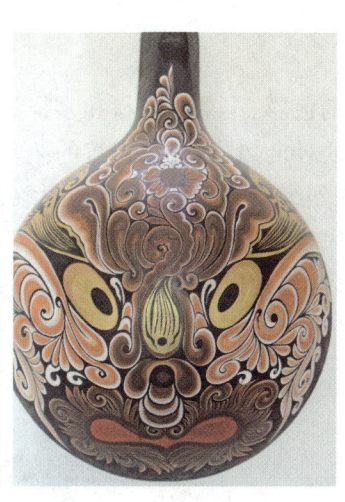

马勺脸谱

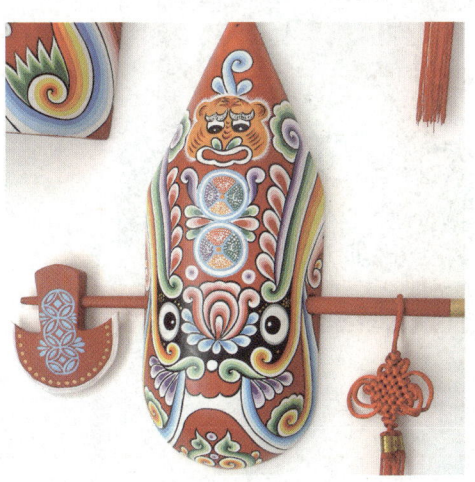 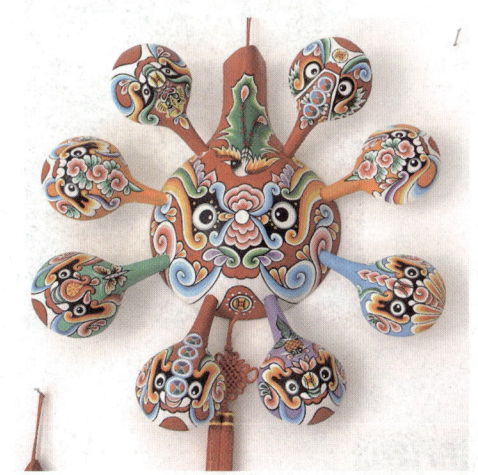

犀斗脸谱　　　　　　　　　　　　　插花马勺脸谱

马勺脸谱的色彩绚丽夸张，对比强烈，具有鲜明的艺术特色。用色上多以红、黑、绿、黄等纯色为基调，大面积着色，以确定脸谱的整体色彩气氛，间以粉红、青紫等色，或以黑、白两色为各纯色的间隔色，色彩运用简洁明快、鲜艳活泼。尤其是红色和黄色的马勺脸谱最为常见，在整体色调下再以冷色和暖色有序搭配组合，并以由深到浅的渐变色巧妙组合和分布，在整体中求变化和统一，以达到色彩和谐的最

027

终效果。在社火马勺脸谱的绘制中依然遵循民间社火脸谱的色彩口诀:"红为忠勇白为奸,黑为刚直青勇敢,黄为残暴草莽蓝,绿为侠野粉老年,金银二色色泽亮,专画妖魔鬼神判。"社火马勺脸谱的色彩被民间艺人赋予了特定的象征意义,蕴含着丰富的人文内涵。

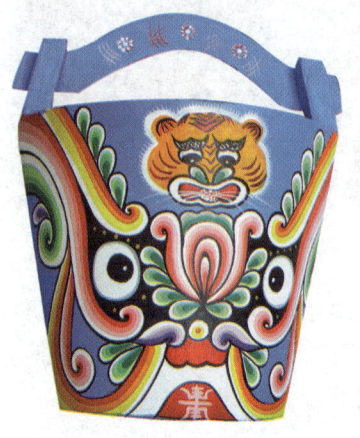
马勺桶

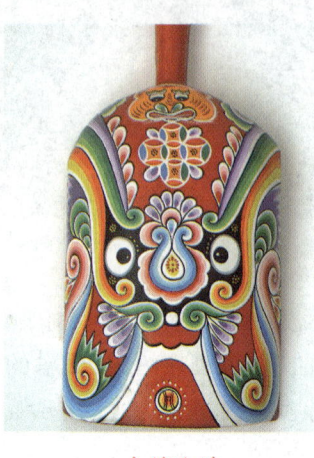
木铲脸谱

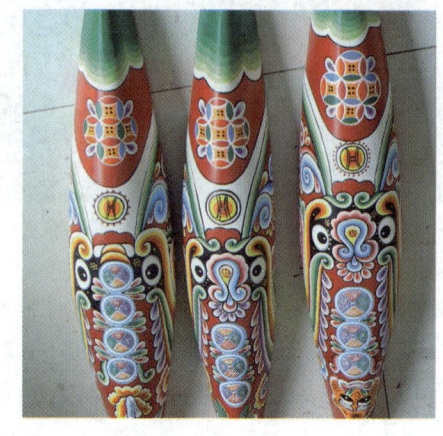
木梭脸谱

绚丽的色彩、丰富的题材和多样的造型纹样造就了社火马勺脸谱这一独特的民间艺术形式。它以自身淳厚质朴的风格,夸张奇特的艺术造型展现着中华民族传统文化的博大精深,其粗犷的造型、稚拙的纹样、浓烈绚丽的色彩、奇特的想象、穿插变化的线条使得脸谱人物忠奸善恶各具特色,充分体现了广大劳动人民丰富的想象力和无穷的智慧。它所表现出的丰富的地域文化特色,正是关中地区淳厚民风的真实体现,也是以秦汉文化为核心的乡村民众日常生活、民族习俗、审美情趣甚至宗教信仰在民间艺术上的具体表现,寄寓了人们扶正祛邪、镇妖降怪的生活所求,以及祈福纳祥、招财进宝的美好生活愿望。

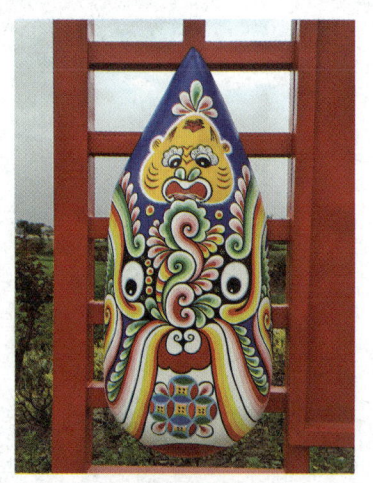
马勺脸谱景观

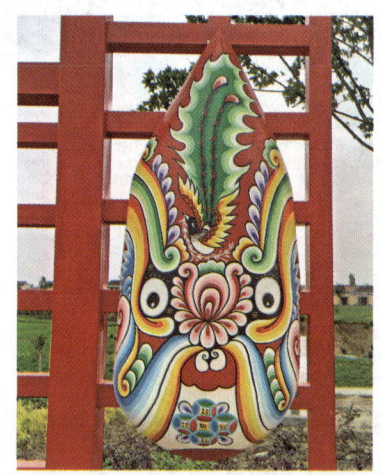
马勺脸谱景观

学习建议

1. 简述社火马勺脸谱和陕西民间社火脸谱的关系。
2. 归纳陕西马勺脸谱的色彩特征。
3. 收集各类脸谱资料,分小组进行展示并交流。

第二部分 色彩表现

脸谱艺术形式多样,而源于陕西民间社火的马勺脸谱内容丰富,造型夸张,色彩表现绚丽奔放、对比强烈,表达着民间艺人对忠勇仁义的褒奖和凶残奸邪的摒弃。马勺脸谱是当地民间艺人将民俗文化和当代审美的完美融合,于细腻柔和中透着粗犷豪放,从而成为陕西独有的民间装饰艺术。我们从马勺脸谱的探寻,直观地感受到了陕西民间艺人精湛的色彩表现手法和执着的创作精神,从中也能窥探到当地民间社火深厚的文化底蕴,以及人们对美好生活的向往。我们在探寻马勺脸谱色彩表现的基础上学习色彩基础知识,以民间装饰脸谱艺术中色彩的精彩表现形式以及更贴近生活的色彩运用来探索学前教育专业的色彩基础教学,提升色彩认知的同时提高生活中的色彩审美能力,以及探讨色彩在幼儿园的实践与应用等。我们在学习色彩知识的同时也能进一步体会马勺脸谱艺术中色彩表现的精髓。

模块一 色彩的分类与属性

色彩,是色与彩的全称。色是指分解的光进入人眼并传至大脑时产生的感觉。彩是指多色的意思,色彩是客观存在的物质现象。有光才有色,无光便无色。自然界的色彩千变万化,丰富之极。社火马勺脸谱的色彩如此绚丽活泼,也和自然界的光分不开。

一、色彩的分类

色彩总体分为原色、间色和复色。

1. 原色

是指不能用其他颜色调和出来的三种基本色。这三种色由于媒介不同,色光的三原色为红、绿、蓝,颜料的三原色是红、黄、蓝。颜料只是我们表现色彩的材料,不应把"色彩"和"颜料"相混。由于我们实际使用的颜料不纯,颜料的三原色并不能混合出所有的颜色。

2. 间色

又称二次色,是由两种原色调和而成颜色,如由红加黄得橙,黄加蓝得到绿,蓝加红得到紫,橙、绿、紫就是间色。

3. 复色

也称三次色或再间色,是由三种或三种以上的原色或由两个间色混合而成的颜色。复色是最丰富的色彩家族,千变万化,它包括了除原色和间色以外的所有颜色。

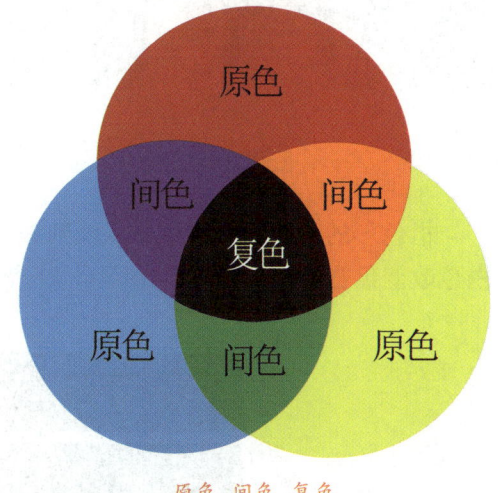

原色、间色、复色

二、色彩的属性

绘画用色分为无彩色和有彩色两大系。红、橙、黄、绿、蓝、靛、紫属于有彩色;黑、白、灰属于无彩色。有彩色具有三个基本特征:即色相、明度、纯度,也就是色彩的三要素。而无彩色只有明度特征。

1. 色相

指色彩的相貌,就绘画颜色而言,色相通常以色彩的名称来体现,如大红、朱红、柠檬黄、土黄、湖蓝等。色相通常被组成色相环,即在红、黄、蓝三原色呈正三角分布的基础上,在两色中间不断填充中间色,常见的有12色、24色等色相环。

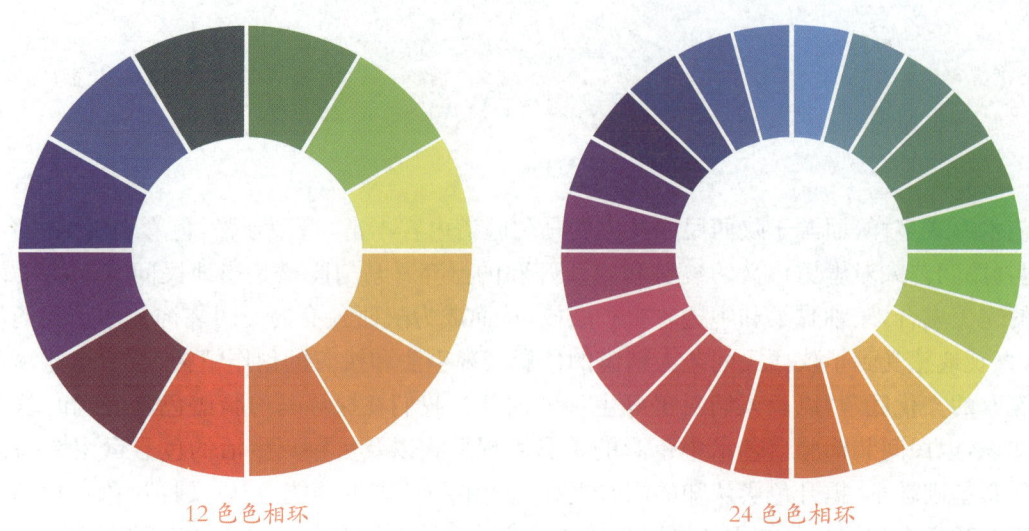

12 色色相环　　　　　　　　　　24 色色相环

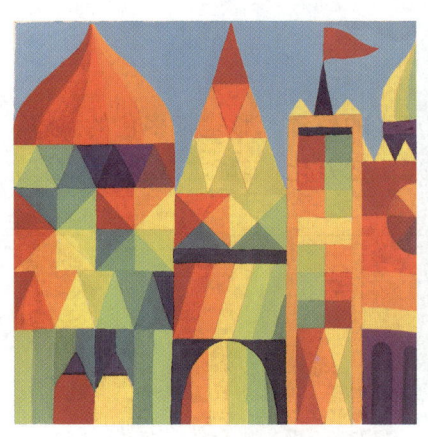
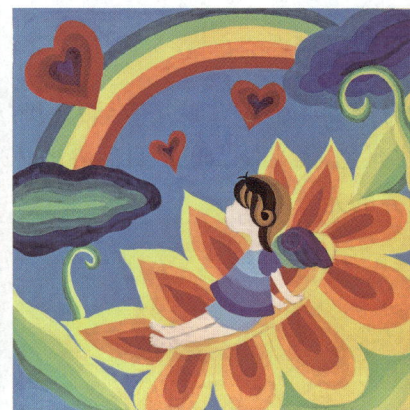

色相推移

2. 明度

指色彩的明暗程度。色彩从浅到深、由明至暗的变化就是明度的变化。调色时常通过添加黑色或白色改变色彩的明度。

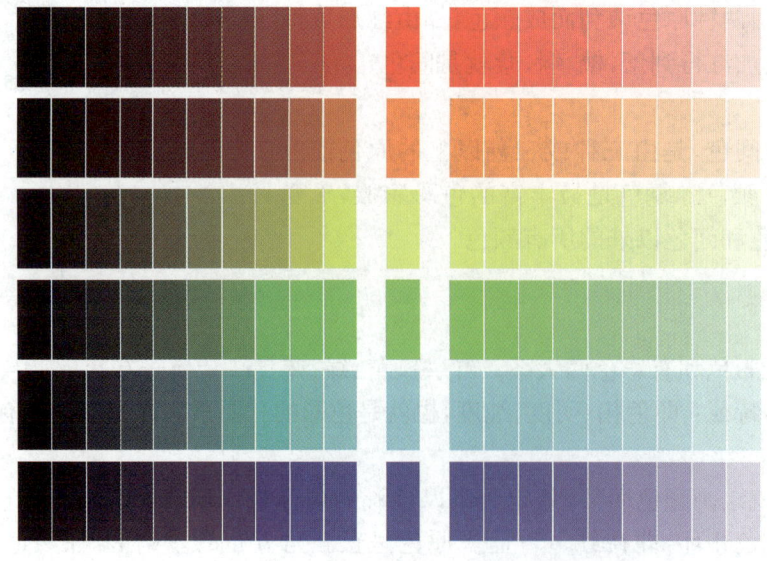

色彩的明度色阶

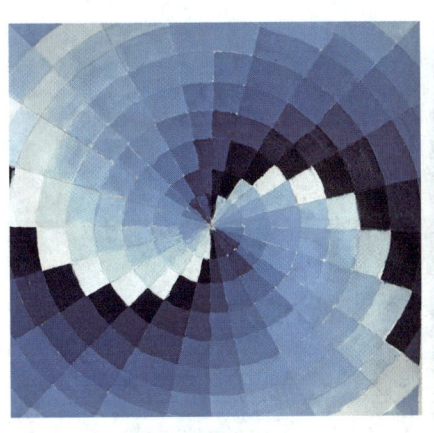 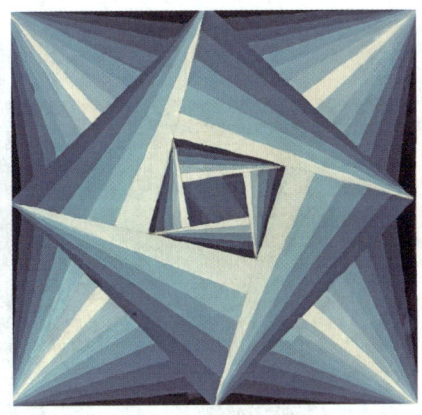 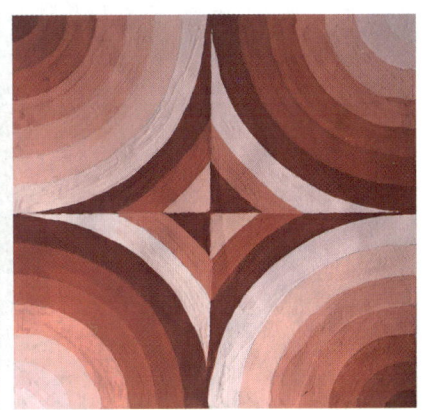

明度推移

3. 纯度

指色彩的纯净程度、饱和度。色彩中红黄蓝三原色的纯度最高,在其中混入任何颜色,纯度都会降低,混入白色,明度提升,纯度则下降。

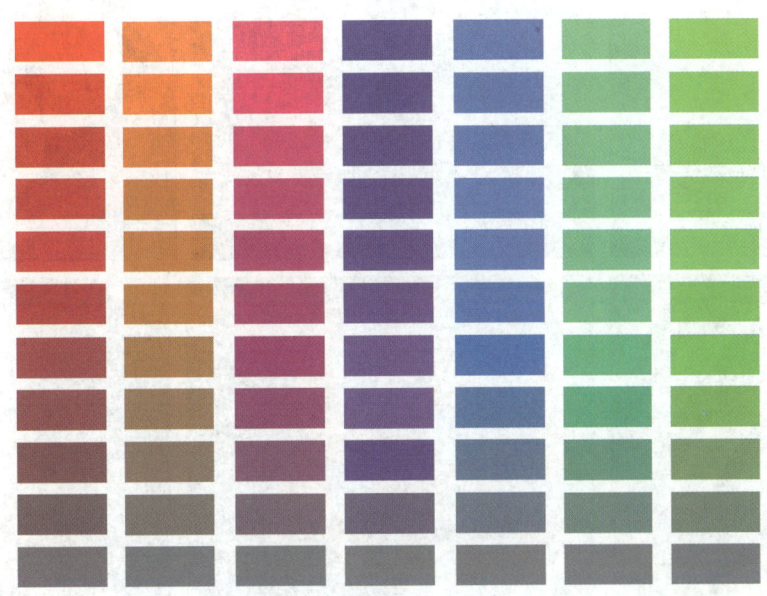

色彩的纯度色阶

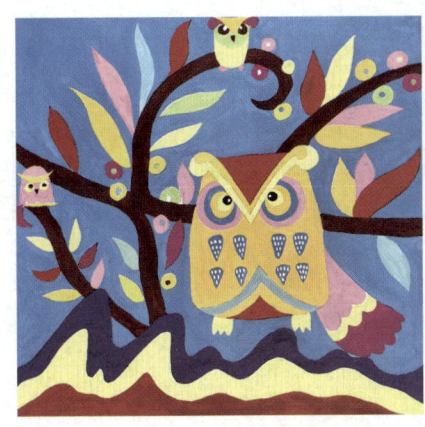 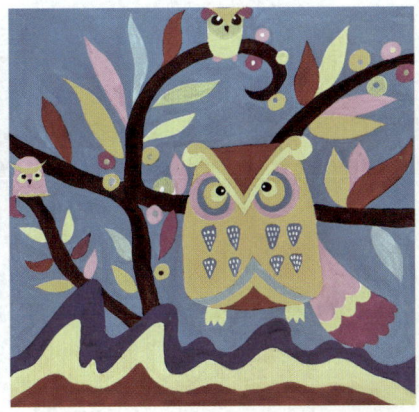 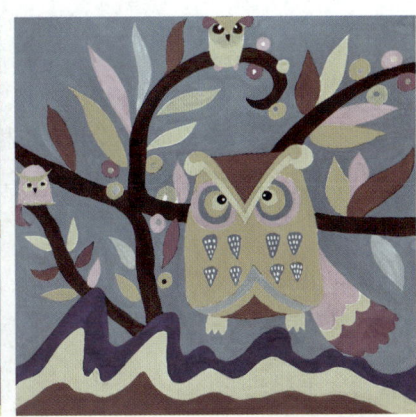

纯度推移

三、作品表现

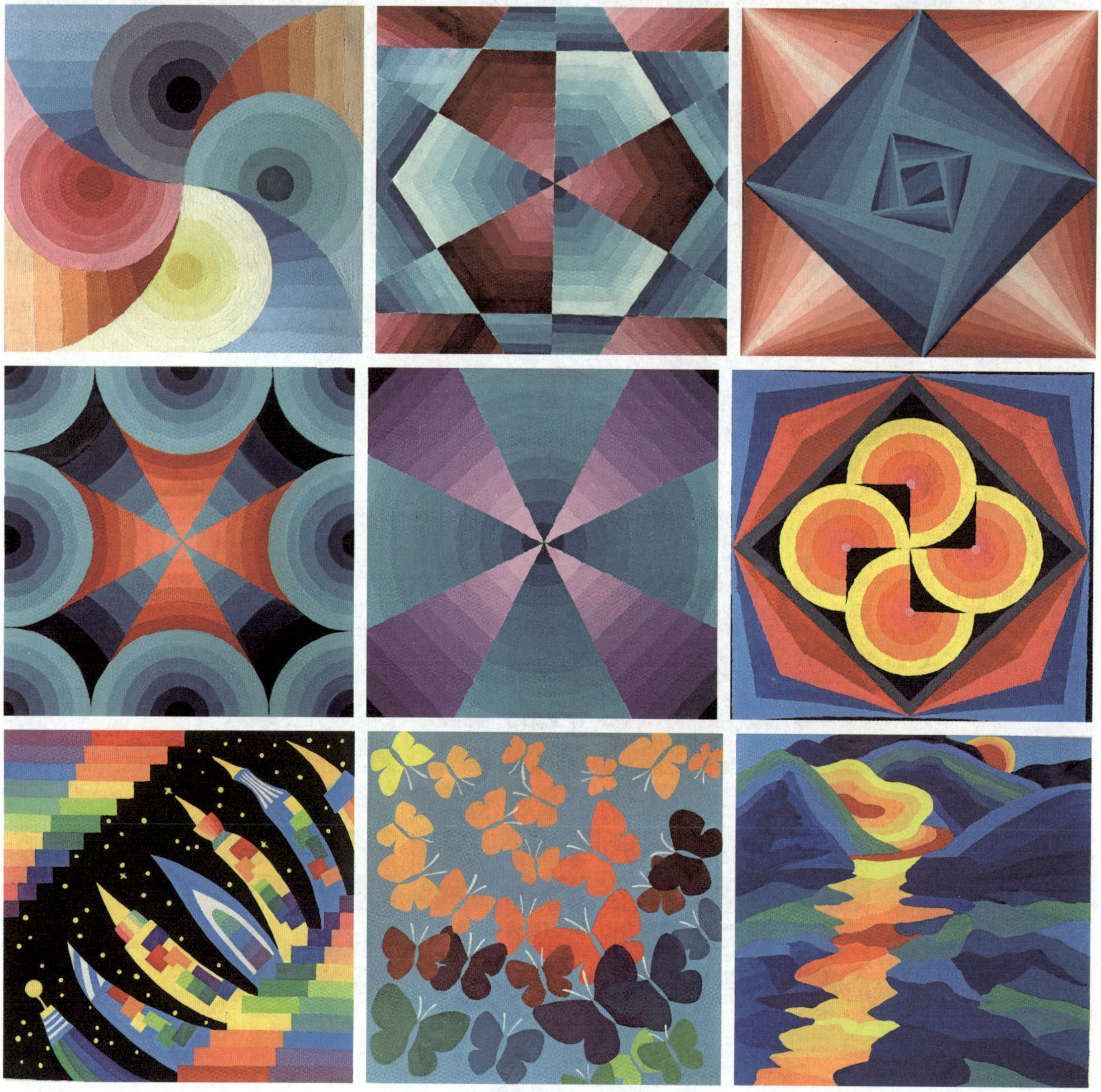

 学习建议

1. 绘制 12 色或 24 色色相环，并作原色、间色、复色关系图。
2. 做色相推移、明度推移、纯度推移练习。

模块二　色彩的知觉与情感

色彩的知觉与情感是人们在日常生活中积累了许多的视觉经验，一旦视觉经验受外来色彩的刺激时，便会引起人的主观心理反应。具体体现在对色彩的感知觉、生活中对色彩的联想以及对色彩的象征意义的理解等。这是对多种信息的综合反映，也和人的人生阅历、知识积累有很大关系。

一、色彩的知觉

人们在生活中通过视觉对色彩的明度、色相、纯度变化感知获得美感，而同时也会造成人们心理上的不同反应。常见的有色彩的冷暖感、软硬感、距离感、轻重感等。

1. 色彩的冷暖感

色彩的冷暖感是人的生理直觉对外界温度条件的经验反应，同时和人的联想相关。红、橙、黄等色彩让人联想到太阳、火焰等，产生温暖感，称之为暖色；蓝色、紫色等使人联想到冰雪、大海等，产生寒冷感，称之为冷色。

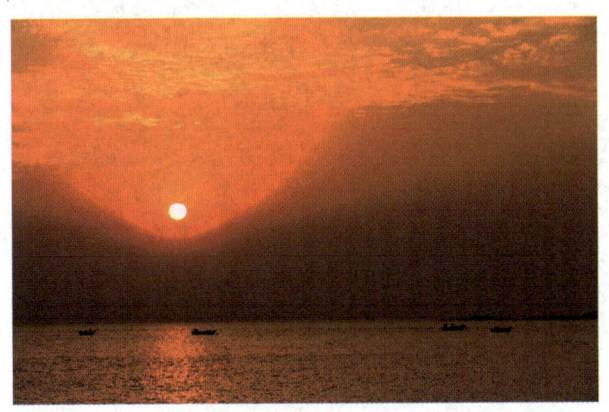
暖色

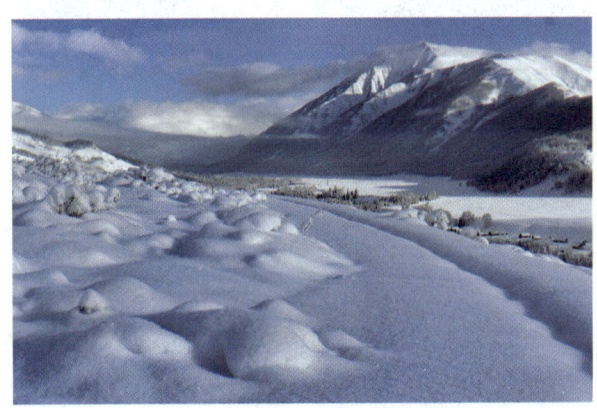
冷色

色彩的冷暖通过比较得来，具有相对性。如绿色和蓝色相比，绿色偏暖；绿色和黄色在一起时，绿色偏冷。在色环中，蓝色为冷极，橙色为暖极。

2. 色彩的软硬感

色彩的软硬感和色彩的明度、纯度有关。加白色形成的高明度色给人感觉较软，反之则感觉较硬；纯度越高色彩感觉越硬，反之则较软。民间的配色口诀说"软靠硬，色不楞"，这里的软色指浅灰或加粉的粉红、粉绿等，如惠山泥人的用色较软，而硬色指大红、大绿、深蓝、黑等浓重色彩，如淮阳泥人用色就较硬。

3. 色彩的距离感

色彩的距离感主要由色彩的冷暖、明暗、灰艳所产生的前进和后退感决定的。色彩中的红、橙、黄等暖色系具有前进感，称为前进色；蓝、紫等冷色系具有后退感，称为后退色。深背景上的高明度色彩具有前进感，低明度的色彩则后退融于背景；相反高明度背景中的深色前进，浅色后退。

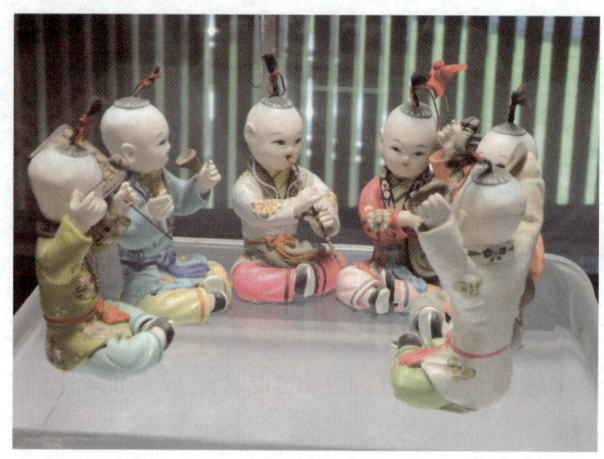

无锡惠山泥人

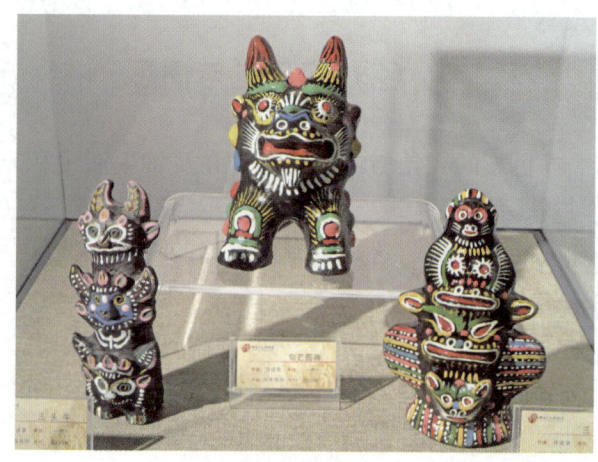

河南淮阳泥人

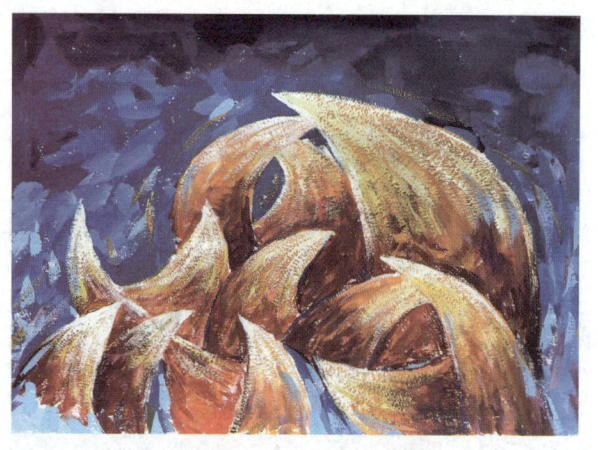

色彩的距离表现《暗礁》

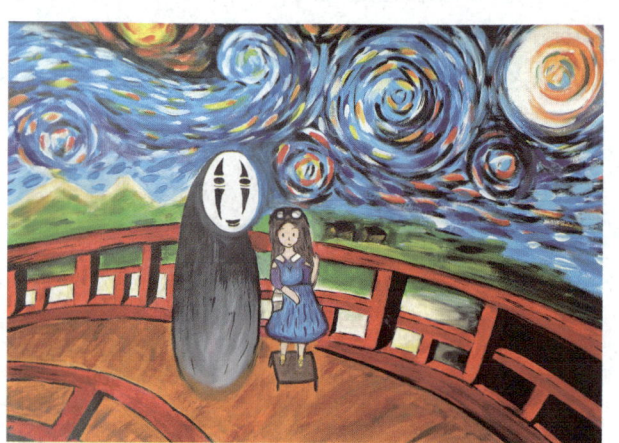

色彩的距离表现《桥上》

4. 色彩的轻重感

色彩的轻重感主要取决于明度，高明度色彩感觉轻，低明度色彩感觉重。

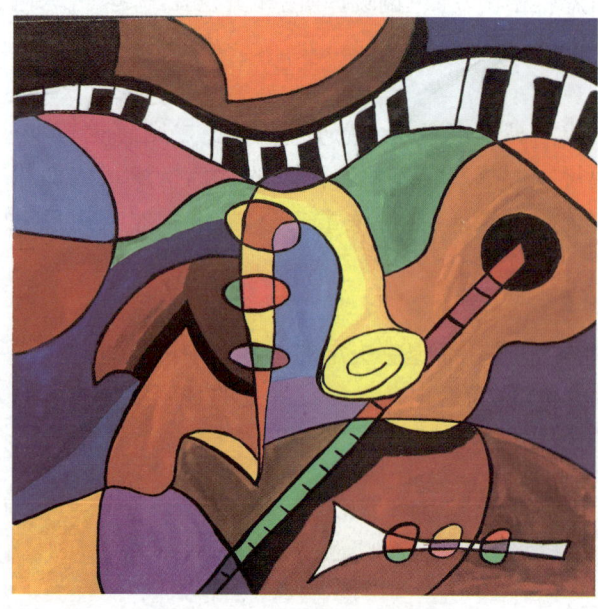

色彩的轻重表现《乐章》

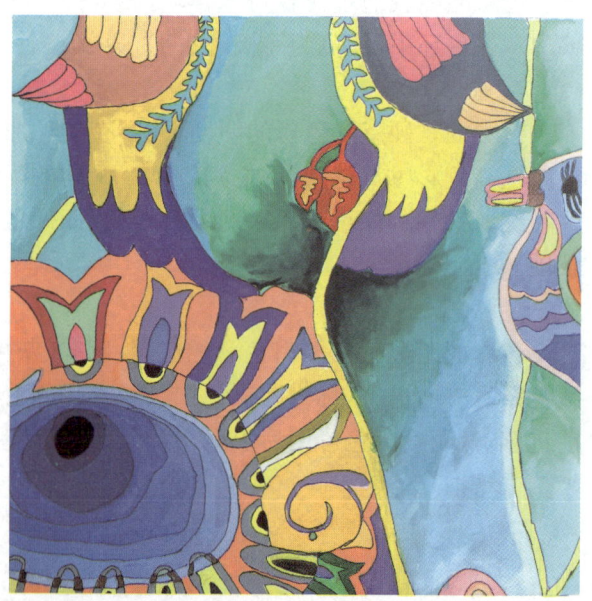

色彩的轻重表现《池塘边》

二、色彩的联想

色彩的联想是由人们长期的生产、生活实践和社会活动的经验积累,由看到的色彩而想到与其相关的其他事物的过程。色彩的联想由于民族、地域、年龄、个性、文化素养等多方面的差异而有所不同。

色彩的联想分为具象联想、抽象联想和感觉联想。如由白色联想到白云、雪花,由蓝色联想到大海、天空等是具象联想;由红色联想到热情、危险、紧急、革命,由黄色联想到光明、希望等是抽象联想;由红色联想到麻辣、吵闹、刺眼等味觉、听觉、触觉感受的则是感觉联想。因此,不同的色彩组合能让人产生不同的联想。

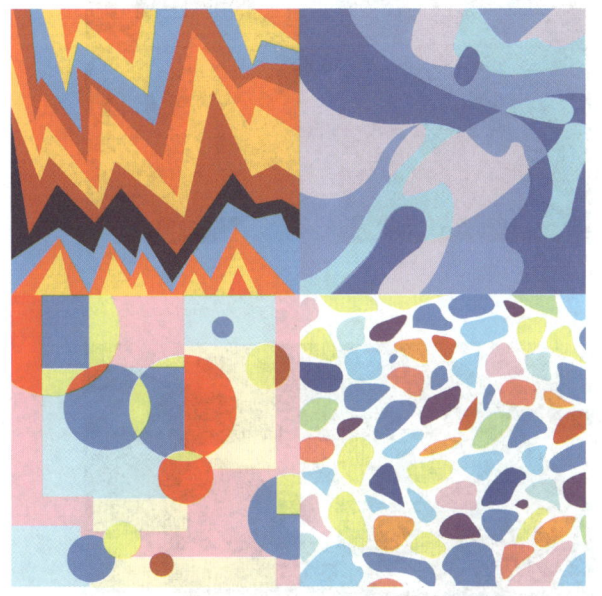

色彩情绪表达(急躁、烦闷、惬意、愉快)

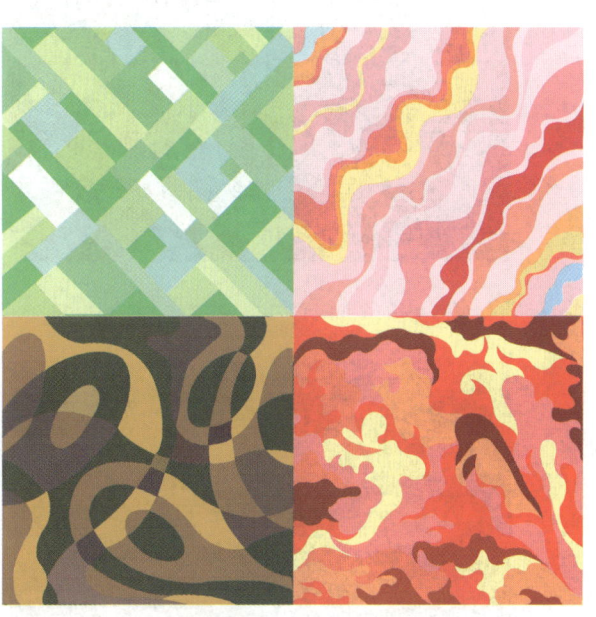

色彩味觉表达(酸、甜、苦、辣)

三、色彩的象征

色彩的象征与传统习俗和文化传承紧密相关。色彩在不同的文化体系、不同场合有着不同的象征体系。如白色在中国为丧孝之色,在西方则象征纯洁、幸福;黄色在中国古代为帝王至尊之色,在基督教国家中却是背叛、狡诈之色。

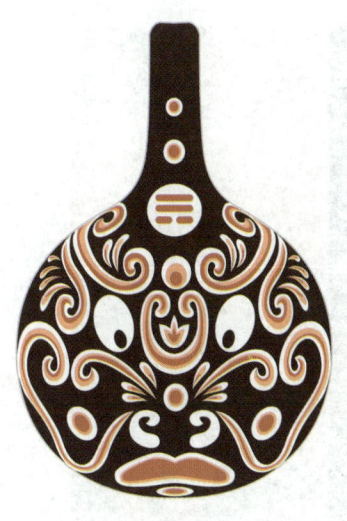 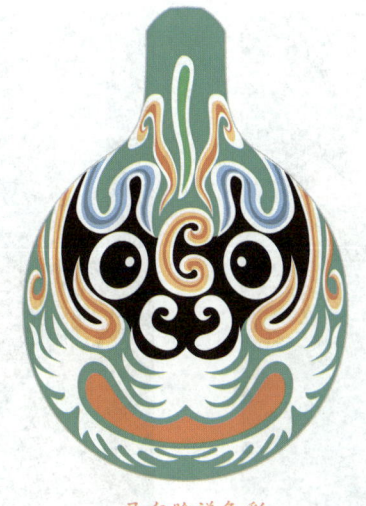 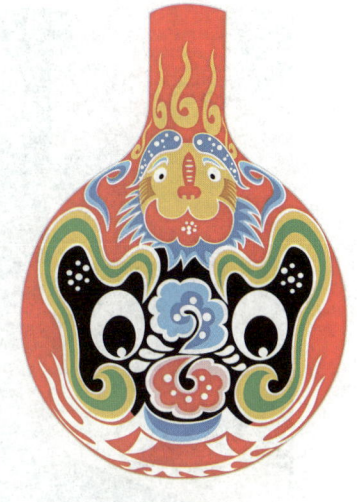

马勺脸谱色彩

四、作品表现

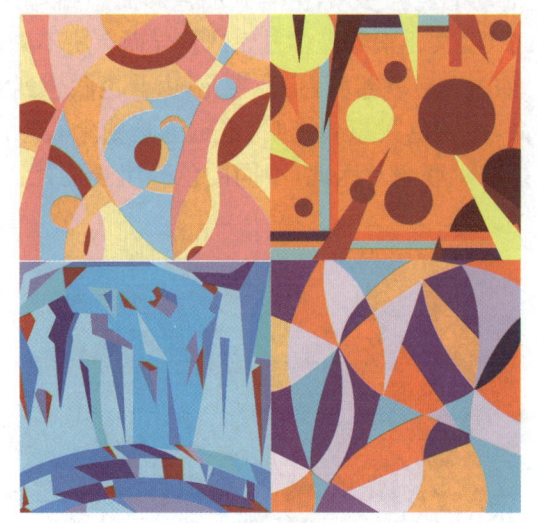

开心、焦虑、自在、不安

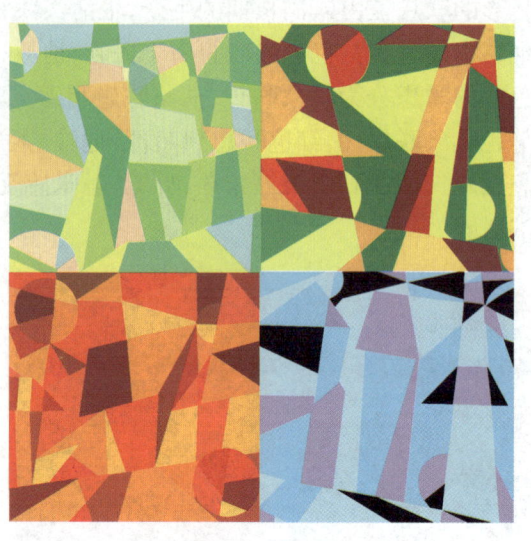

春夏秋冬

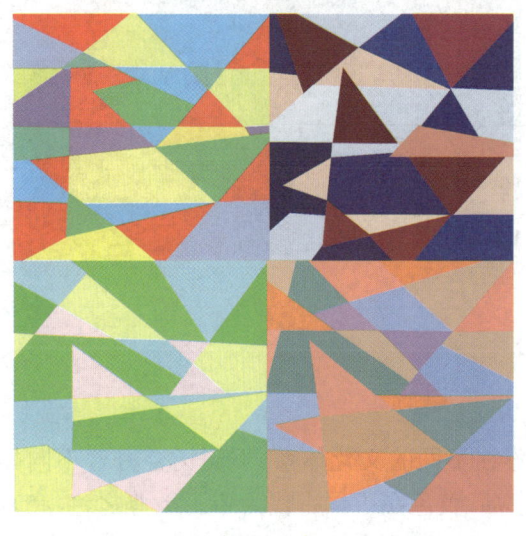

小曲、古典乐、轻音乐、民谣

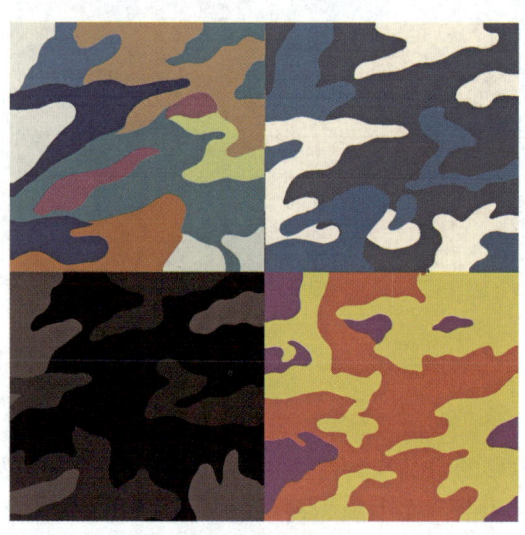

愉快、休闲、抑郁、烦躁

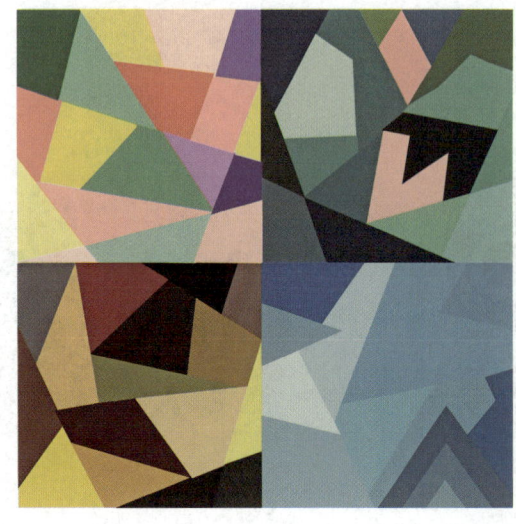

甜、酸、苦、咸

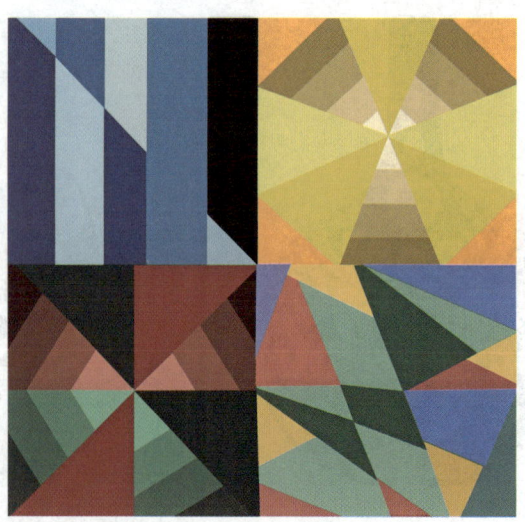

寒冷、温暖、燥热、凉爽

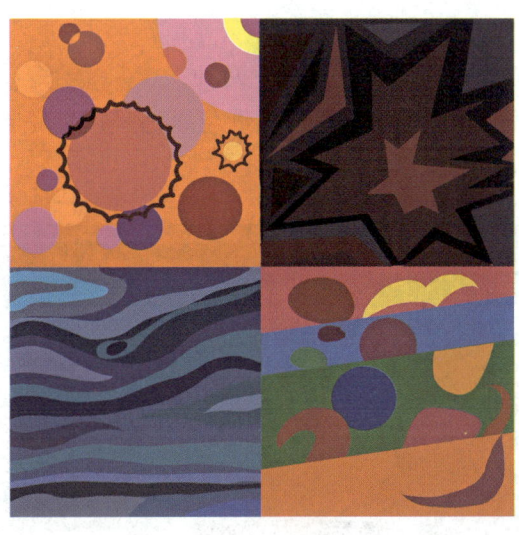
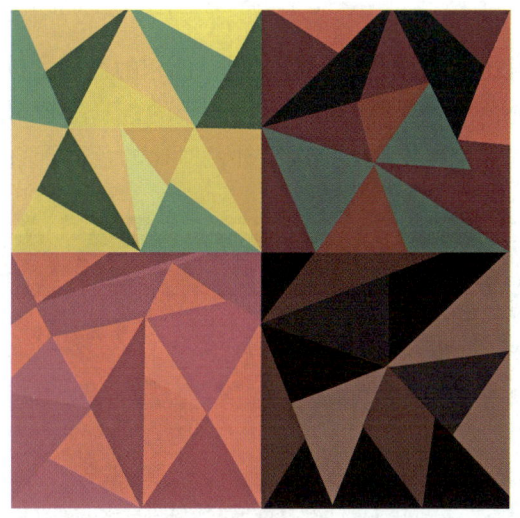

喜、怒、哀、乐　　　　　　　　　　　　　酸、辣、甜、苦

学习建议

用色块表现形式做色彩情感练习，如酸甜苦辣、喜怒哀乐、轻重缓急等。

模块三　色彩的对比与调和

色彩的对比与调和主要针对色彩配置而言，当不同的色彩在一起相互作用时会产生不同的视觉及心理效果。两种或两种以上的色彩并置时，要处理好色彩的对比和调和关系，从而得到变化中有统一，调和中有对比的画面色彩效果。

一、色彩常用配置方法

1. 同种色配置

同种色配置指同一色相而不同明度的色彩配置，如深蓝、蓝、浅蓝的配置。其特点是画面协调，但是容易单调，必要时要拉大色与色之间的明度距离。

2. 类似色配置

类似色配置指色环中邻近色相的色彩配置，又称邻近色配置。在邻近的色相里都含有同一色相，如黄绿、蓝绿、草绿的配置，它们都含有绿，所以也容易单调，必要时要注意色彩明度和纯度的对比。

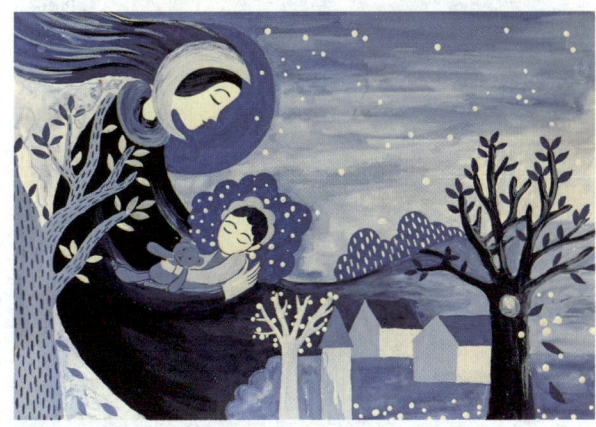
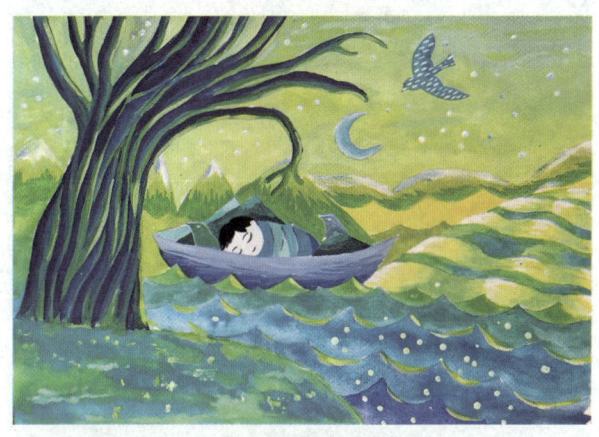

同种色配置　　　　　　　　　　　　　　　类似色配置

3. 对比色配置

对比色的配置指不含有同一色相的色彩之间的配置。对比色配置有以下两种。

补色配置：指色相环直径两端的色彩配置，是最为强烈的对比色配置，如红与绿、蓝与橙、黄与紫等。

次对比色配置：仅次于补色对比的色彩配置，如红、黄、蓝的配置。

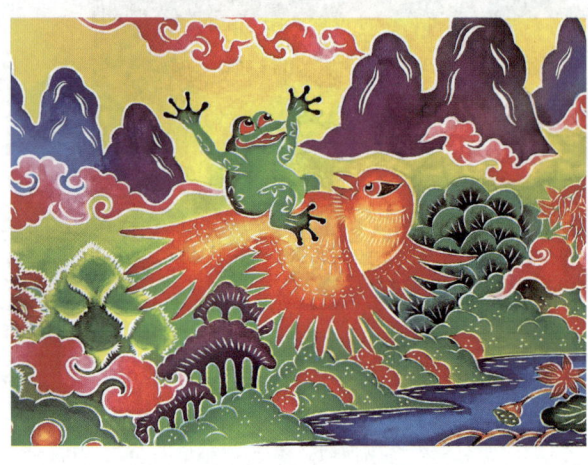

补色配置

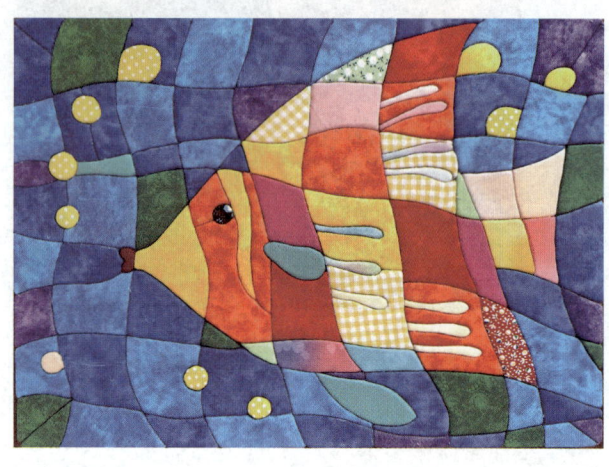

次对比色配置

对比色配置的特点是强烈、鲜明、丰富，民间美术中通常都使用对比色配置，如社火马勺脸谱的色彩就是大量使用对比色。对比色配置时不注意，容易使画面色彩杂乱、炫目，为了获得好的效果，应注意对比色的调和。

二、色彩的调和方法

色彩的调和是指色彩有秩序、协调地组织搭配，达到视觉上的和谐和心理上的平衡。调和的任务就是让色彩相互关联起来，求得画面色彩的多样统一。

1. 秩序调和法

在画面中按照一定的秩序排列色彩，能达到色彩的调和效果。秩序调和法包括渐变推移和循环重复。两个或多个对比强烈的色彩之间可以采用增加过渡色彩或色彩循环重复分布，构成节奏韵律秩序，从而取得画面调和有序的效果，社火马勺脸谱色彩配置中这种方法很常见。

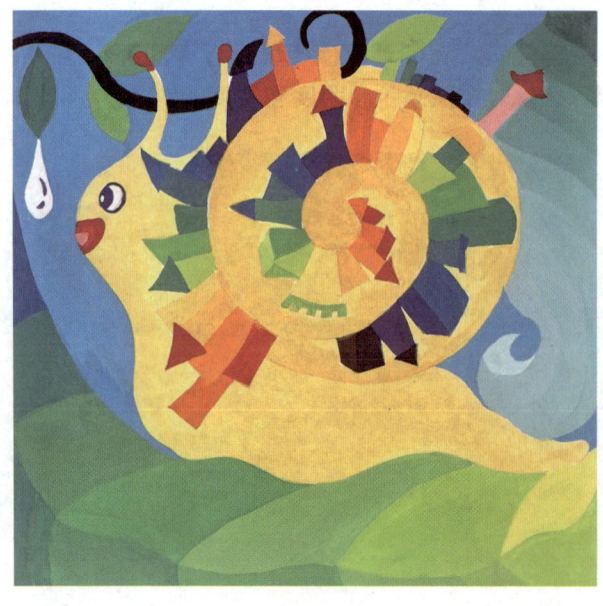

秩序调和《小蜗牛》

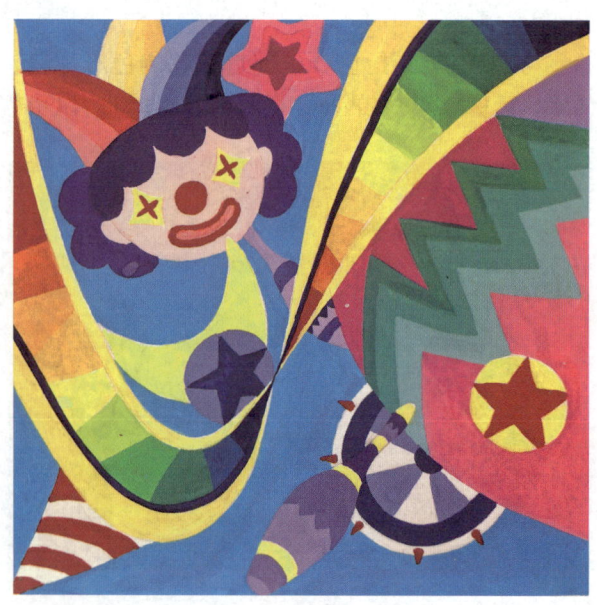

秩序调和《马戏团》

2. 主色调调和法

画面存在众多色彩时,确立某一倾向的色彩统领画面的色彩关系。主色调可以由色彩的面积优势来确立,像社火马勺脸谱中常见的以红色为主色,统领其他的冷暖色对比。也可以在各色中混入同一色相,构成有色调倾向的画面。如在所有色彩中都混入红橙等构成暖色调,混入灰色构成灰调子的画面。

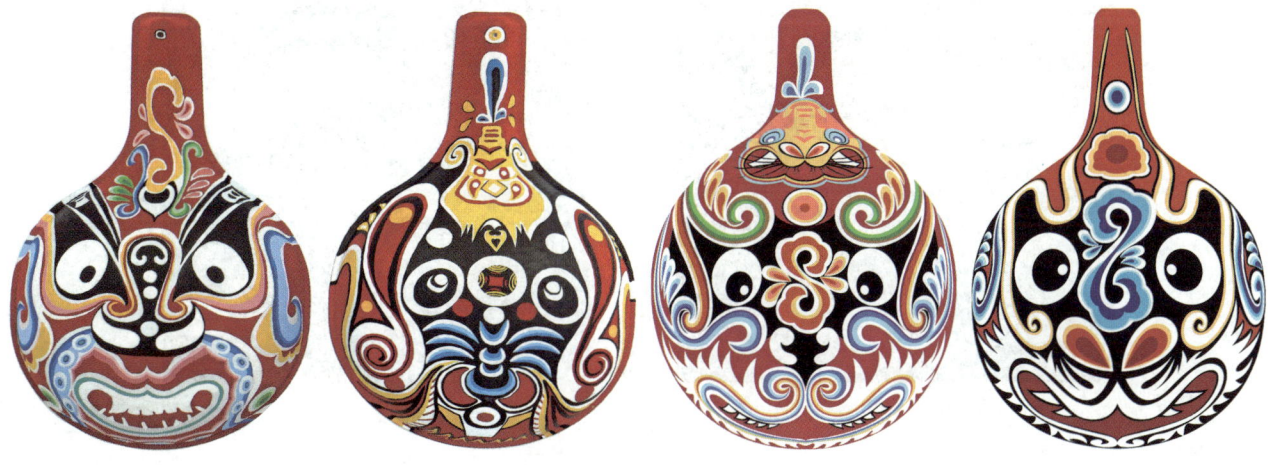

社火马勺脸谱(红色调)

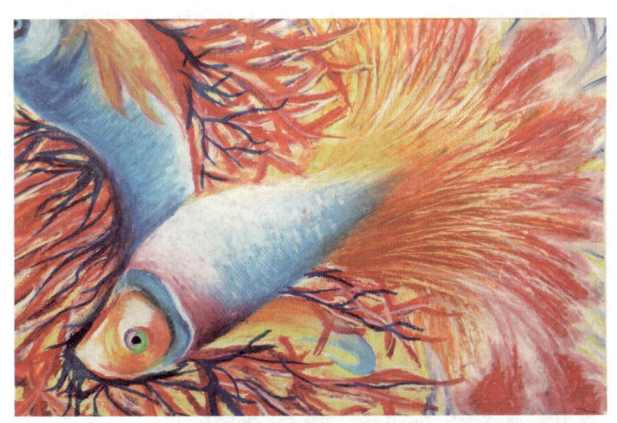

主色调调和《鱼》

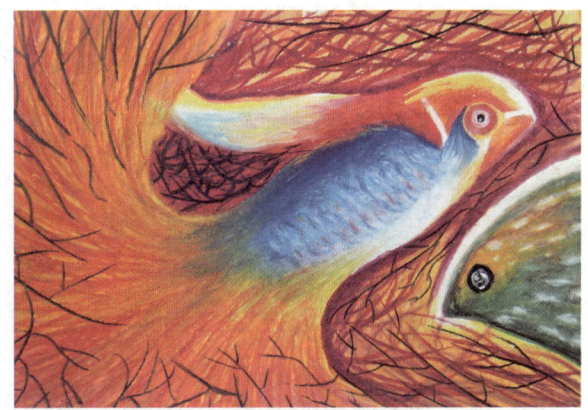

主色调调和《鱼》

3. 面积调和法

两块面积相同的色彩对比难以协调时,把其中的任何一块面积扩大或缩小,形成面积上的悬殊差别,这样能很好地起到色彩调和的效果。

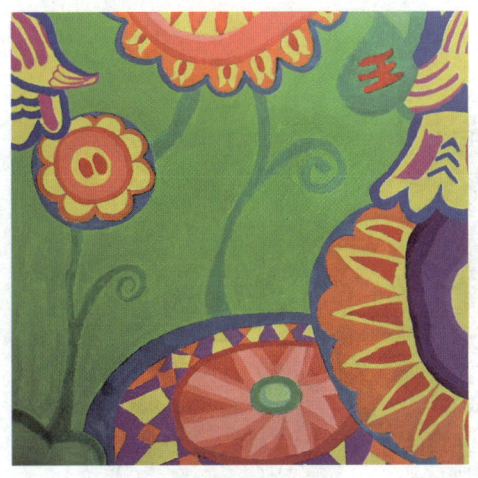

面积调和《浮萍》

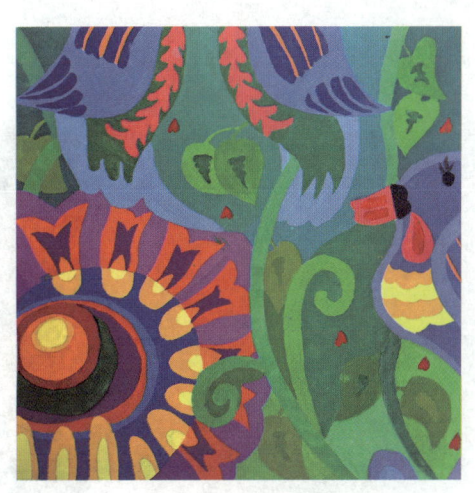

面积调和《丛林》

4. 互混调和法

当画面两个色彩的对比太强烈，不能组合协调时，可采用在各自色彩中混入少许对方的颜色，使得各自在降低纯度的同时也含有对方的色彩属性，能有效达到画面的调和效果。

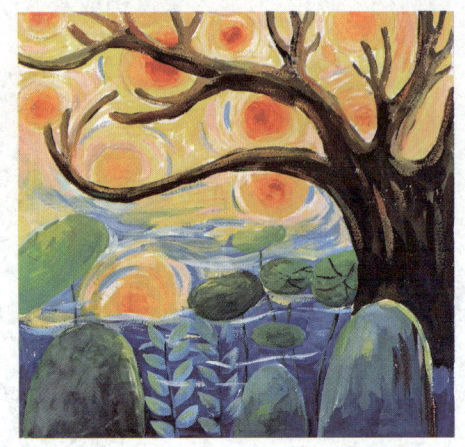
互混调和《金乌栖扶桑》

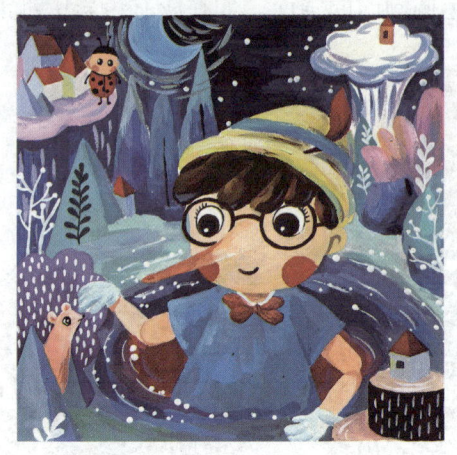
互混调和《匹诺曹》

5. 间隔调和法

色彩的对比过于强烈时，用第三色把它们间隔开，可起到调和色彩的作用。常用的间隔色有黑、白、灰和金、银等金属色，采用的手法多为勾边或衬底。

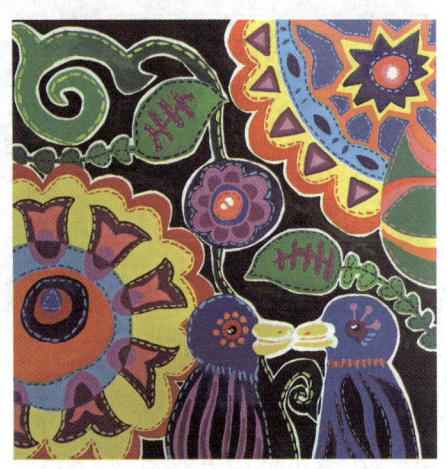
间隔调和《对话》

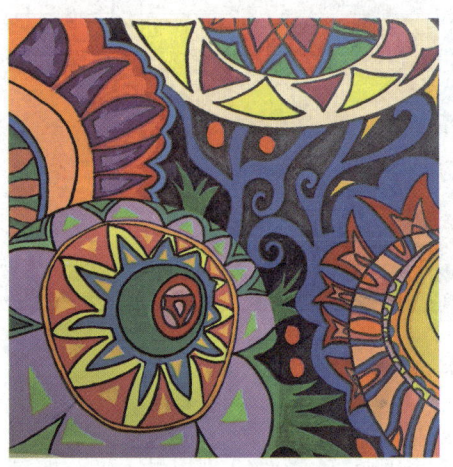
间隔调和《万花筒》

三、作品表现

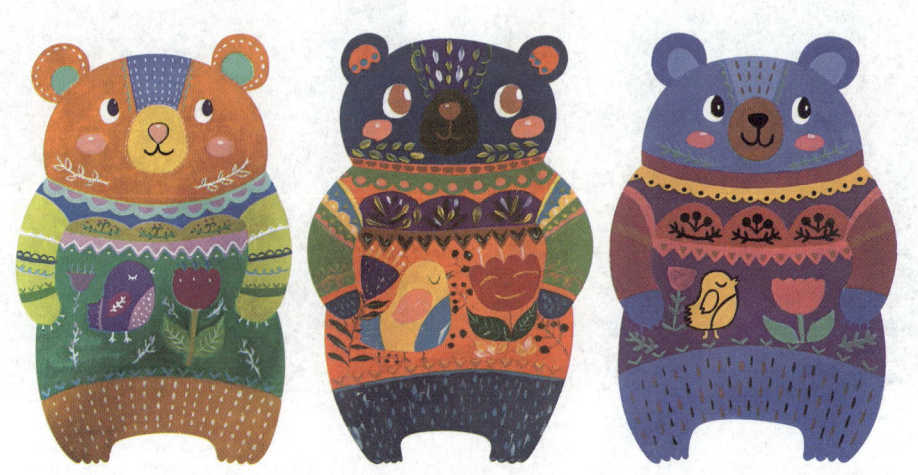

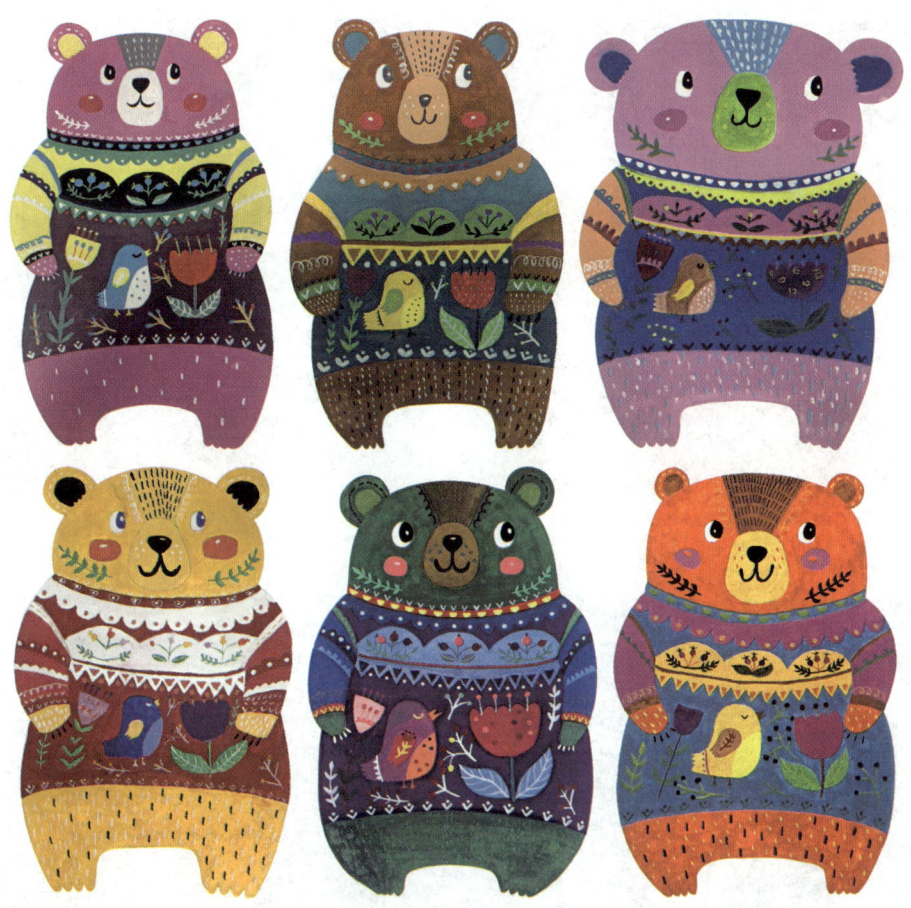

色彩配置练习

 学习建议

对同一幅线稿分别做同类色、类似色、对比色的色彩配置练习。

模块四　色彩的主调与层次

色彩的主调与层次决定了画面整体氛围和色彩变化的节奏感，在色彩配置的基础上更深入到画面的色彩美感，处理好色彩主调的同时还应考虑画面色彩的层次感。

一、色彩的主调

色彩的主调指的是画面色彩的总体倾向，也称色调。画面的色调一般由主体倾向色或大面积色来决定。"五彩彰施，必有主色"，主色就是色彩的基调。不同色调可以表现出画面不同的色彩感觉，像社火马勺脸谱通常使用红、黑、绿、黄等纯色为作为主调，以此体现脸谱不同形象的性格特征。

1. 色相调子

色相调子是以某一色为主构成的调子，如以红色为主构成的红色调，以紫色为主构成的紫色调，或以某一类色为主构成的调子，如红、橙、黄色为主构成的暖色调，以蓝、紫色为主构成的冷色调。

2. 明度调子

明度调子是指几个不同明度的色彩配置，以主色调为中心，组合明度差所产生的各种明度调子。如根据不同的明度基调可以分为高明度基调、中明度基调、低明度基调。高明度基调通常形成画面明亮、轻柔之感，中明度基调通常会形成画面稳定、沉着之感，低明度基调通常会形成画面幽暗、沉静之感。

绘画：从民艺赏析到童趣表达

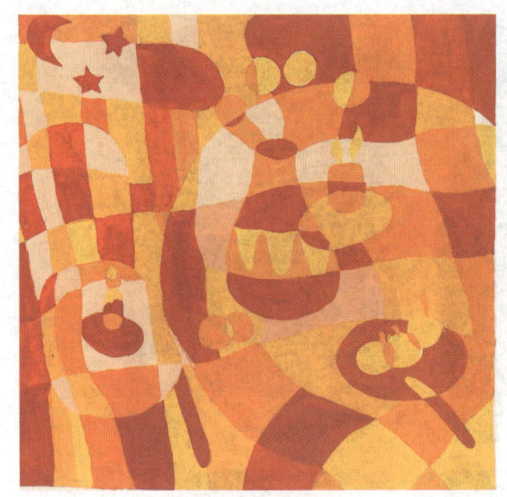
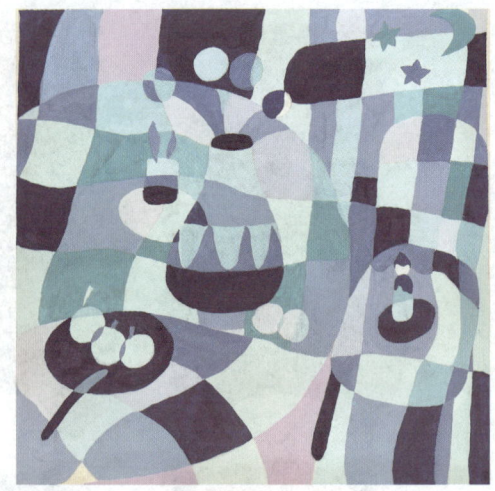

暖色调　　　　　　　　　　　　　冷色调

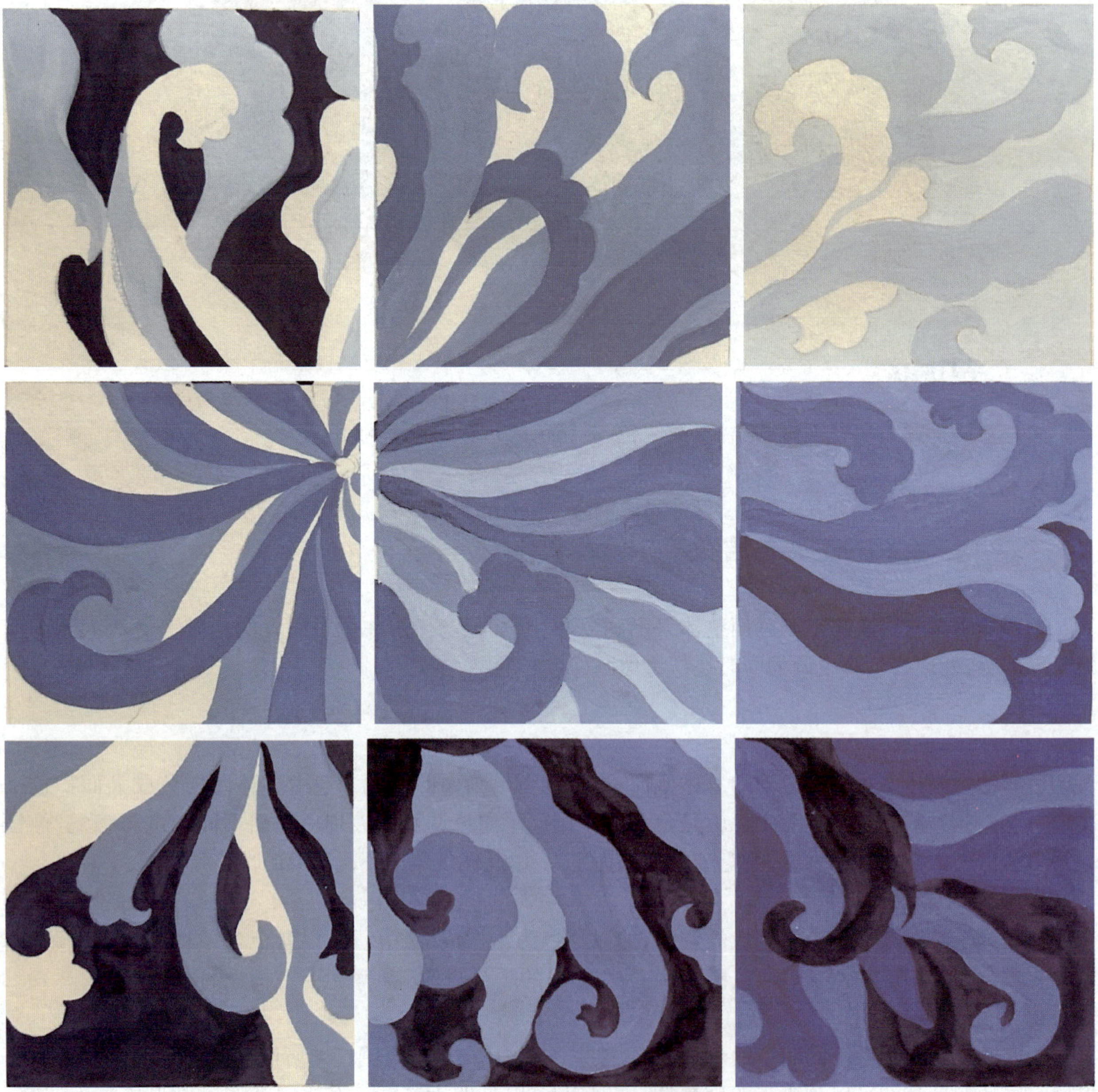

色彩明度基调

3. 纯度调子

纯度调子是指几种不同纯度的色彩配置时,以画面色彩的纯度差形成的各种纯度色调。如以纯度高的色彩为主构成的色调叫艳调,以含灰量较多、纯度低的色彩为主构成的色调称灰调。

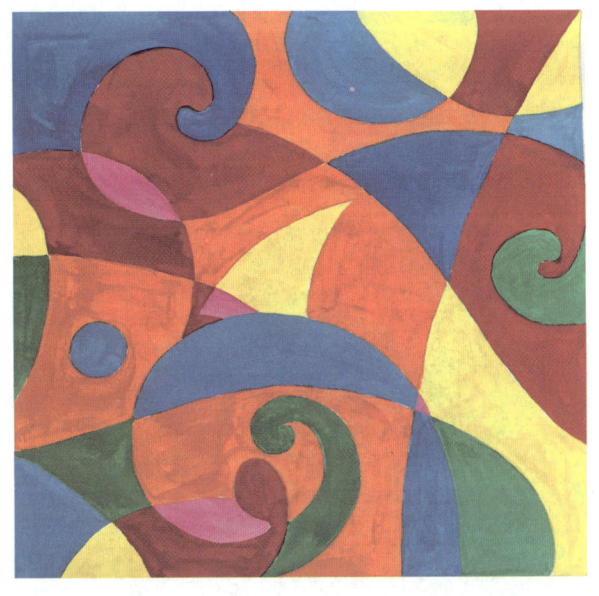

艳调

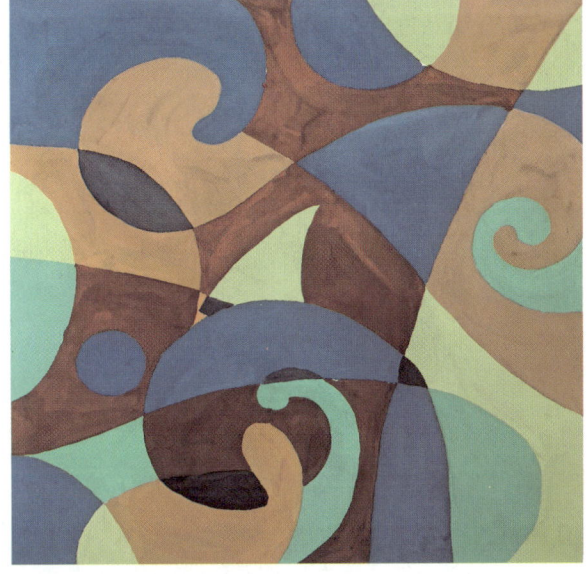

灰调

其实这三种调子不会孤立存在于一个画面中,实际上,任何一幅画中都体现了这三种调子属性。如暖明调子、冷灰调子、蓝灰调子等。在实际绘画时,要考虑好整体色彩调子,如表现明快活泼的画面时,色调以高明度、暖色、高纯度调子为主;表现宁静朴素的画面时,以低纯度的冷灰色调为主。而包括社火马勺脸谱在内的各类民间美术,通常是以高纯度、高明度的调子为主,以达到画面色彩浓烈绚丽的感觉,表达百姓对美好生活的追求。

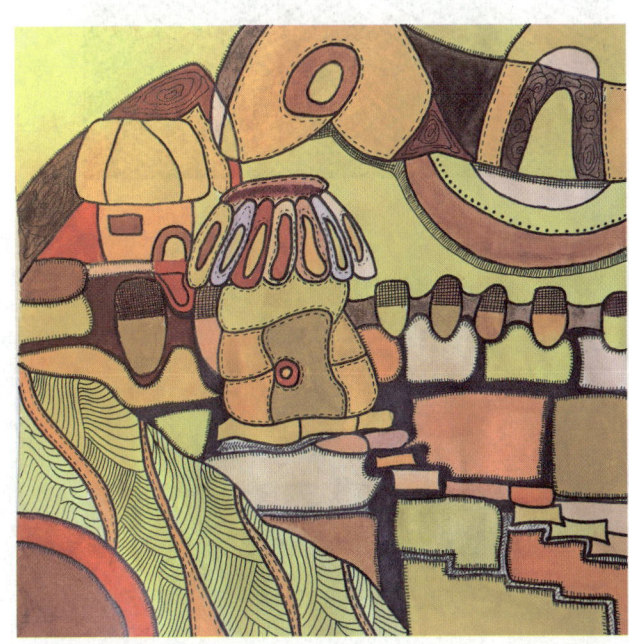
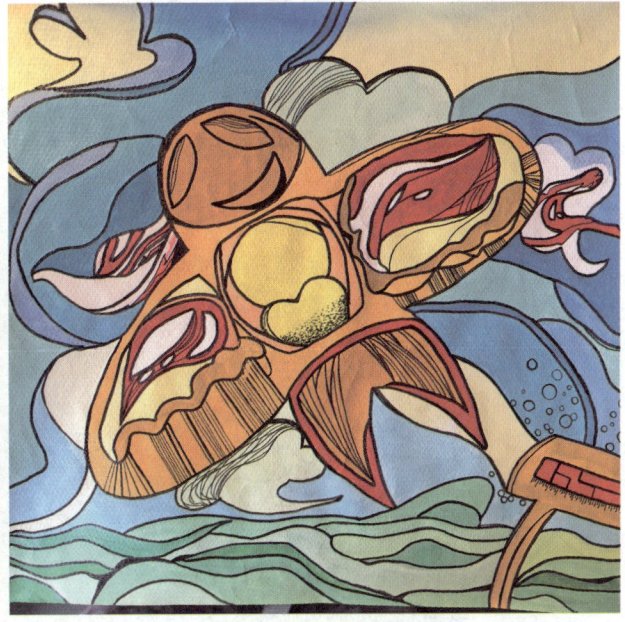

色彩调子的综合表现

二、色彩的层次

色彩的层次，指画面色彩的诸多要素之间综合对比而产生的图与底的层次效果。色彩的层次变化可分为单纯色和多色两类。

1. 单纯色的层次变化

如墨分五色的水墨画、明清瓷器中的青花等。

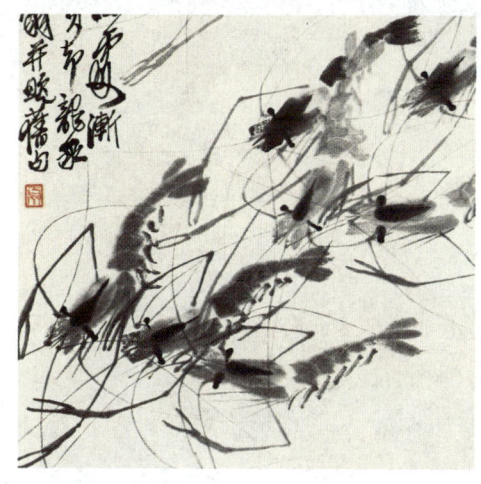
齐白石《虾》

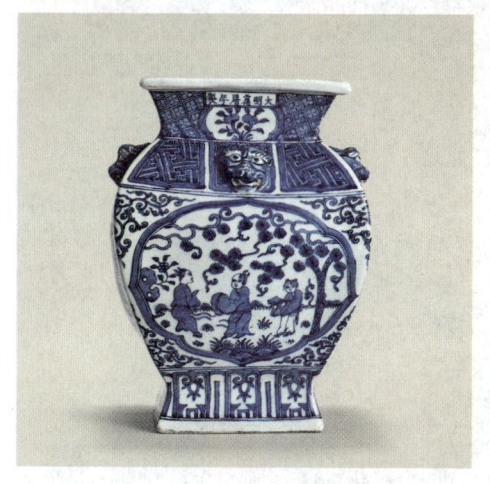
明万历青花龙纹四方辅首罐

2. 多色类的层次变化

如民间木版年画、多彩的织锦、瓷器中的五彩、斗彩、粉彩等。

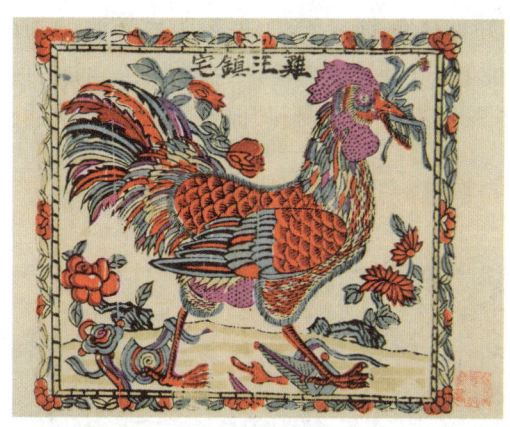
木版年画《鸡王镇宅》

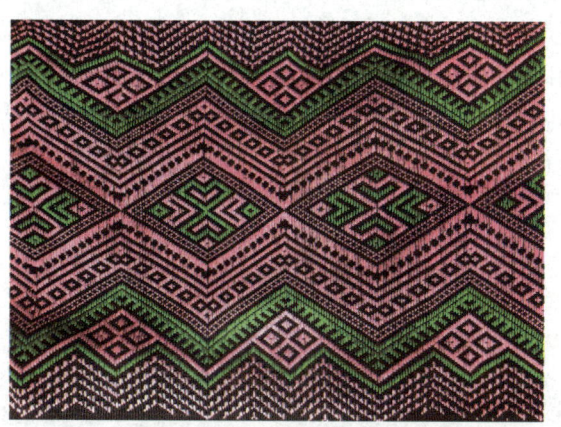
黎族织锦

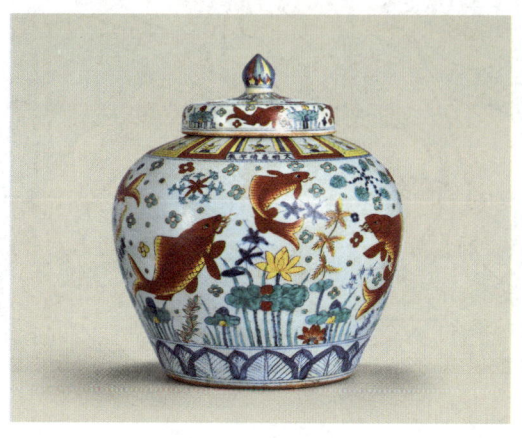
明嘉靖五彩荷塘盖罐

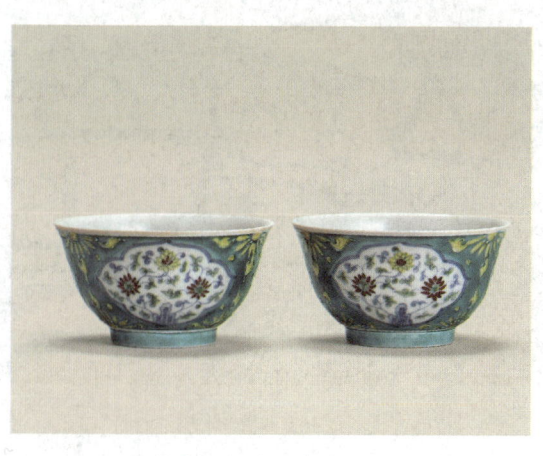
明成化珐华开光斗彩杯

层次多不一定是色相多,就算是单色,同样也能带来画面丰富的层次变化,关键如何处理好明度关系。如亮底配深灰、深底配亮色等,还要注意图与底的明度级差。由于明度和纯度差异的合理配置,会给画面带来节奏感,并形成"黑、白、灰"的层次感。

三、作品表现

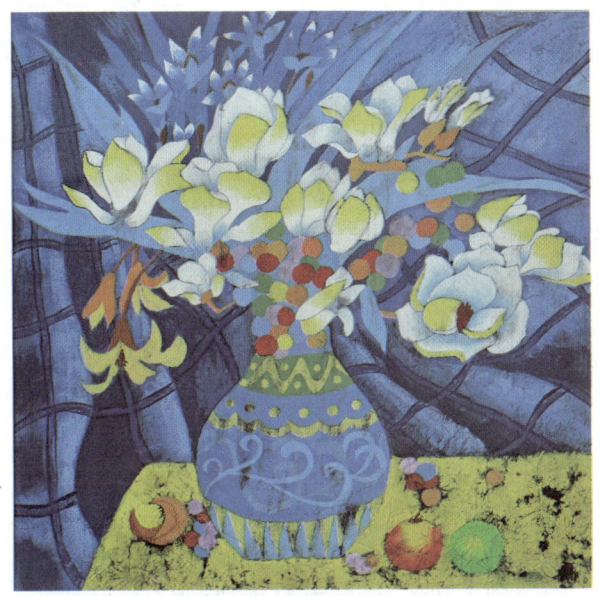

《瓶花静物》

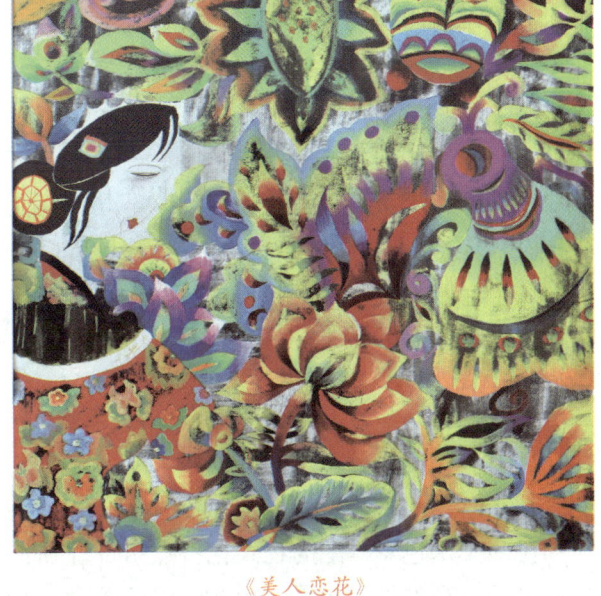

《美人恋花》

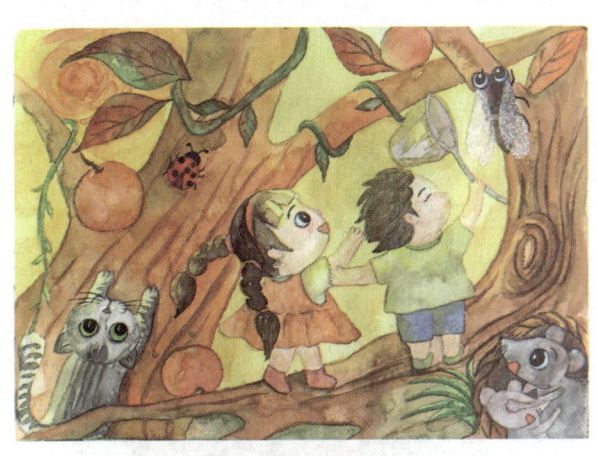

《夏日捕鸣蝉》

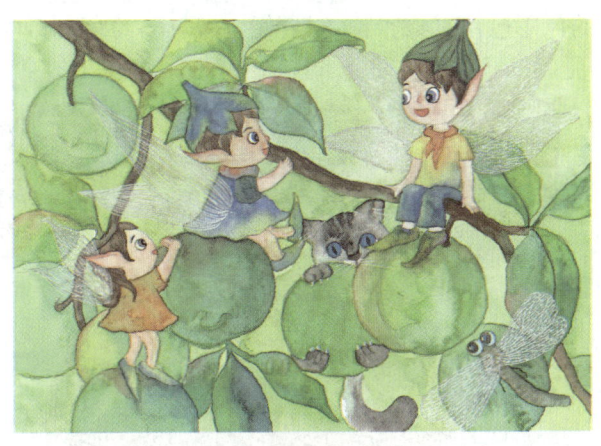

《果园精灵》

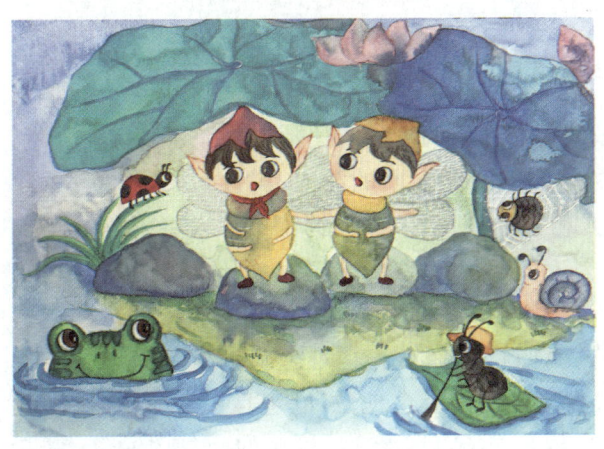

《雨中荷塘》

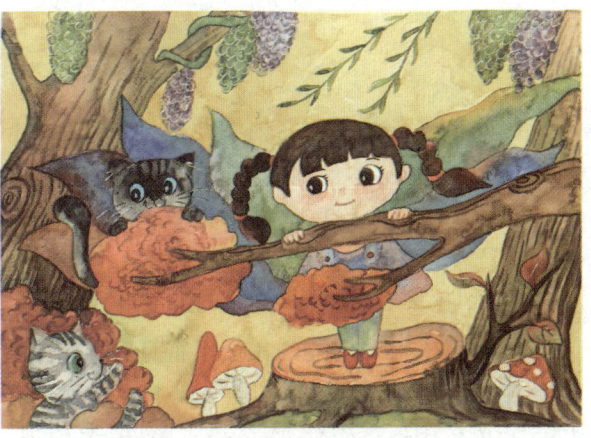

《秋到丛林》

学习建议

1. 用点、线、面分割画面，完成四格色调，要体现画面色彩的层次感，如表现春、夏、秋、冬或早晨、中午、黄昏、夜晚等。
2. 以同一线稿，完成早晨、中午、黄昏、夜晚四个色调。

拓展与提高　民间色彩的借鉴

中国民间美术中的色彩多使用明度和纯度较高的颜色，像陕西的社火马勺脸谱，色彩浓烈绚丽，极具地方特色；各地的农民画，色彩对比强烈，充满了勃勃生机。劳动人民在长期的生产生活中积累了大量的用色经验，并由于地域、文化、风俗、经验的差异，表现出不同的色彩风格。总体来说，中国民间美术是一个巨大的美学宝库，值得我们从其色彩的运用中汲取营养，为我们今后的绘画创作开辟一条新的赋色道路。

一、民间色彩搭配特点

1. 程式化

民间美术色彩搭配的程式化特点指百姓在长期的生产生活中形成的色彩赋色法则，大多以歌诀、口诀或是顺口溜的形式传承。例如云锦的配色口诀："两晕玉白深浅红，三晕水银配大红。"又如惠山泥人的色彩歌诀："红得艳，绿要娇，白需净，纯色如纸映心魂。"

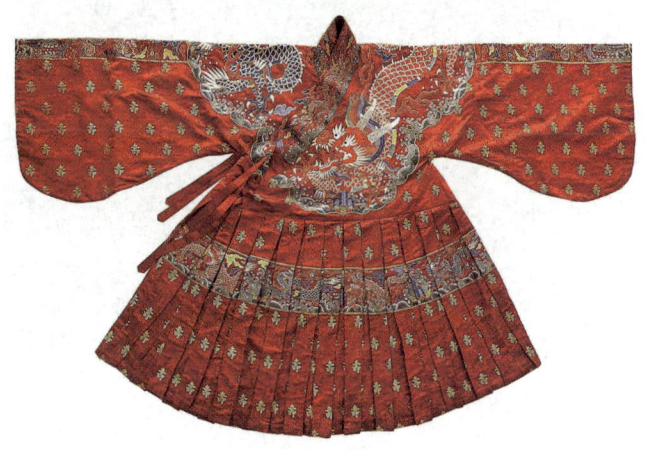

南京云锦复原龙袍

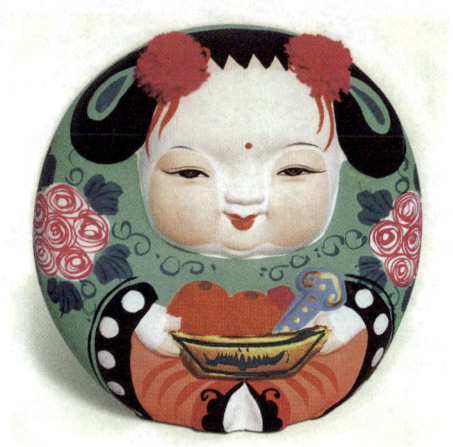

惠山泥人大阿福

2. 地域性

民间美术色彩搭配的地域性特点表现在不同的地域文化而产生的不同的色彩审美差异。

如同样是泥塑，但地域不同，表现的色彩风格也不尽相同。河南淮阳的泥人，黑色为底，用色夸张；陕西凤翔泥人，将大红、大绿作为原色使用，体现西北泥人粗犷的用色特点；无锡惠山泥人，色彩清秀，体现出江南水乡清新柔美的地域风格。

3. 象征性

民间美术色彩搭配的象征性特点体现在将色彩看作一种符号，借以表达观念或事物。例如西藏地区的藏戏面具，其色彩丰富多样，不同的色彩面具代表着人物不同的社会地位，红色是权力的象征，位高权重的角色用红色面具；白色代表善良，多用于老者面具；绿色具有生命特点，母亲的面具用绿色；蓝色是天空的颜色，所以天神的面具用蓝色。

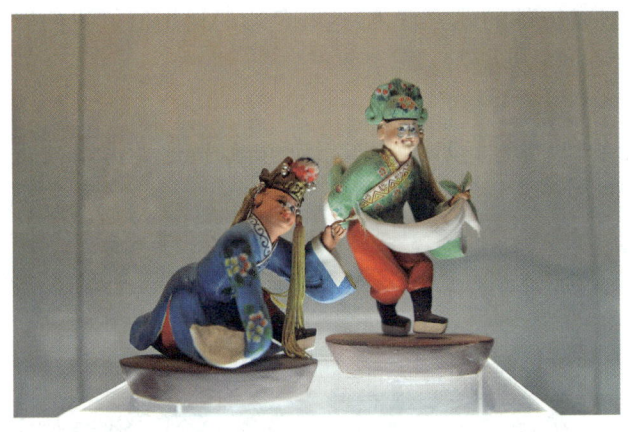
无锡惠山泥人

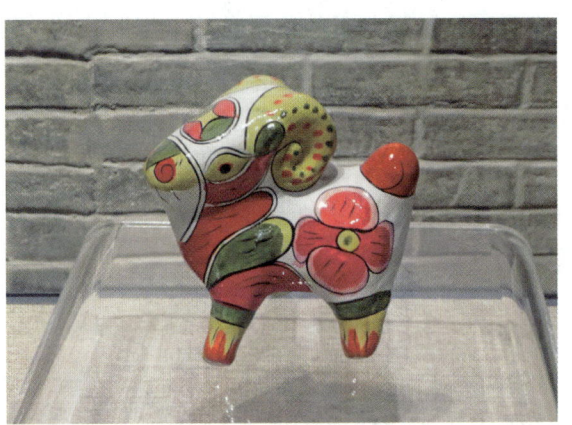
陕西凤翔泥人

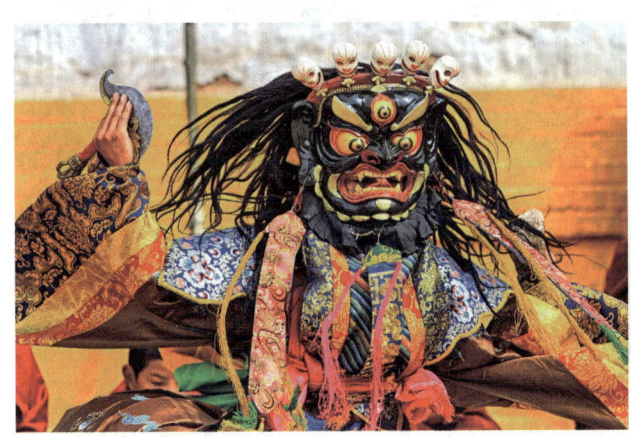

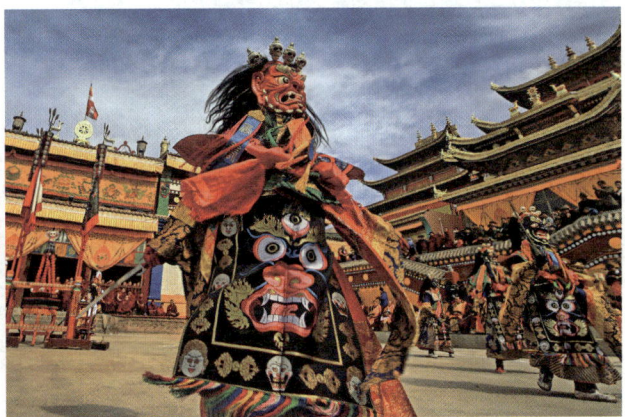

藏戏表演

4. 装饰性

民间美术色彩搭配的装饰性特点体现在大胆用色,用色彩装点生活,以此表现对幸福生活的向往,展现出民间色彩淳朴的装饰美学特征。如山西的"黎侯虎",大胆运用黄色和红色,配以黑色花纹图案,以醒目的色彩表现出虎虎生威的装饰美感。

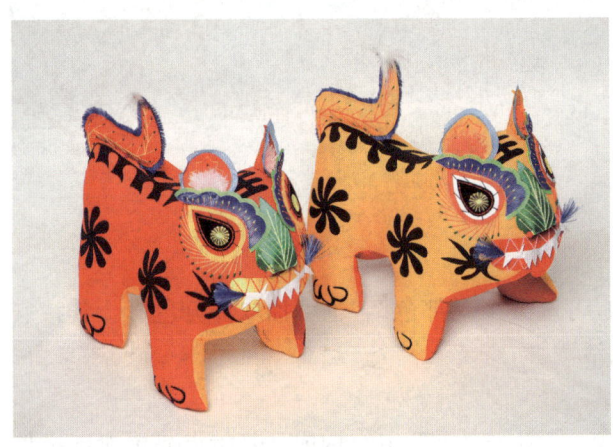

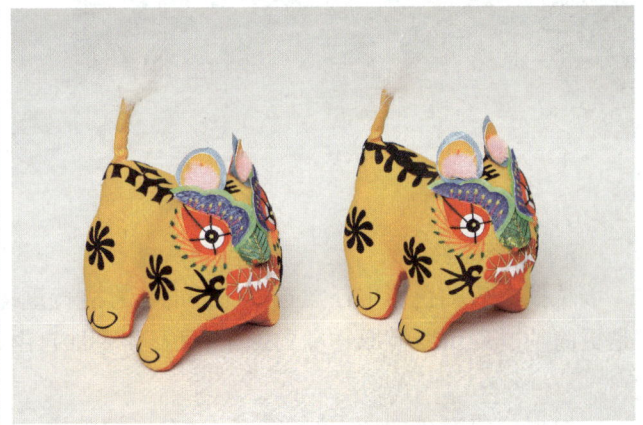

山西"黎侯虎"

二、色彩的采集与重构

色彩的采集与重构是在对自然色和人工色彩进行观察、学习的前提下,进行分解、组合、再创造的构成手法。民间美术的色彩有着中华民族的传统韵味,具有浓郁的地方特色,这些色彩的运用值得我们借鉴并再利用。

1. 整体色按比例重构

将色彩对象较完整地采集下来,按原来的色彩关系和色彩面积比例,作相应色标,按比例运用在新作品中,特点是能充分保持原物象的色彩风格和主色调。

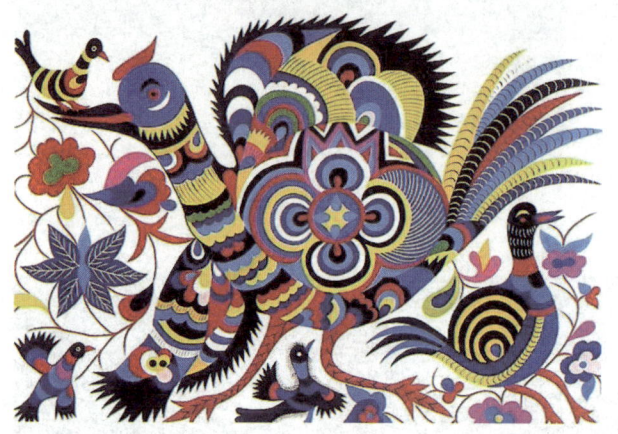
安塞农民画

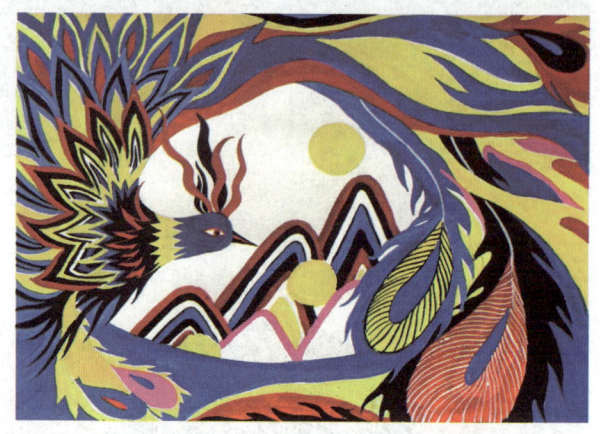
整体色按比例重构《丹穴凤凰》

2. 整体色不按比例重构

将色彩对象完整采集下来,选择典型的、有代表性的色彩不按比例重构。由于比例不受限制,可将不同面积的代表色作为主色调,其特点是既有原物象的色彩感觉,又能产生新鲜感。

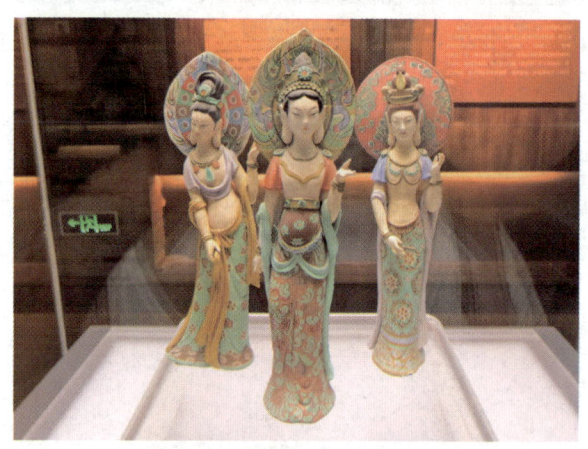
惠山泥人《敦煌菩萨》

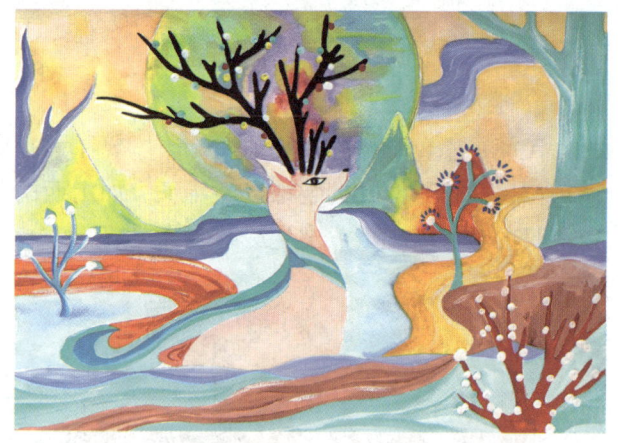
整体色不按比例重构《九色鹿》

3. 部分色的重构

从抽象后的色彩中任意选择所需的色彩进行重构,可选某个局部色调,也可抽取部分色彩。其特点是更简约、概括,既有原物象的影子,又显得更加自由、活泼。

4. 形、色同时重构

根据采集对象的形、色特征,经过对形的概括、抽象,在画面中重新组织构成。其特点是更能突出整体特征。

5. 色彩情调的重构

根据原物象的色彩情感、色彩风格作"神似"的重构,重新组织后的色彩关系和原物象非常接近,并能尽量保持原色彩的意境。

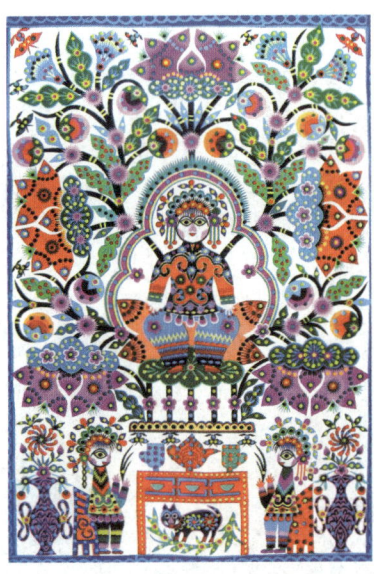
旬邑剪纸《青枝绿叶白牡丹》

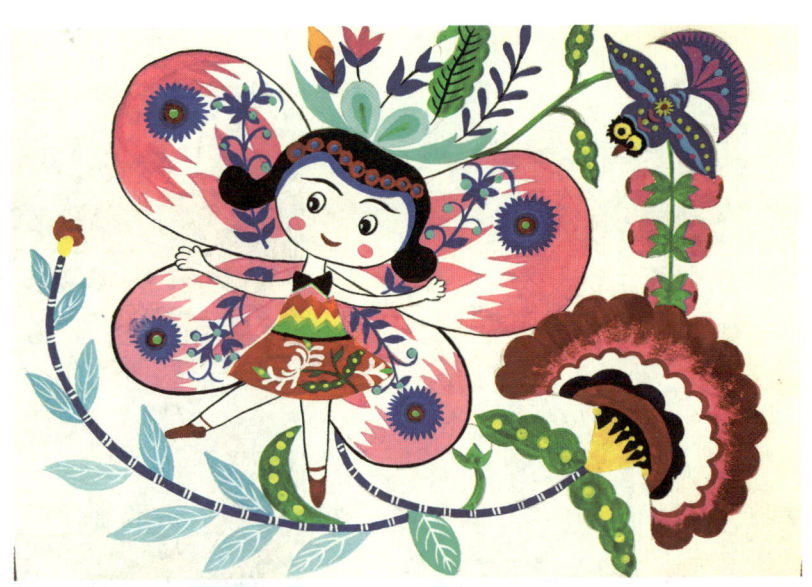
部分色的重构《蝴蝶仙子》

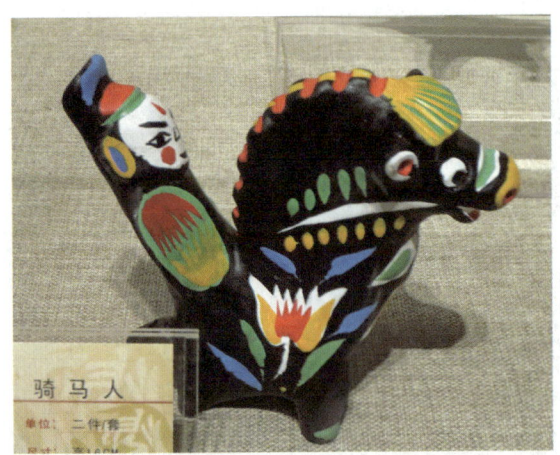
浚县泥人《骑马人》

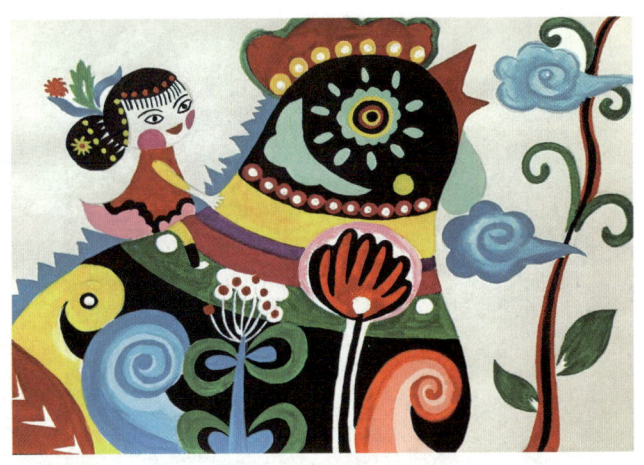
形、色同时重构《大母鸡》

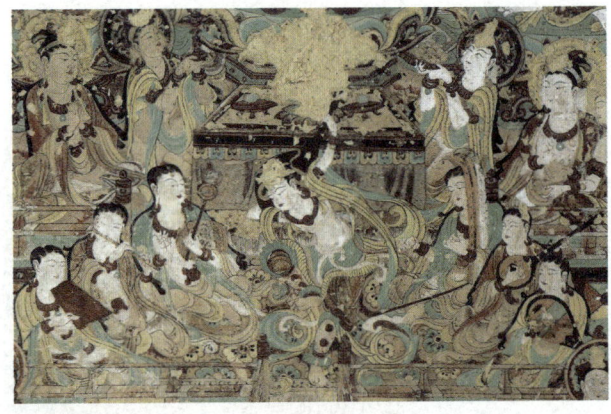
岩彩《舞乐飞天》

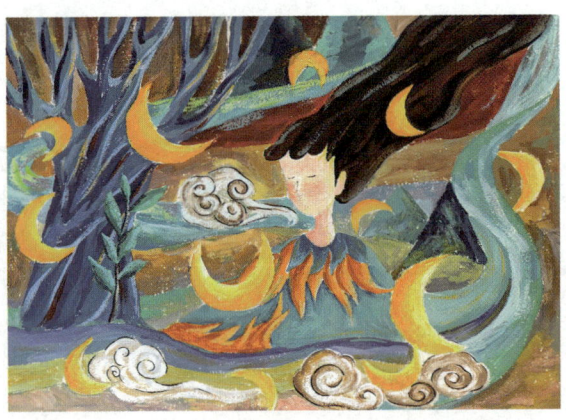
色彩情调的重构《常羲洗月》

三、作品表现

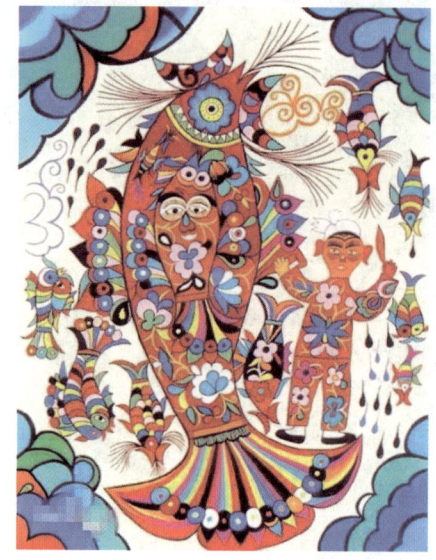
安塞农民画

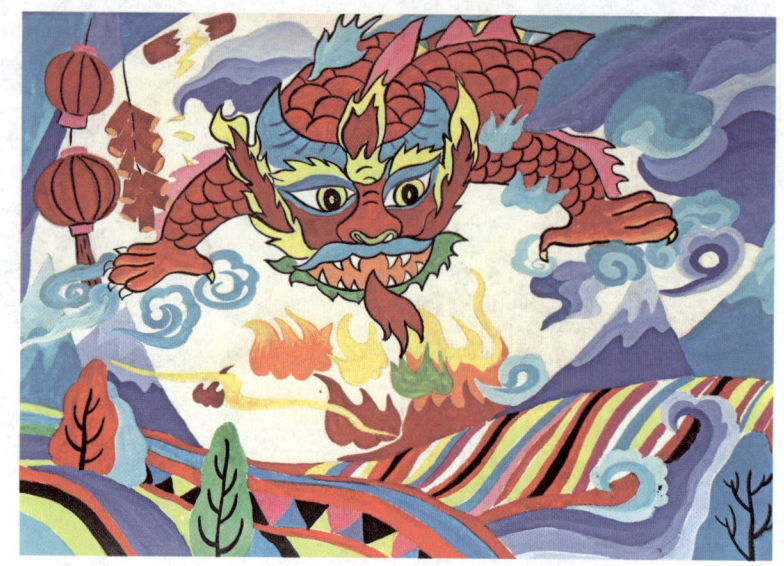
重构作品《年兽》

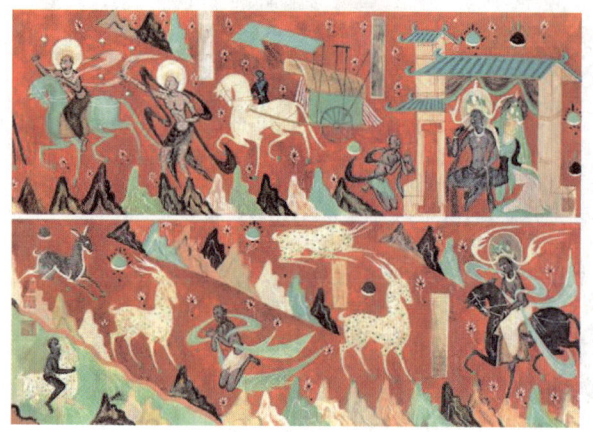
敦煌壁画

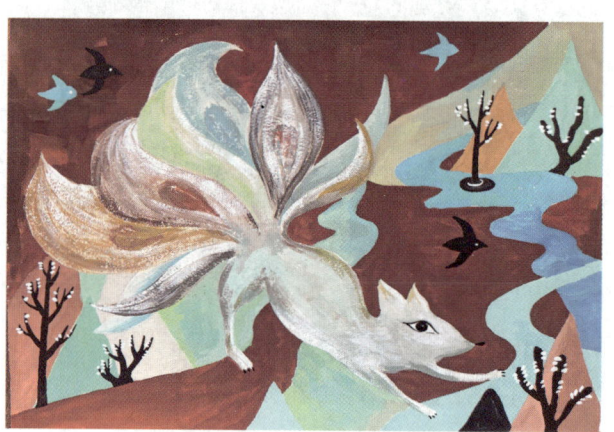
重构作品《九尾狐》

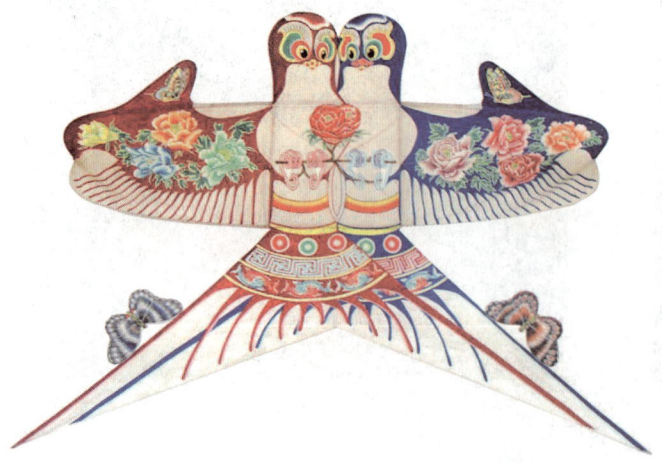
北京双燕风筝

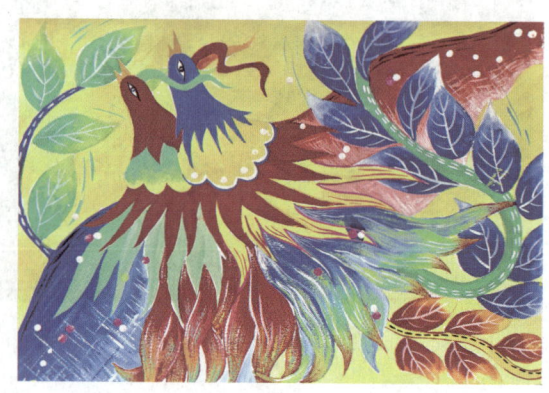
重构作品《比翼鸟》

第二章 寻 社火马勺脸谱色彩之绚丽

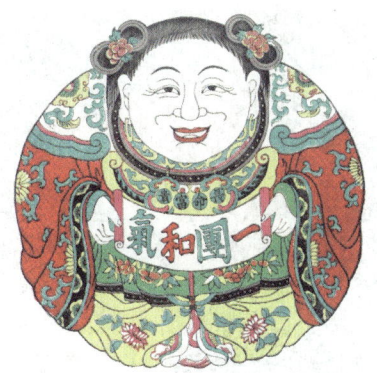

桃花坞木版年画

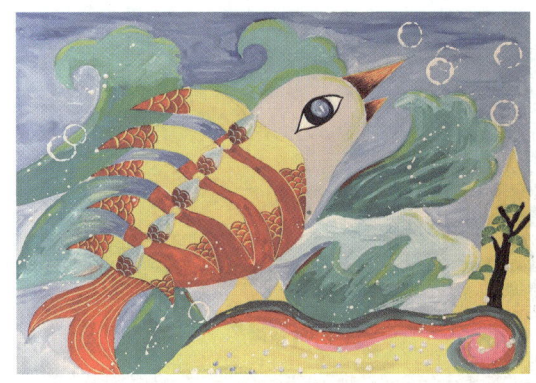

重构作品《鳃鳃》

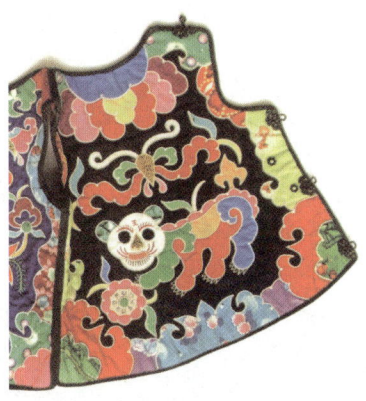

湖北阳新布贴

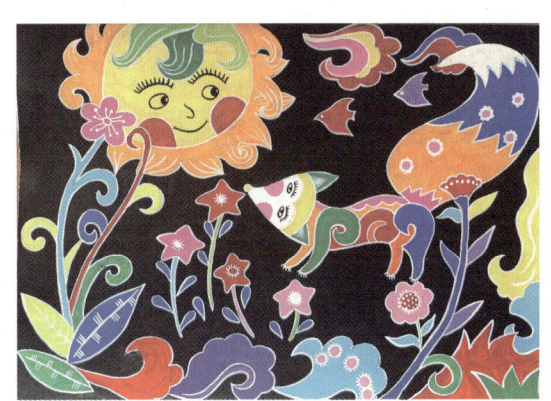

重构作品《小狐狸的春天》

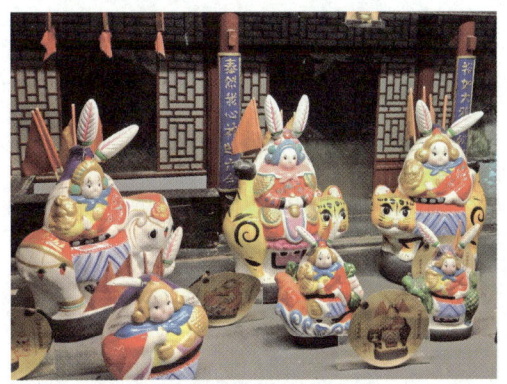

北京兔儿爷

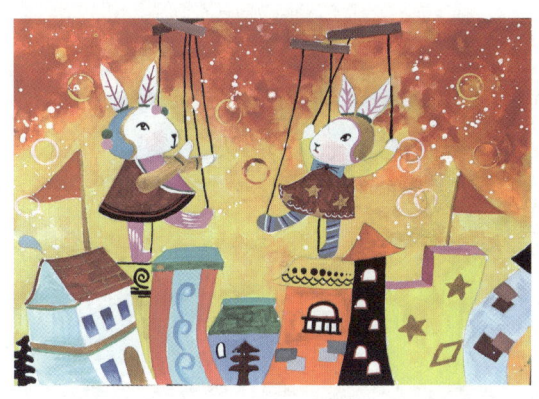

重构作品《木偶戏》

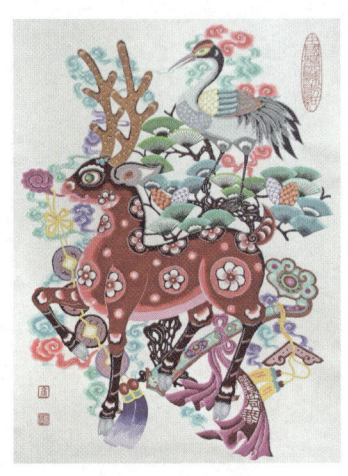

蔚县剪纸

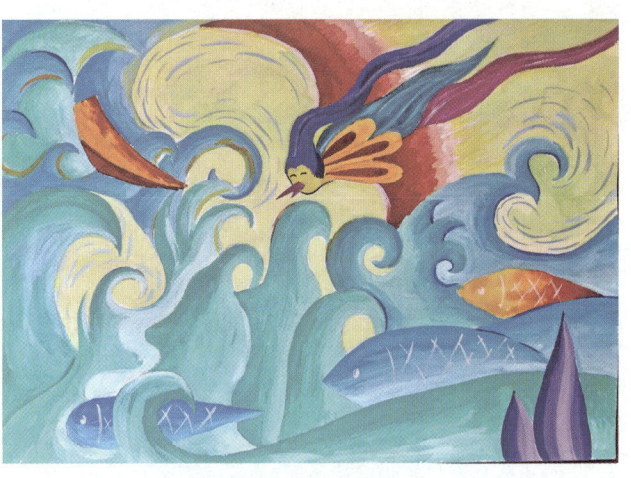

重构作品《精卫填海》

绘画：从民艺赏析到童趣表达

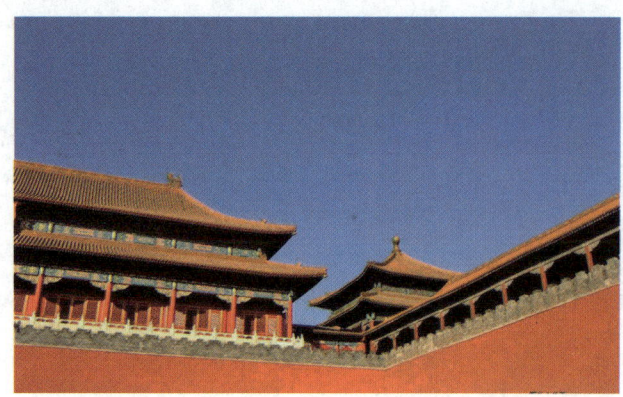

故宫

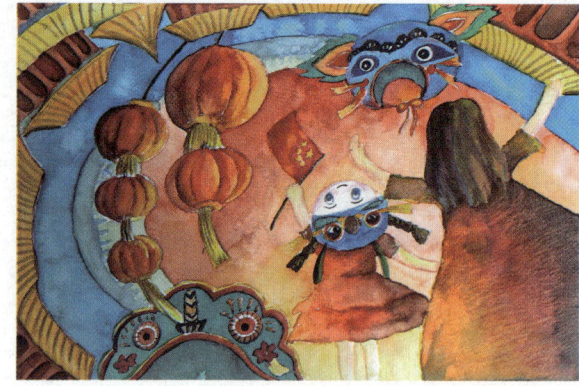

重构作品《国庆》

 学习建议

选取一个民间美术素材，进行色彩的借鉴练习。

第三部分　幼儿园实践与运用

从社火马勺脸谱的探寻中我们感受到了民间社火的独特表现形式，尤其是它的色彩，活泼绚丽又不失地方韵味，具有一定的象征意义。从色彩知识的学习中，我们也进一步感受到了色彩的艺术魅力。

我们可以把色彩知识运用于艺术领域的日常教学中，根据不同年龄段的幼儿设计合理的色彩内容，引导幼儿观察、感受自然界的色彩美，鼓励幼儿大胆选择多种颜色、多种形式作画。可以根据不同年龄特点的幼儿设计各种"玩色"游戏，如在小班吹色、中班染纸、大班喷洒印色等活动中，通过色彩的流淌、渗透、融合，引导幼儿感知色彩。我们可以在各班级创设"玩色"区，投放颜料、吸管、棉签等各类工具材料，让幼儿在游戏中体验色彩美，提高色彩认知，并激发幼儿对色彩的兴趣。

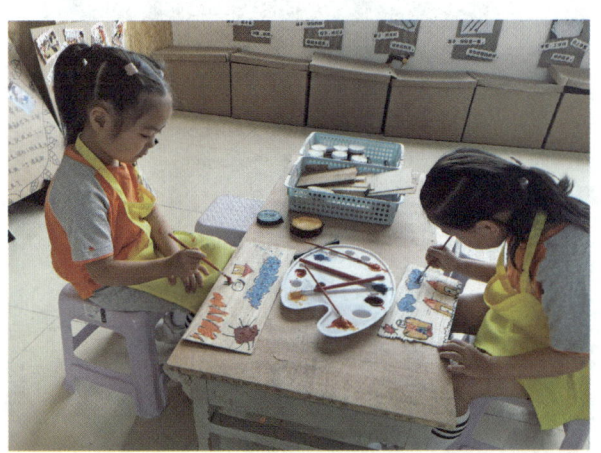

幼儿玩色活动

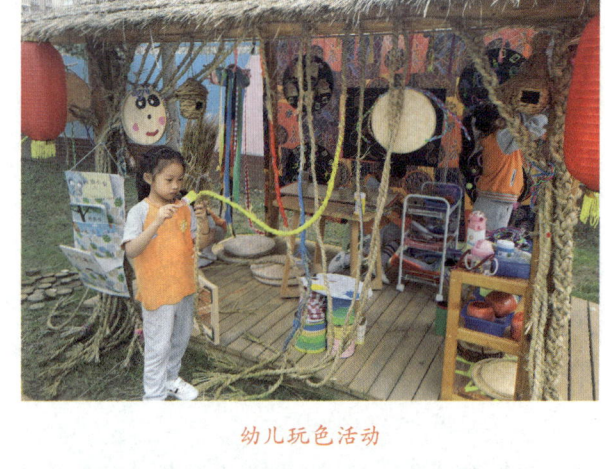

幼儿玩色活动

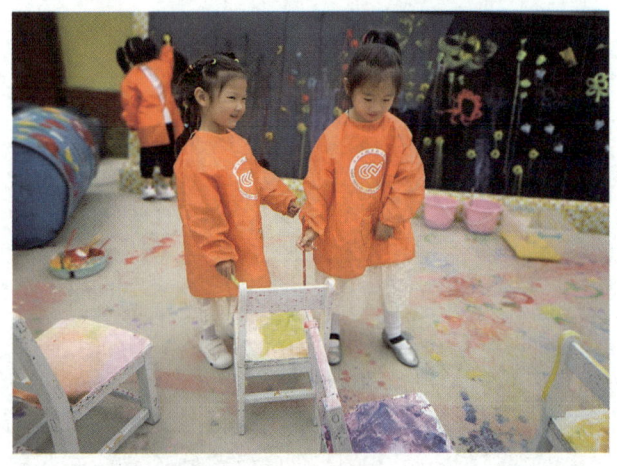

幼儿玩色活动

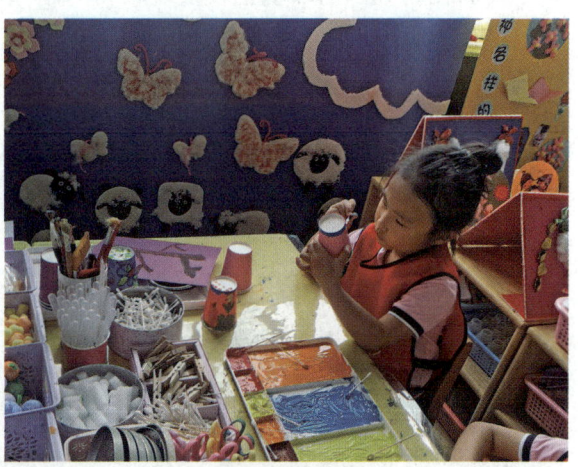

幼儿玩色活动

我们可以引导幼儿欣赏国内外优秀的色彩作品，如凡·高的《向日葵》、修拉的点彩画等，跳跃、旋转的色彩能让幼儿感受到色彩变化的无穷乐趣；我们还可以引导幼儿欣赏优秀的民间美术作品，如脸谱色彩、农民画色彩等，让幼儿说一说，学一学，画一画。通过欣赏，能开阔幼儿的视野，提高他们的色彩感受力，同时提升幼儿在美术创作中的审美意识。

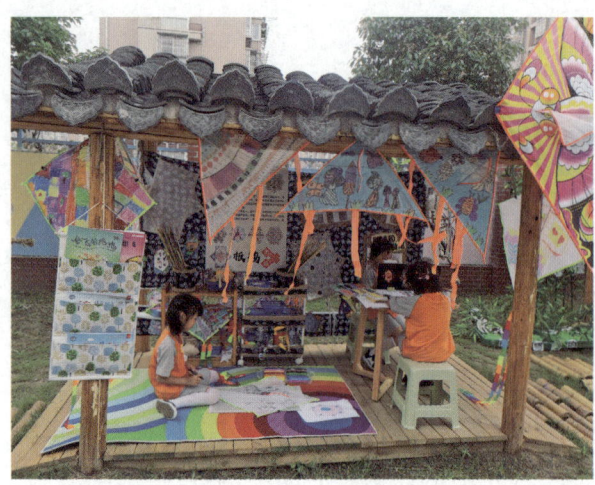
幼儿园色彩区域

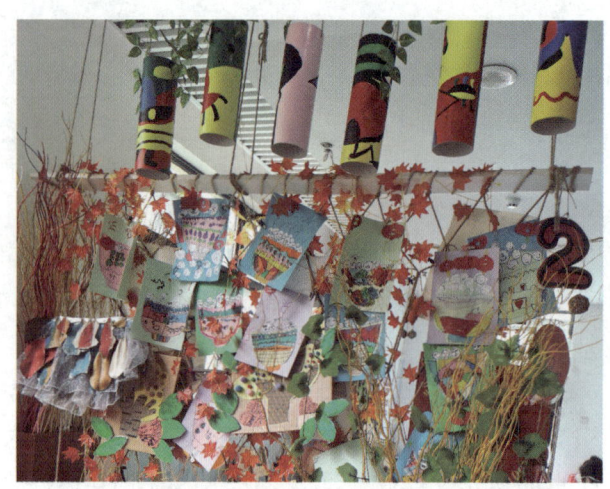
幼儿色彩作品展示

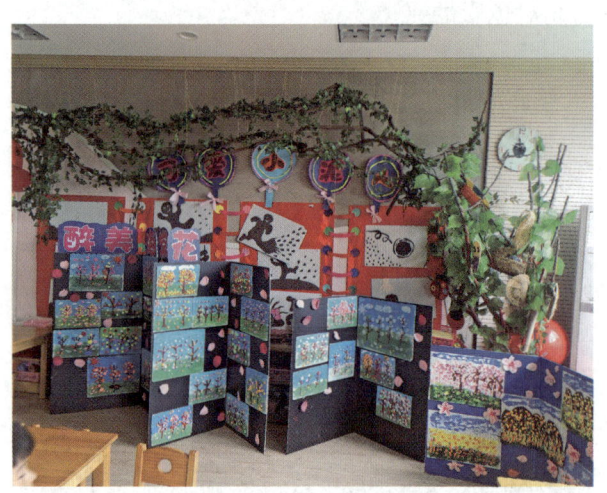

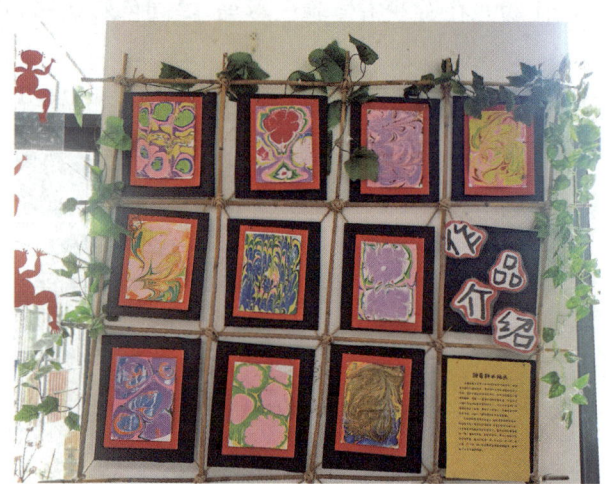
幼儿色彩作品展示

我们在幼儿园的环境创设及玩教具的制作中,也要充分运用所学的色彩知识,遵循幼儿心理特点合理配置色彩,让幼儿置身于美好和谐的色彩环境中,欣赏美,表现美,主题环境创设中和谐的色彩配置对幼儿的身心健康成长及智力发育有着积极的意义。

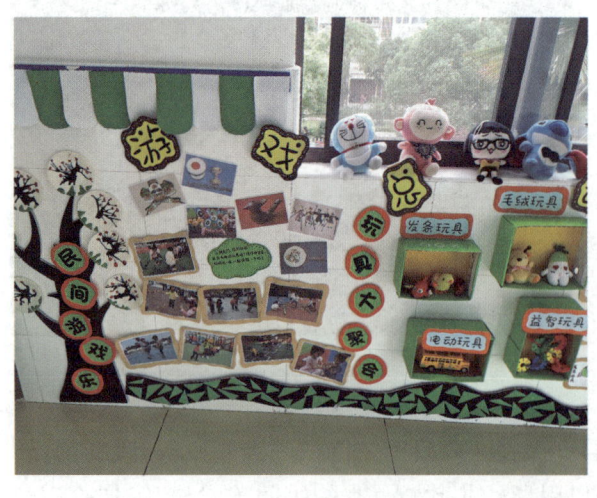

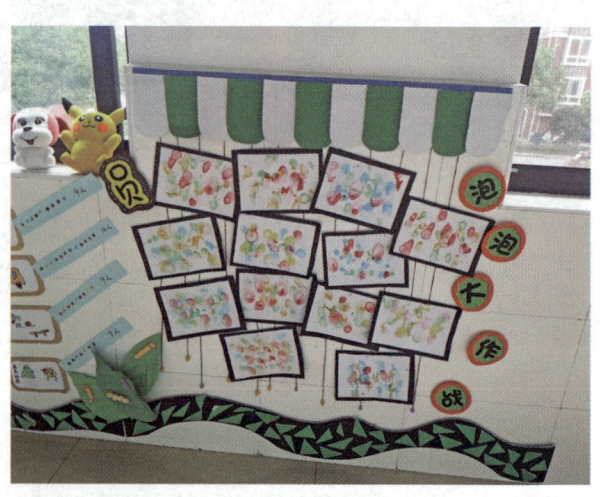
幼儿园墙饰布置

"色彩"作为最具有感染力的视觉艺术语言,它在幼儿的成长过程中起到至关重要的作用。引导幼儿感受生活中的色彩美,在游戏中体验色彩变化的乐趣,大胆用色彩表现观察所得,从而提升幼儿的审美,这些都需要我们具有扎实的色彩知识,而民间美术中的色彩表现是一个巨大的美学宝库,值得我们深入探寻,并用于实践。

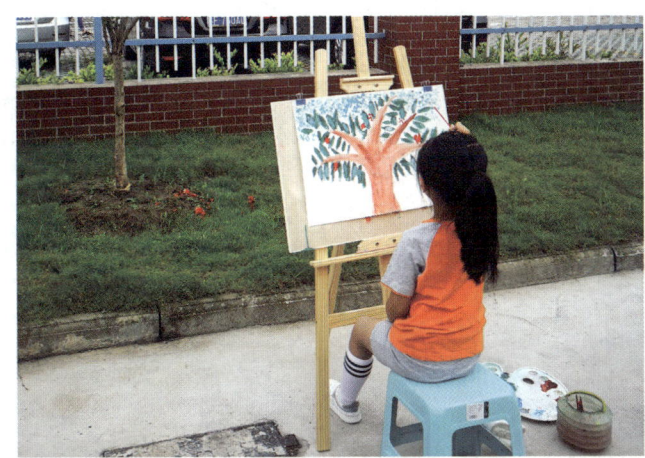 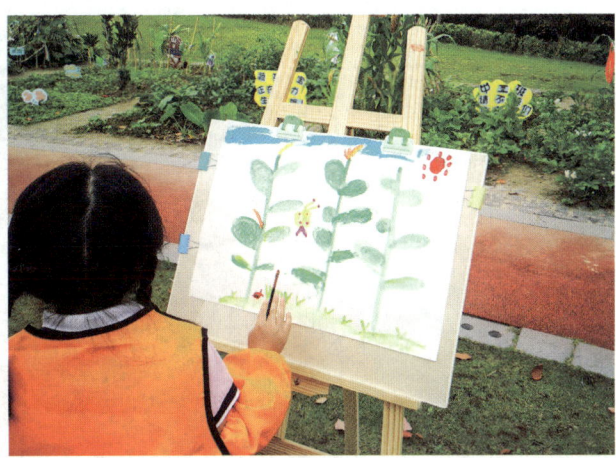

幼儿色彩写生

 学习建议

1. 以小组为单位,收集周边幼儿园有关幼儿色彩的教学资料,分组交流并讨论。
2. 设计一种幼儿"玩色"游戏,能让幼儿在游戏中感受色彩,了解色彩知识。

第三章

赏 六合农民画艺术之淳朴

学习导语

农民画来源于我国传统的民间绘画,全国分布广泛,由于各地环境、气候、风俗民情各不相同,因此呈现出明显的地域特色。六合农民画是江苏六合县农民创作的绘画作品,其历史悠久,色彩艳丽,造型夸张,感情质朴,乡土气息浓郁,以富有时代气息的农村生活和对未来的憧憬展现了六合地区的吴风楚韵。在这一章节中,我们将探索传统农民画不受约束的艺术表现手法和充满想象的绘画语言,学习儿童题材绘画的造型表现,尝试多种上色技法,在实践中以充满童趣的绘画语言加深对农民画的理解。

第一部分 探寻民间绘画

六合农民画充满着生活气息,这些农民画家们到底是如何进行绘画创作的呢?

"我最近在画'喂猪'……喂猪时不给它吃……用力拽住它的尾巴。"张国良介绍他如何画猪。

"弹棉花是过去的传统技艺,如今的生活中几乎见不到这种技艺了,所以我靠记忆创作了这幅作品,想记录下弹棉花的整个过程。"胡斌介绍他的作品《弹棉花》。

"过节的时候,万家团圆,从屋顶上看所有的人家,都喜气洋洋,我就想把这种感觉放进作品里。"丁广华介绍她的作品《幸福木马》。

六合农民画历史悠久,源于传统民间木刻、剪纸、灶头画、中堂画、刺绣等,其真正的起源可以追溯到

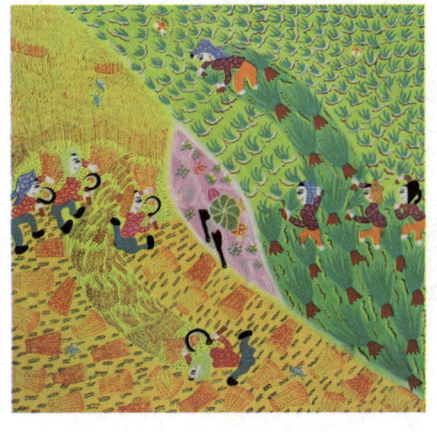

《插秧在人前,割麦在人后》

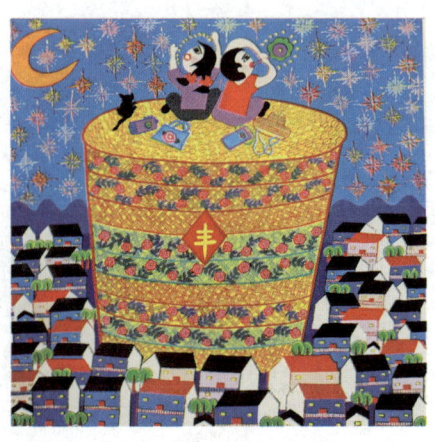

《丰年唱夜曲》

汉唐时期。20世纪七八十年代经过当地文化部门的组织辅导，形成现代民间绘画，俗称农民画。之后民间美术队伍不断扩大，多次在国内外举办展览，并引起国内外广泛关注。1988年，六合县因六合农民画而被文化部命名为"中国现代民间绘画之乡"。2016年1月，六合农民画被列入江苏省非物质文化遗产名录。

六合农民画题材丰富，有的取材于古老的民间习俗、神话故事和民间传说，也有的取材于富有时代气息的农村生活和对未来的憧憬。在表现手法上，以农民独创的绘画语言，充分发挥想象力和自由创造性。他们的艺术形式不受限制，各人按照自己的审美情趣塑造或抽象或图案化的形象。构图不受空间和时间的束缚，夸张变形，拙中藏巧，想象力丰富，手法大胆，色彩不受自然真实的局限，用色大胆，强烈的色彩正是民间艺人满腔热情的释放。形体不受常规比例的制约，大胆运用夸张变形的艺术手法，形成了虚中见实、土中见雅、拙中见美、民族风格鲜明、乡土气息浓郁的特色，从作品中既能看到江南水乡的秀丽委婉，又能看到淮北平原的粗犷豪放和质朴。我们从这些作品中能感受到不可阻挡的、原始的生命之美。

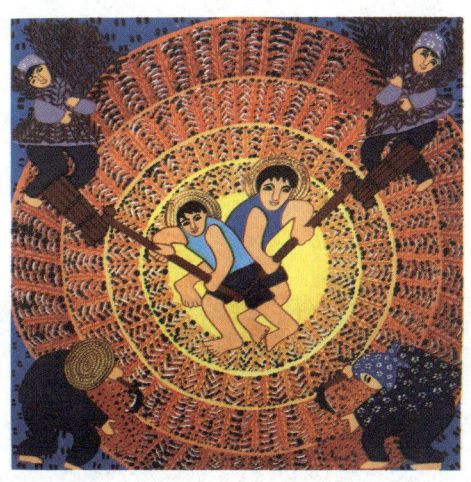

《打油菜》

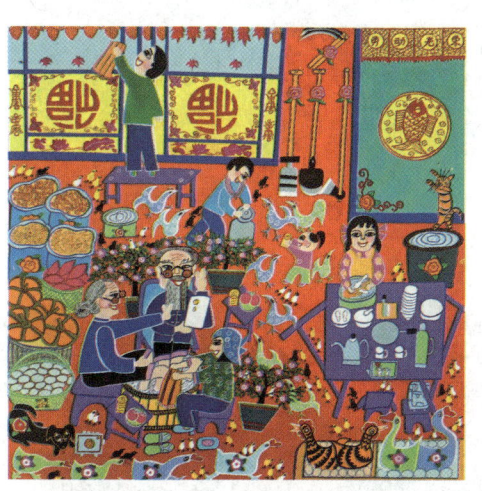

《常回家看看》

六合农民画从农村走来，土生土长，散发着泥土美学的芳香，表现作者亲身参与、亲眼所见的民生、民情和民俗，表现人与自然的和谐相处，表现农民享受安宁、幸福的生活，向往美好未来。六合农民画植根于当地的年画、中堂、灶头、家具、剪纸、木刻等民间传统美术，受吴楚文化的影响，其作品中带有明显的"吴风楚韵"。从散发着泥土芬芳的作品中，我们看到的是农民自己的生活，感受到的是孩童般的纯真无邪。六合农民画将六合当地传统的民风民俗、劳动的过程通过绘画的形式生动地记录了下来，它不仅是艺术，更是当地文化的记忆，它支撑、丰富和活跃着广大劳动者的精神世界，浸润着中华民族的自强精神和深厚的文化内涵。

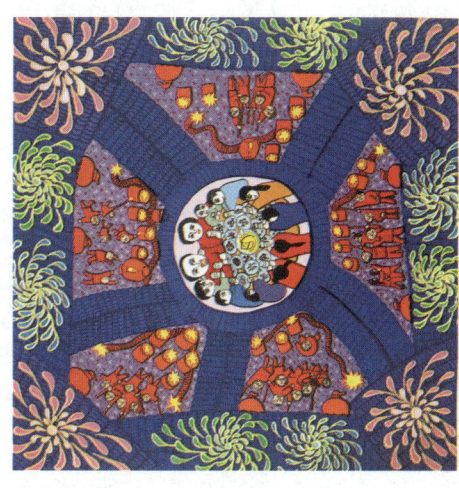

《除夕》

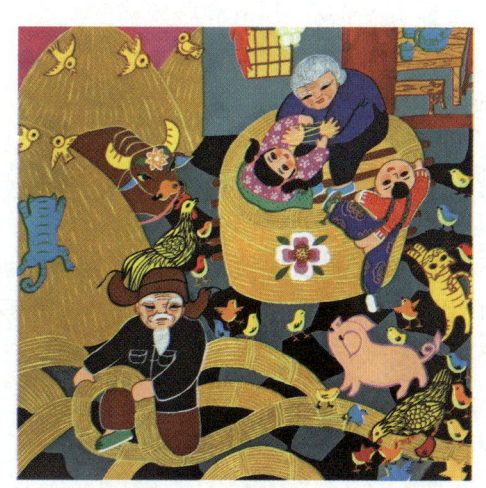

《冬日农家》

除此之外，全国各地都有农民画，但是由于各地的环境、气候、风俗民情各不相同，其表现手法也有着明显的地域特色。像上海金山农民画多以江南水乡、小桥流水人家生活为题材，画面清丽，线条流畅；陕西户县农民画长于"写意"，想象大胆丰富，描绘出了户县秦岭、渭水高原大川威风鼓鸣的秀丽山川；山东日照的农民画则以日照民俗风情、渔家生活为主要题材，别有一番意趣和滋味；吉林东丰农民画充满了北国民俗的浓郁风情，粗犷与华丽相依，别具特色。

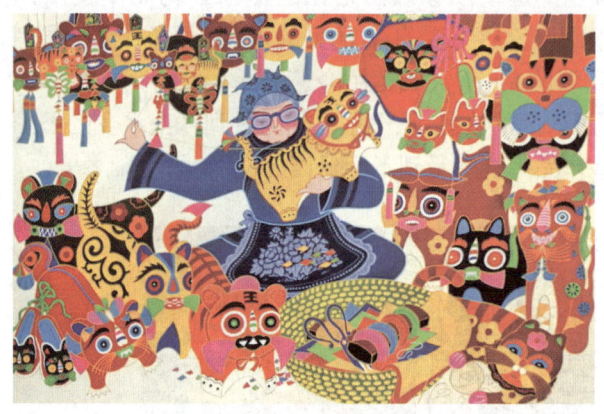

户县农民画《巧老婆》

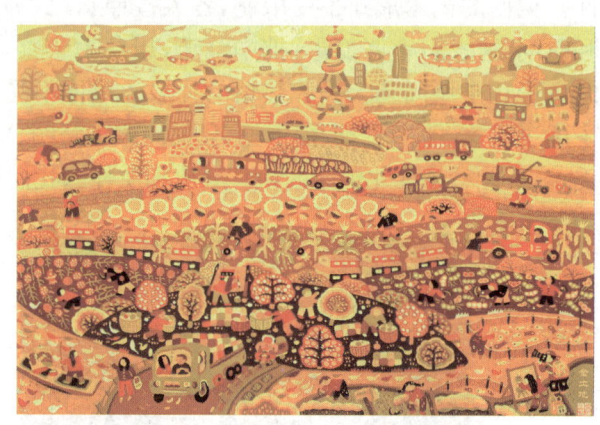

东丰农民画《金土地》

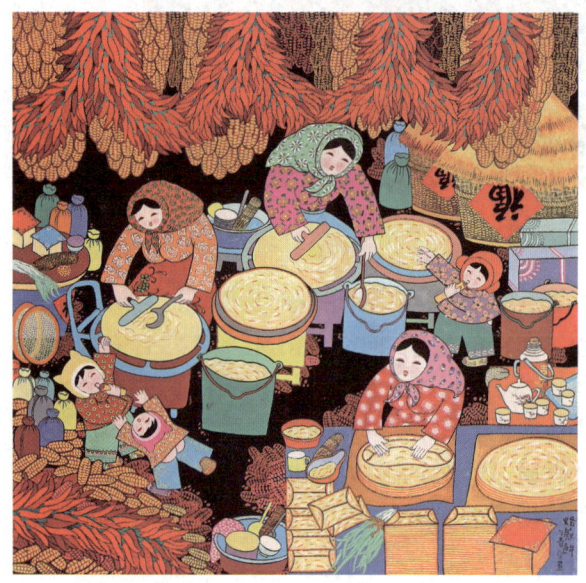

日照农民画《烙煎饼》

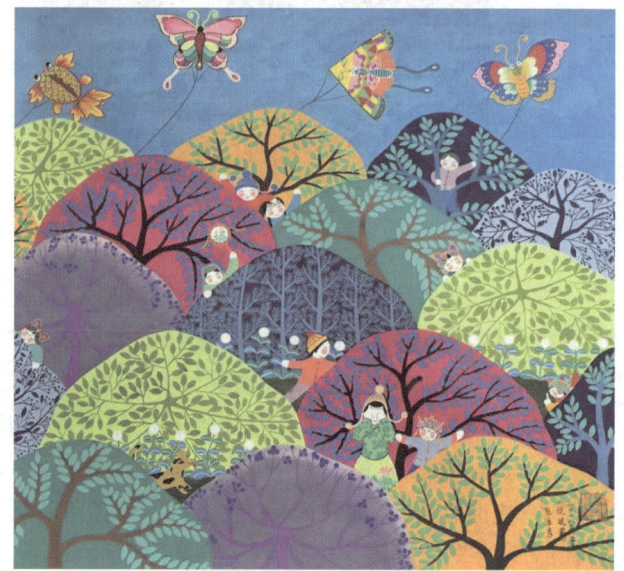

金山农民画《捉迷藏》

学习建议

1. 六合农民画的艺术特征是什么？
2. 农民画和儿童画在绘画表现上有何相似之处？
3. 收集各地农民画资料，分小组进行展示并交流。
4. 拜访当地农民画画家，了解当地农民画的艺术特色。

第二部分　儿童题材绘画创作

儿童题材绘画创作是以儿童熟悉、喜爱的内容为题材创作的美术作品。我们从民间绘画的探寻而来，直观地感受到了民间绘画创作中不受章法约束、自由奔放的想象，更能感受到他们对美好生活的热爱，这便与儿童画创作的方向如出一辙。由于地域环境和风俗民情的不同，各地呈现的农民画风格也不尽相同，或想象大胆，描绘秀丽山川，或粗犷华丽，构想奇特，都表达了淳朴的劳动人民对美好生活和未来的憧憬。在此基础上，我们将多彩的生活以贴近儿童的艺术语言展现出来，从造型、构图、主题运用、故事创编，以及幼儿园的实践应用等方面来探索学前教育专业儿童题材绘画创作的教学。

模块一　儿童题材绘画造型

儿童题材绘画造型简洁生动，用笔简练概括，富有儿童趣味性，若干个造型的有机巧妙组合，便能构成生动有趣、富有故事情节的画面，深受幼儿的喜爱，是我们进行绘画创作的基础。作为学前专业的学生，掌握儿童题材绘画造型有助于将来胜任幼儿园的日常教学和环境布置，对于我们来说有着重要的意义。

一、造型特点

1. 形象概括

对观察到的物象适当概括和归纳，删繁就简，用简洁的线条形象地表现物象。

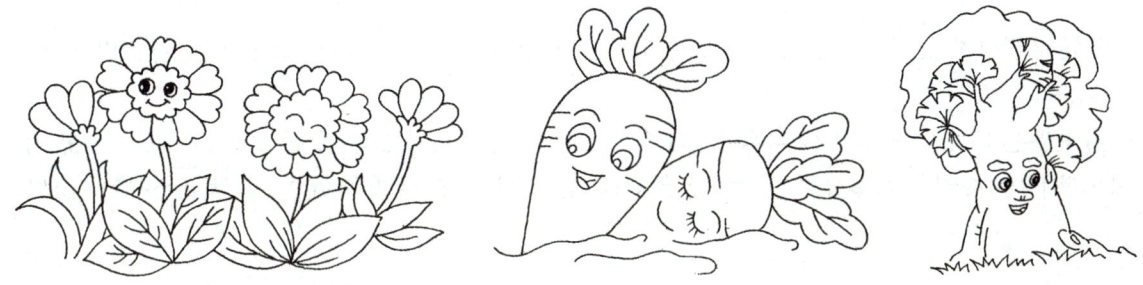

2. 强化特征

强化物体的个性特征，如大象的长鼻子能喷水，狐狸嘴巴尖，小猪胖等等。这些变化虽然超出了人们正常的视觉体验，但从幼儿观察的情感角度来说，动物与我们的距离更近了，也更能被幼儿接受。

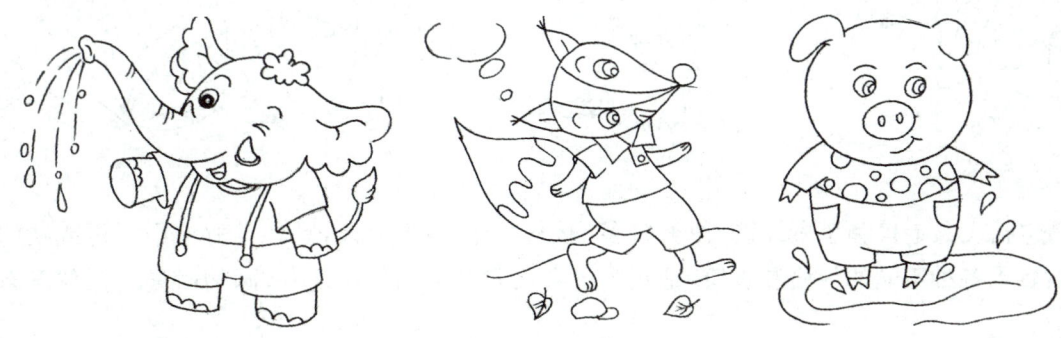

3. 生动拟人

将观察到的物象经过拟人化的处理，赋予动物、植物、器物等人的神态和表情，使之人格化，既能表现物象的基本特征，又能使之更加活泼可爱、生动形象，更具有艺术表现力和感染力。

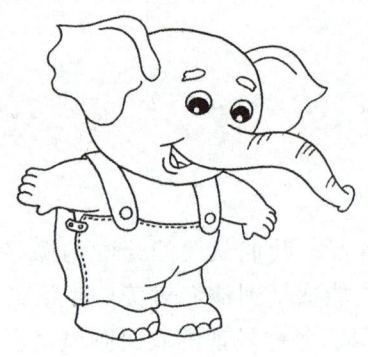 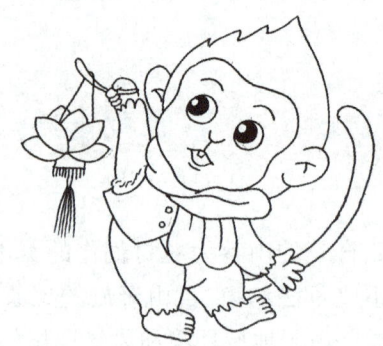 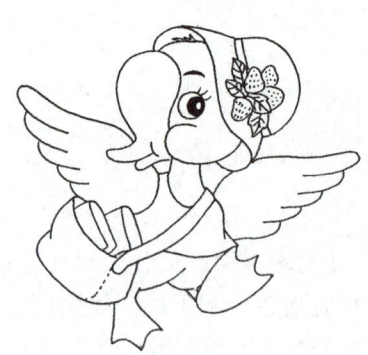

4. 体现童趣

以儿童的视角和自身经验相结合,将观察到的物象进行想象改造,通过夸张和变形,表现出独特的想象力和儿童的趣味性。

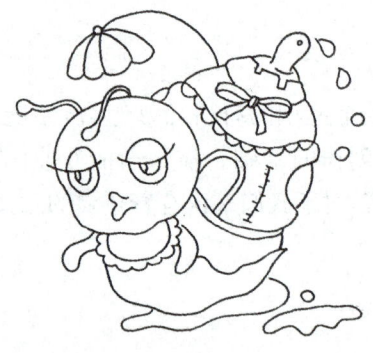 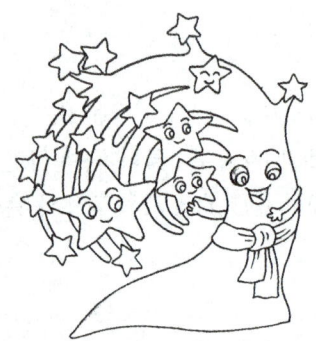 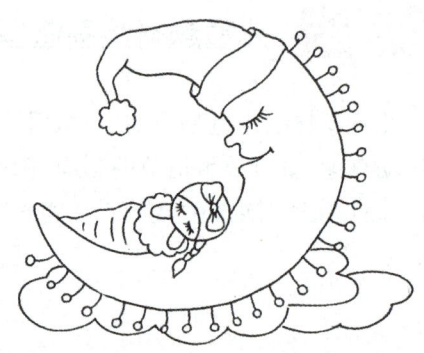

二、造型内容

儿童题材绘画的表现形式丰富,风格多样,但总的归纳起来,其造型表现的内容主要有以下五类:

1. 植物

植物主要包括花草树木和蔬菜水果,自然界中有些花草树木比较繁琐复杂,在仔细观察自然界中不同植物的生长规律和基本特征后,学会提炼,注意线条的穿插和疏密,表现出最能突出特征的部分。

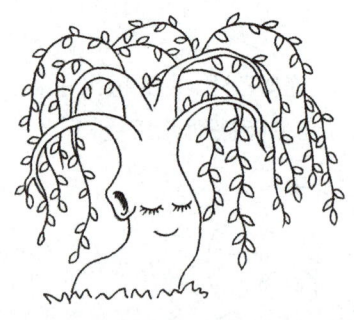 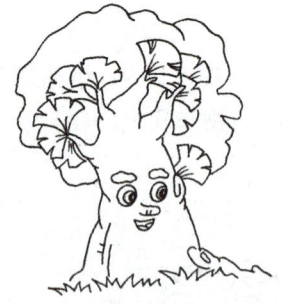 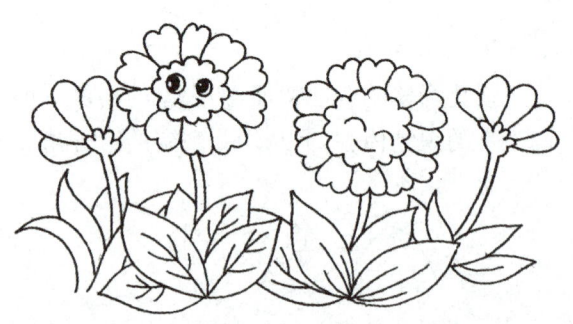

2. 动物

动物包括飞禽走兽和鱼虫虾蟹,种类繁多、形态各异、造型复杂,是各类故事中不可或缺的角色,又经常被赋予各种不同的性格和表情,是儿童最喜欢和亲近的形象之一,画的时候应抓住形态,强化特征。

3. 人物

人物包括成人和儿童,在儿童题材绘画造型中表现人物,应认真研究人物头部和人物全身的结构、表情、动态的基本规律,尤其是要理解儿童与成人不同的体态以及性别特征。

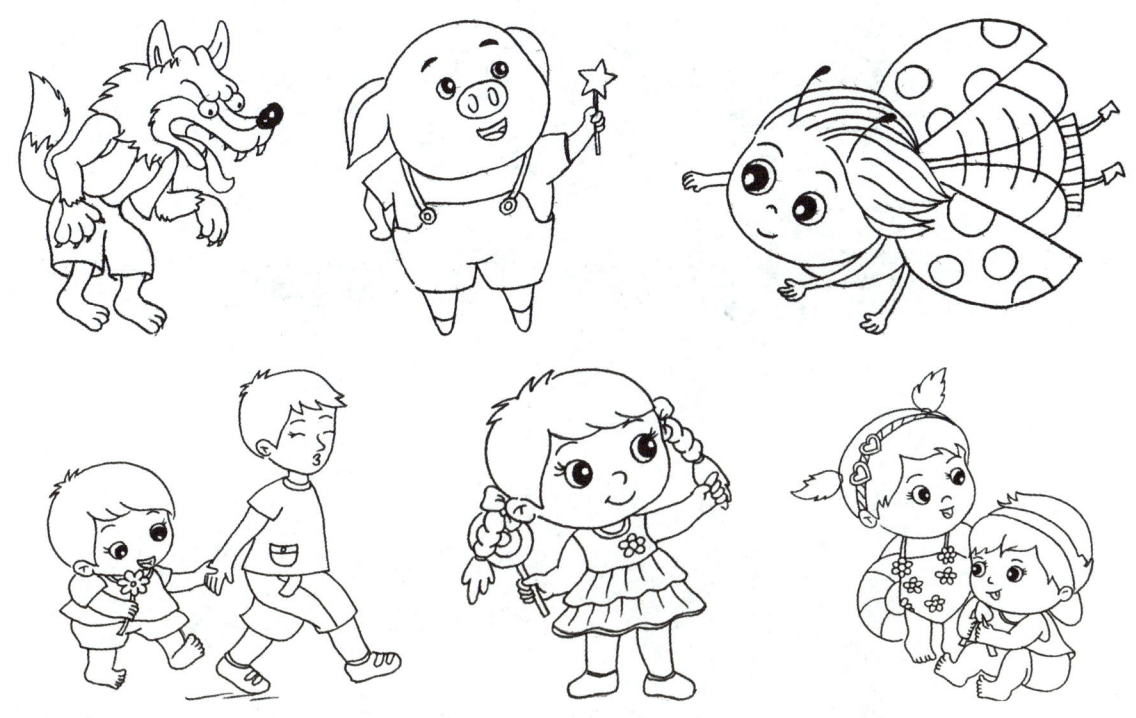

4. 器物

器物指人们生活中的各种用品和工具,包括生活用品、交通工具等。种类繁多、造型多样,但总体来说相对容易表现,在绘画时选择一定的角度,以体现器物的主要特征。

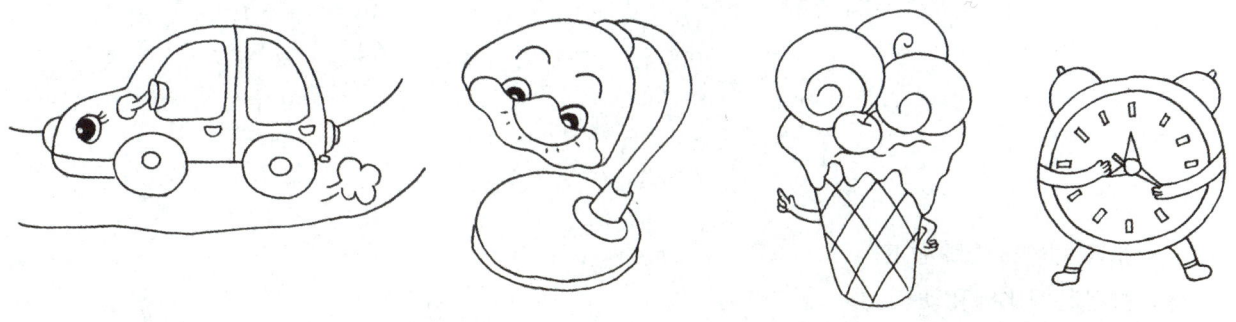

5. 场景

场景是画面重要的造型内容之一,是表现画面主体物活动的背景。在表现场景时,线条应简洁,交代清楚所表达的主题环境,不宜复杂而喧宾夺主,如表现森林、郊外、幼儿园等各种不同的场景。

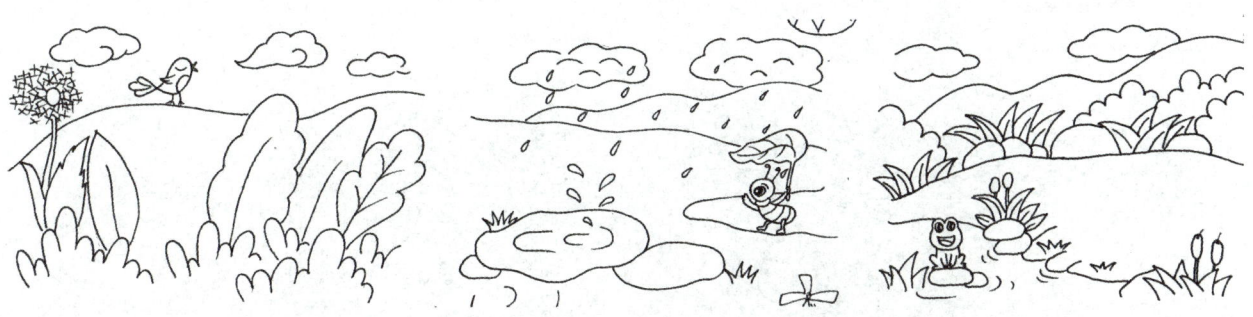

三、方法步骤

儿童题材绘画造型中以动物和人物最难以掌握,虽然造型夸张,但是都离不开现实比例为依据。下面以人物为例,讲解绘画的方法和步骤。

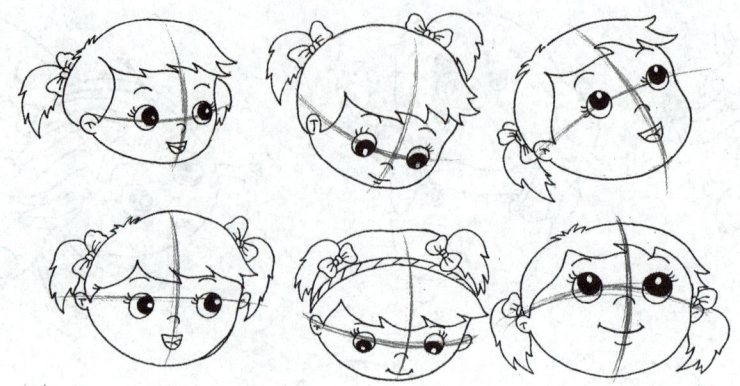

人物头部不同角度的画法

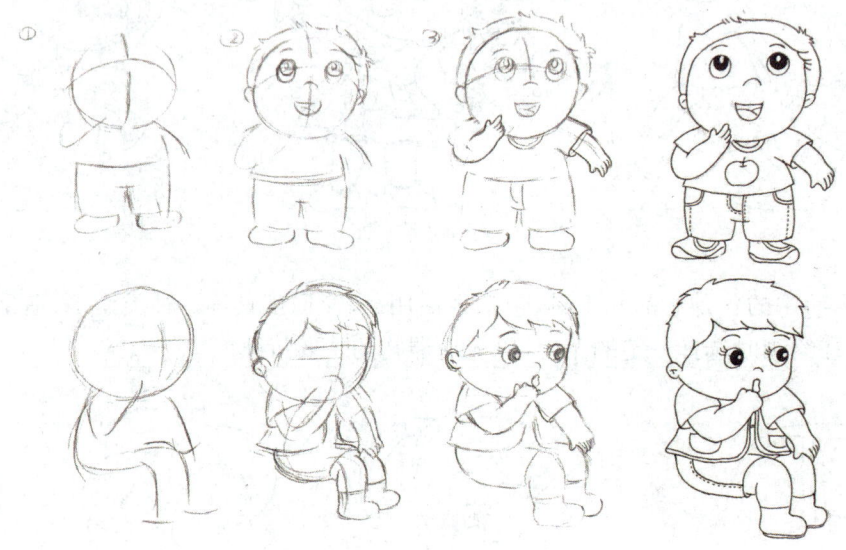

人物造型的画法

人物造型的绘画步骤如下：

① 确定造型比例和动态。

② 画出大体形态。

③ 进一步强化特征。

④ 勾线完成。

四、作品表现

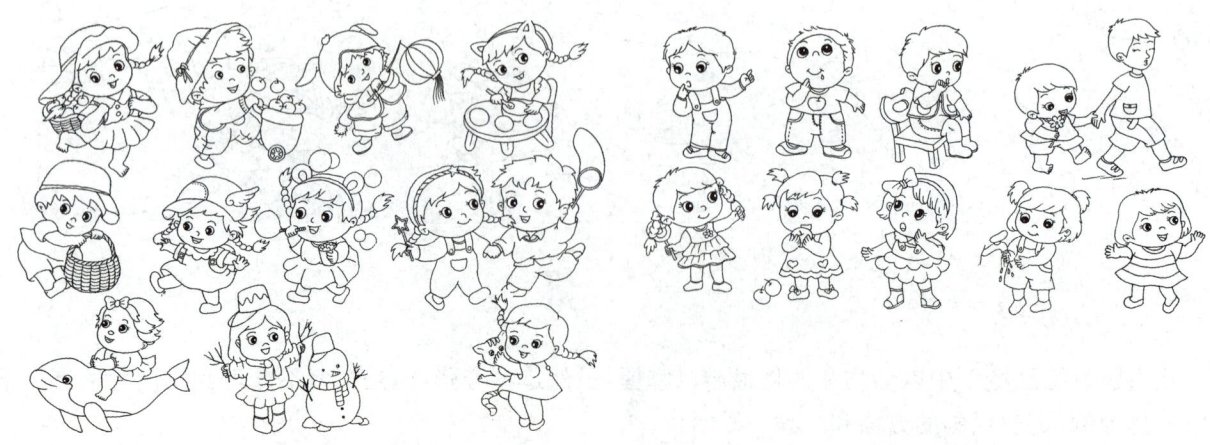

第三章 赏·六合农民画艺术之淳朴

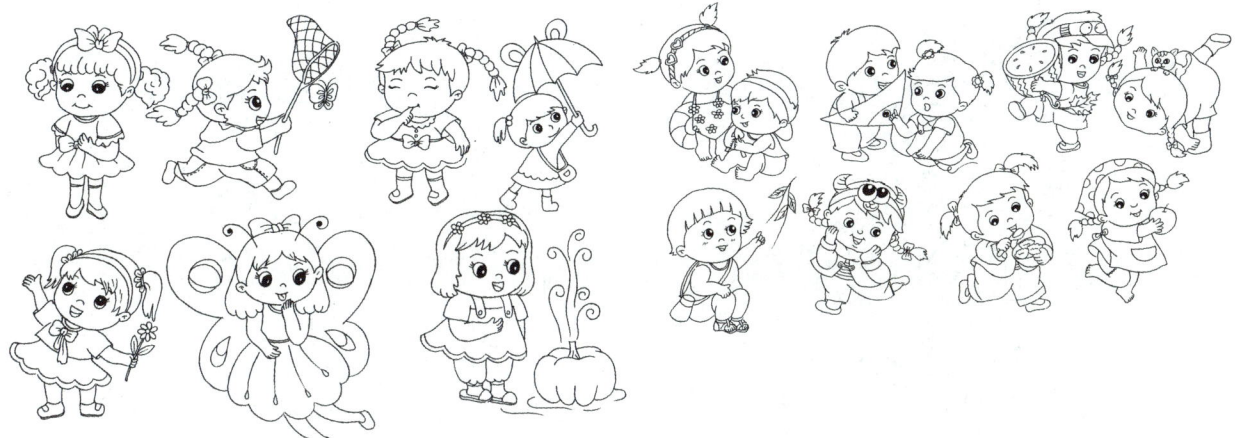

人物造型

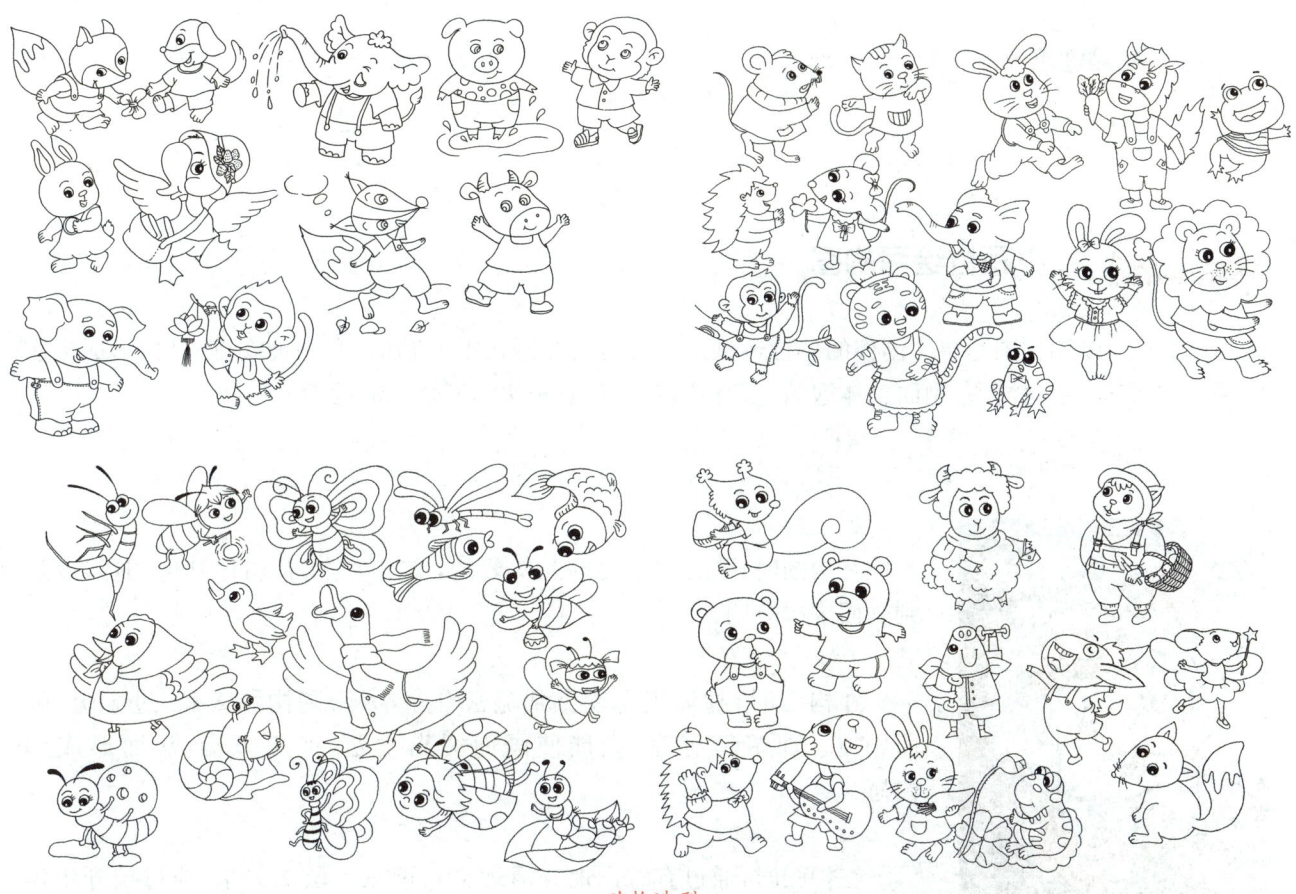

动物造型

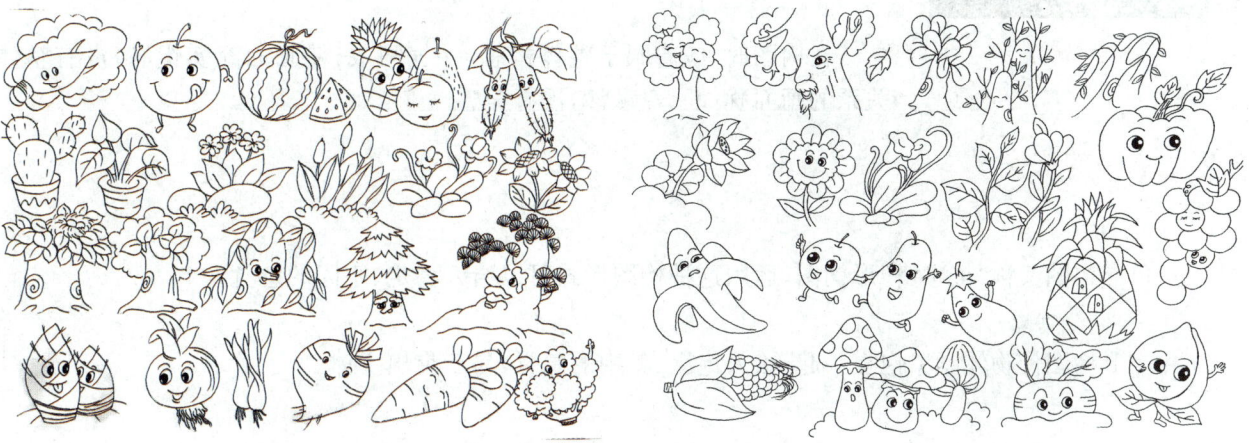

植物造型

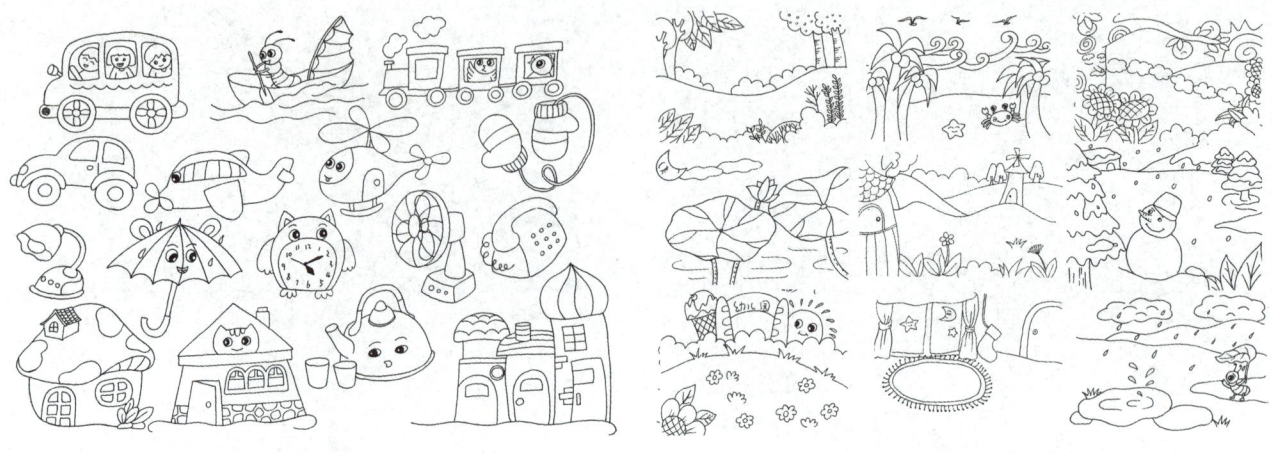

器物造型　　　　　　　场景造型

学习建议

临摹范例。

模块二　儿童题材绘画构图

儿童题材绘画构图是将已创作的各种造型按照自己的意愿在纸上和谐、有序地安排布置，形成主次分明、疏密有序、层次清晰、画面整体饱满、富有童趣、能有效表达作者意愿的画面。

一、构图要点

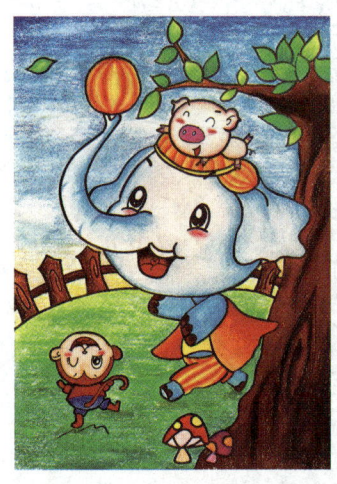

《一起来玩球》

1. 主次分明

在构图时，要分清主要的和次要的，突出主体物，弱化其他物体，以达到画面主次分明。

2. 疏密有序

在构图时，物体组合应做到疏密有序，太密则构图太满，过于疏，画面则空。而疏密有序，则能使画面突出主题，产生节奏，从而形成韵律感。

3. 层次清晰

在构图时，通过有意识地分清远、中、近三个层次关系，通过拉开主体物和场景的大小比例，以增强画面的空间层次感。

4. 整体饱满

在构图时，应着眼于整体构思，一气呵成，使画面充实饱满，没有整体关系的画面犹如一盘散沙，没有美感。

二、构图形式

1. 三角形构图

三角形构图又称"金字塔"形构图，运用这种构图形式可以给人稳定、坚固的感觉。

2. 井字形构图

井字形构图使物体紧紧抱在一起，给人饱满、集中的感觉，易于突出主体。

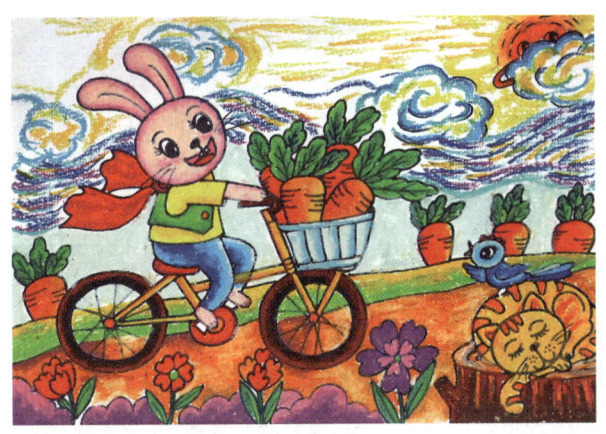
三角形构图《我给伙伴送萝卜》

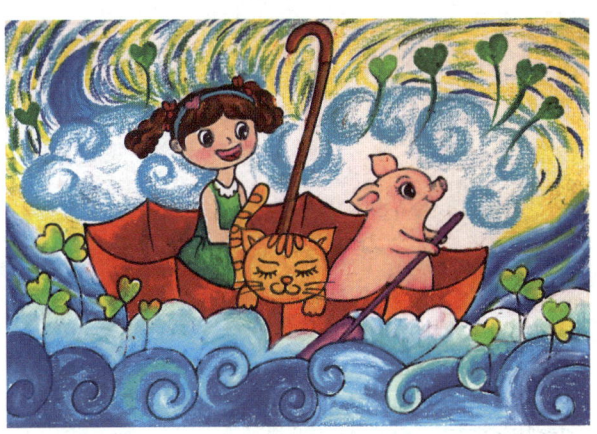
三角形构图《雨伞》

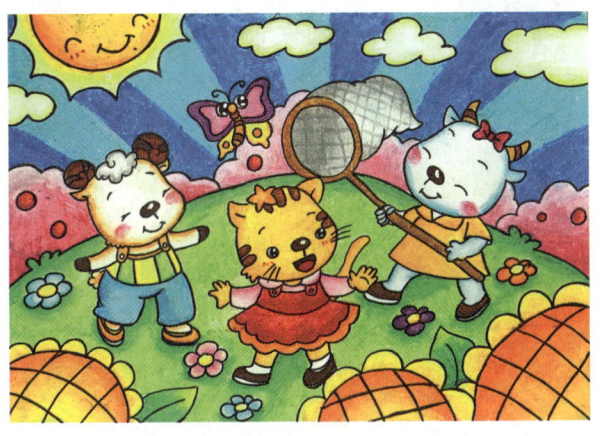
井字形构图《好朋友》

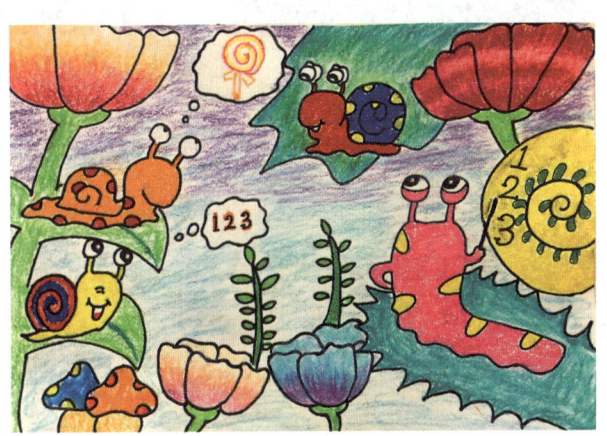
井字形构图《小蜗牛的壳》

3. 散点式构图

散点式构图使各物体间互不遮挡，给人开阔的感觉，但构图时物体相互之间要有联系，注意主次和疏密对比，否则画面容易凌乱。

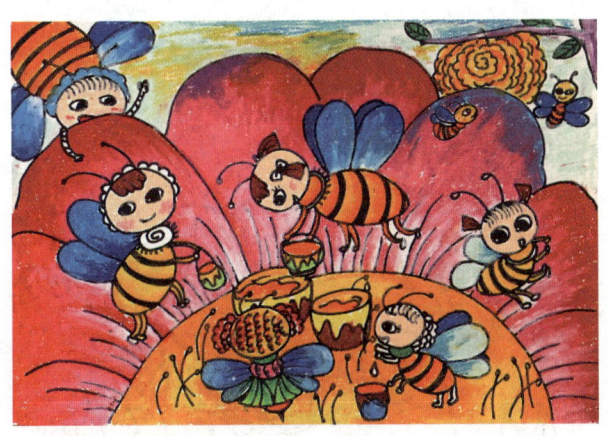
散点式构图《忙碌的小蜜蜂》

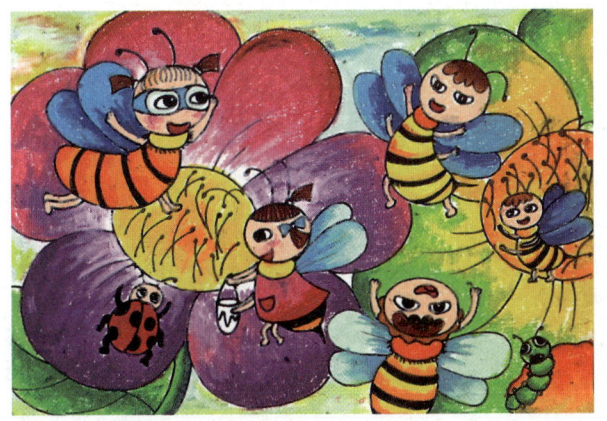
散点式构图《快乐的工作》

4. 曲线构图

曲线构图也叫 S 形构图，是物体在画面上呈曲线的连续构成，使画面充满动感。可呈现直立、横卧、斜躺等多种形态。

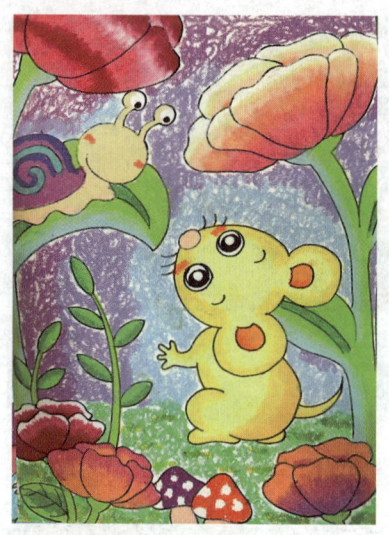
曲线构图《你好呀！》

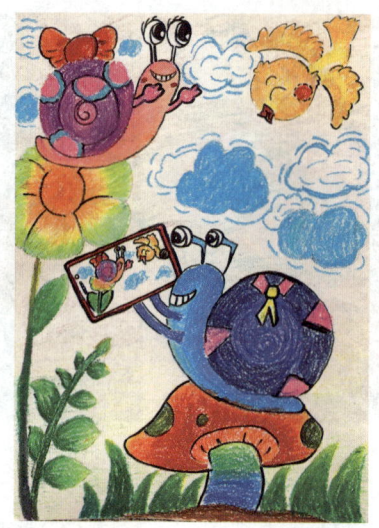
曲线构图《合个影》

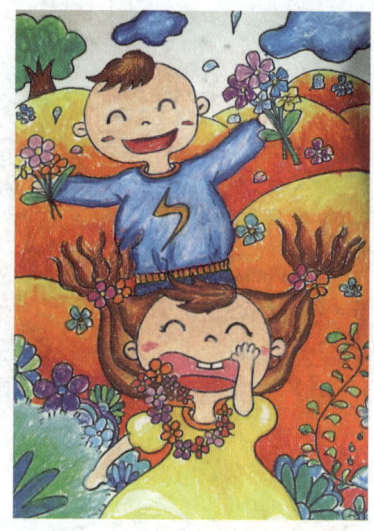
曲线构图《秋游》

三、方法与步骤

① 确定构图形式。
② 确定主体物造型。
③ 铅笔勾画线稿。
④ 勾线完成。

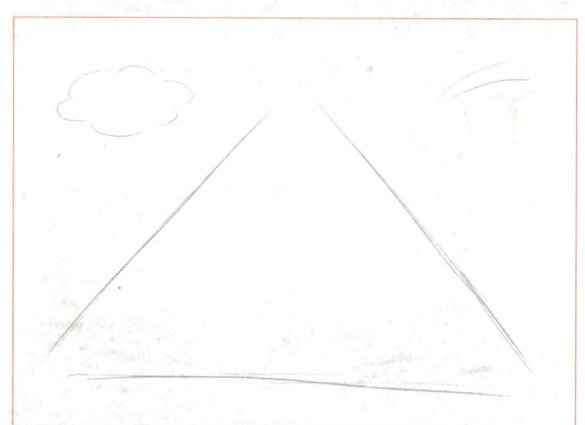

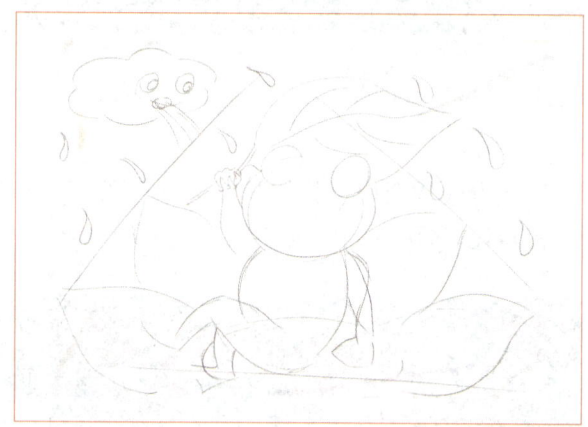

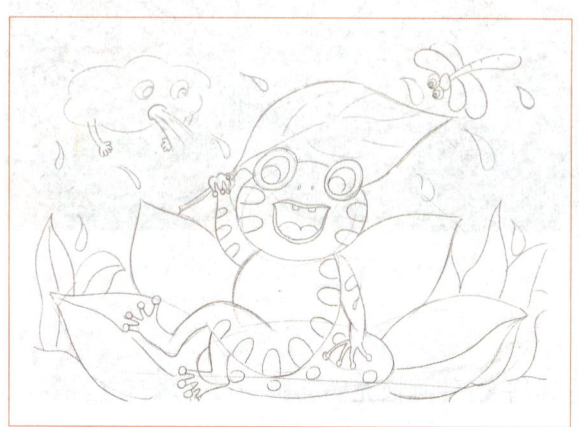

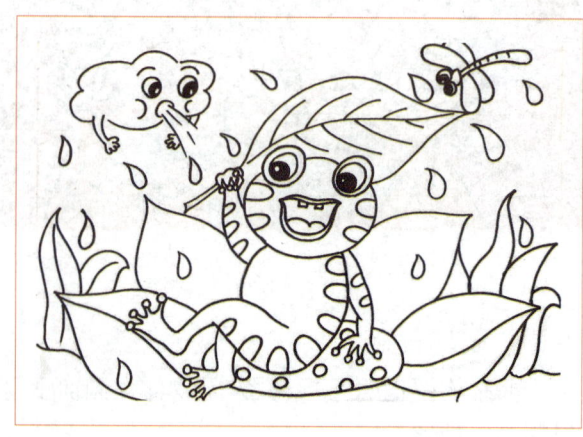

儿童题材绘画构图步骤

四、作品表现

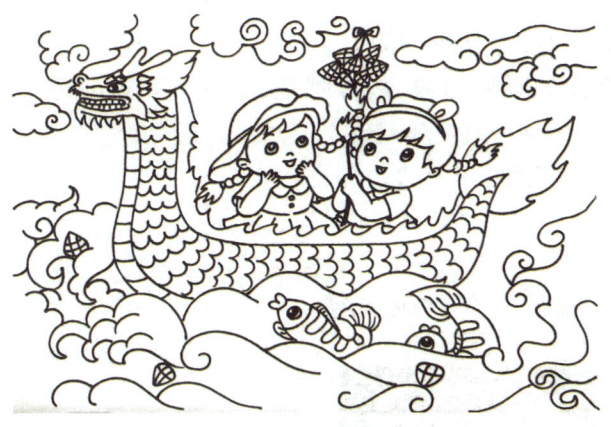

《快乐端午》

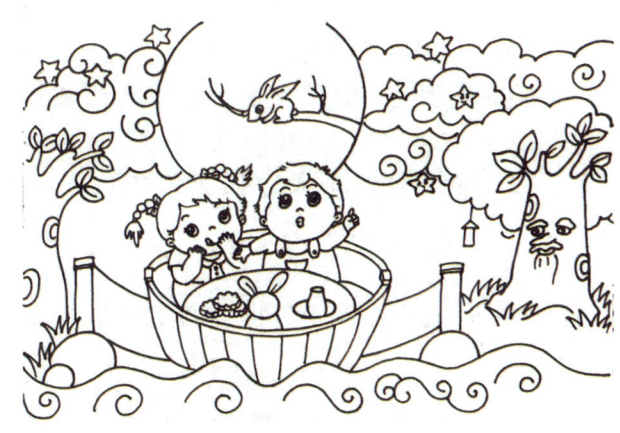

《月圆中秋》

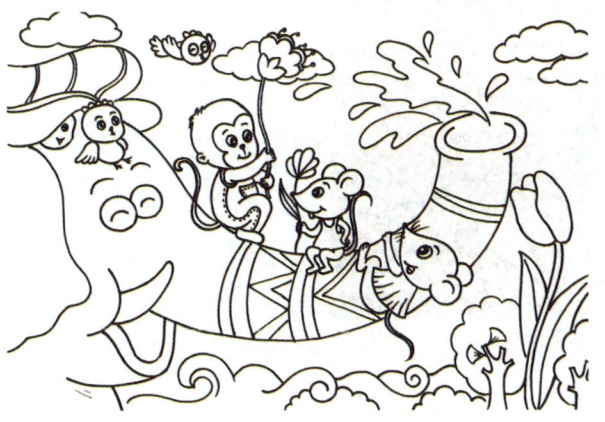

《大象洗浴店》

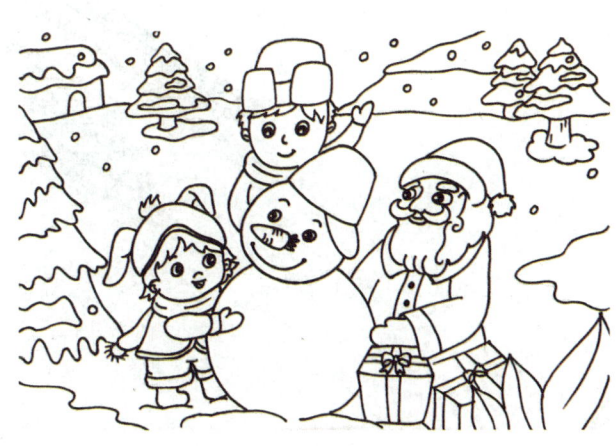

《雪娃娃的节日》

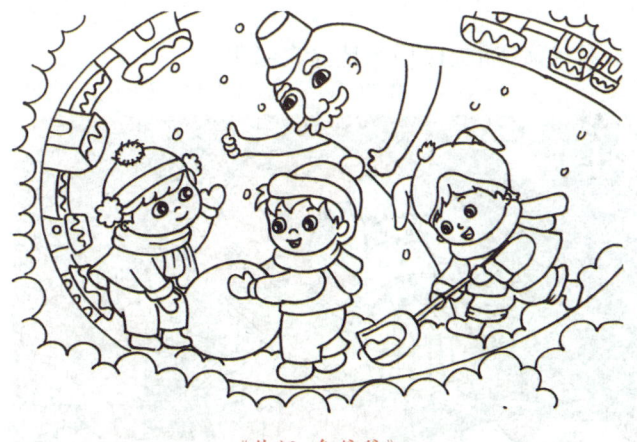

《你好，冬爷爷》

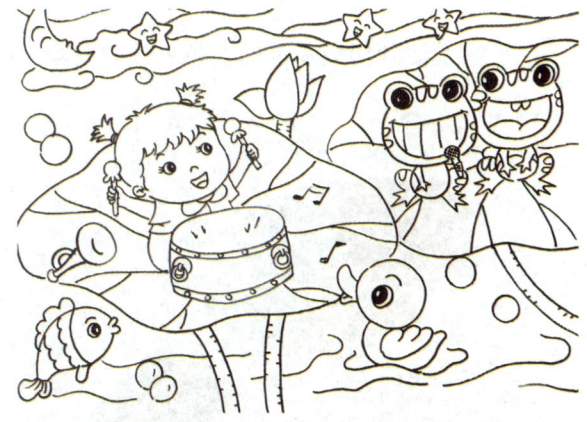

《夏夜的聚会》

 学习建议

尝试根据已有的动物或人物造型，创作完整的儿童题材绘画线稿。

模块三　儿童题材绘画上色技法——油画棒

儿童题材绘画上色是对已完成组合构图的线稿进行上色，虽然不同的上色工具涉及不同的上色技法，但画面表现色彩的目的是一致的，即形成让儿童喜爱的鲜艳明快、热烈跳跃、富有节奏感的色彩效果。

油画棒色彩鲜艳、软硬适中、上色方便、表现力强且容易携带，深受幼儿喜爱。

一、工具材料

油画棒、记号笔、铅笔、稍有厚度的纸张，如素描纸、牛皮纸、卡纸、彩砂纸等。

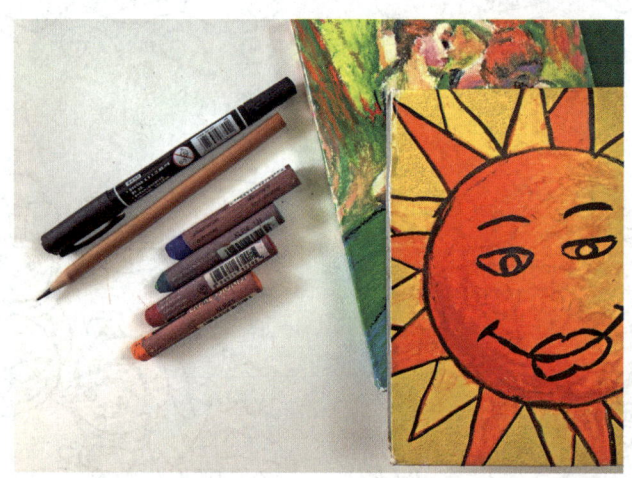

油画棒画工具材料

二、油画棒上色技法

1. 平涂

平涂是油画棒最基本的上色方法，根据绘画造型的形状，将油画棒均匀地涂在纸上。

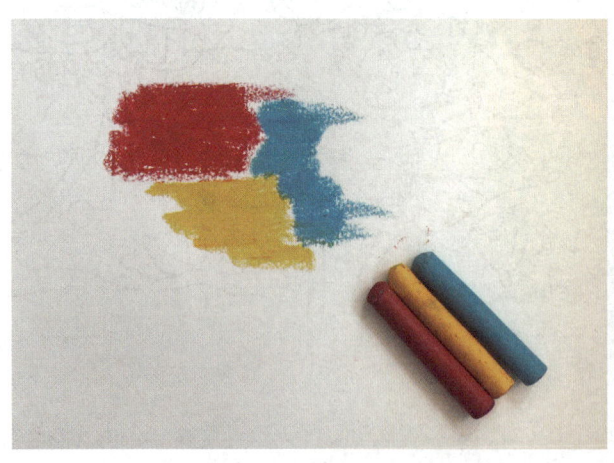

平涂技法

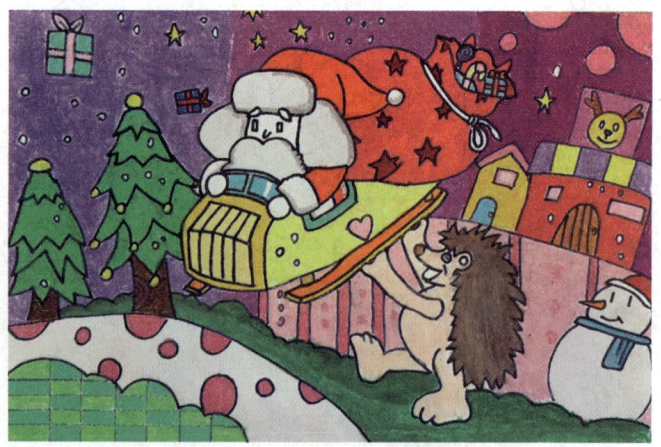

平涂技法应用

2. 渐变

渐变有单色渐变和多色渐变。单色渐变是用一种颜色，通过用力的轻重改变颜色的深浅而形成渐变效果。多色渐变是由一个颜色渐变到另一个颜色。

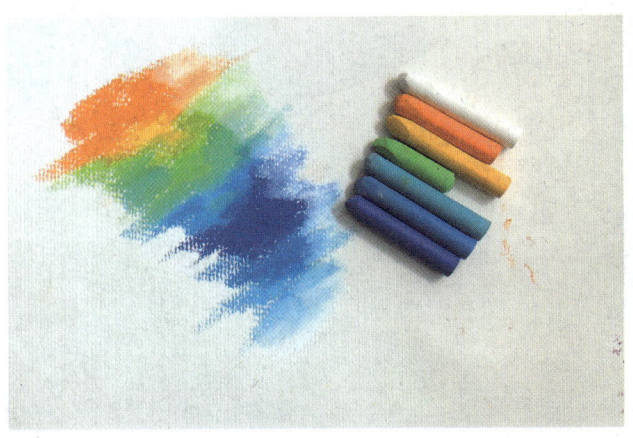
渐变技法

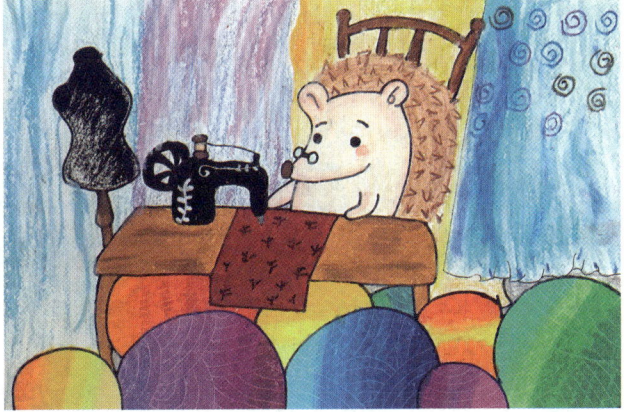
渐变技法应用

3. 叠色
叠色是在已经涂好的一个颜色上叠加另一个颜色，叠色时两色混合，可使画面产生微妙的色彩变化。

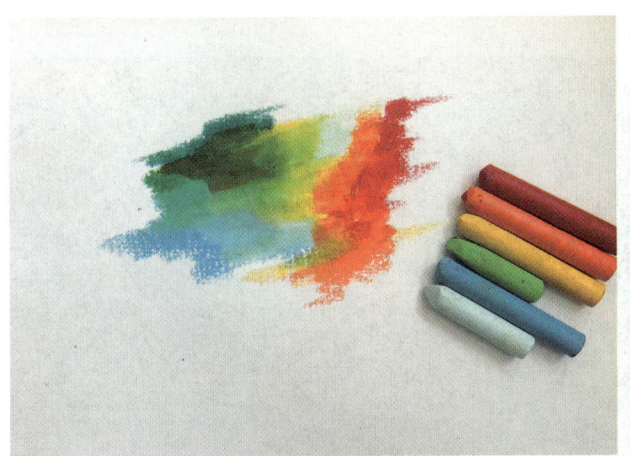
叠色技法

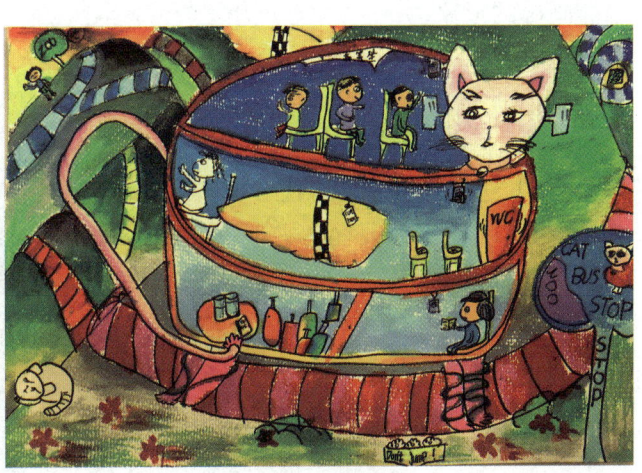
叠色技法应用

4. 纸擦
纸擦是用油画棒涂色后，用纸巾轻轻擦拭，可产生柔和的色彩变化效果。

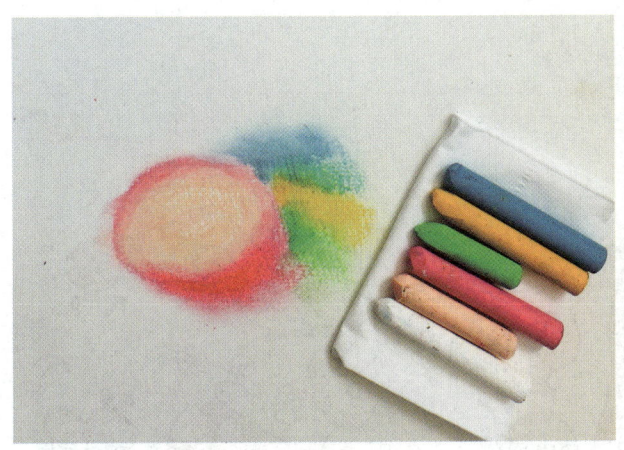
纸擦技法

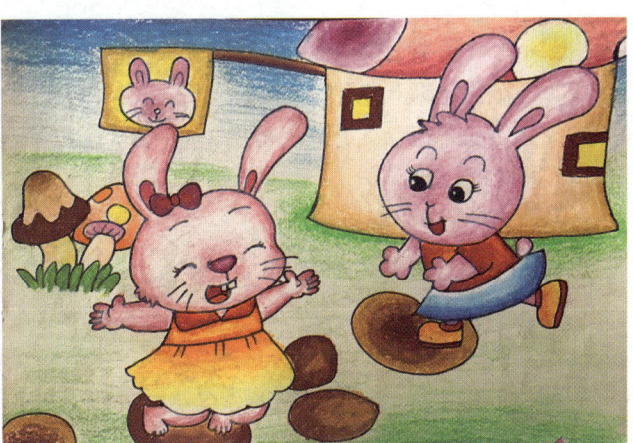
纸擦技法应用

5. 点彩
点彩是根据色彩需要以不同颜色的点或短线绘制，可使画面产生色彩斑斓的效果。

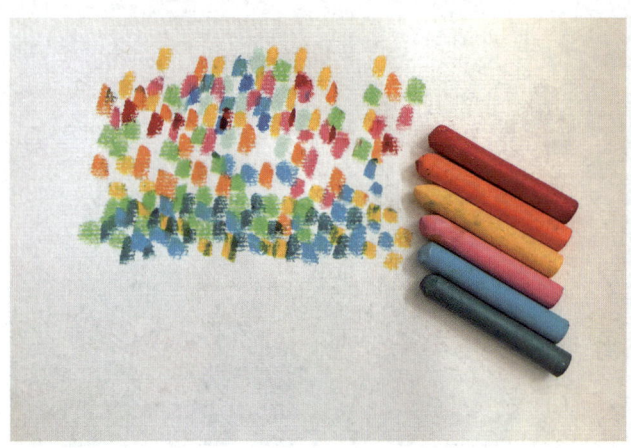
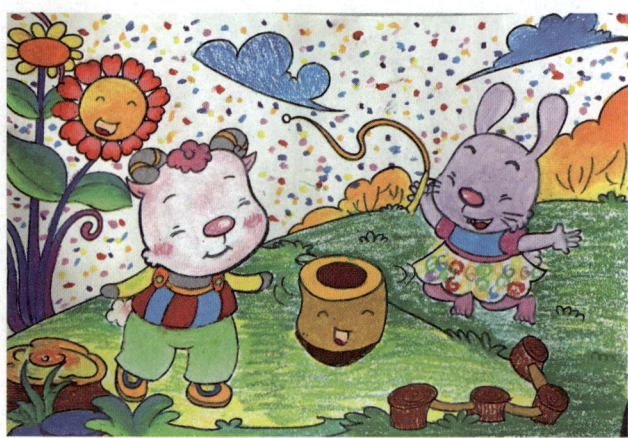

点彩技法　　　　　　　　　　　　　　　　点彩技法应用

6. 水油分离

水油分离是用油画棒在纸上画出形象，再用含水较多的颜料遍涂，水性色遇油分离，从而显露出油画棒画出的形象。

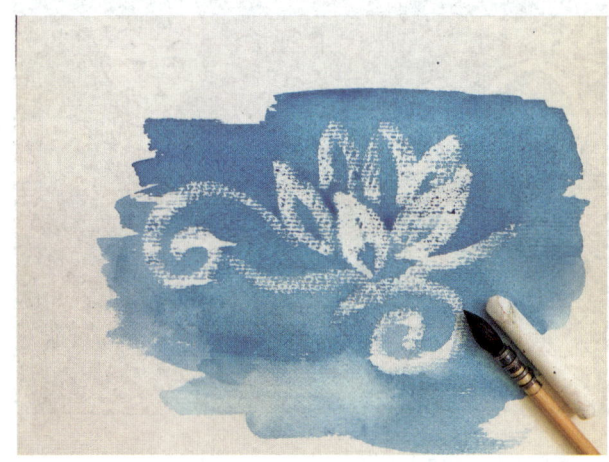
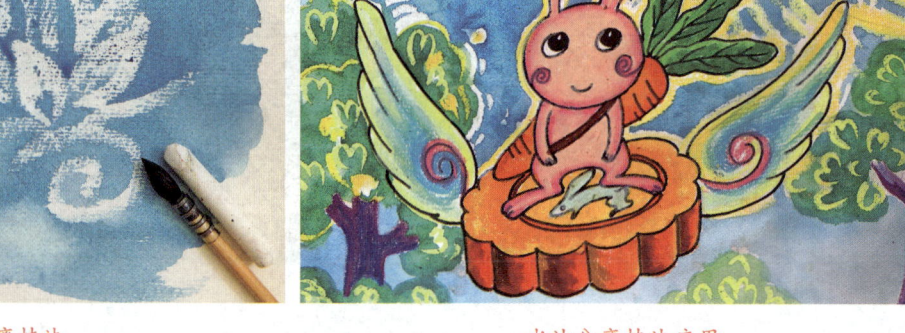

水油分离技法　　　　　　　　　　　　　　水油分离技法应用

三、方法步骤

① 画出基本造型并勾线。
② 由浅至深上色。
③ 深入刻画。
④ 调整勾线。

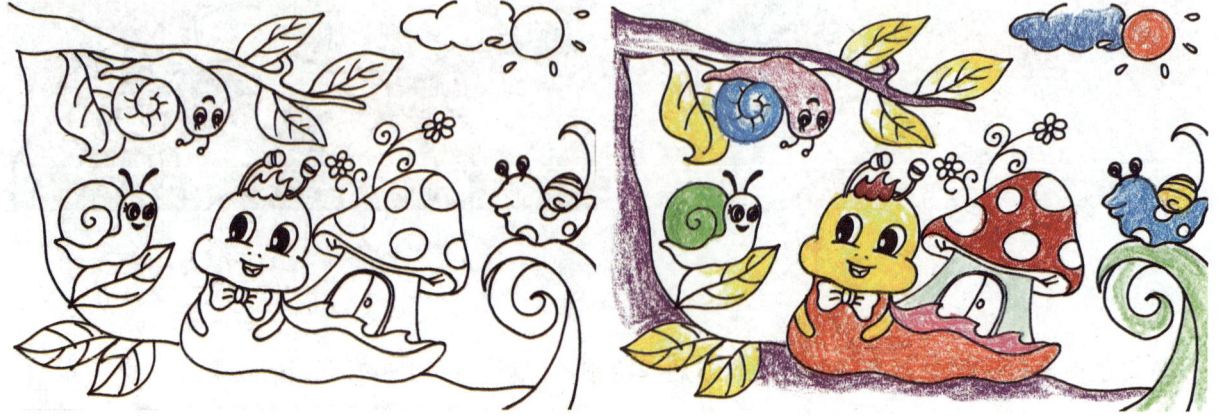

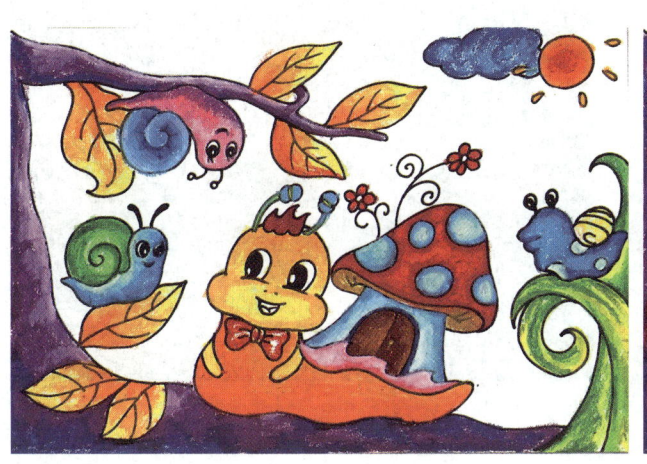
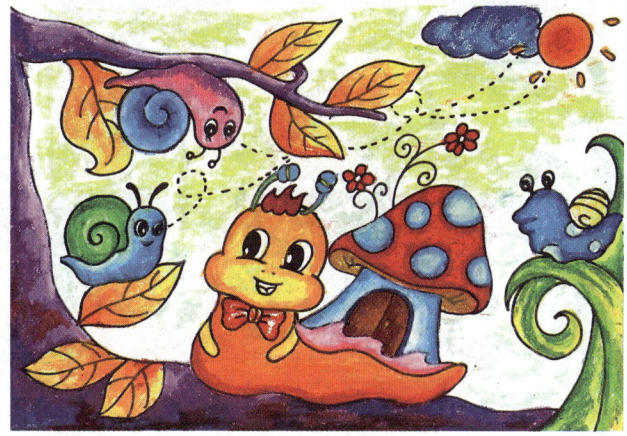

油画棒绘画步骤

四、油画棒作品表现

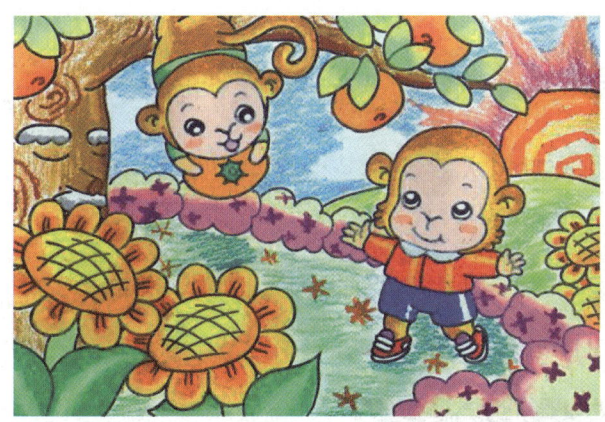
《秋日的收获》

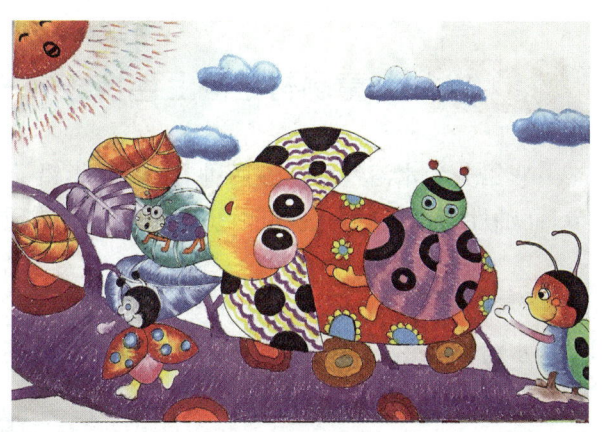
《快乐的小吉普》

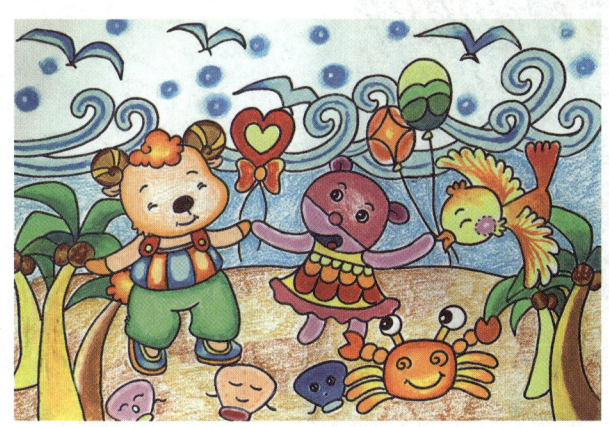
《伙伴》

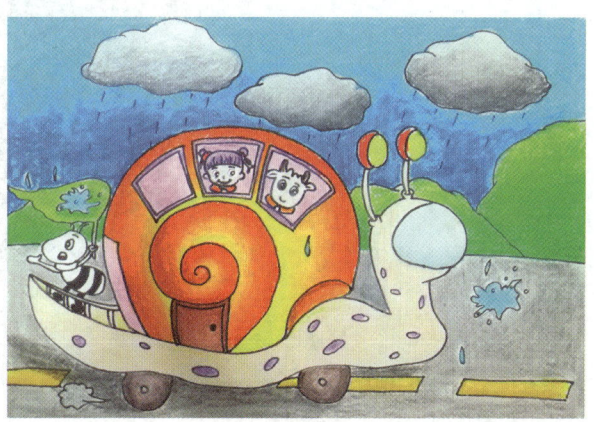
《神奇的小蜗牛》

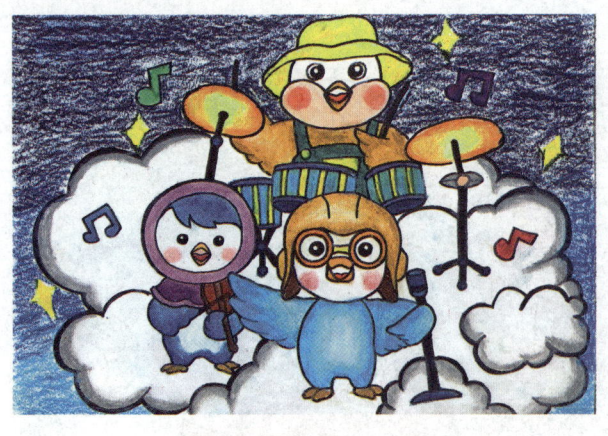
《南极伙伴》

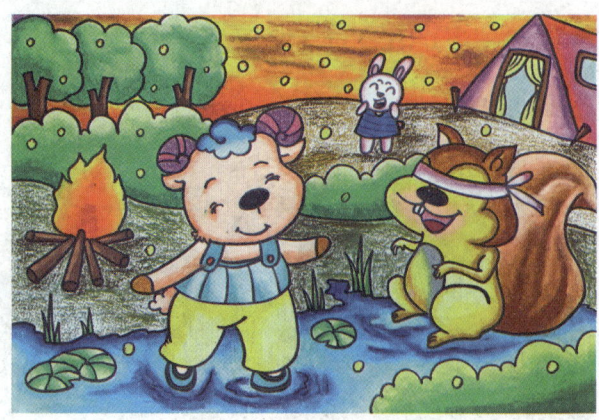
《捉迷藏》

学习建议

1. 临摹范例。
2. 综合运用油画棒的上色技法，创作一幅儿童题材绘画作品。

模块四　儿童题材绘画上色技法——彩铅

彩铅分为水溶性和油性两种，水溶性彩铅上色蘸水，会呈现水彩效果，颜色晕染自然，容易刻画细节；而油性彩铅则容易叠加颜色，上色后会有蜡质的光滑效果，两者性质不同，在技法表现上也有区别。

一、工具材料

水溶性彩铅、油性彩铅、马克笔、水彩笔、棉签、铅笔、水彩纸或素描纸等。

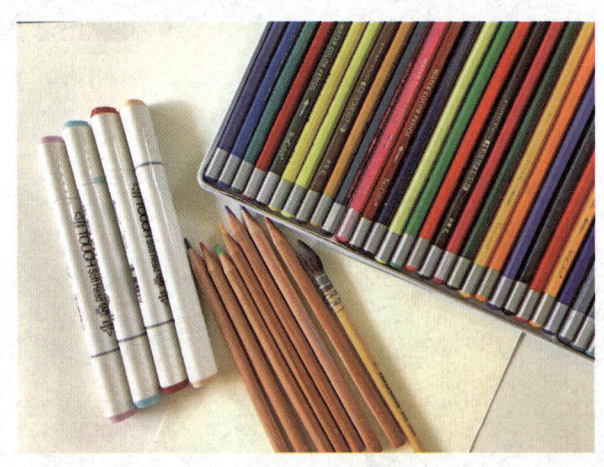

彩铅画工具材料

二、彩铅上色技法

彩铅上色技法中的平涂、叠色和渐变与油画棒上色技法中的类似，水溶性彩铅和油性彩铅在上色时的技法表现如下：

1. 水溶退晕法

水溶退晕法针对水溶性彩铅，彩铅在水彩纸上上色后，用水彩笔刷蘸水慢慢晕染，能达到水色淋漓的晕染效果,色彩之间过渡自然,可多次晕染。还可以结合棉签蘸少量水将需要上色部分先打湿,再上彩铅,可以画出湿画法的质感。

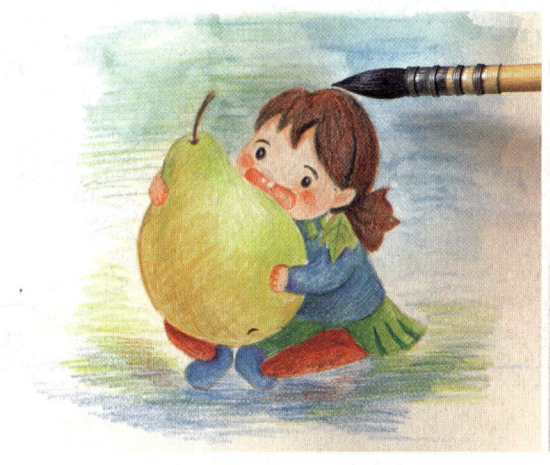 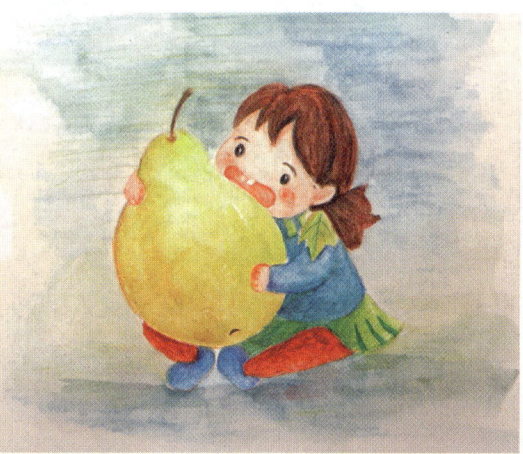

水溶退晕法

2. 马克笔、水彩铺色法

马克笔、水彩铺色法针对油性彩铅,可在油性彩铅上色前先用同色调较浅的马克笔、水彩铺一层底色,等完全干透后,再用彩铅上色,这样容易塑造细节,颜色更细腻、丰富,可以达到写实的质感。

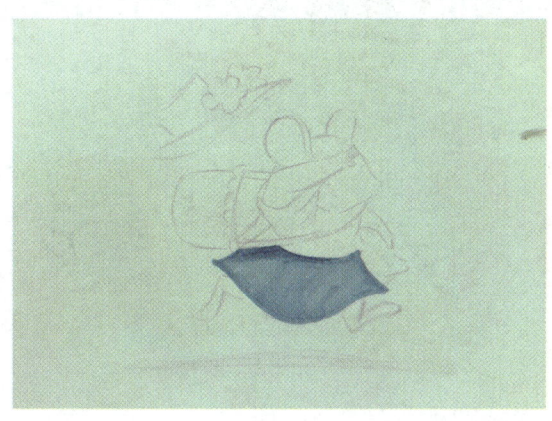 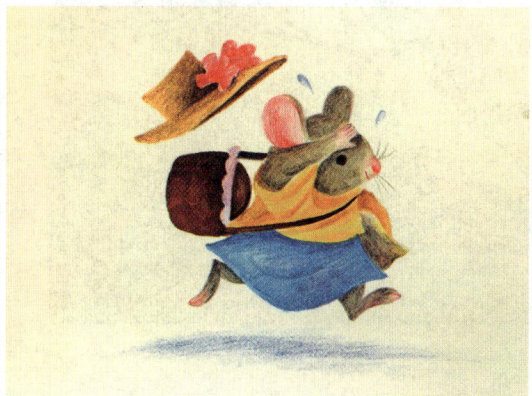

马克笔、水彩笔铺色法

三、方法步骤

1. 用彩铅画出轮廓线稿。
2. 铺第一遍整体色。
3. 局部深入刻画,体现色彩层次感。
4. 整体调整,完成。

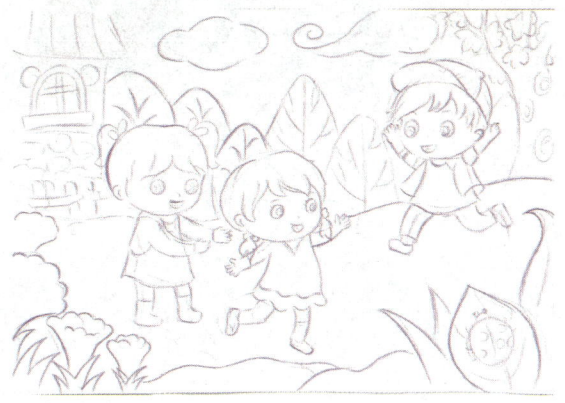 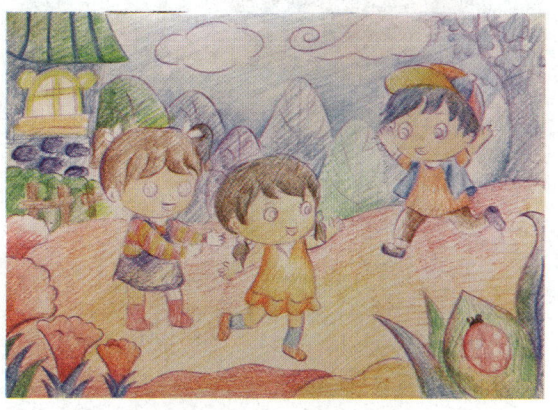

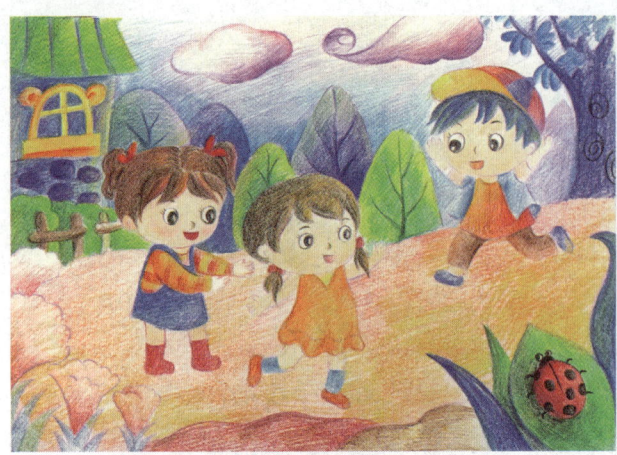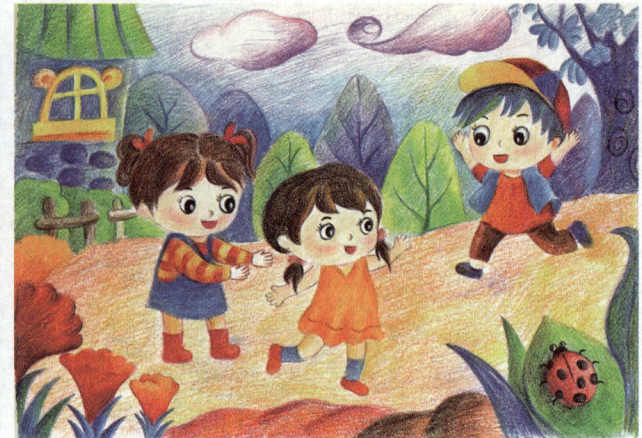

彩铅绘画步骤

四、彩铅作品表现

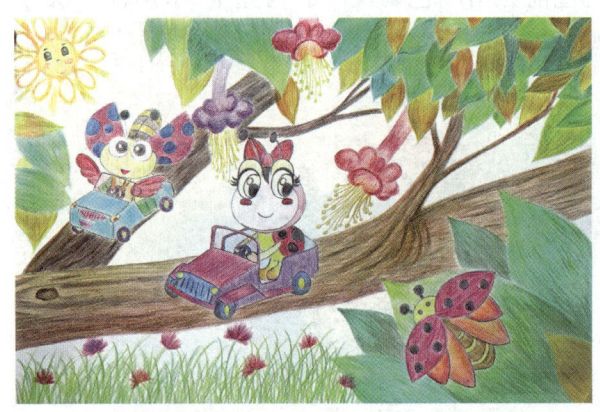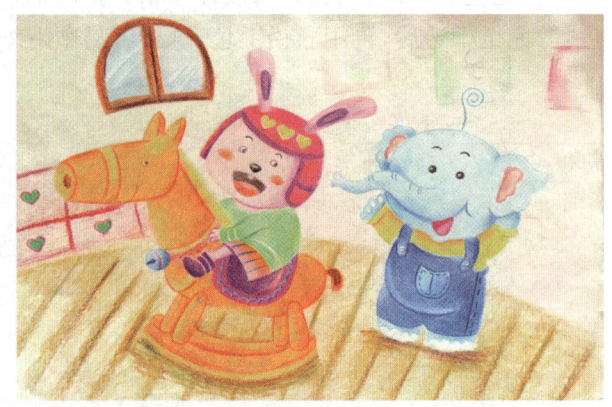

《阳光下》　　　　　　　　　《我上幼儿园》

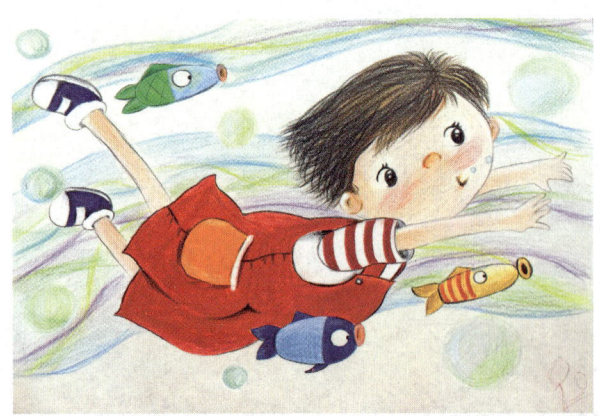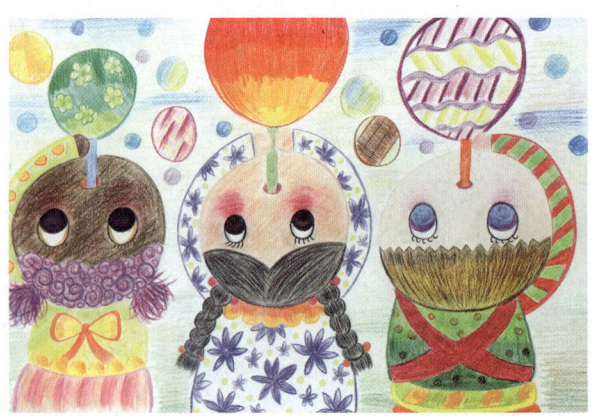

《遨游海洋》　　　　　　　　《世界一家亲》

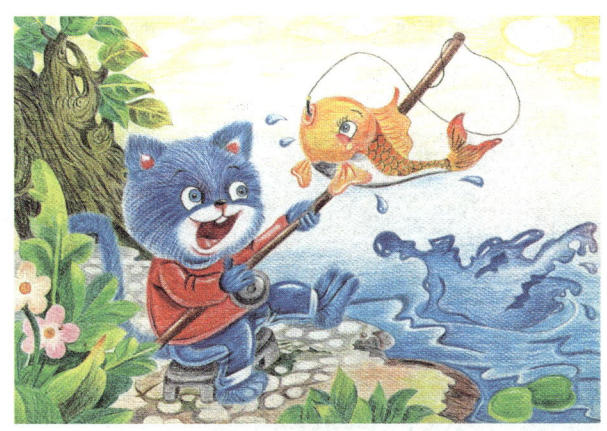
《小猫钓鱼》

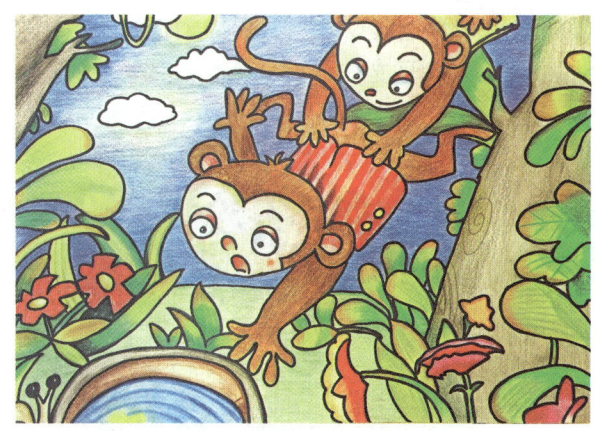
《猴子捞月》

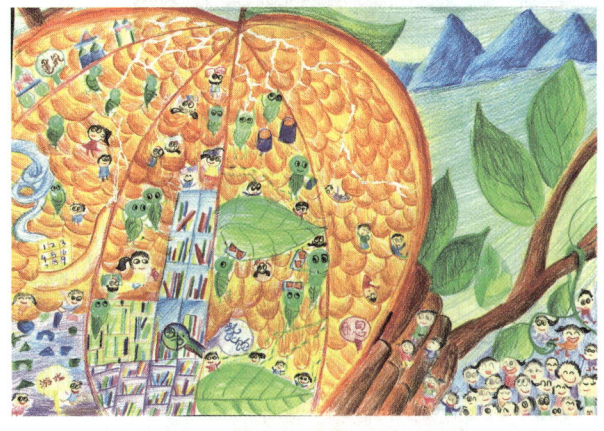
《橘子旅馆》

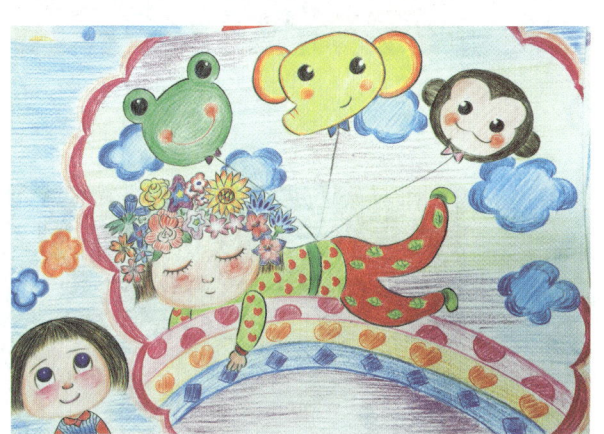
《我的梦想》

学习建议

1. 临摹范例。
2. 综合运用彩铅上色技法，创作一幅儿童题材绘画作品。

模块五 儿童题材绘画上色技法——水粉

水粉颜料也叫广告色，含大量粉质，大多数颜色不透明，覆盖能力强，可层层叠加。水粉上色时需要准备的工具材料相对简单，色彩调和方式较为容易，而且画面能产生厚重、轻薄等多种视觉效果，具有很强的表现力。

一、工具材料

水粉颜料、水粉笔、勾线笔、调色盘、水桶、素描纸、水粉纸、水彩纸等。

二、水粉上色技法

1. 干画法

干画法在绘画时用水较少，可厚涂重叠多次叠加，

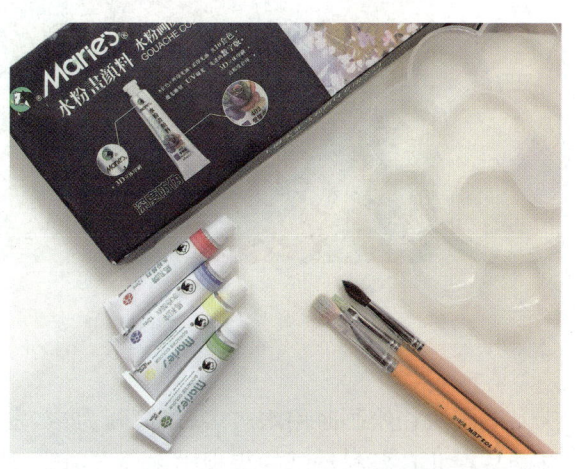
水粉画工具材料

画面效果较厚重,色彩饱满,形体塑造结实。水粉干画法在儿童题材绘画的表现中主要有平涂、点彩、勾线、干擦、压印等技法。

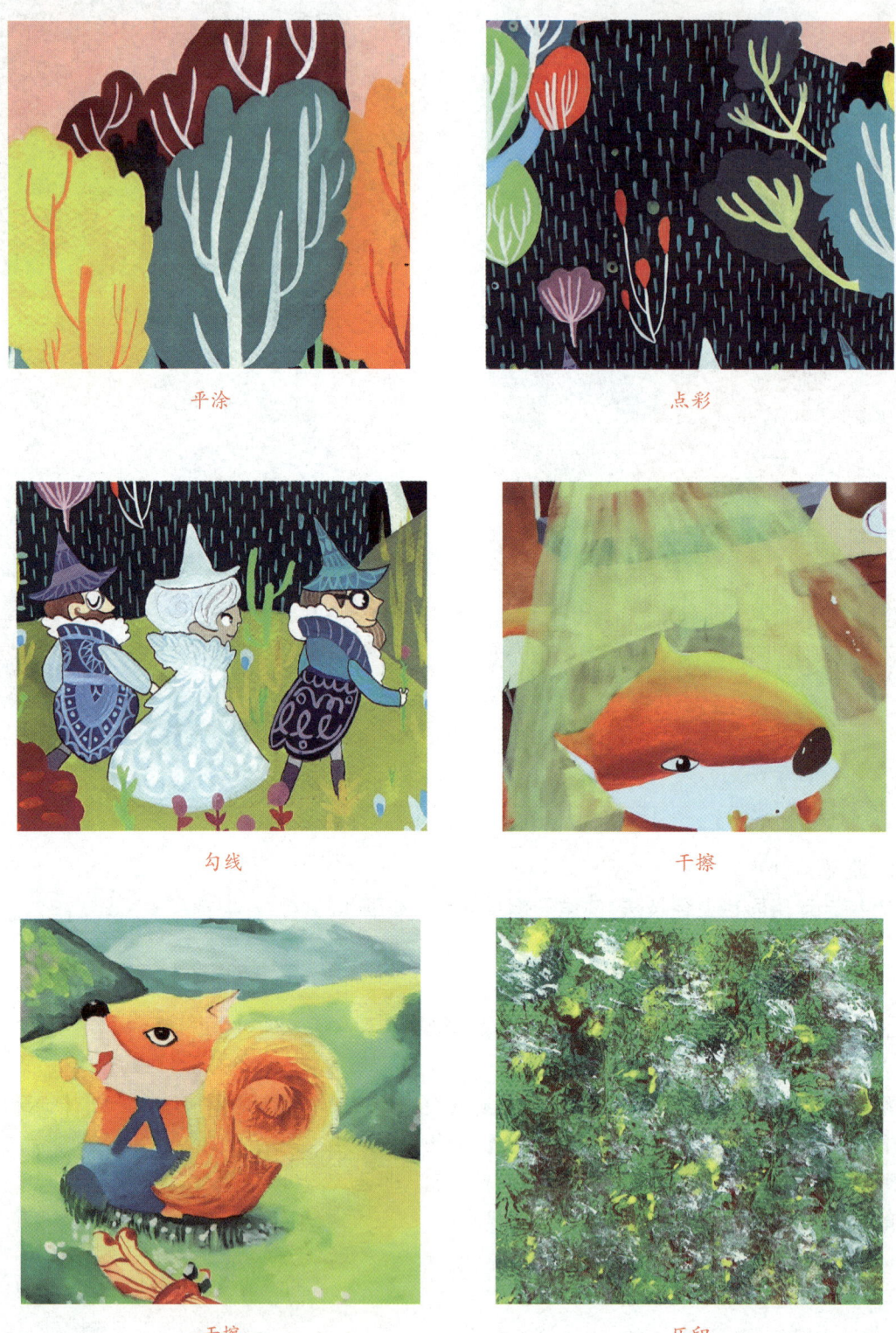

平涂　　　　　点彩

勾线　　　　　干擦

干擦　　　　　压印

2. 湿画法

湿画法在绘画时用水较多,以薄画为主,发挥水色渗化的效果,具有水彩画湿润流动的意趣。水粉湿画法在儿童题材绘画的表现中主要有渲染、流淌、吹制、喷绘、敲点、吸附等技法。通常很多情况下,在创作时都是干湿结合使用,既能突出主体,画面又灵动滋润。

第三章 赏 六合农民画艺术之淳朴

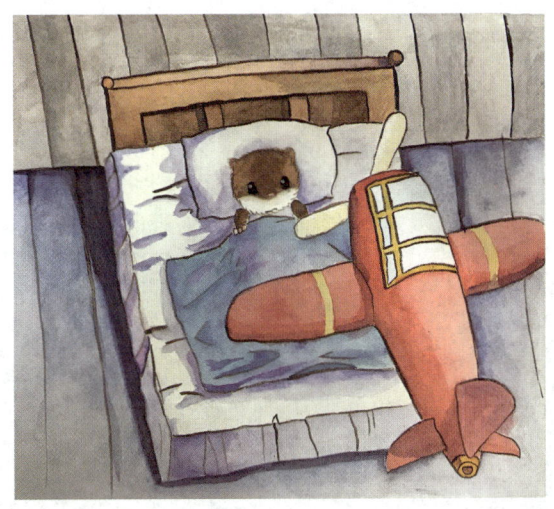
渲染

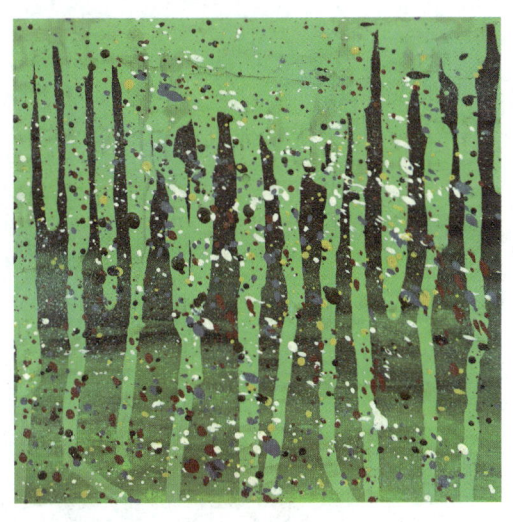
流淌

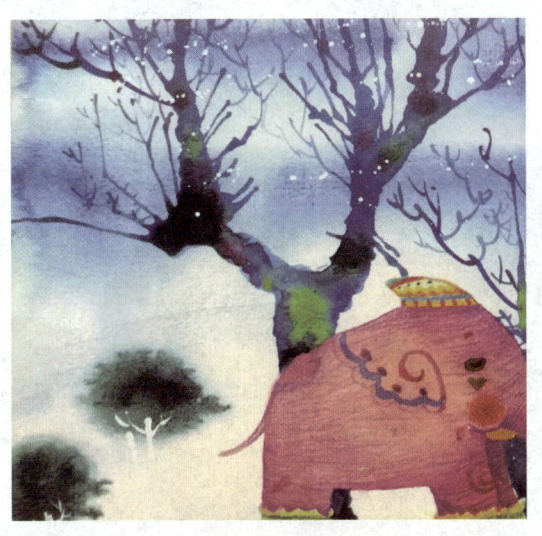
吹制

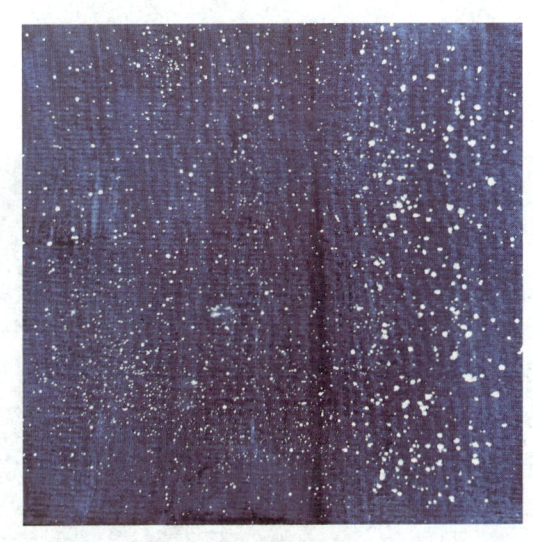
敲点

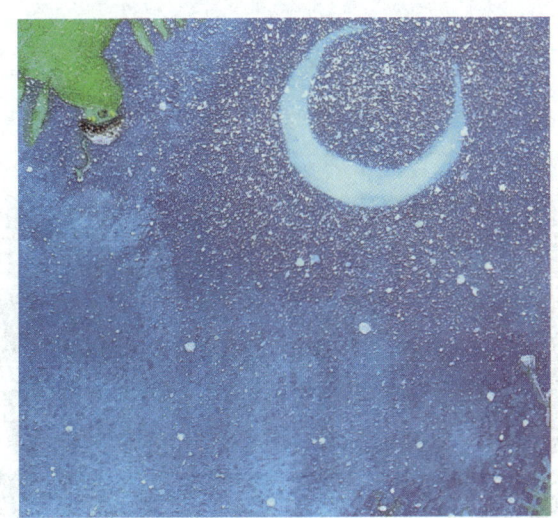
喷绘

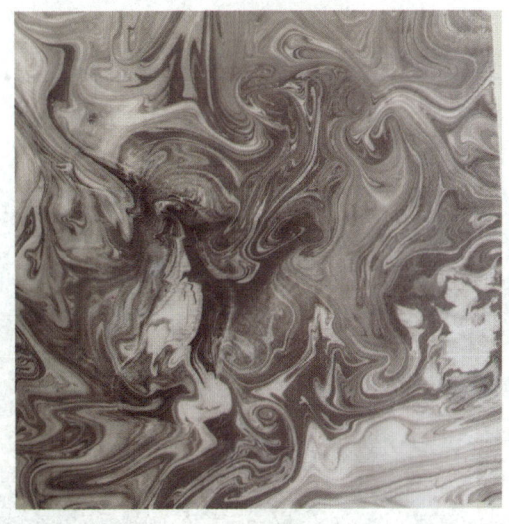
吸附

三、方法步骤

1. 完成线稿。
2. 铺大体色，确定整体色调。
3. 深入局部刻画。
4. 调整画面色彩至完成。

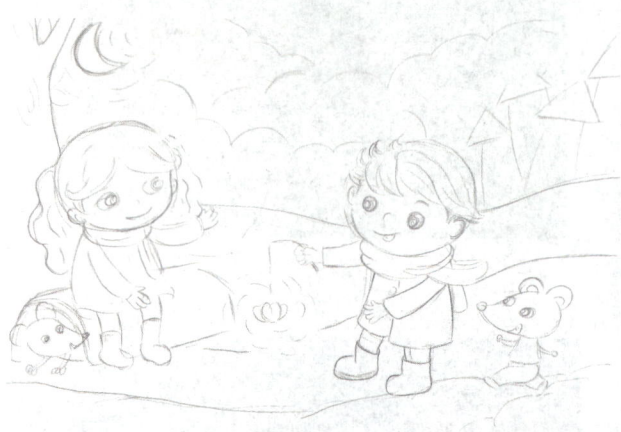
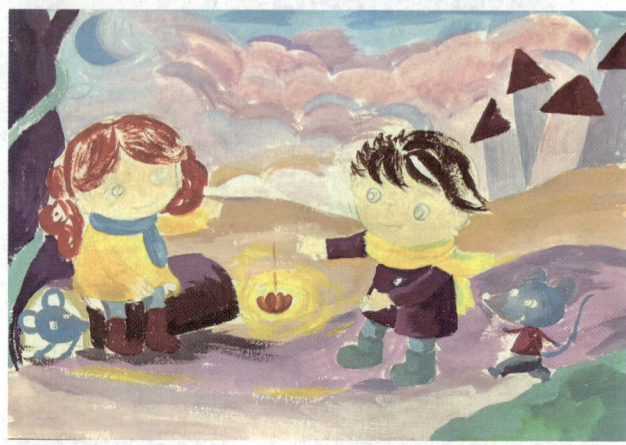
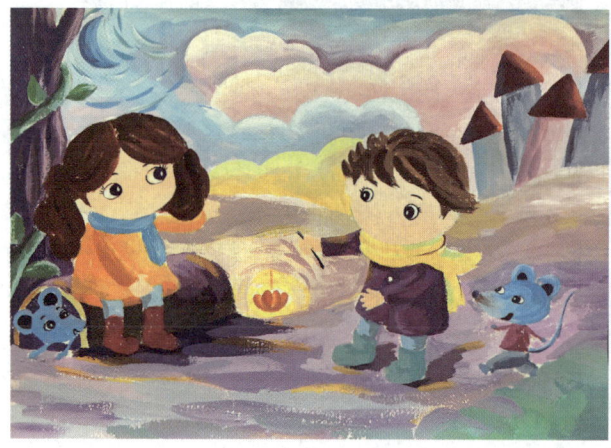
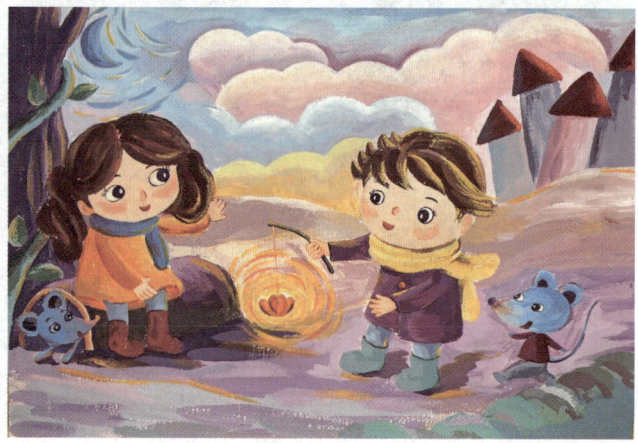

水粉绘画步骤

四、作品表现

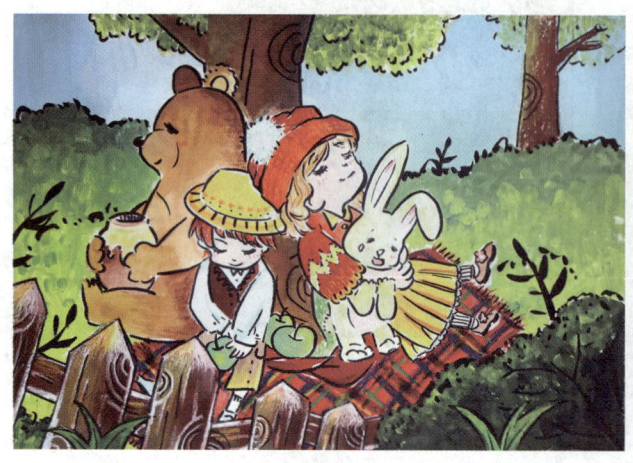
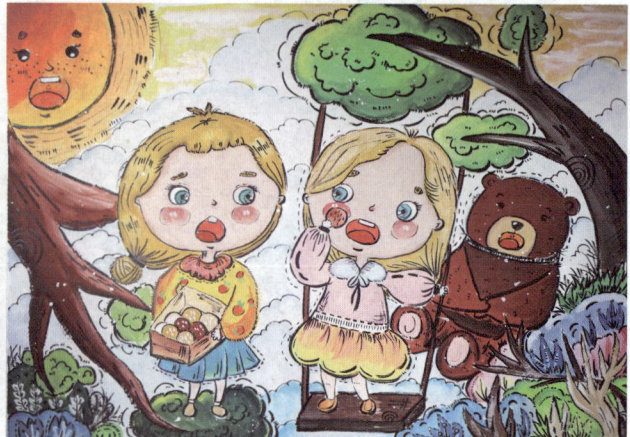

《快乐周末》　　　　　　　　　　　《好吃的饼干》

第三章 赏·六合农民画艺术之淳朴

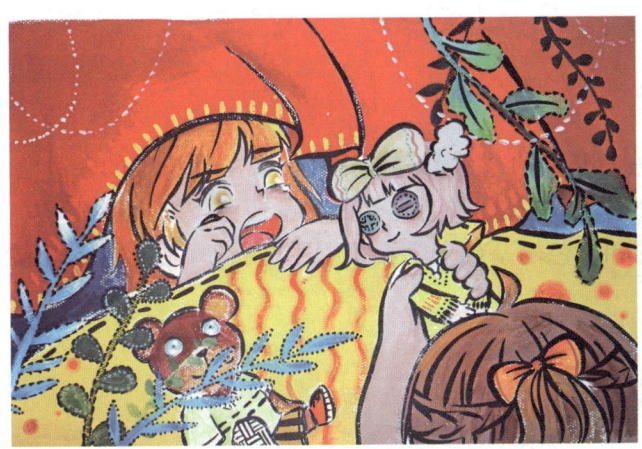
《弟弟别哭》

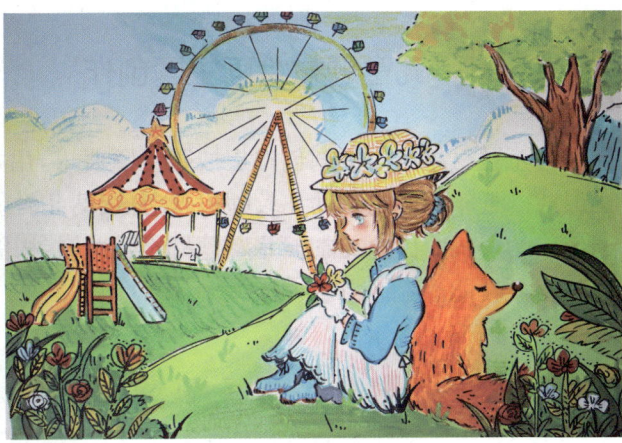
《不要生气，好吗？》

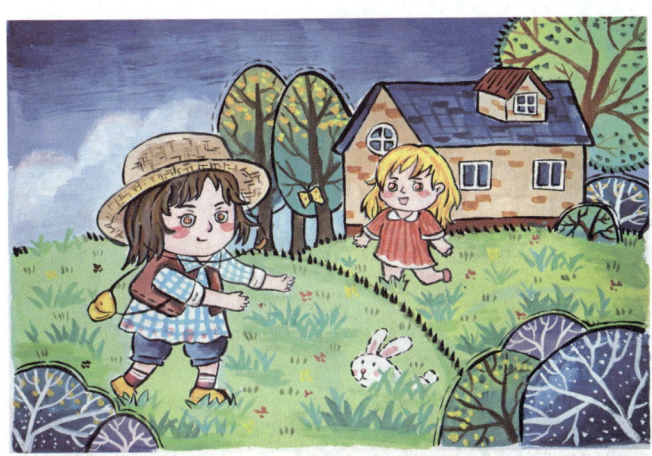
《我们一起玩》

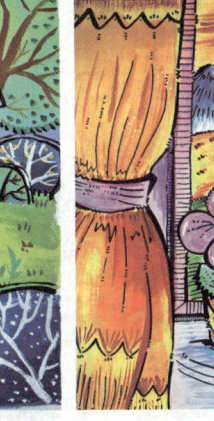
《今天我值日》

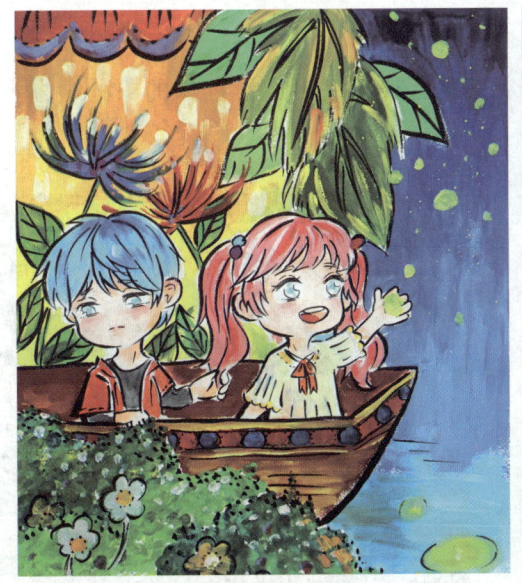
《美丽的夜晚》

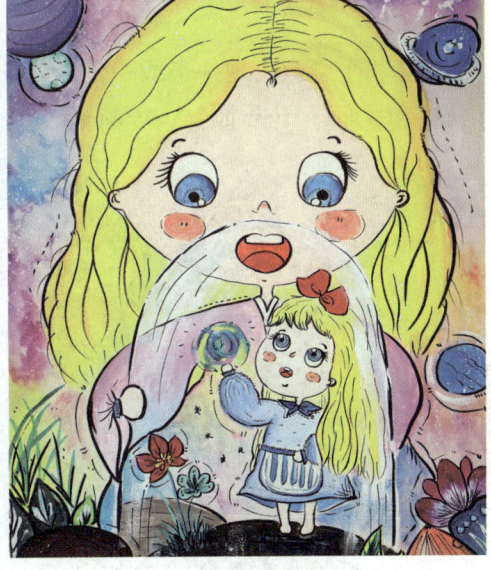
《我的梦想》

 学习建议

1. 临摹范例。
2. 综合运用水粉上色技法，创作一幅儿童题材绘画作品。

模块六　儿童题材绘画主题创作

儿童题材绘画的主题创作是按照主题要求，用贴近儿童的艺术语言创作的带有主题情节的一种绘画形式。近年来不论是幼儿教师招聘考试、幼儿教师资格证考试，或者是幼儿教师职业技能大赛都有主题创作的形式。因此在掌握儿童题材绘画造型、构图和上色的基础上学会根据主题创作，是我们必须掌握的一项技能。

一、主题创作形式

1. 命题形式

命题形式是根据给定主题，按照要求进行有目的创作的一种绘画形式，如《我会飞》《丰收》等。

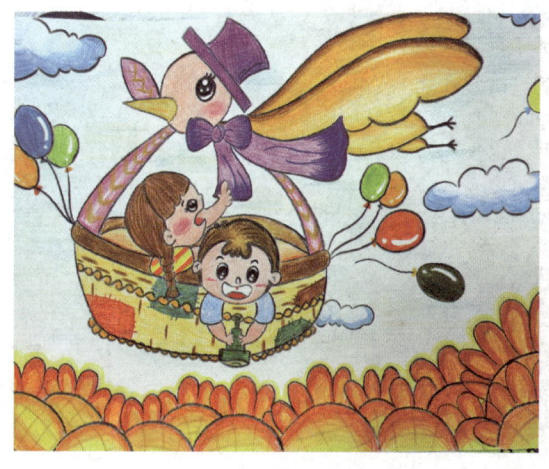

《我会飞》　　　　　　　　　　《丰收》

2. 半命题形式

半命题形式是指主题只出现一半或一部分，其余由自己补充完再进行创作的一种绘画形式。相对命题形式，稍显自由，如《……乐园》《……新家》等。

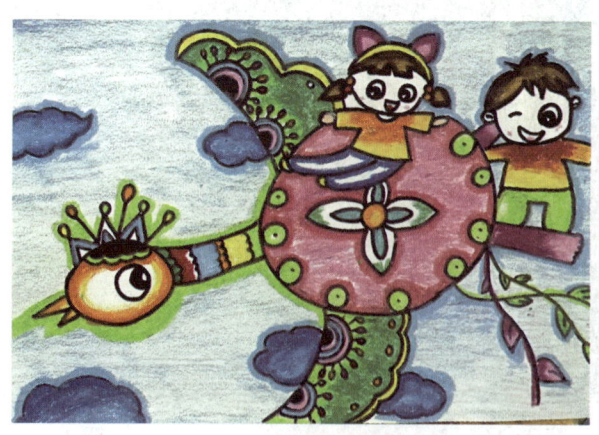
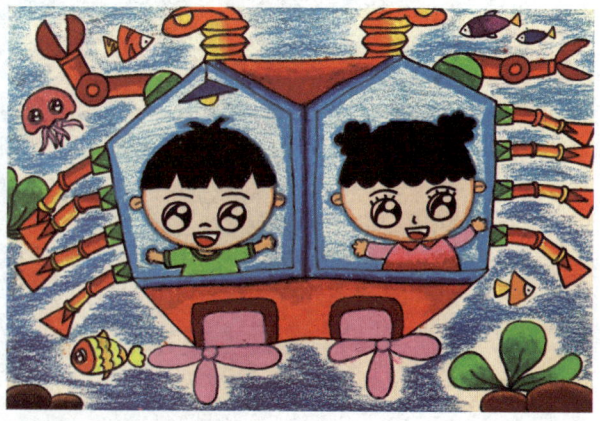

《鸟儿乐园》　　　　　　　　　　《海底新家》

3. 指定造型形式

指定造型形式是给定某一个造型，在此基础上根据要求添画其他造型和背景，体现一定主题的一种绘画形式，如指定某一儿童造型等。参见《植物角》《快乐的游戏》。

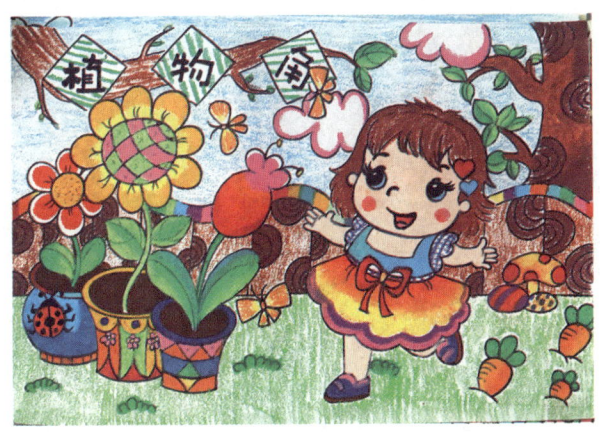
《植物角》

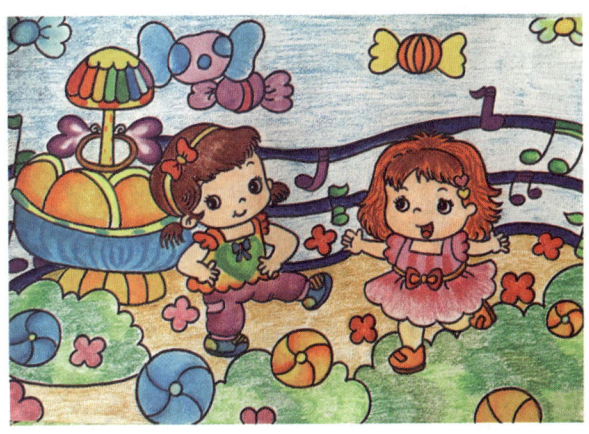
《快乐的游戏》

4. 童谣童诗配图形式

童谣童诗配图形式是根据给定的童谣或童诗,按照要求为其配图的一种绘画形式。审题时要理清童诗或童谣中出现的主体物和场景,如《花牛歌》《蝴蝶·豌豆花》等。

花牛歌
徐志摩
花牛在草地里坐,
压扁了一穗剪秋萝。
花牛在草地里眠,
白云霸占了半个天。
花牛在草地里走,
小尾巴甩得滴溜溜。
花牛在草地里做梦,
太阳偷渡了西山的青峰。

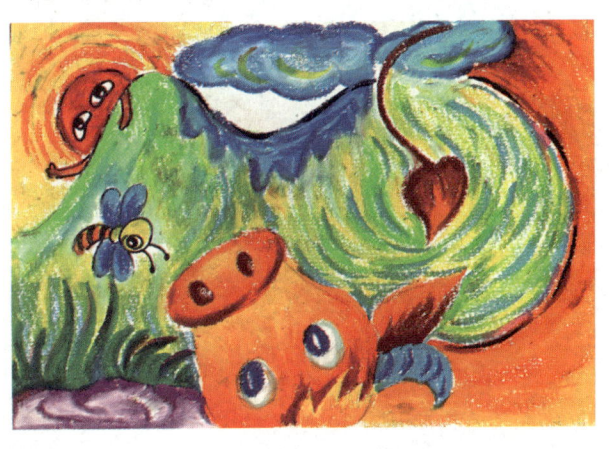
《花牛》

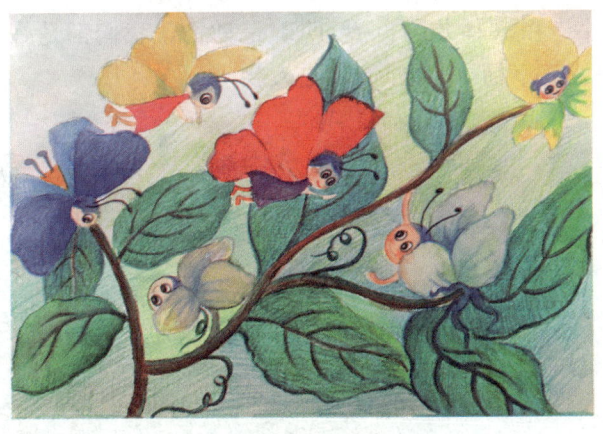
《豌豆花》

蝴蝶·豌豆花
郭风
一只蝴蝶从竹篱外飞进来,
豌豆花问蝴蝶,
你是一朵飞起来的花吗?

二、主题内容

主题内容多样,总体来说常见的主题可归纳为以下六类:

1. 四季风光类

主要针对描绘四时气候和风景天气等,如《春天的故事》《清凉夏日》《金秋时节》《冬爷爷,你好!》《美丽的家乡》《下雨了!》等。

绘画：从民艺赏析到童趣表达

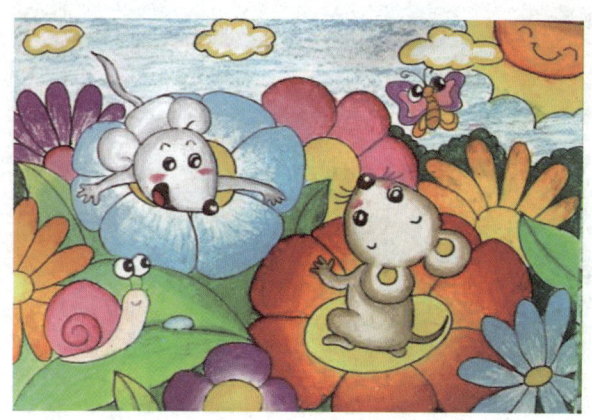
《春天的故事》

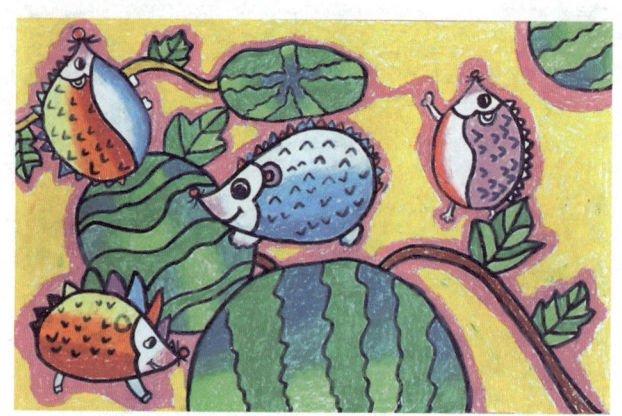
《清凉夏日》

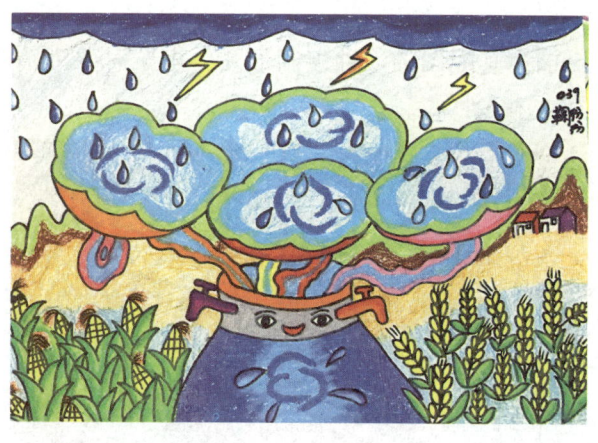
《下雨了！》

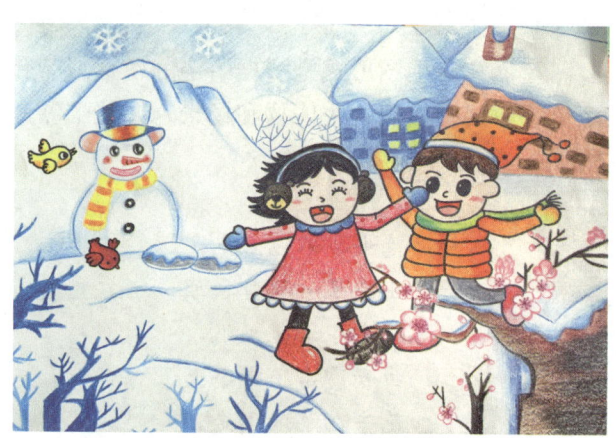
《冬爷爷，你好！》

2. 动物人物类

　　主要针对描绘各类动物和人物，应注意主题中对主体物的创意和组合要求，还应仔细分析主题，是动物还是人物，如《小蜗牛的新家》《快乐的小老鼠》《鸟儿的世界》明确是动物，《我们都是好朋友》《我们的聚会》可以是动物也可以是人物，《我的妈妈》《幸福一家人》明确是人物。

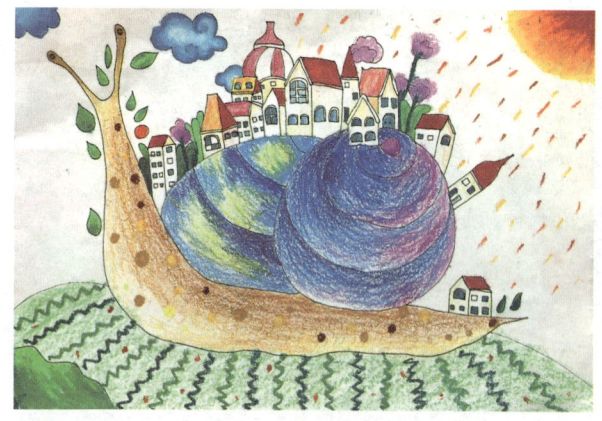
《小蜗牛的新家》

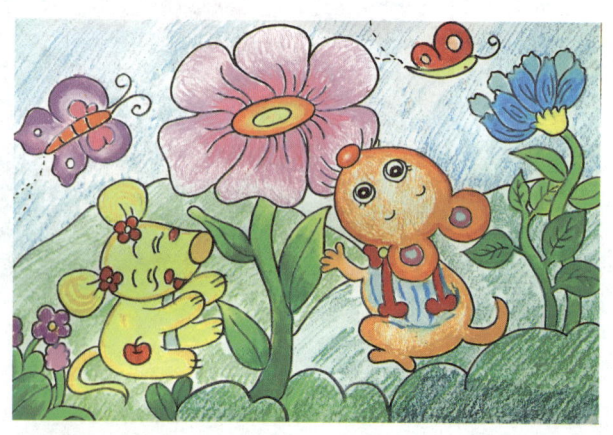
《快乐的小老鼠》

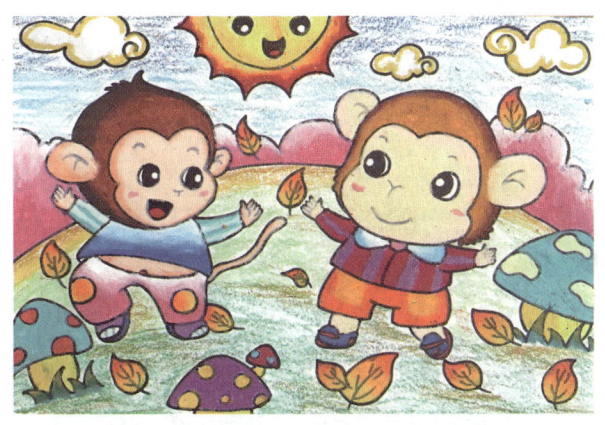
《金秋的聚会》

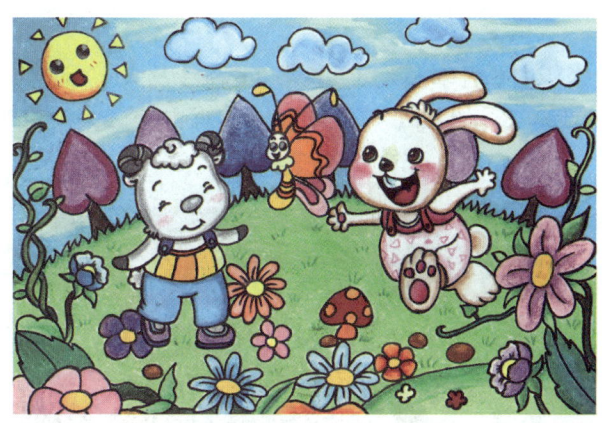
《我们都是好朋友》

3. 生活节日类

主要针对描绘各类节日和日常生活,如《快乐的幼儿园》《我真能干》《郊游去》《快乐的节日》《上学路上》等。

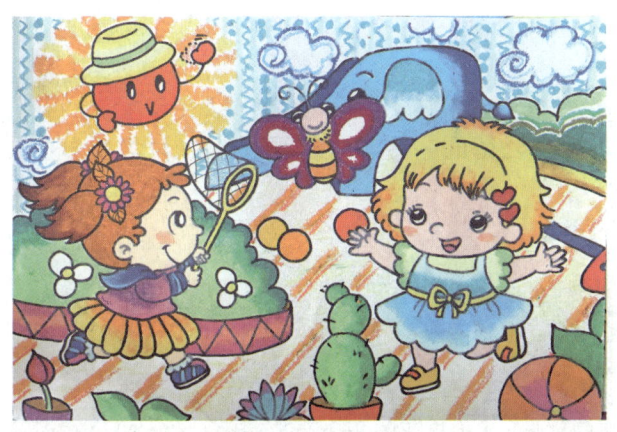
《快乐的幼儿园》

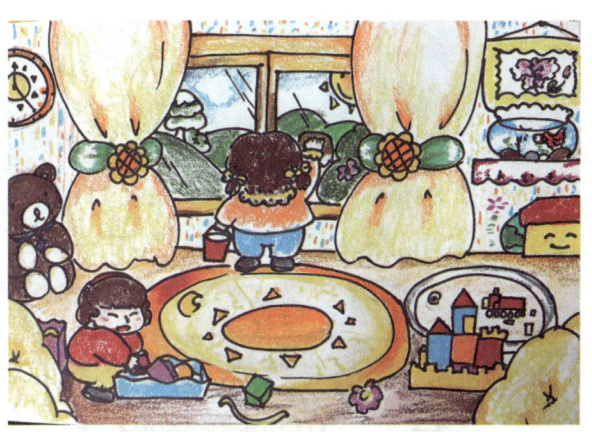
《我真能干》

4. 故事童谣类

主要针对故事、童谣、童诗、谜语等配图。读懂文本的同时做到提炼情节,将最能代表该文本的情节表现出来,如《丑小鸭》《猴子捞月》等。

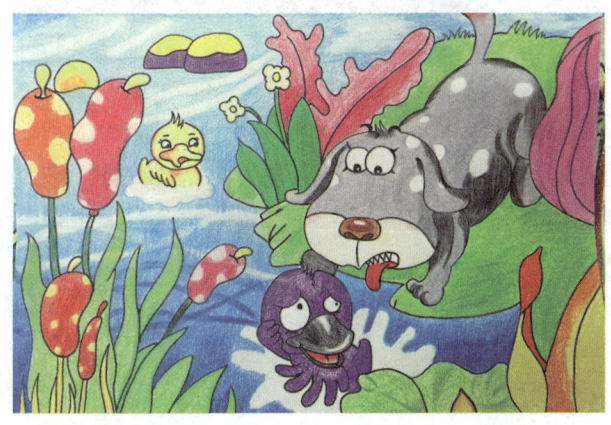
《丑小鸭》

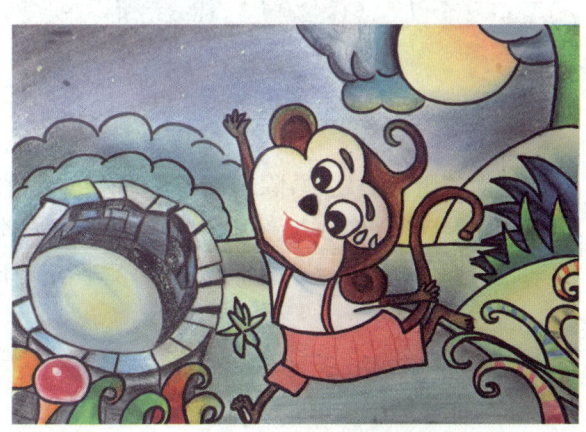
《猴子捞月》

5. 科幻想象类

主要针对科幻、想象等,主题涉及天上、地下、水里、梦里的,对于此类命题可以不受约束地想象,如《我会飞》《我的梦想》《海底世界真奇妙》《未来世界》等。

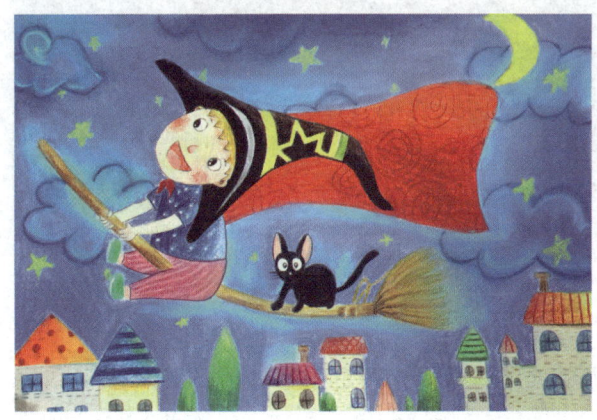

《我会飞》

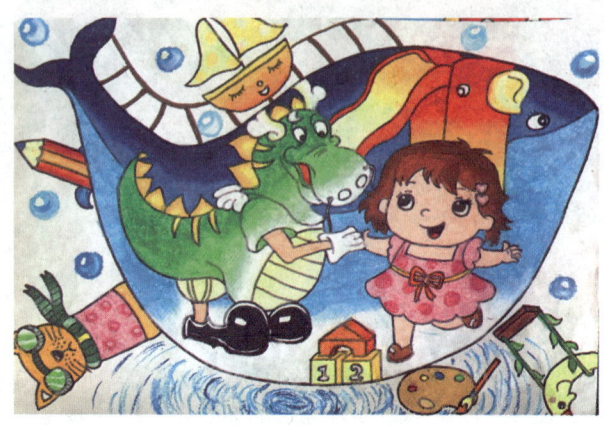

《我的梦想》

6. 教育说理类

主要针对引导幼儿形成健康的社会品质,培养幼儿社会公德的一些教育类题材,如《垃圾要分类》《早上锻炼身体好》《一滴水的故事》《我们爱洗手》等。

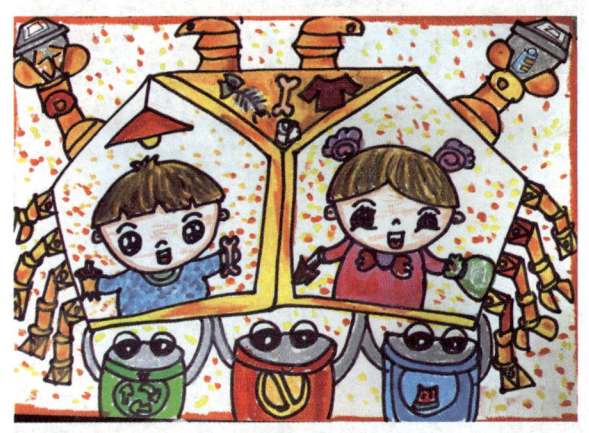

《垃圾要分类》

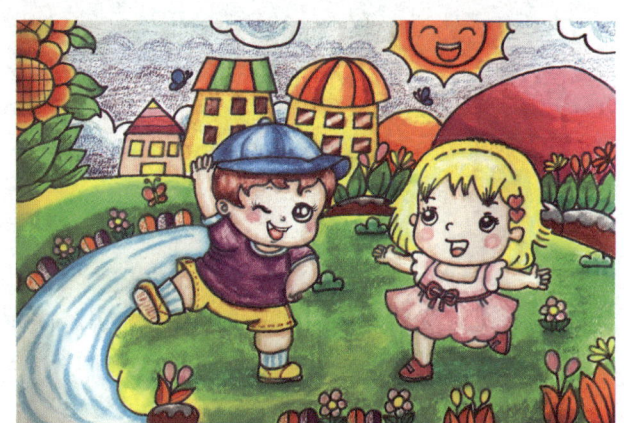

《早上锻炼身体好》

针对以上六类主题,除了在审题时要看清主题的重点,避免偏题外,还应有发散性思维,能打破常规,画出独特的创意和新意。如《丰收》,除了农作物丰收外,还可以是小朋友学习成果的丰收、大山果实的丰收、运动员获得冠军的丰收、老师桃李满天下的丰收等。

三、方法及步骤

① 审题确定构图,完成主体物动态组合。
② 添加与主题相关的场景,前后层次清晰。
③ 完成线稿。
④ 上色,调整画面,完成。

针对不同的主题,再创作时可以作如下改动,如《下雨了》:
1. 相同主体物的组合,改变动态,以满足主题需要。
2. 变化不同场景,添加不同"道具"。
3. 完成线稿。
4. 上色,调整画面,完成。

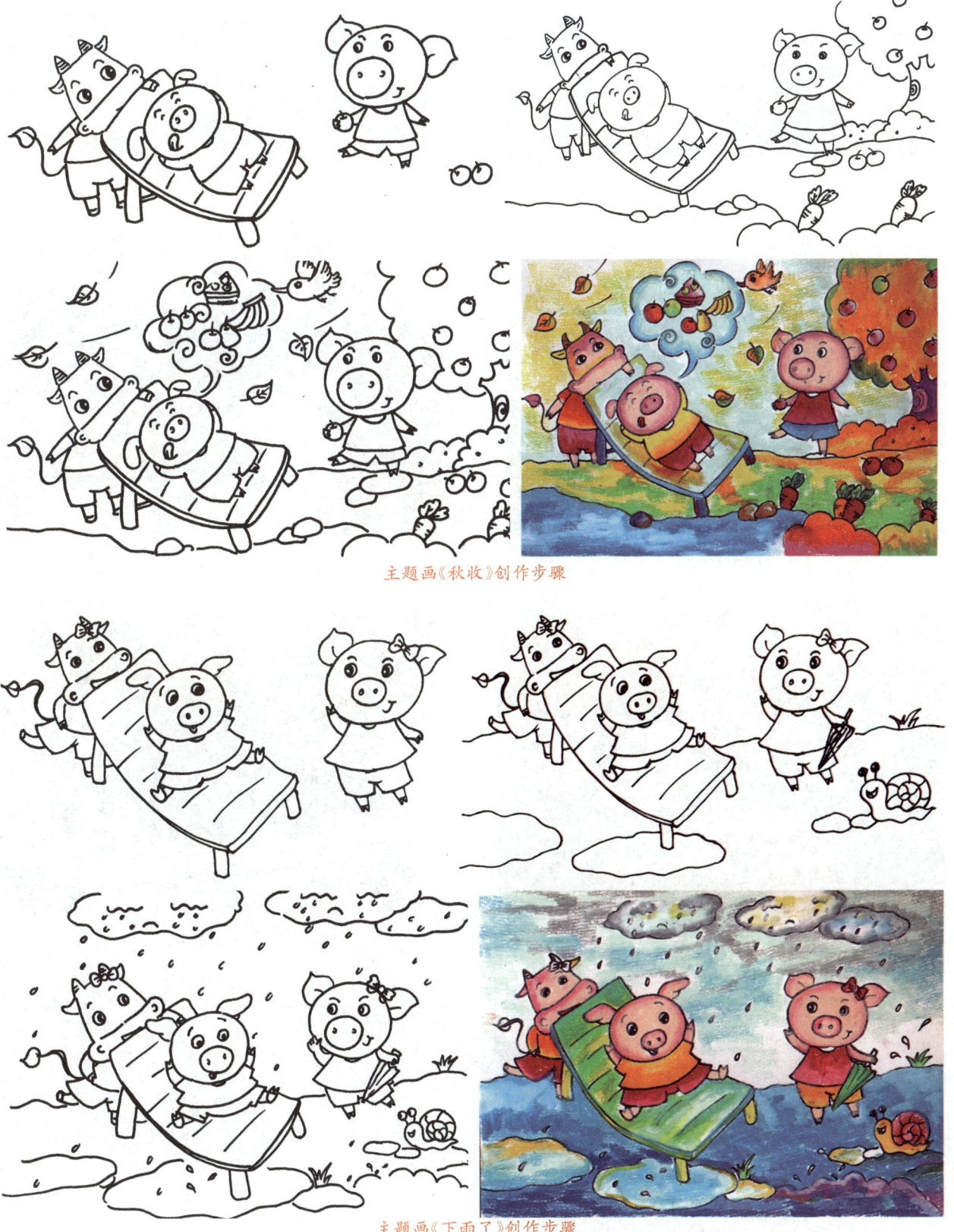

主题画《秋收》创作步骤

主题画《下雨了》创作步骤

绘画：从民艺赏析到童趣表达

四、作品表现

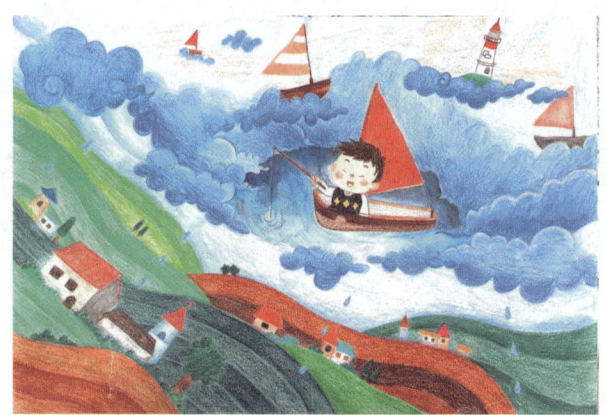

《白云给我浇菜园》

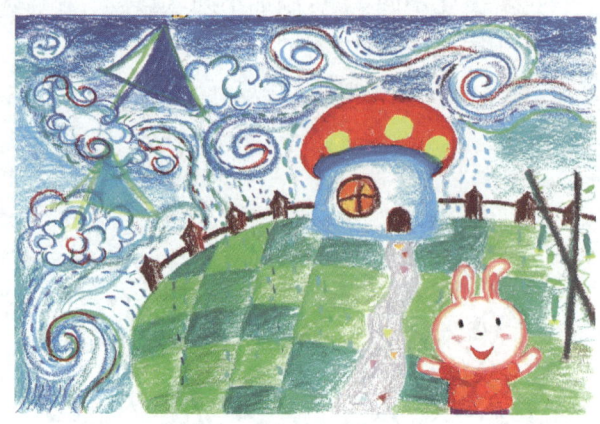

《家园》

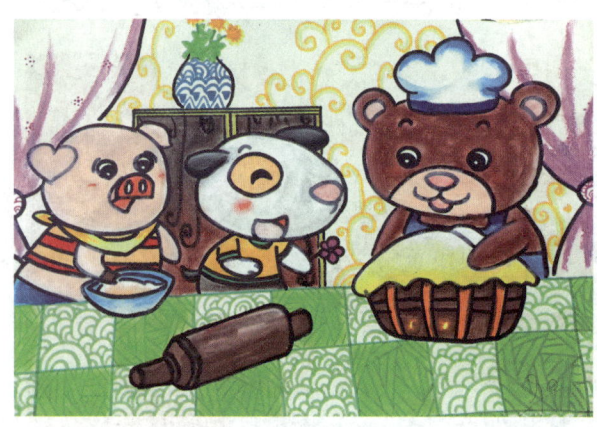

《新本领》

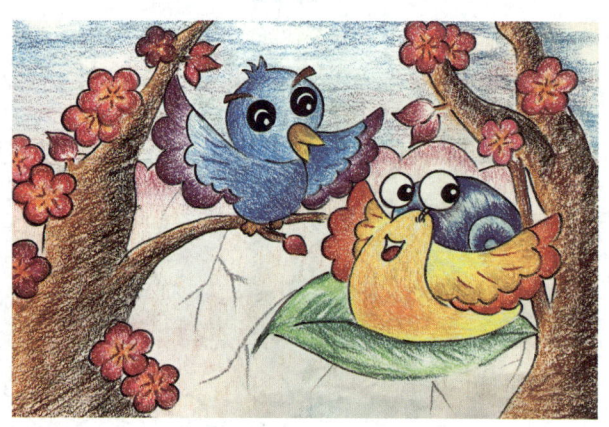

《我也想飞》

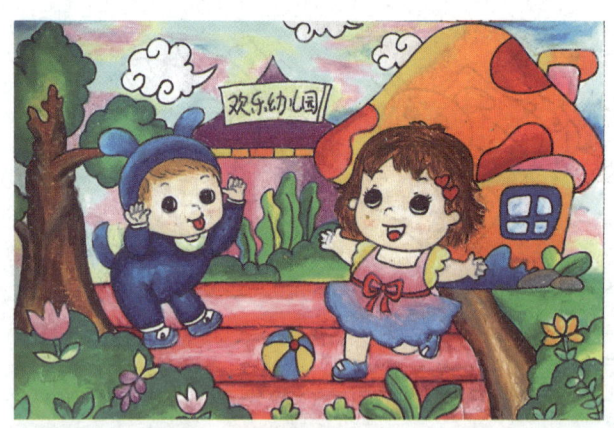

《欢乐幼儿园》

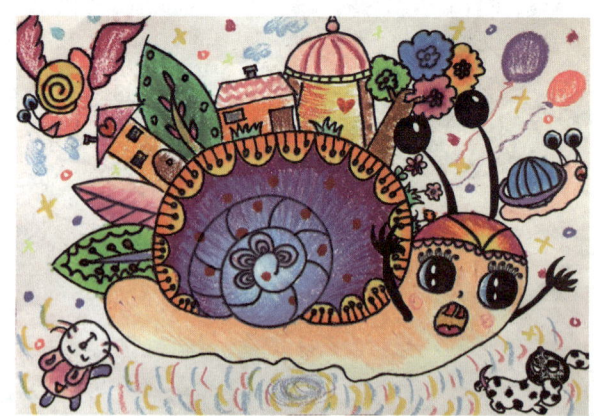

《小蜗牛的新家》

学习建议

1. 根据不同的主题创作儿童题材绘画作品。
2. 尝试给一首童谣或童诗完成配图。

拓展与提高 故事绘本创编

故事绘本是指用多幅画面连续叙述一个故事的书籍。我们可以根据幼儿文学作品或自编现实生活中的小故事，绘制多页生动的画面。故事绘本不仅画面生动、造型可爱，而且配有好听的故事，寓教于乐，深受幼儿喜爱。

一、绘本创编内容

1. 故事创作

故事创作可对已有故事或童话形象进行改编，也可借助儿童的视角讲述积极向上的道理，抑或是有教育意义的生活常识等。

2. 插图创作

插图创作包括主体物的形象设计、不同情节中主体物和场景的安排、绘画的风格定位，以及插图呈现的形式等。

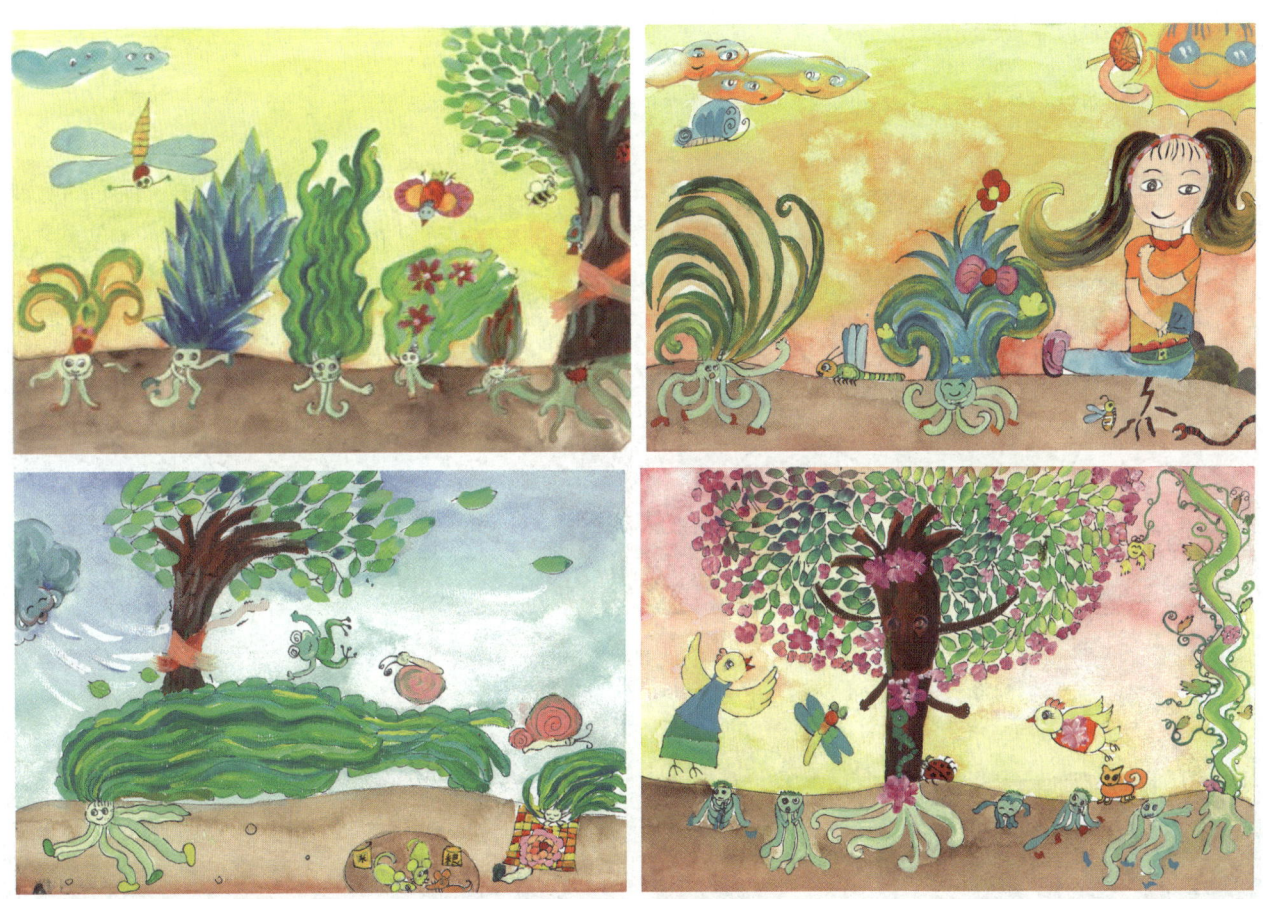

绘本《小草与桃树》插图

3. 版式设计

版式设计包括插图和文字在版面上的安排，绘本的封面、封底、扉页和标题的设计，以及绘本装帧，这些都是我们在后期要考虑的问题。

绘画：从民艺赏析到童趣表达

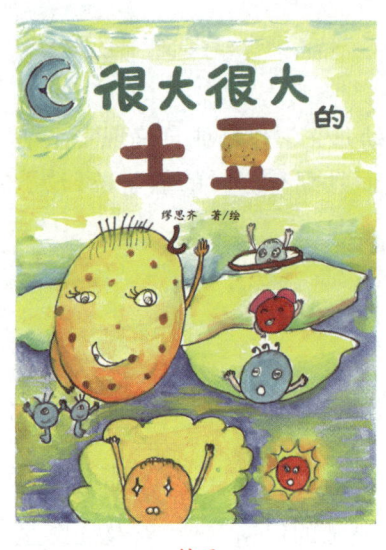
封面

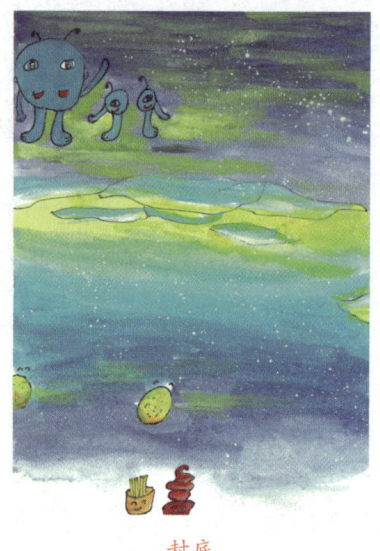
封底

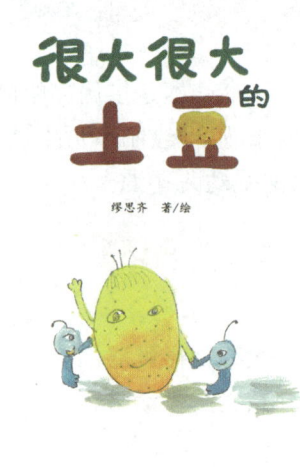
扉页

二、绘本创编表现形式

1. 平面绘画形式

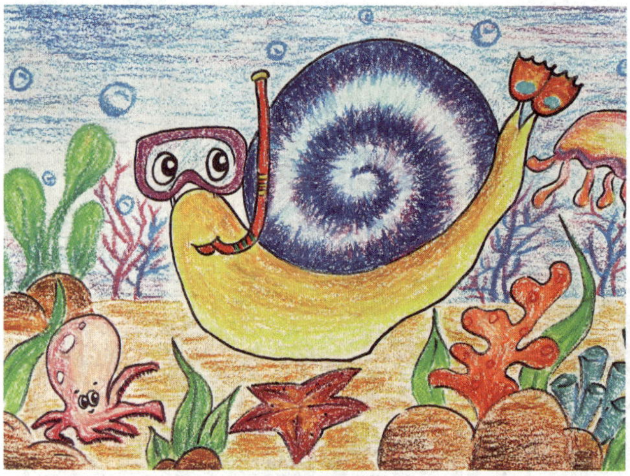

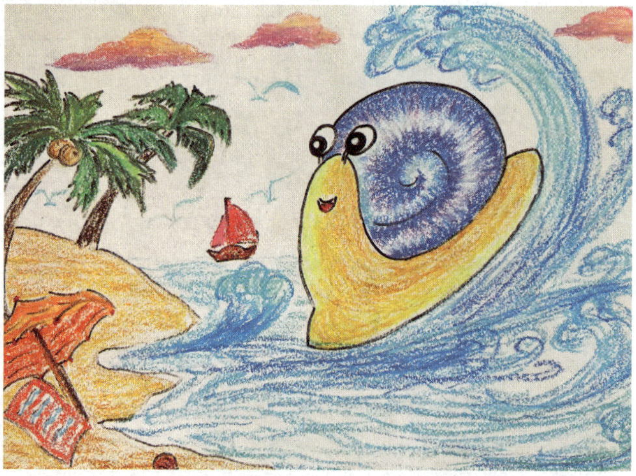

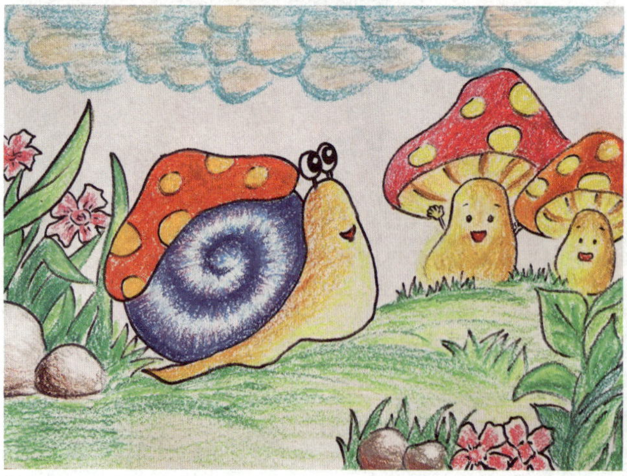

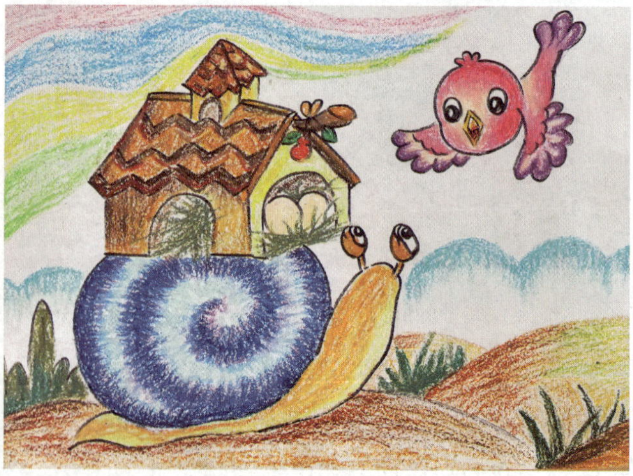

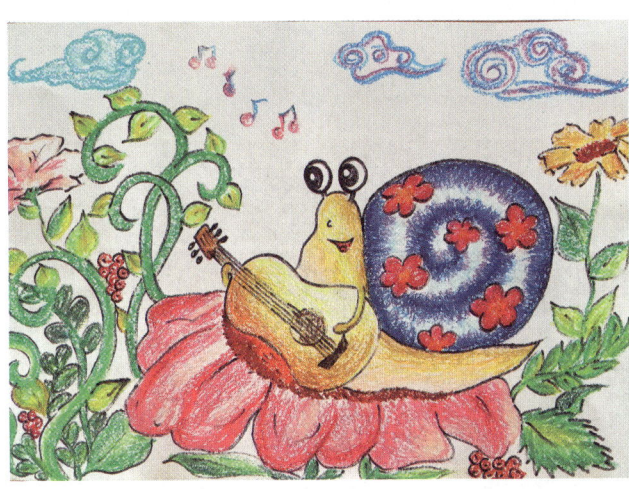
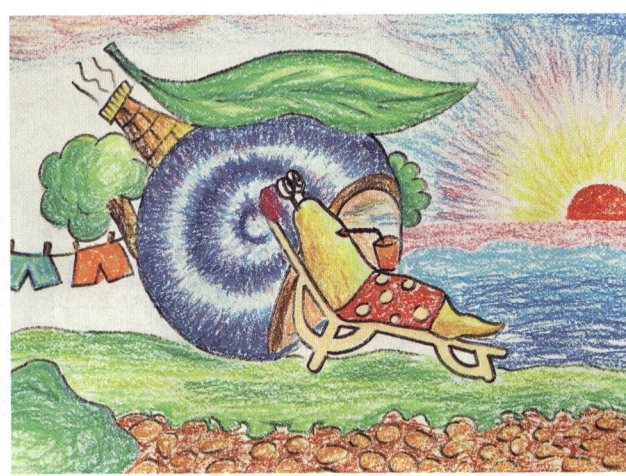

油画棒绘本《神奇的小蜗牛》

2. 平面剪贴形式

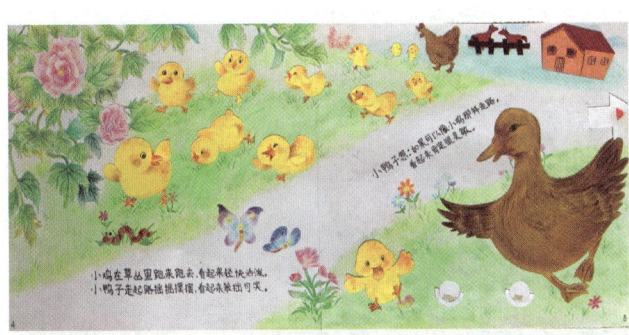
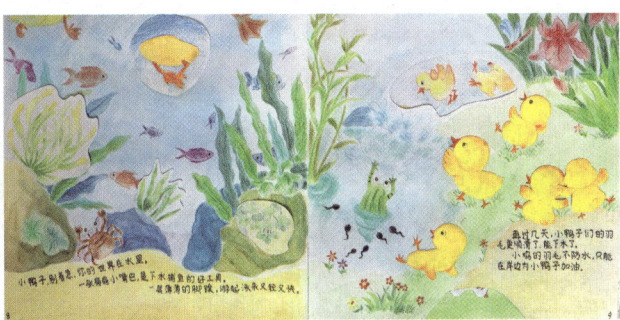
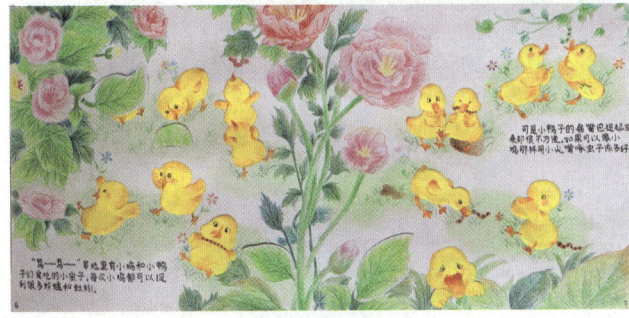
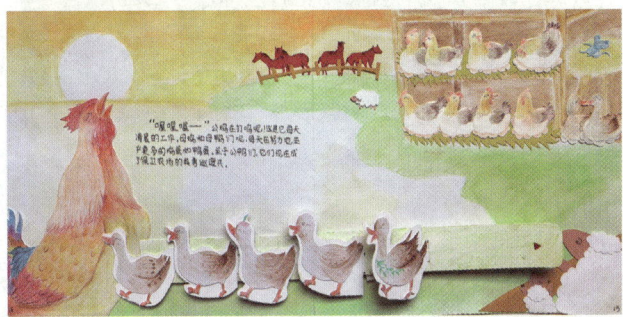

纸艺剪贴绘本《我们长得不一样》

3. 立体形式

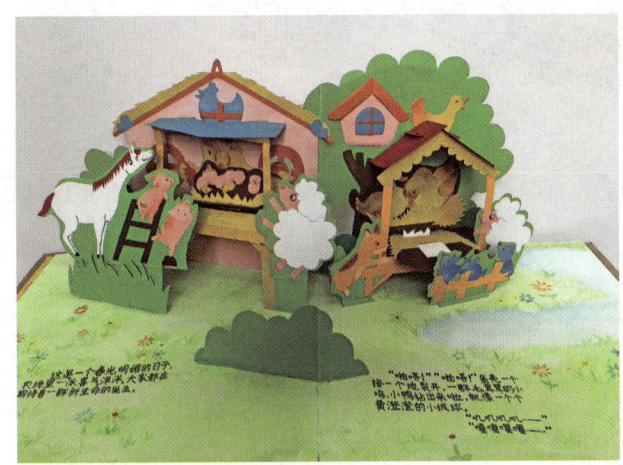
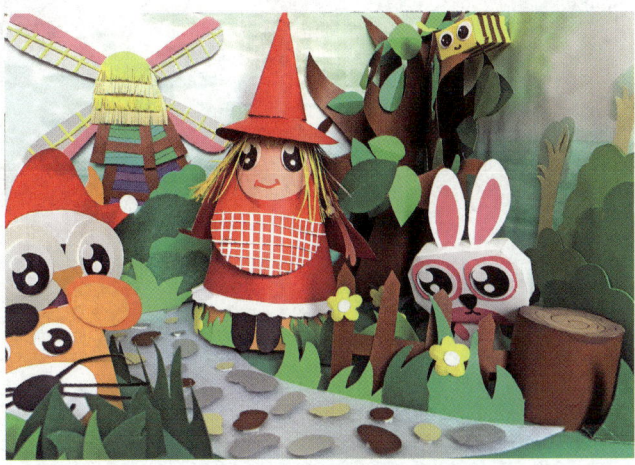

纸艺立体绘本《小红帽》

4. 布贴形式

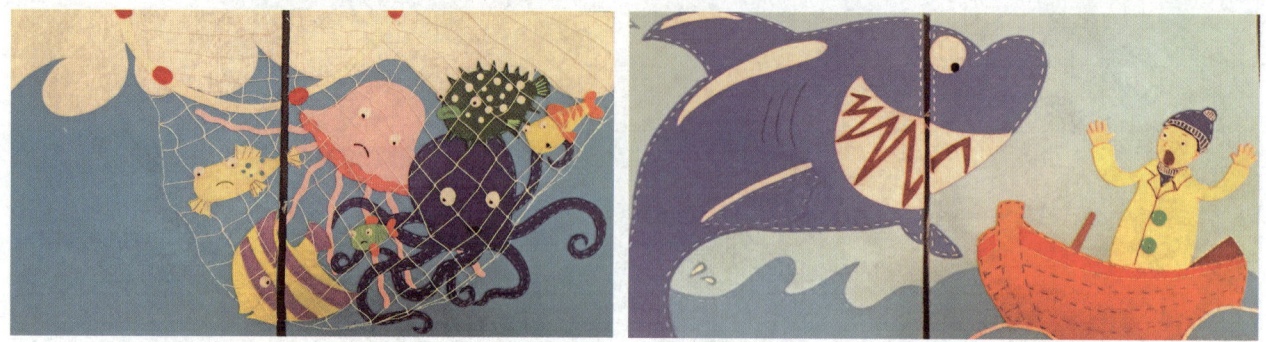

布贴绘本《爱笑的鲨鱼》

5. 立体泥玩形式

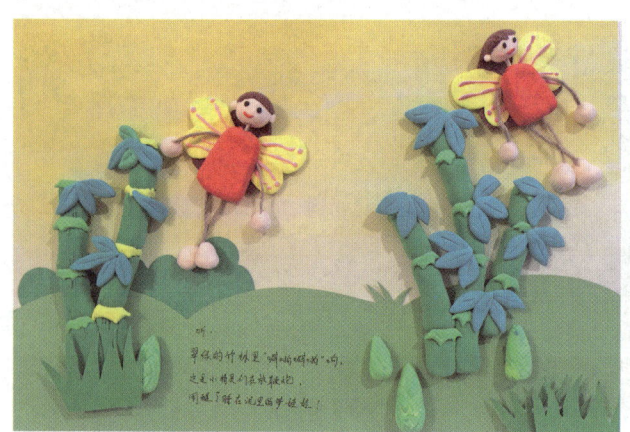 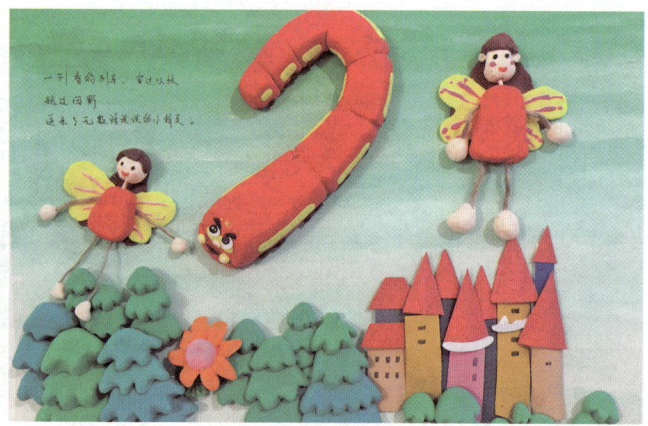

黏土绘本《春天的小精灵》

6. 综合材料形式

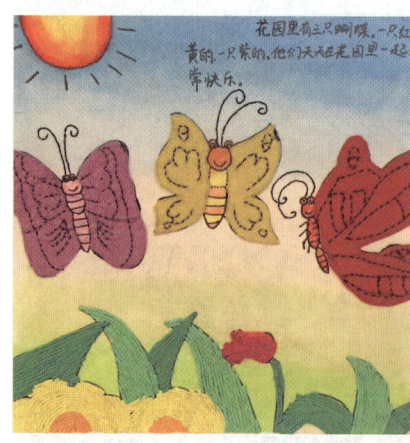 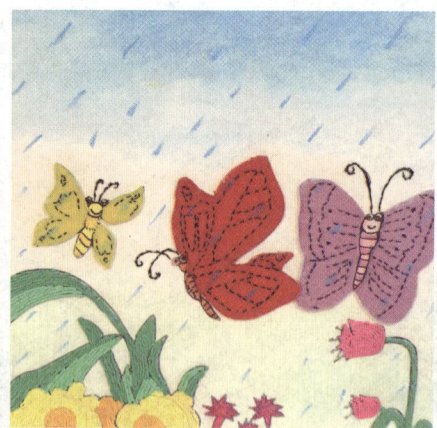 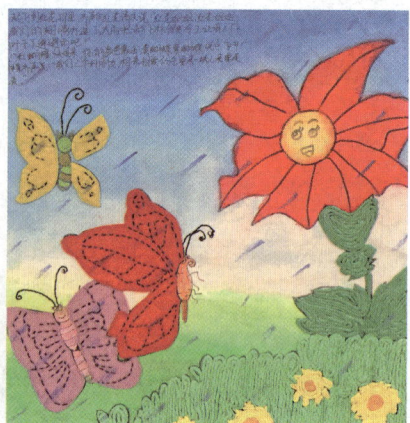

综合材料绘本《三只蝴蝶》

三、方法步骤

❶ 选定故事，做好分页准备。

我的风筝会唱歌

爷爷被爸爸接到城里来了,他不习惯城里的生活,天天坐在阳台上望着天空。/爷爷很宝贝他带来的蓝布包,都不让我碰。/

周末,幼儿园要举行放风筝比赛。"爸爸,给我买个大风筝。"我大声地喊,正好被爷爷听到了。爷爷摸了摸他的蓝布包,高兴地说:"爷爷给囡囡做一个会唱歌的风筝,一定得第一名!"/我高兴极了,可是心里嘀咕风筝怎么能唱歌呢?/爷爷看出了我的小心思,解开了他的蓝布包,把里面的东西拿出来摆满了饭桌。爸爸说这些都是用葫芦做的哨口,风筝装上哨口后就能唱歌啦。/之后的几天,爷爷都忙着做风筝:扎骨架、绘鹞面、装哨口……/

到了周日,一只漂亮的七星板鹞风筝摆在我面前,我请爸爸带爷爷陪我一起去参赛。爷爷高兴极了,还挎着他那空空的蓝布包。/飞起来了,飞起来了!板鹞风筝"呼"的一声直冲蓝天,很快超越了其他风筝。唱起来了,唱起来了!板鹞风筝发出了声音,响声明朗,音调悠长。/

我看着风筝不断上升,又跳又叫,一把抱住了爷爷。我们的板鹞风筝一直唱啊唱啊,飞向天际,飞向过去,飞向未来。

❷ 设计形象和场景,完成各页草图。

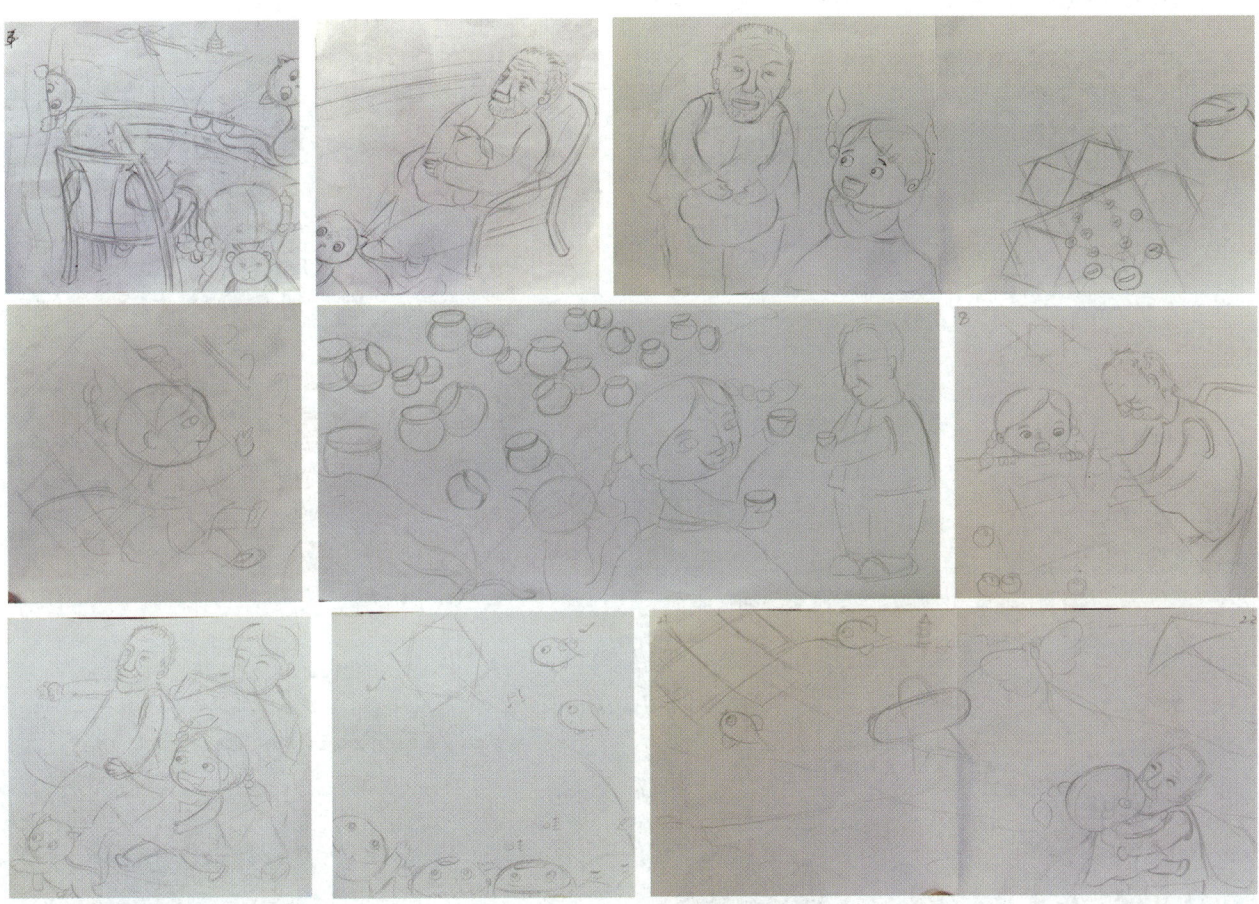

❸ 添加细节,完成各页线稿,并根据作品风格,选用合适的材料完成上色。

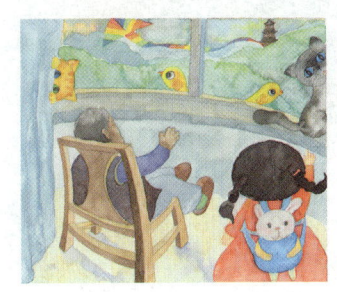 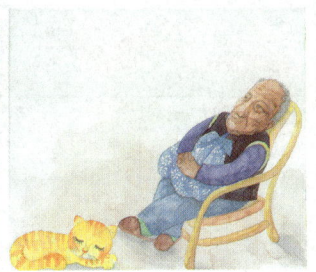 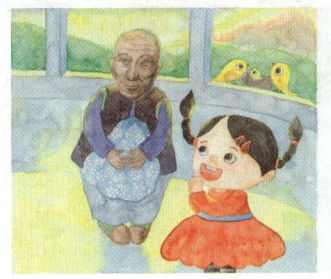 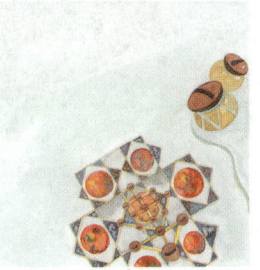

绘画：从民艺赏析到童趣表达

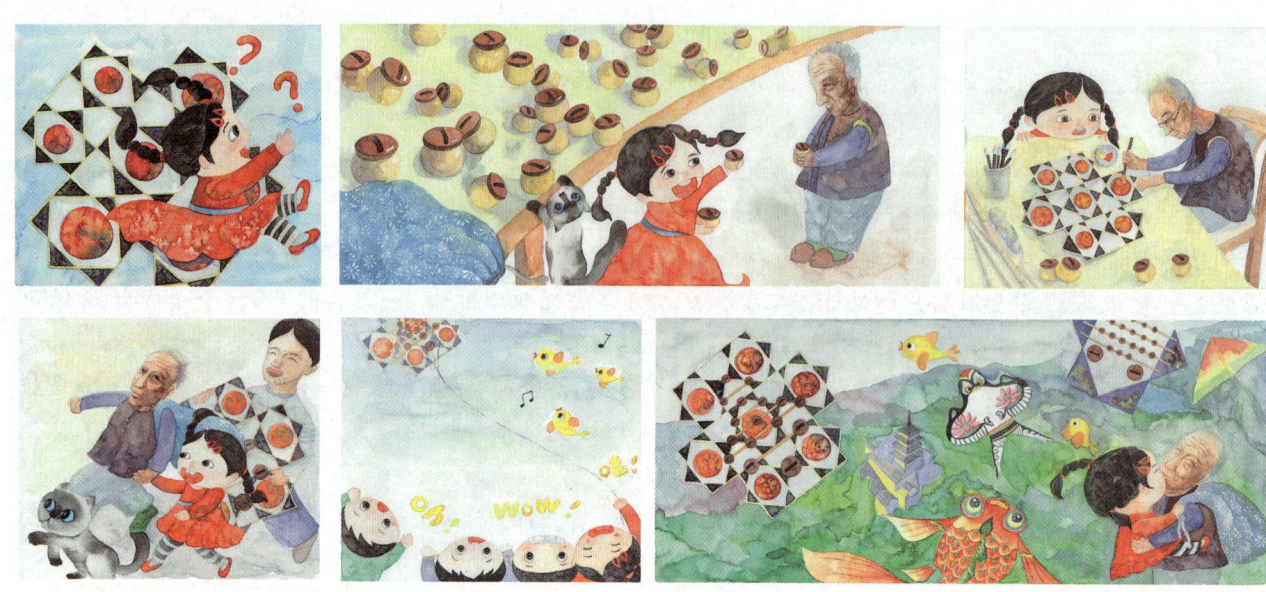

④ 绘制封面，添加文字，有条件的可以印制成书。

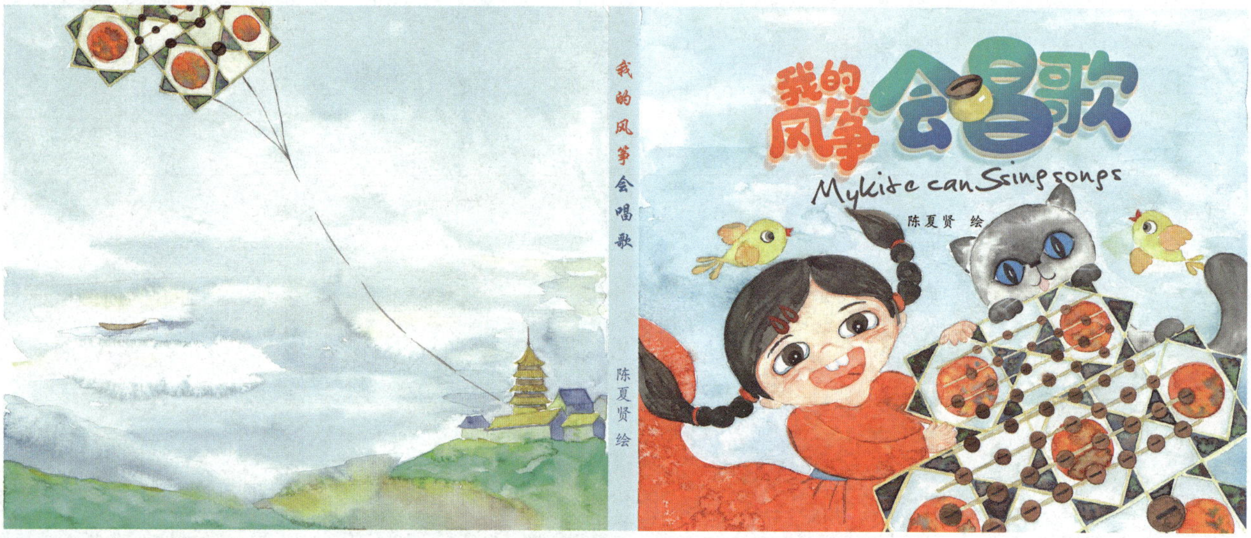

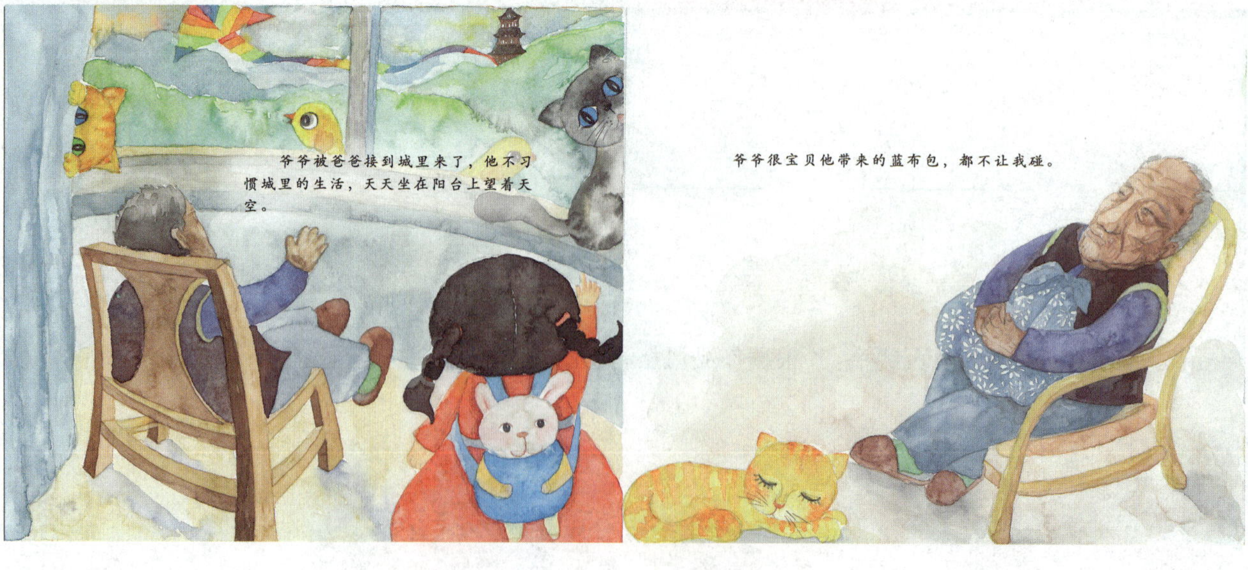

爷爷被爸爸接到城里来了，他不习惯城里的生活，天天坐在阳台上望着天空。

爷爷很宝贝他带来的蓝布包，都不让我碰。

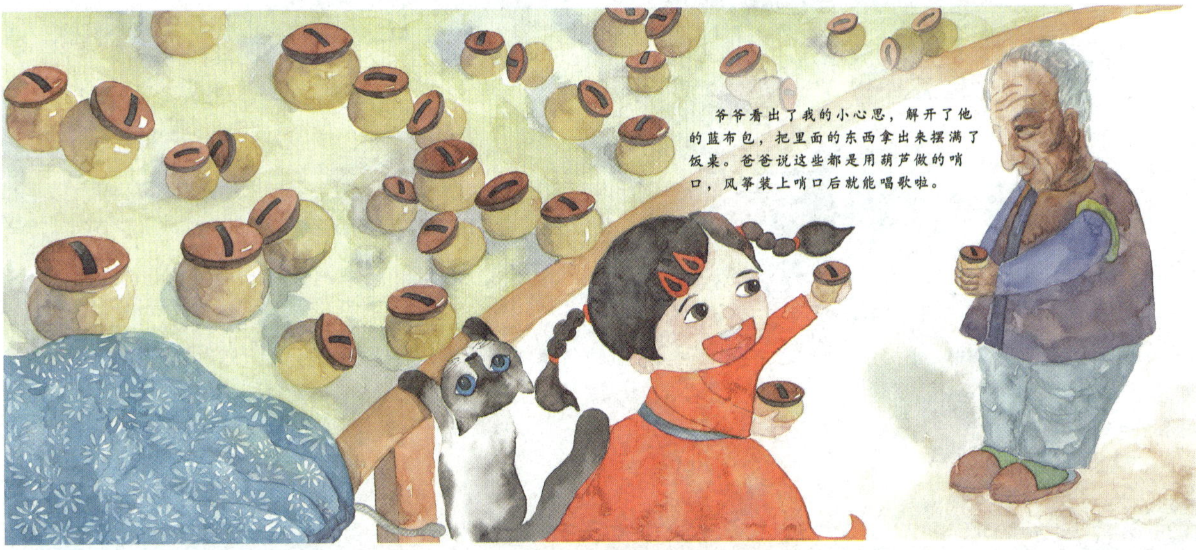

第三章 赏·六合农民画艺术之淳朴

爷爷看出了我的小心思，解开了他的蓝布包，把里面的东西拿出来摆满了饭桌。爸爸说这些都是用葫芦做的哨口，风筝装上哨口后就能唱歌啦。

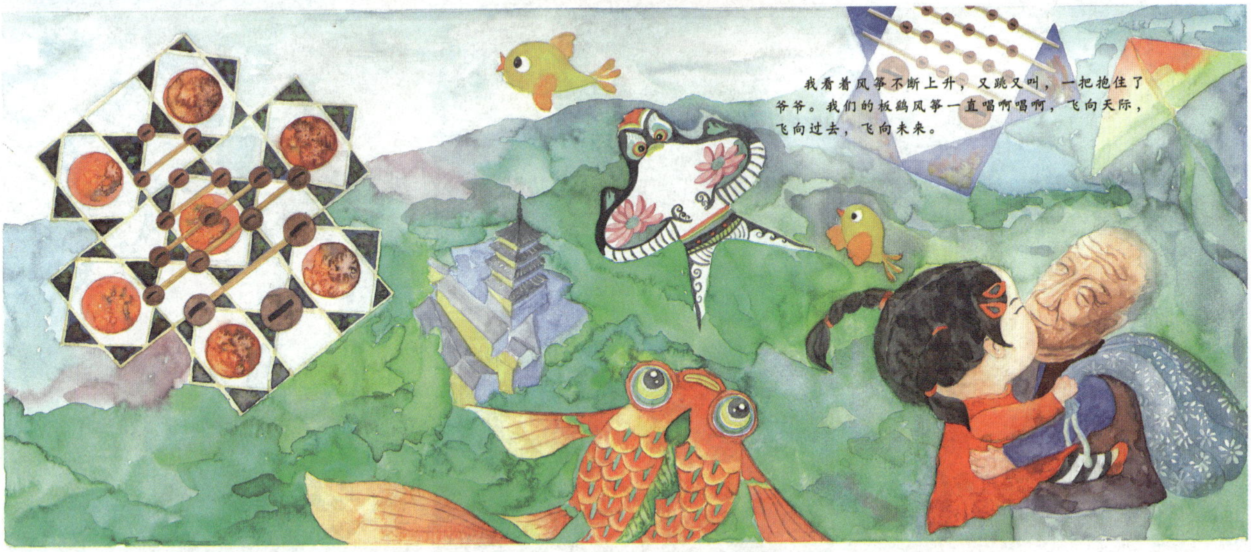

我看着风筝不断上升，又跳又叫，一把抱住了爷爷。我们的板鹞风筝一直唱啊唱啊，飞向天际，飞向过去，飞向未来。

四、作品表现

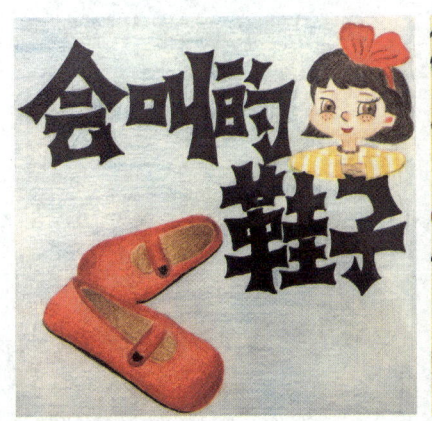

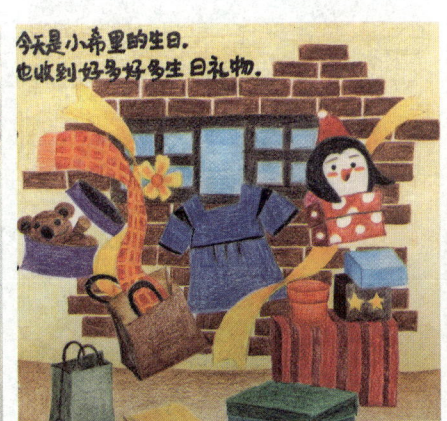

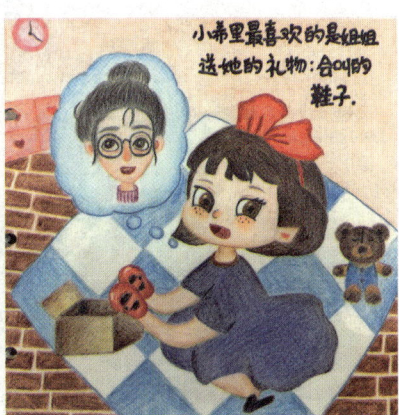

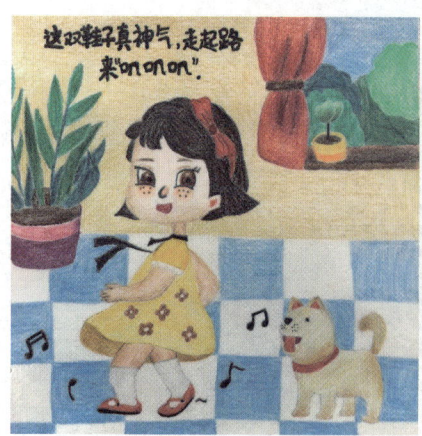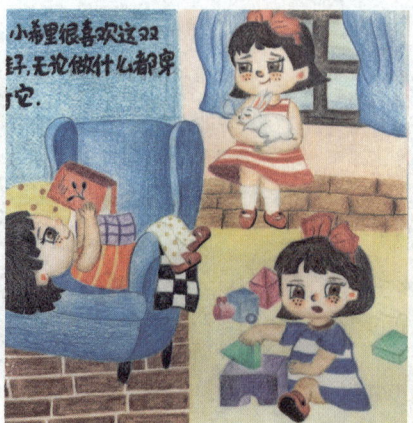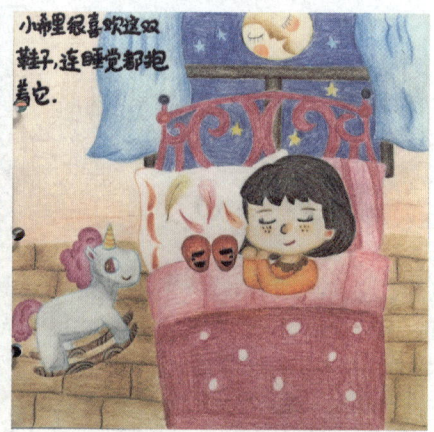
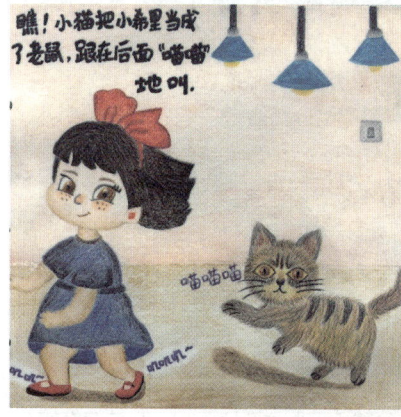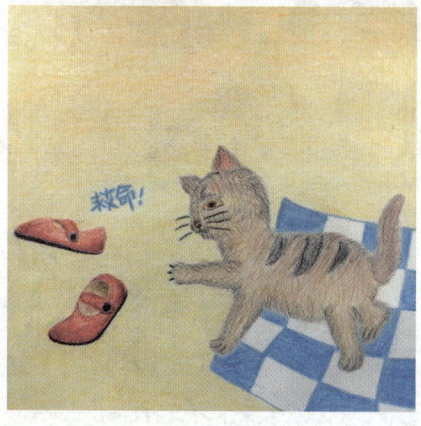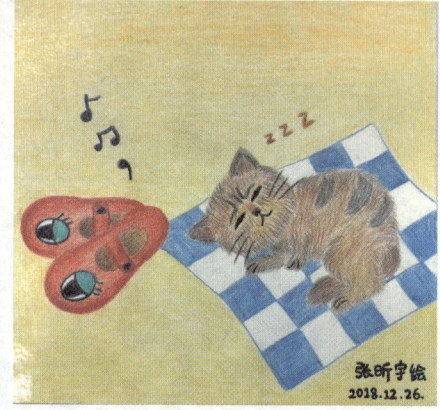

绘本《会叫的鞋子》

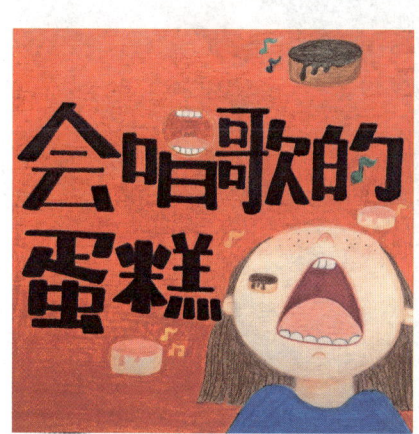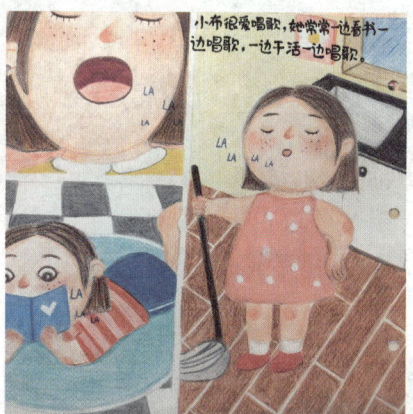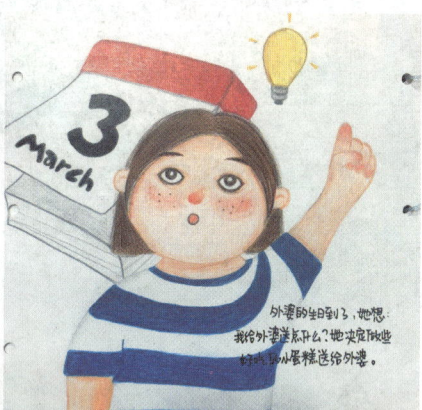
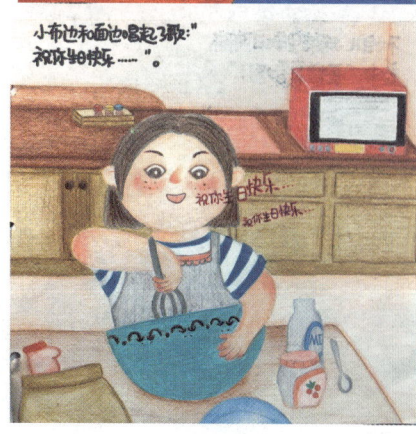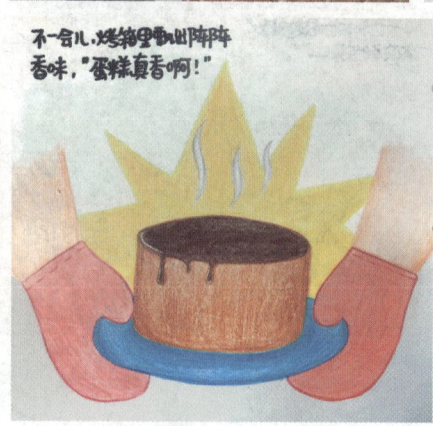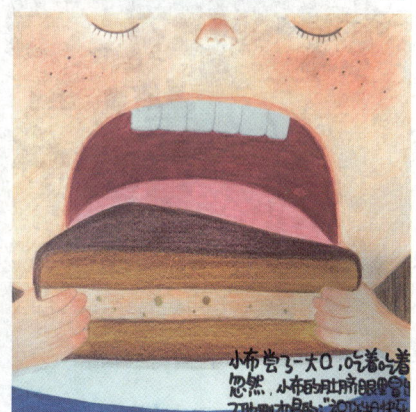

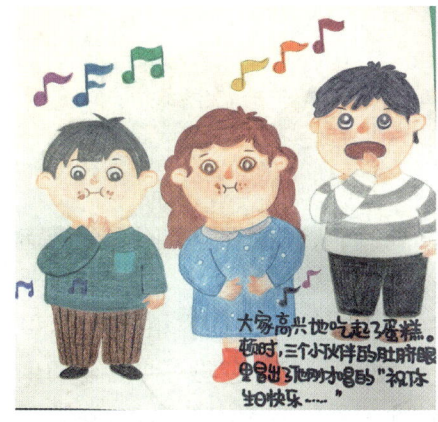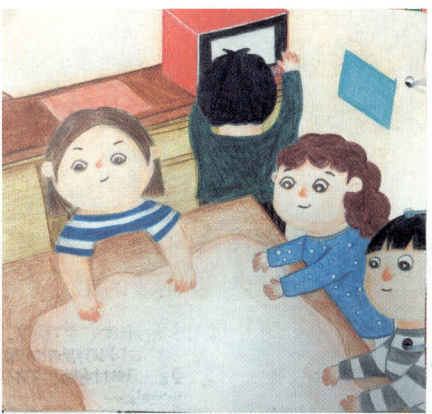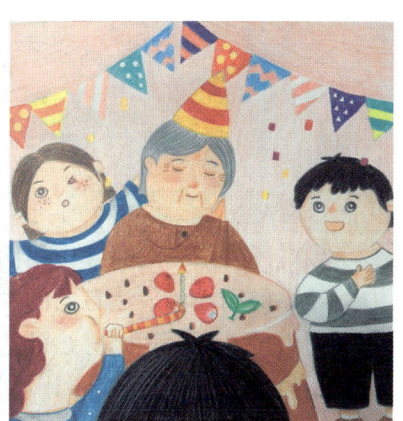

绘本《会唱歌的蛋糕》

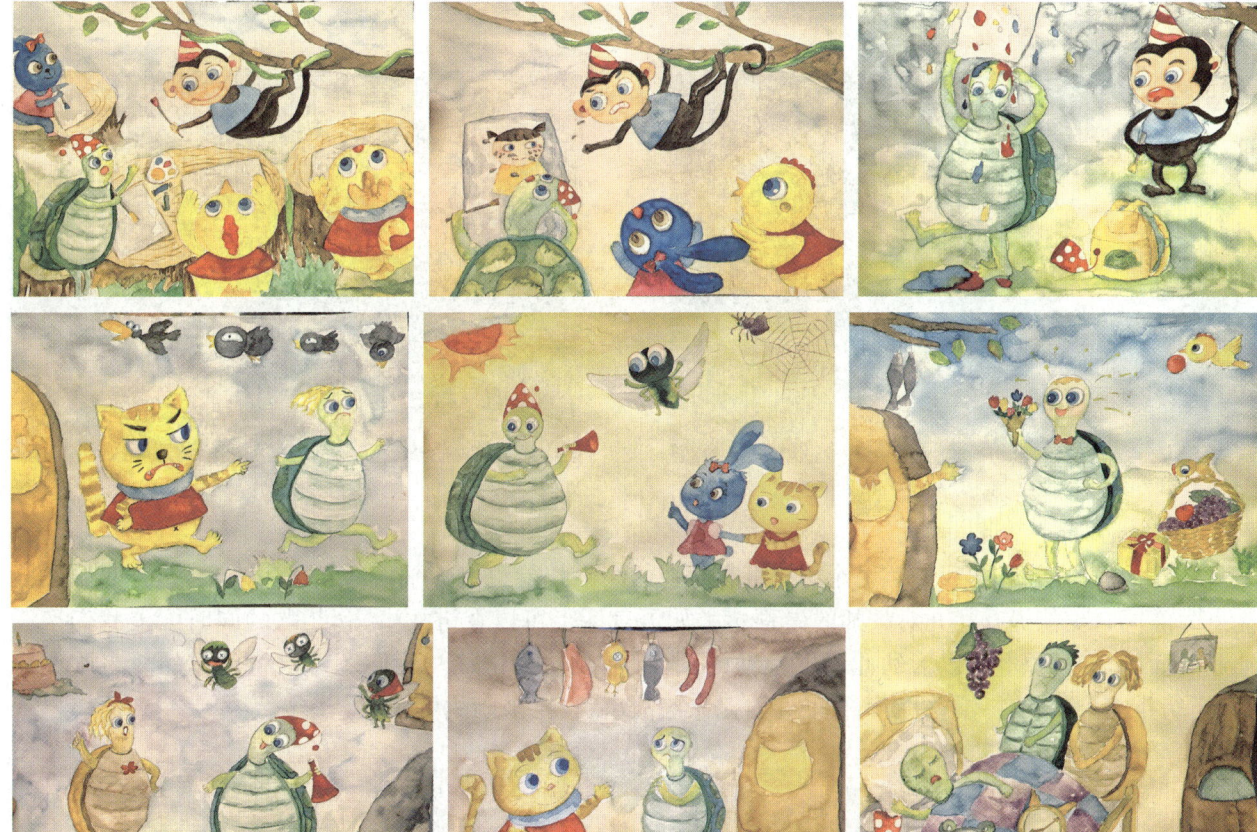

绘本《调皮的小乌龟》

学习建议

1. 根据提供的儿童故事创作 6 幅以上的绘本插图。
2. 尝试自编故事,并完成绘本创作。

第三部分　幼儿园实践与运用

从对民间绘画的探寻中我们感受了各地农民画的"无法"胜"有法",我们从稚拙、朴实、明亮的画面中学习如何用绘画表达自己的生活,并以此用更贴近儿童的语言引导幼儿绘画创作。

我们可以将儿童题材绘画的创作应用于幼儿园的美术教学实践中,与其他领域的内容相互渗透,引导幼儿画自己的生活体验,让幼儿在看一看、摸一摸、想一想的过程中,用线条、造型、色彩等将自己的生活经验、印象和情感转化为活泼有趣的画面。如大班活动"吹泡泡",幼儿感受了吹泡泡的乐趣,观察了泡泡的形状、颜色,学会了吹泡泡的儿歌,我们就可以引导幼儿来画一画"吹泡泡",这样的儿童画一定是丰富多彩的。

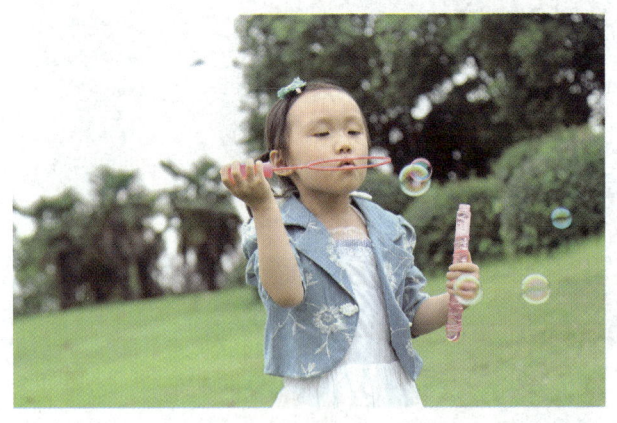

幼儿吹泡泡活动

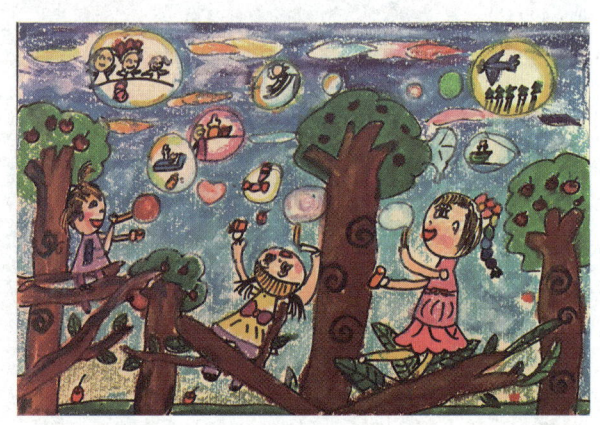

儿童画《吹泡泡》

在日常教学活动中,我们信手涂鸦并富有童趣的绘画技能也能为平淡的教学带来生机,在吸引幼儿注意力的同时更能提升幼儿对教师的崇拜感。如语言课上可以在讲故事、念儿歌的同时配上我们亲手绘制的插画,音乐课上可以为幼儿画出生动的图谱,辅助幼儿记忆。我们还可以将创作的故事画成绘本,让幼儿读一读、演一演,进而引导幼儿自己来编故事、自己来画故事。

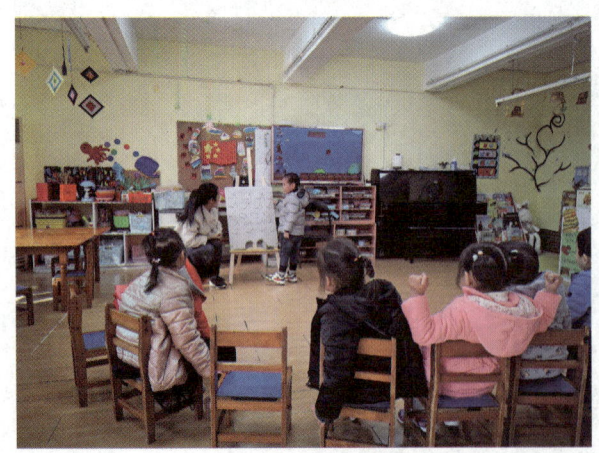

音乐活动中使用图谱教学

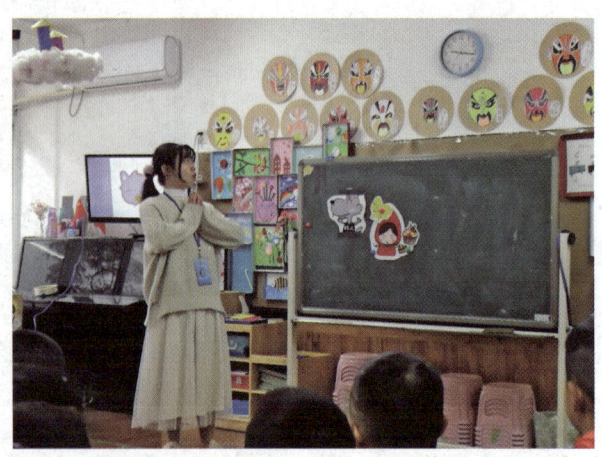

语言活动中使用插画辅助教学

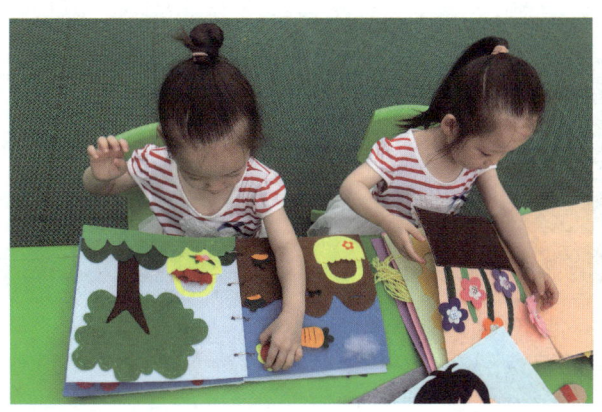 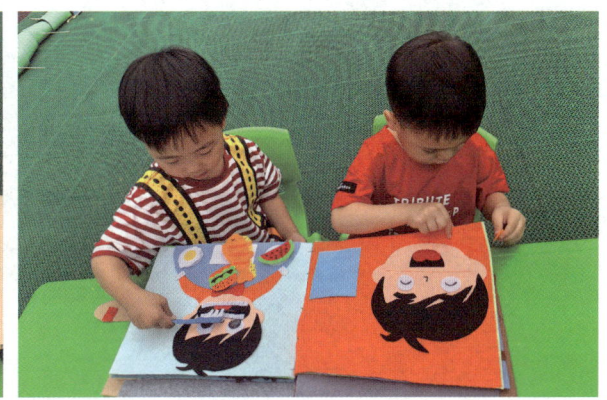

幼儿园自制布艺绘本

我们可以将儿童题材绘画的创作应用于幼儿园的环境布置中。富有童趣的造型和明亮的色彩使幼儿置身童话的海洋，教学中让环境成为幼儿的"老师"。绘画活动中让幼儿用自己的作品参与环境布置，以此增强幼儿的自信，让幼儿成为环境真正的主人。

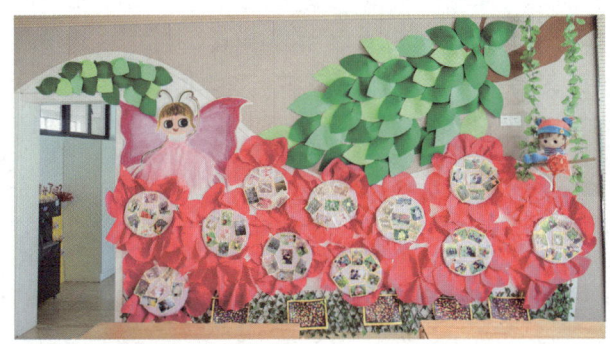 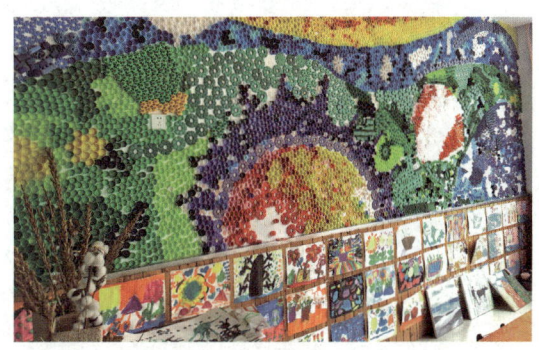

幼儿园墙饰布置　　　　　　　　　　幼儿绘画作品展示

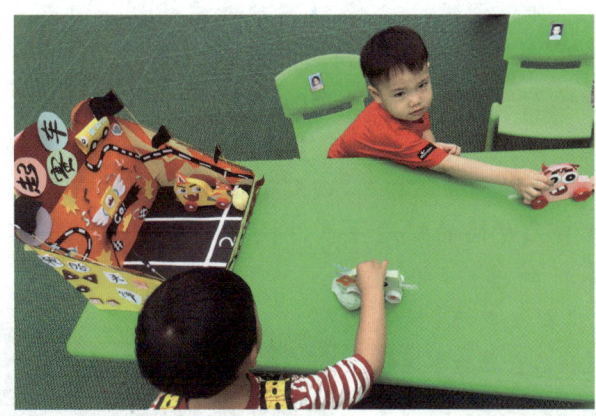 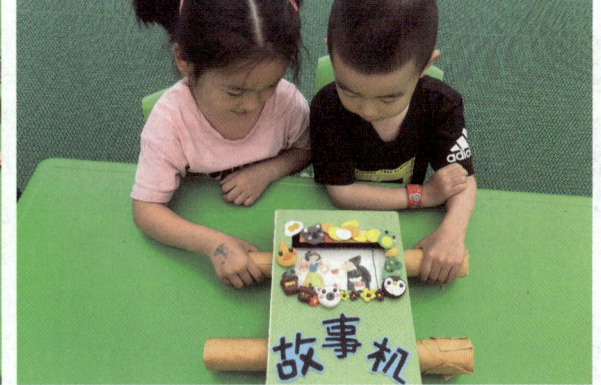

幼儿园自制教玩具

我们在绘画创作中，保持童心，保留童趣，并以贴近儿童的艺术语言向幼儿展现绘画作品，能引起幼儿的共鸣。正确地引导幼儿绘画创作，不仅能满足幼儿审美情感的需要，提升审美能力，发展幼儿的创造力和想象力，对完善幼儿的和谐人格和促进幼儿个性的自然发展也有着积极的意义。

学习建议

1. 以小组为单位，收集周边幼儿园有关儿童绘画的教学资料，分组交流并讨论。
2. 查找资料，思考针对不同年龄段的幼儿，如何开展儿童画的教学。

第四章

观 黎族织锦图案艺术之独特

> **学习导语**
>
> 黎族织锦是海南黎族妇女以纺、染、织、绣为主要工艺,纺织而成的特色花棉布。它以精美的图案和艳丽和谐的色彩闻名于世,充分体现了黎族文化的悠久历史和鲜明特点。在这一章节中,我们将领略传统黎锦图案的独特风采,感受织锦图案带来的装饰美和实用美,学习实用图案的形式美法则、图案的组织形式以及图案创作和装饰方法等。

第一部分　探寻传统织锦图案

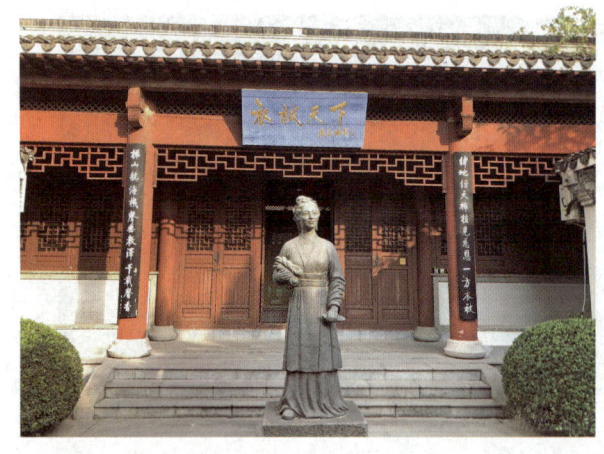

黄道婆纪念馆

传说元朝初期,黄道婆只身流落到了海南三亚的崖州地区,淳朴热情的黎族同胞不仅在生活中给予她无微不至的照顾,而且把先进的棉纺织技术毫无保留地传授给她。三十年后,黄道婆带着黎族人民先进的棉纺织技艺,回到了家乡松江府乌泥泾镇,把自己精湛的织造技术传授给故乡的人们,并不断革新和推广,终于以"衣被天下"的成就被后世尊为中国纺织业的始祖。其实黄道婆的师傅就是海南岛的黎族同胞。

黎族织锦是海南黎族妇女用棉纤维为纬线、苎麻纤维为经线,以纺、染、织、绣为主要工艺,纺织而成的特色花棉布。它启于先秦,承于汉唐,宋元时期,黎族的棉纺织技术达到很高水平。到明清两代,黎族织锦发展达到顶峰,黎锦服饰异彩纷呈,黎锦"龙被"更是工艺精湛、绚丽华美,曾一度作为进贡朝廷的珍品。"黎锦光辉艳若云"就是人们对黎族织锦的由衷赞美。它所包含的"纺、染、织、绣"四大工艺,被誉为中

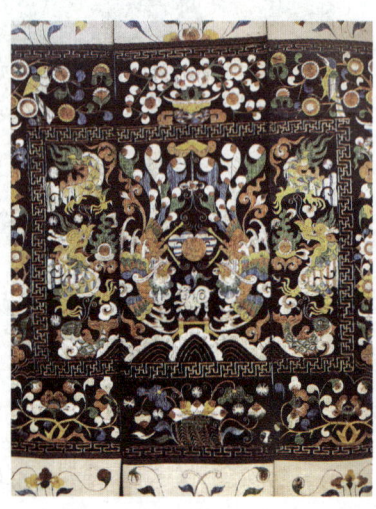

双凤日月增辉图龙被

国纺织史的"活化石",也是海南黎族文化的重要组成部分。而它千百年来所传承的图案纹样是黎族文化主要的记载形式之一,它较为完整地记录和反映了黎族先辈对自然景物的认识,是一部活生生的历史画卷。2006年黎族传统纺织工艺(纺染织绣技艺)被列入第一批国家级非物质文化遗产名录,2009年被联合国教科文组织列入首批"急需保护的非物质文化遗产名录"。

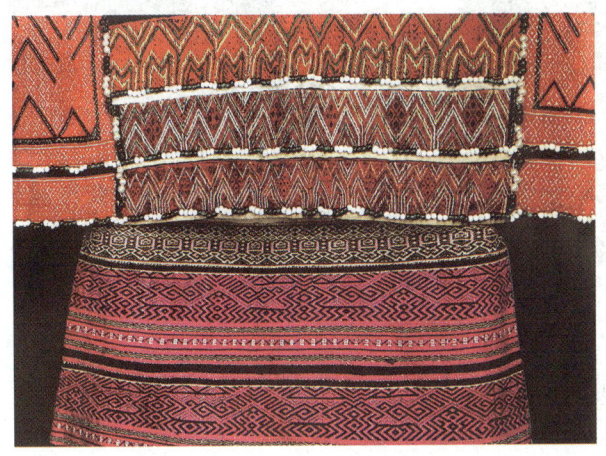
白沙南开润方言妇女服装

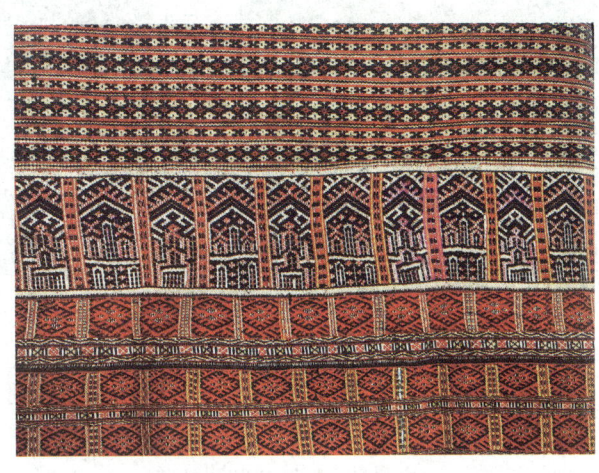
白沙南开润方言妇女筒裙

黎锦的原料以海南岛盛产的"吉贝"棉,也就是木棉为主,脱去棉籽,由古老的手捻纺锤或脚踏纺车完成纺线,再由山里的树叶、树皮、草叶、泥土等染出五彩色线。黎族织锦使用人类最古老的织布工具——踞腰织机,把织机缚在腰上,席地而坐,两腿并拢、伸直,脚和腰部共同将正在织的经线扯直。黎族妇女用"通经断纬""通经通纬"的织造方法,直接在织机上综线、提花,织造出以蓝黑为基调,青、红、白、黄等色相间的艳丽图案。黎锦图案多数织造而成,少数主体图案织造,局部需刺绣完成。"绣"在黎锦的织造过程中,不是必然技艺,黎锦之美没有依赖"绣",但"绣"却可提升黎锦的品位。

黎族织锦的图案造型多取材于生活,具有很高的审美价值,它是区分不同方言的标识符号。主要包括人形纹、植物纹、动物纹、几何纹以及反映日常生活、生产用具、自然界现象和汉字符号等纹样,其中人形纹数量最大,变化最多。这些图案的构图一般采用人形纹为主的母体图案占中心位置,以其他图案为子体图案陪衬,主次分明,结构严谨。黎族妇女通过夸张和变形的手法,只表现基本轮廓而不苛求写实,风格夸张粗犷,把黎族人民的生活、生产场景反映在织物上。它们记录了黎族各地区的文化原生态,表现

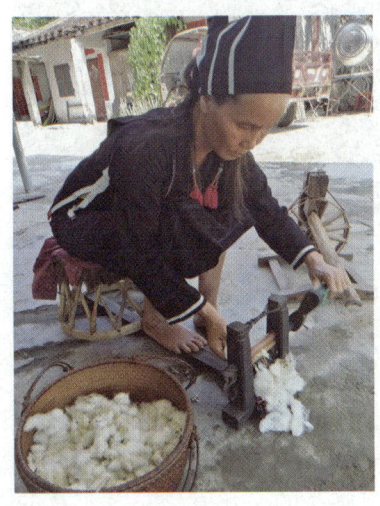
加工木棉花

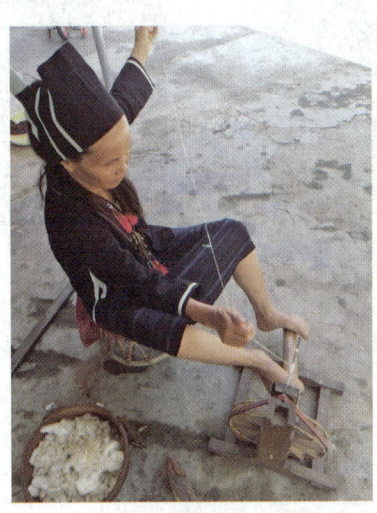
纺纱

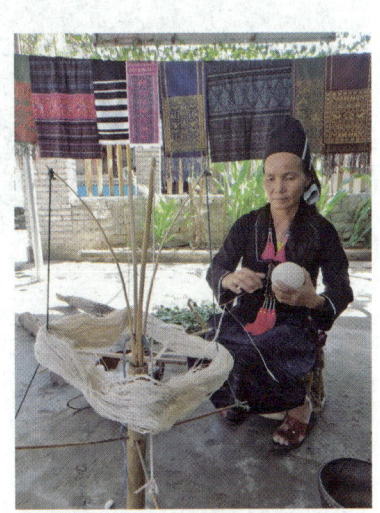
绕纱

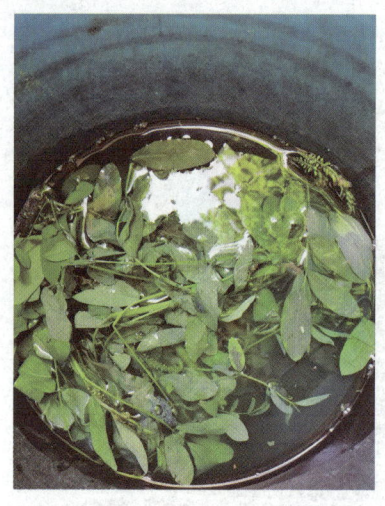 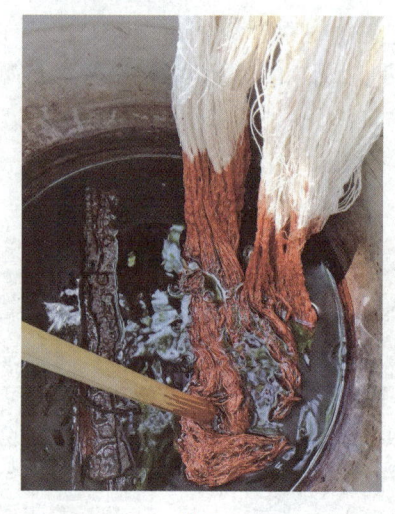 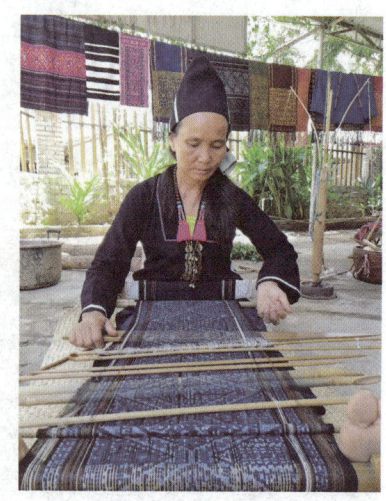

植物染料　　　　　　　　染纱　　　　　　　　织造

了黎族的生产活动和民俗风情——从刀耕火种到狩猎捕鱼，从男耕女织到喜庆丰收，从迎亲娶亲到节日庆典，尤其是婚礼图，再现了黎族婚嫁礼仪习俗中迎亲、送亲以及送彩礼和拜堂等活动场面。这些图案造型具有鲜明的民族特色和浓郁的地域风情，也是黎族社会生活历史的缩影。

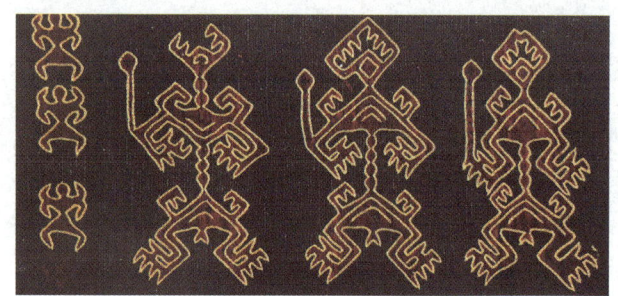 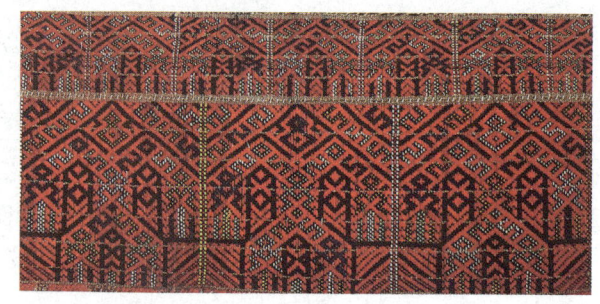

婚礼举火把纹　　　　　　　　　　　　　　祖先纹

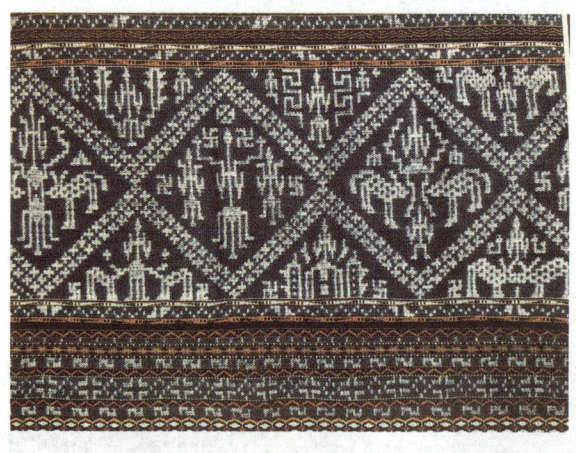 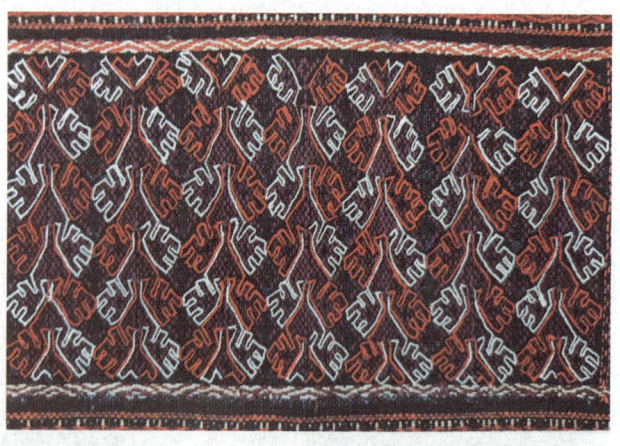

绊染鹿纹　　　　　　　　　　　　　　人物纹

　　黎族织锦图案与民族的古老信仰、祖先崇拜和自然崇拜有关，尤其是黎锦中的人形纹体现了黎族社会的祖先崇拜意愿，有祈望人丁兴旺、人口繁衍的意味，它以黎锦为载体，体现了黎族妇女的审美意识、生活风貌、文化习俗、宗教信仰及艺术积累等文化意识，成了民族文化遗产的重要组成部分。黎族只有语言没有文字，因此黎锦图案也自然而然成为民族记事的独特文本，而黎锦也就成了穿在身上的黎族文明史，更是黎族人的心灵崇拜史。我们从黎锦的图案符号中，可以窥见黎族悠久的文化发展史及丰富的海南黎族文化内涵，也能从中了解黎族的生活环境、风土习俗及文化传统。

第四章 观·黎族织锦图案艺术之独特

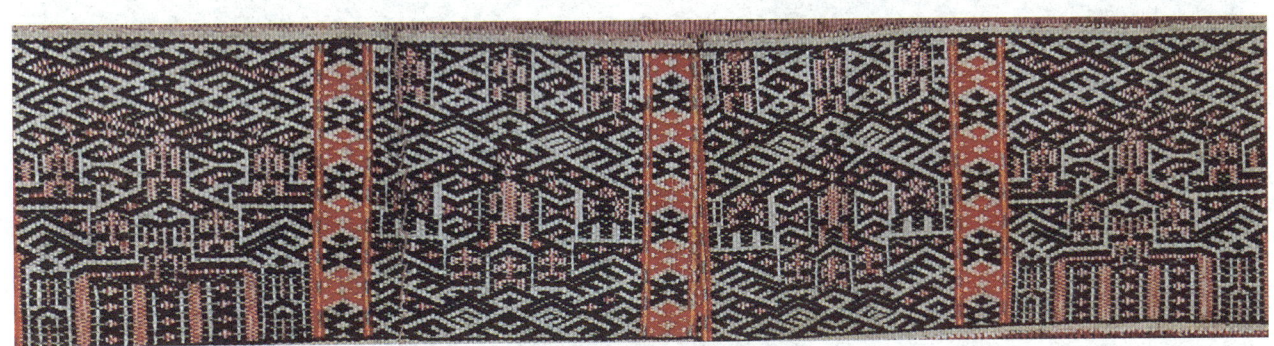

大力神纹

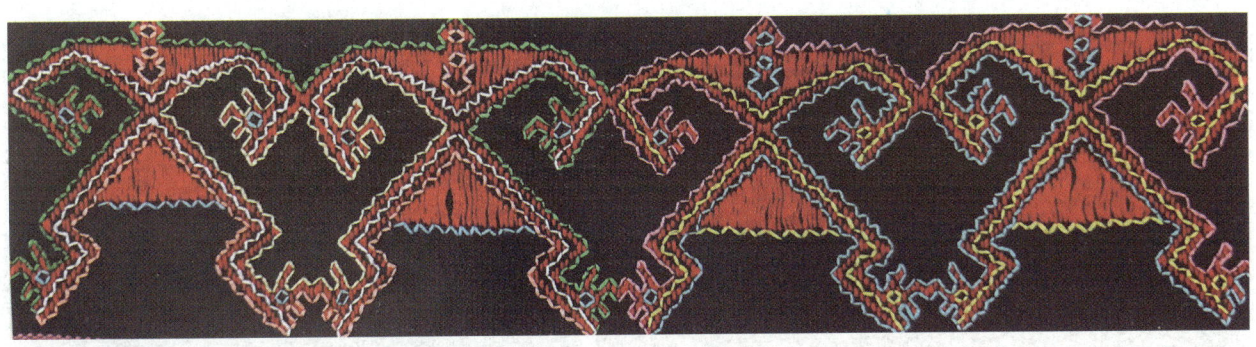

舞蹈纹

此外,我们从各民族的织锦中也能看到丰富多彩、千变万化、极具地方特色和民族韵味的织锦图案。如广西壮锦的图案接近剪纸纹样,变化千姿百态,线条粗壮有力,色彩艳丽,对比强烈,具有浓艳粗犷的艺术风格。贵州苗锦图案表现形式丰富,既有规律性的几何纹,又有古典式的菱形、四方形,还有介于几何纹样与自然纹样的装饰纹样,巧妙组合,布局均衡,结构严谨,展现了明快活泼而又朴实纯真的艺术情趣。山东鲁锦以色线织成几何图案,并通过平行、重复、连续、间隔、对比等变化形成特有的节奏和韵律,图案精致古朴,色彩绚丽,大大增强了当地婚嫁民俗的喜庆意味。还有像湘西土家锦、侗锦、云南傣锦、苏州宋锦、蜀锦、南京云锦等织造图案都各具特色。

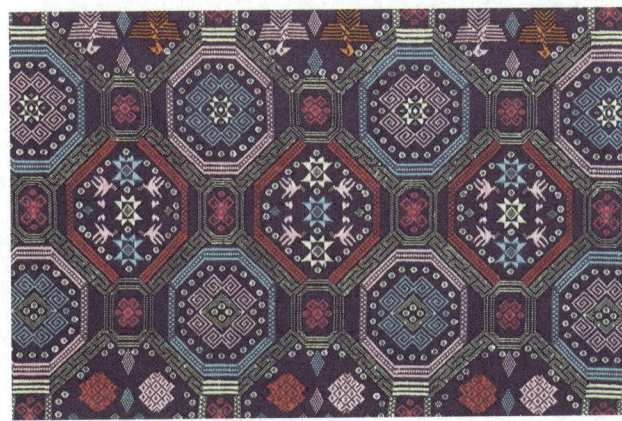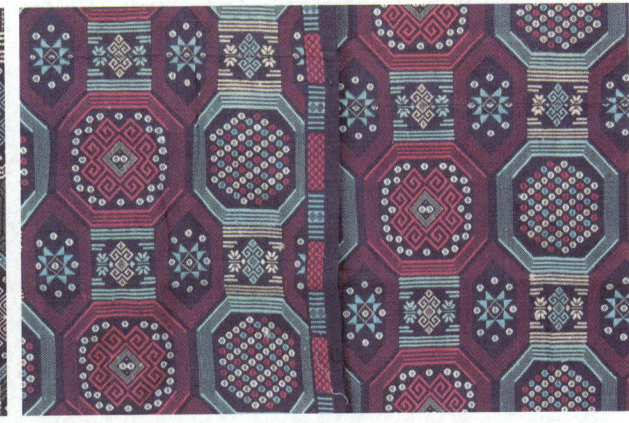

广西壮锦

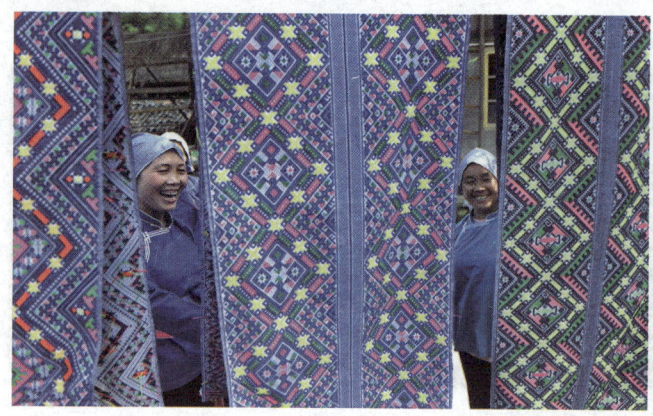
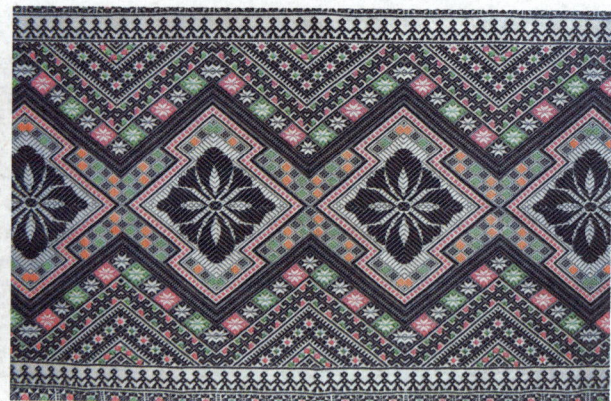

侗锦

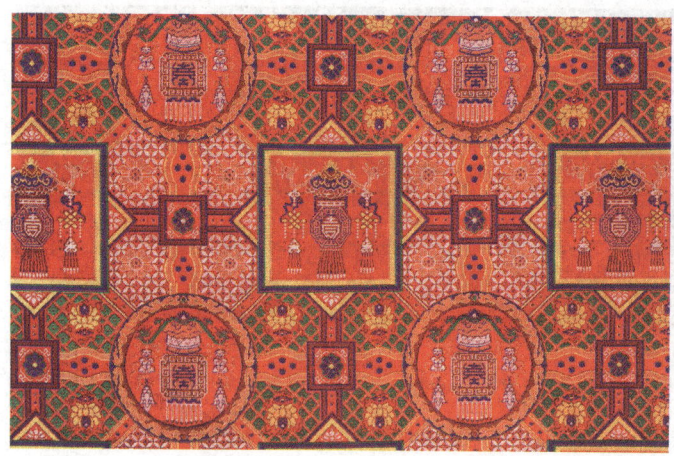

蜀锦

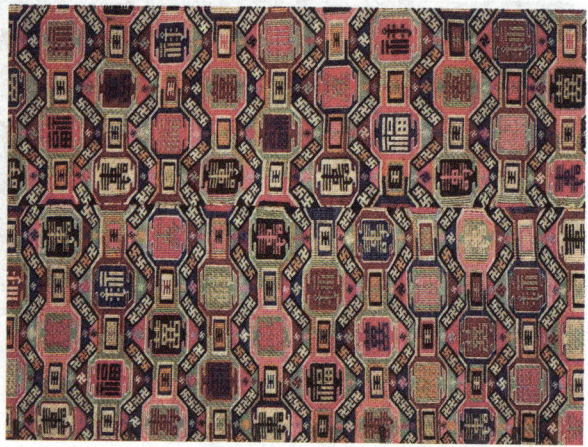

土家锦

学习建议

1. 思考黎锦图案的艺术特征是什么。
2. 收集生活中各类图案资料,分小组进行展示并交流。
3. 在有条件的地区可以去参观纺织博物馆,拜访当地织锦艺人。

第二部分 图案创作

传统织锦历史悠久,图案丰富,千变万化,极具地方特色和民族韵味。尤其是"纺、染、织、绣"工艺堪称一绝的黎族织锦,它的图案源于生活,内容丰富,色彩艳丽,素有"黎锦光辉艳若云"的美称。它千百年来所传承的图案纹样是海南黎族文化主要的记载形式之一,它较为完整地记录和反映了黎族先辈对社会生产、自然景物的认识,堪称穿在身上的黎族史书。我们从传统织锦图案的探寻而来,从一个个精美的图案中感受到了百姓对吉祥安乐、生产繁育、人丁兴旺和追求美好生活的向往。我们在探寻传统织锦图案的基础上,学习图案创作,以丰富的图案组织形式以及生活中图案的创作方法来探索学前教育专业的实用图案教学,以及幼儿园的实践应用等。

模块一 图案的形式美

图案的装饰性、规律性极强,我们从黎族织锦图案的探寻中就能感受到其形式美。黎锦图案由经纬线相互交织,通过彩色棉线加以归纳、夸张、添加手法,以近似、重复、对称、正负等多样表现形式,使图案充满韵律之美,这就是黎锦图案的形式美。这些图案的形式美法则是人们通过观察自然界客观存在的、具有美感的形象,归纳体现成形式美的规律,也就形成了图案的构成规律和构成法则。

一、图案的概念

图案有广义和狭义之分,广义图案是指对某种器物的造型、结构、色彩、纹饰进行工艺处理而事先进行的设计方案。狭义图案是指器物上的装饰纹样,如黎锦上的花纹、瓷器上的纹饰等,以下多指狭义图案。

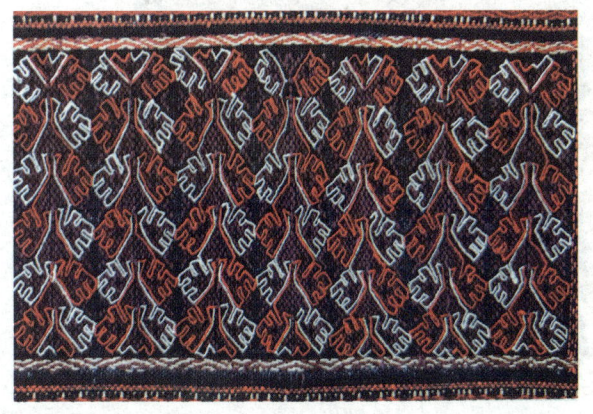

黎锦人物纹样

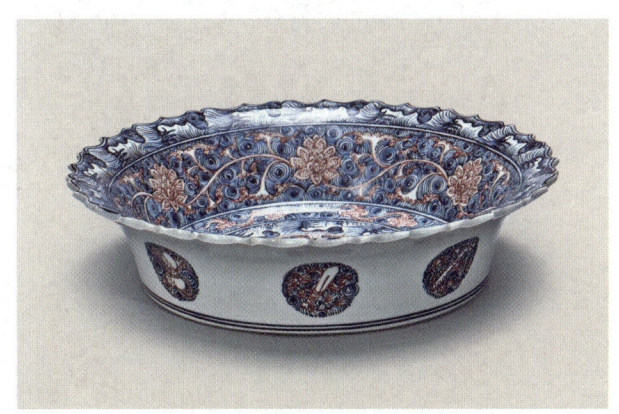

明内府青花釉里红缠枝花口盘

二、图案的形式美法则

图案的形式美总体呈现为各部分之间既有区别又有内在联系,形式整齐有秩序,即变化与统一,这是图案构成中最基本的原则,而图案的形式美法则是变化与统一的具体化,具体表现在以下方面。

1. 对称与均衡

对称与均衡,是图案最常用和最重要的组织形式和构成要素。

对称是以中轴线为中心,表现为上下或左右在形式、纹样和色彩上的对称,给人以统一、稳重、有秩序的感觉。对称有绝对对称和相对对称两种形式。

均衡是在假设的中心线（点）两侧作等量不等形的配置变化形式，主要依靠正确处理视觉关系来取得平衡感。均衡更追求重心和着力点的平衡，较对称式更富有动感。

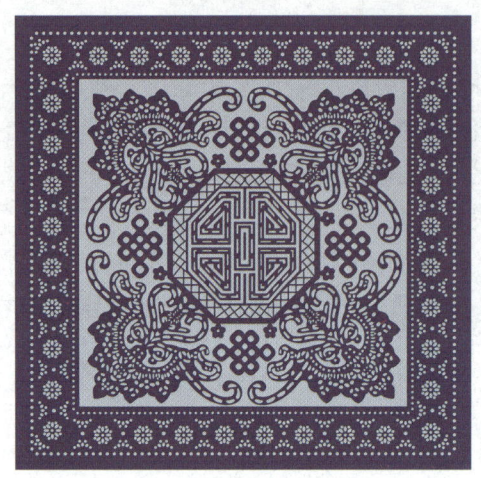
蓝印花布对称图案

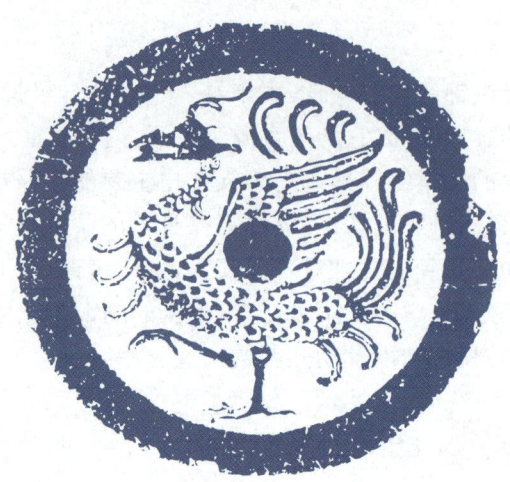
汉瓦当均衡图案

2. 对比与调和

对比与调和是取得变化和统一的重要手段。

对比是由形、色、质等构成元素的差异等造成的多种变化。对比给人生动活泼、突出醒目的效果。调和是使对比适度，起缓和画面矛盾、弱化冲突的作用，给人平静和谐的美感。

对比强调差异，调和强调近似，过度强调某一方面都会削弱和破坏图案形式的美感，二者应适当组合运用。

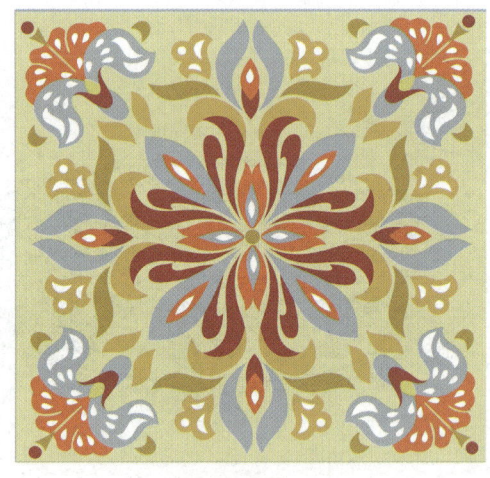
色彩调和图案

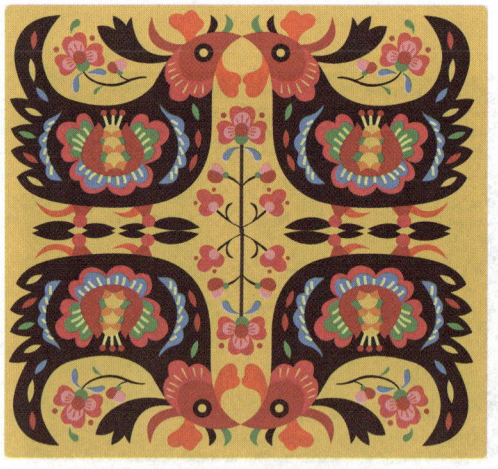
色彩对比图案

3. 节奏与韵律

节奏与韵律是借用音乐语言，通过视觉艺术语言表现。

节奏是不同造型、色彩等元素以交替或重复的形式出现，给人以强弱缓急的节奏感。

韵律在绘画表现中主要指造型、色彩等要素规律、秩序的排列或组合，产生既和谐统一又富有变化的艺术效果。

在节奏与韵律中，节奏强调的是构成元素的变化，韵律更侧重于元素变化的条理性，两者在画面中通常是有机结合的。

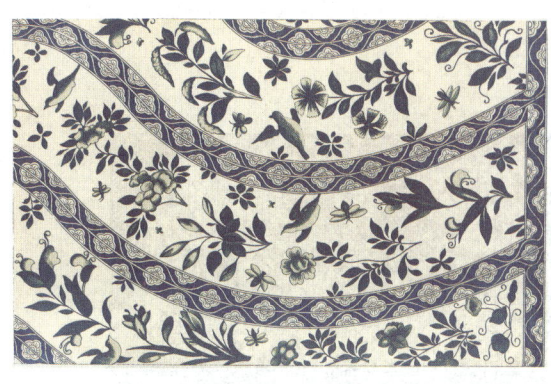
传统装饰纹样

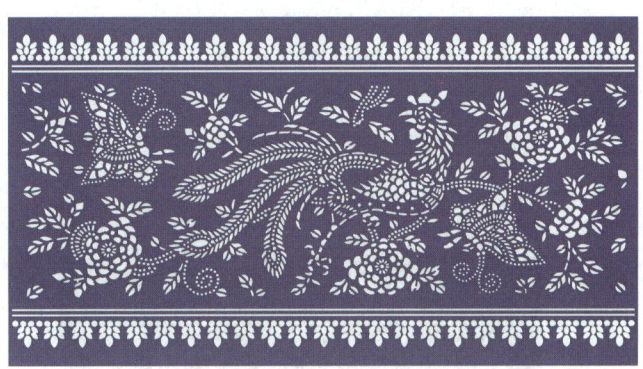
蓝印花布图案

4. 条理与反复

条理指图案元素重复呈现的规律,自然界事物的形象和它们的运动变化往往都具有条理性,如四季的更迭、昼夜的交替等。

反复侧重于构成元素的重复出现。反复能让人产生单纯和谐、无限重复的感觉,能有效增强画面的视觉感受。

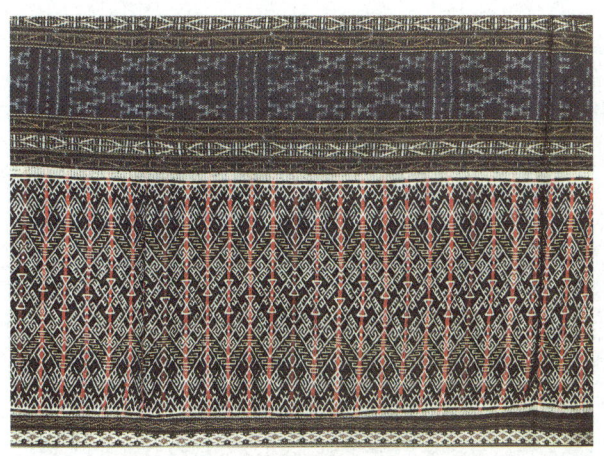
黎锦绊染白纹

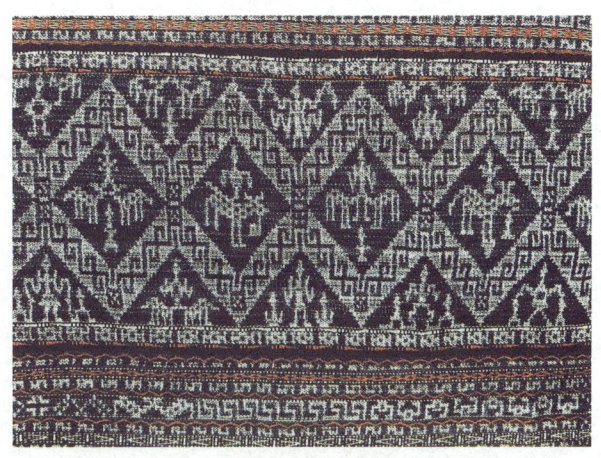
黎锦绊染马纹

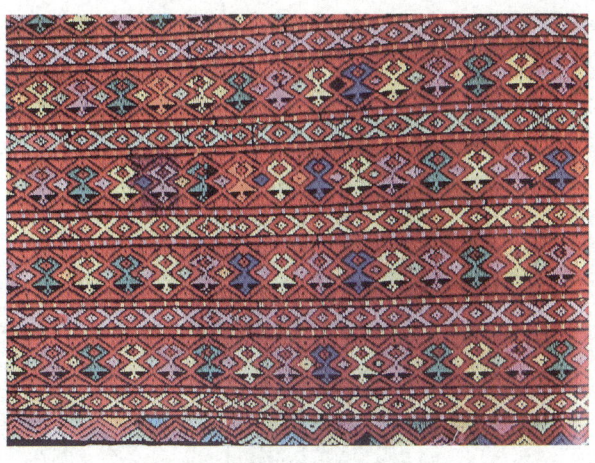
黎锦几何纹样

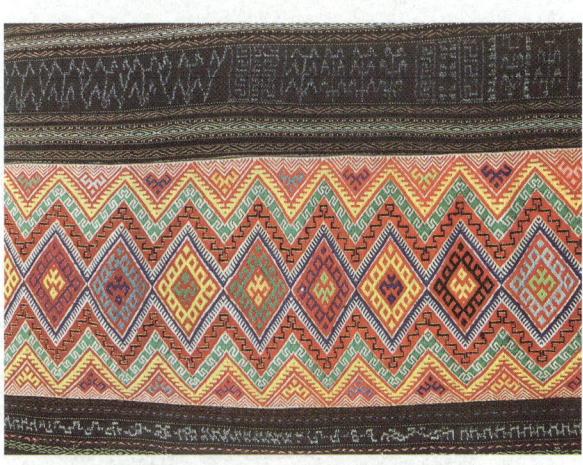
黎锦纹样组合

三、民间艺术中的图案欣赏

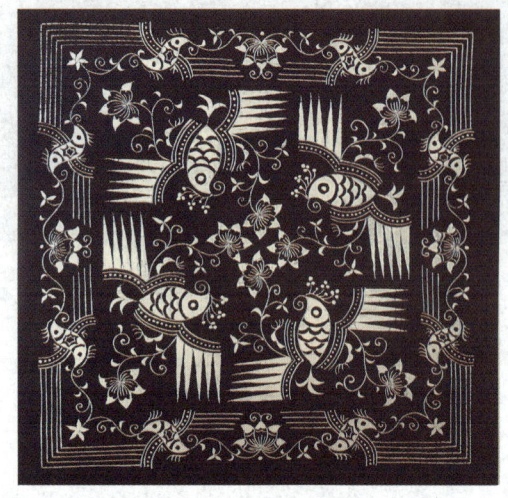

蜡染图案《荷池鱼鸟》

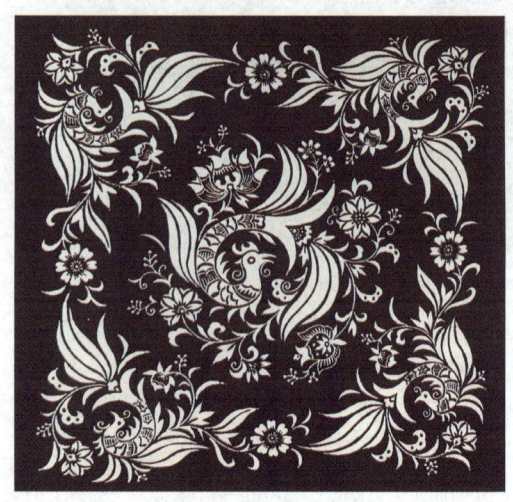

蜡染图案《五凤飞花》

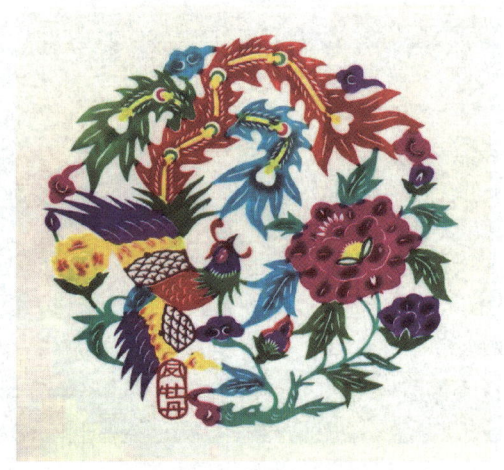

蔚县剪纸图案《凤穿牡丹》

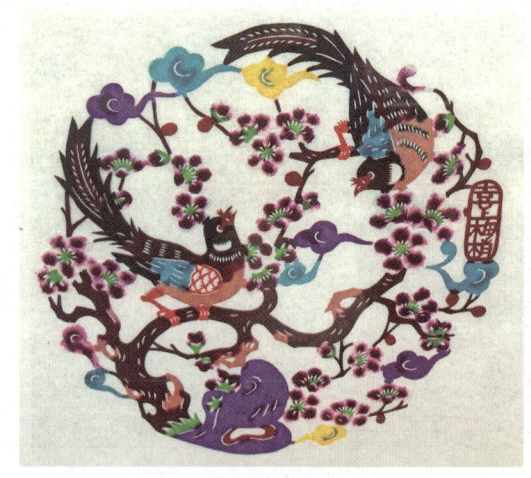

蔚县剪纸图案《喜上眉梢》

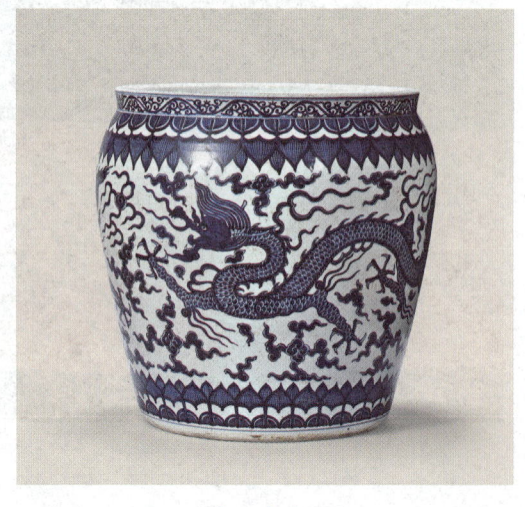

明嘉靖青花图案

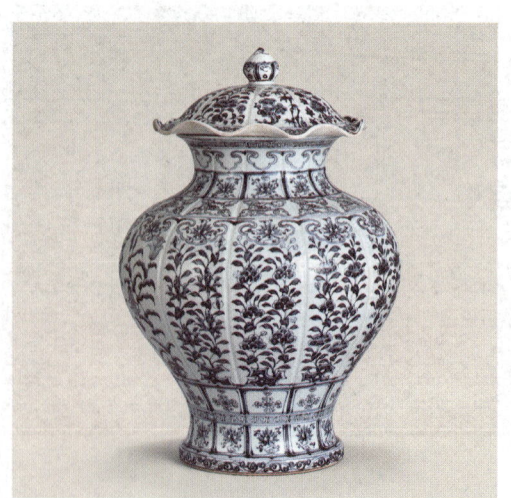

明洪武青花图案

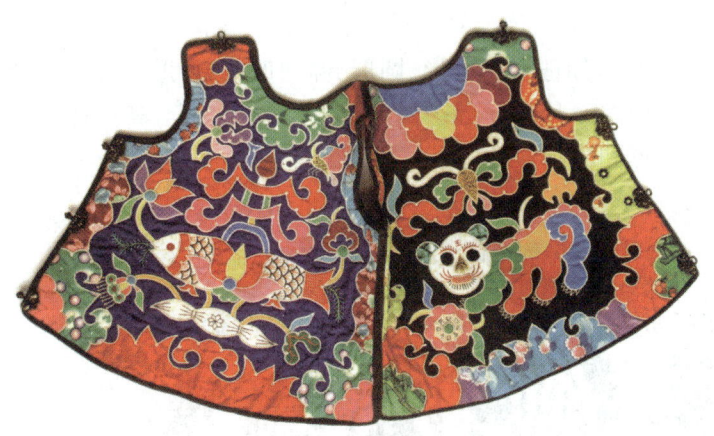
阳新布贴马甲图案《鲤鱼穿莲》

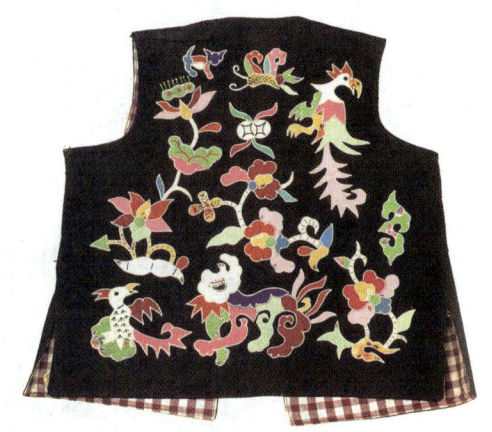
阳新布贴马甲图案《麒麟凤飞 猫儿戏蝶》

学习建议

1. 欣赏民间美术图案，结合图片说一说自己对图案形式美的认识。
2. 收集身边的图案资料，分析图案中体现的形式美。

模块二 图案的组织形式

图案因不同的内容、装饰对象及使用目的，形成不同的组织形式。常见的图案组织形式可分为单独纹样和连续纹样两大类，黎锦服饰中的腰带、头巾、筒裙、上衣等常见的是连续纹样。

一、单独纹样的组织形式

单独纹样是相对于连续纹样而言的，它具有独立性和完整性，可单独用于装饰，是构成连续纹样最基本的单位，因此，单独纹样要求形象完整。单独纹样有自由纹样、适合纹样等形式。

1. 自由纹样

自由纹样是相对于程式严谨的纹样而言，它不受外轮廓限制，自由处理外形而单独构成并运用于装饰。自由纹样的骨式有对称式和均衡式两种。

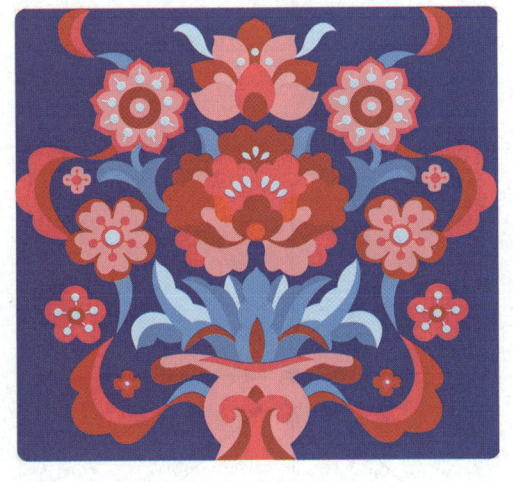
对称式自由纹样

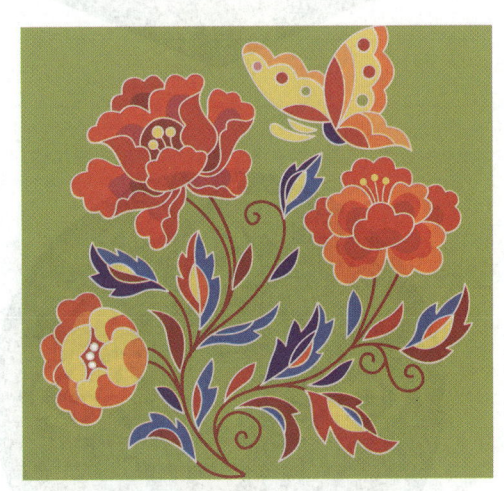
均衡式自由纹样

2. 适合纹样

适合纹样是一种受外形轮廓限制的图案组织形式,如适合于方形、圆形、椭圆形、三角形、菱形、扇形等几何形内,或花朵形、桃形、葫芦形等规则的自然形内。其纹样形态正好与外轮廓相吻合,若去掉外轮廓线,纹样仍有外轮廓的特征。汉代瓦当中常见圆形和半圆形的适合纹样。

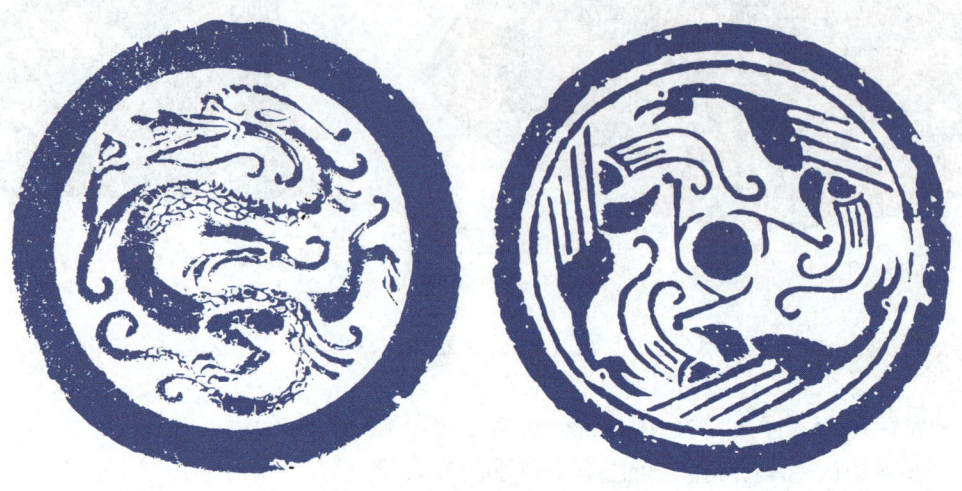

汉瓦当拓片

适合纹样的基本骨式总体有对称式和不对称式,具体形式表现多样,如直立式、向心式、离心式、回旋式、翻转式、多层式等。

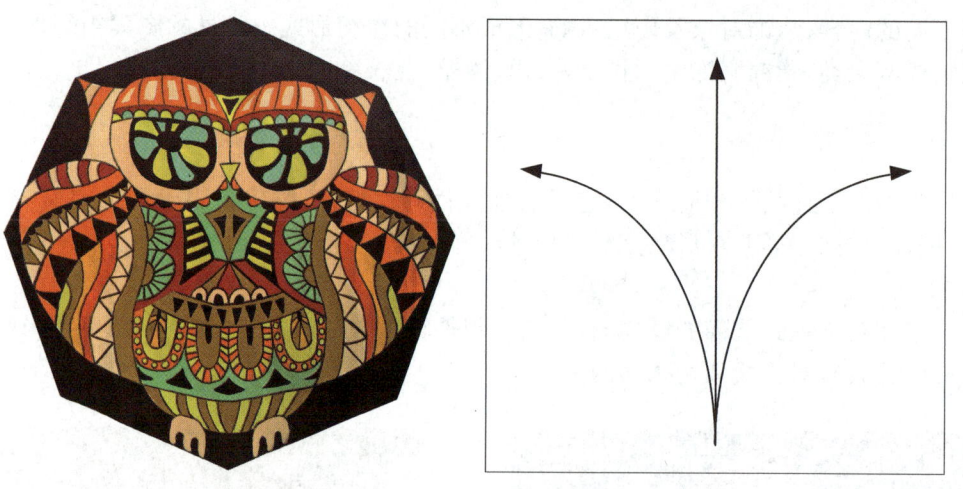

直立式

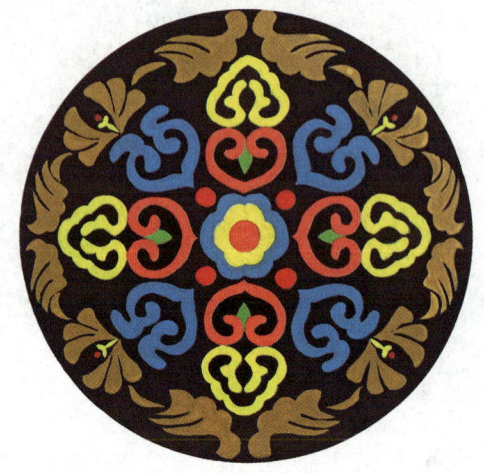
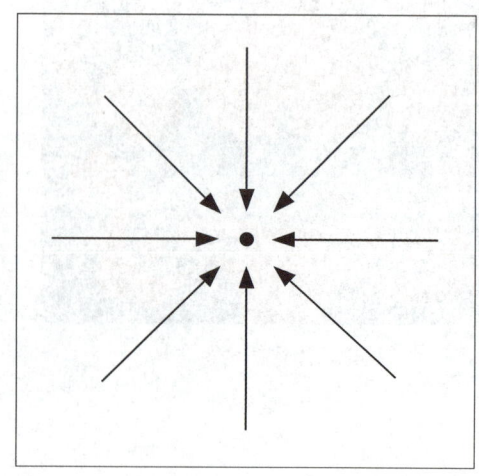

向心式

第四章 黎族织锦图案艺术之独特

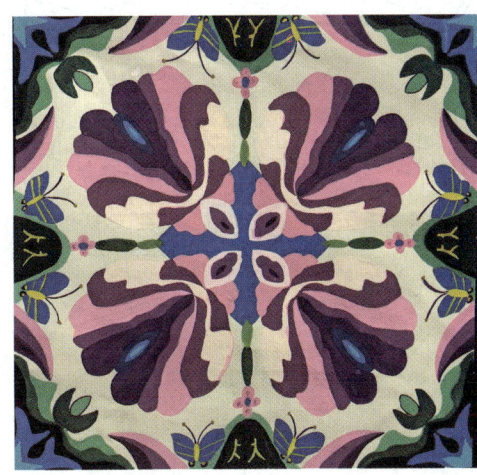 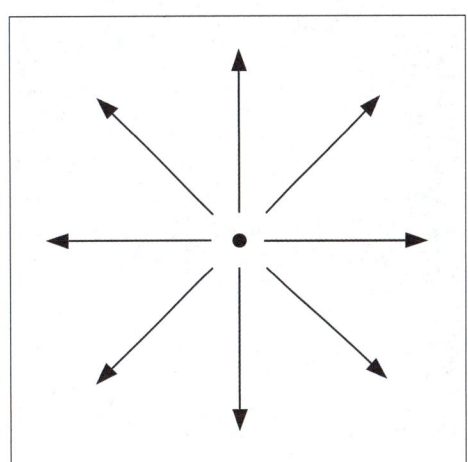

离心式

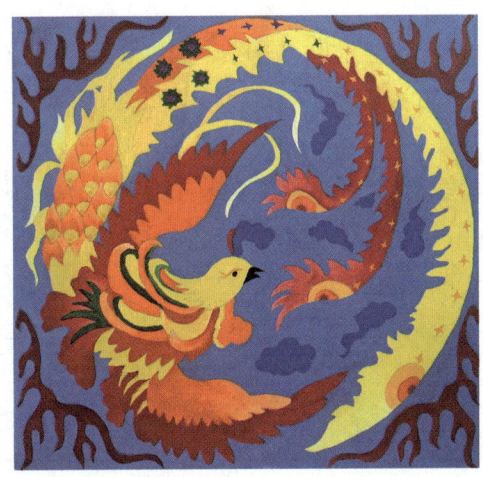 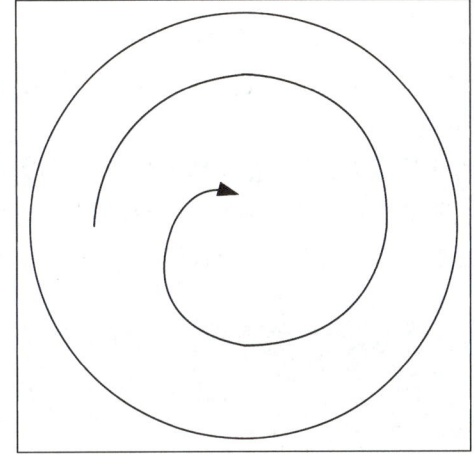

回旋式

 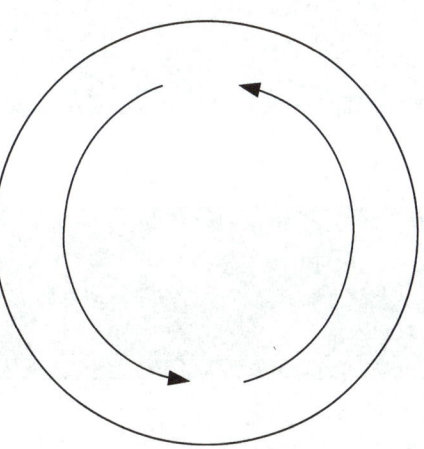

翻转式

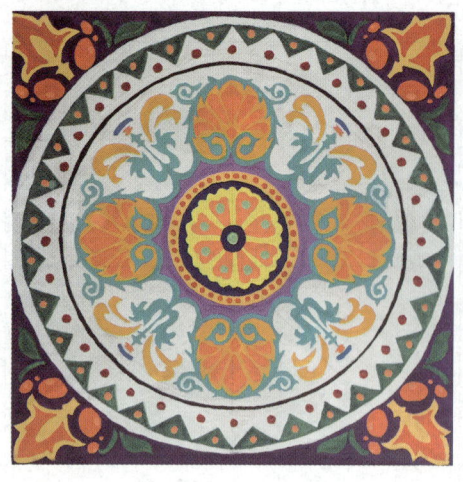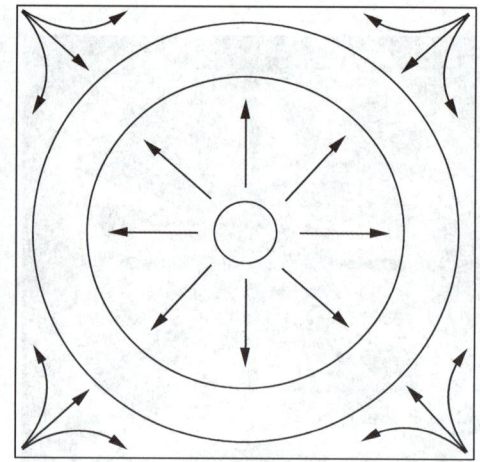

多层式

二、连续纹样的组织形式

连续纹样是以一个单位形重复排列形成的无限循环、连续不断的图案,是以一个循环单位为基础,作反复连续的构图组织形式。连续纹样的组织形式有二方连续和四方连续两种。

(一)二方连续

二方连续就是俗称的"花边",其组织形式是以单位纹样向上下或左右两个方向作有规律的、连续反复排列产生优美的、富有节奏感和韵律感的横式或纵式的带状纹样。常见的二方连续骨式结构有散点式、直立式、波纹式、折线式和综合式等。

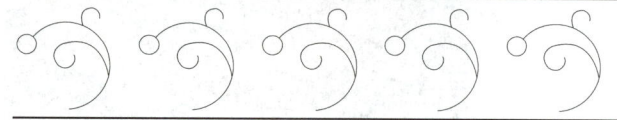

散点式

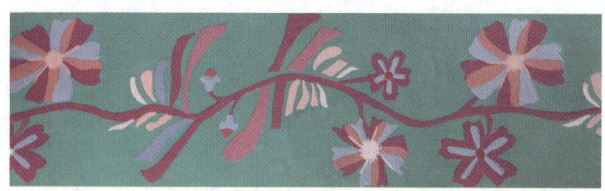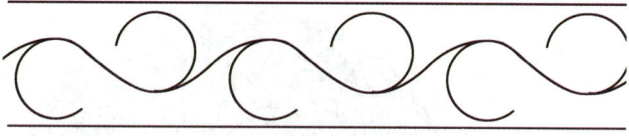

波纹式

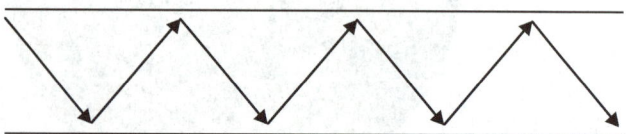

折线式

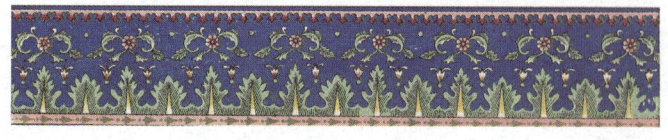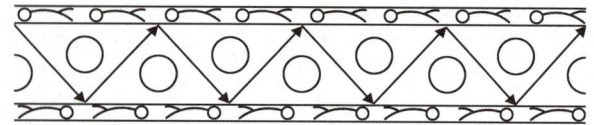

综合式

（二）四方连续

四方连续是以一个或几个单位纹样为基本形，进行上下左右四个方向的反复排列，并可无限延展。四方连续纹样节奏均匀、韵律统一，整体感强。常见四方连续纹样的骨式变化，有散点式、连缀式和重叠式。

1. 散点式

散点式组织形式是四方连续纹样中最常见的排列方式，它以一个单位纹样作分散排列，可以平排也可以斜排，其基本形的大小、方向、姿态可随时发生变化，形成穿插、灵活、自由的图案效果。

2. 连缀式

连缀式组织形式是利用一个单位纹样进行横竖错综排列，形成四方连续构图的形式，其形式变化多样，具有构成连绵不断、严谨充实的美感。

3. 重叠式

重叠式组织形式是将两种或两种以上不同的纹样连续重叠应用在单位纹样中的一种组织形式。一般将这两种纹样分别称为"浮纹"和"地纹"。应用时要以表现浮纹为主，地纹为辅，相互衬托，突出主题。

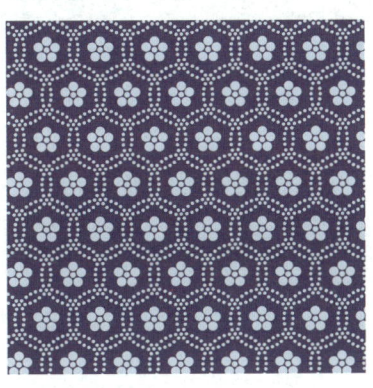
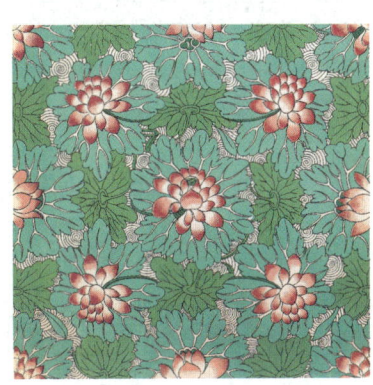

散点式　　　　　　　　　连缀式　　　　　　　　　重叠式

三、传统图案欣赏

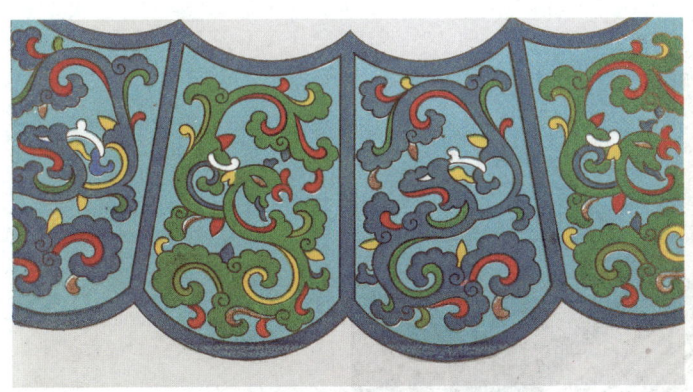
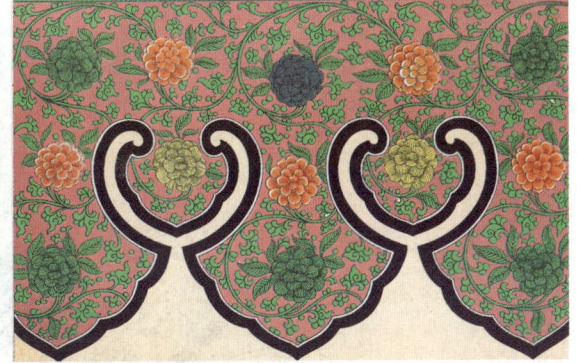
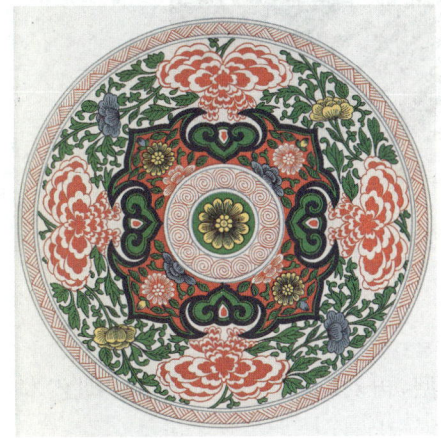
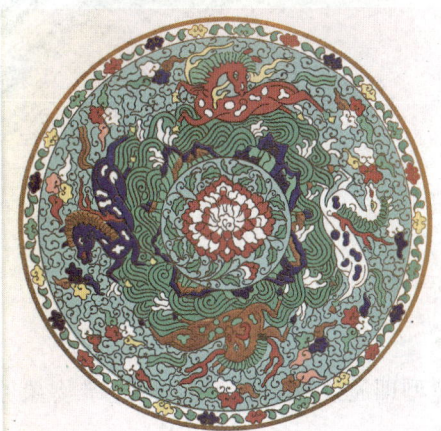

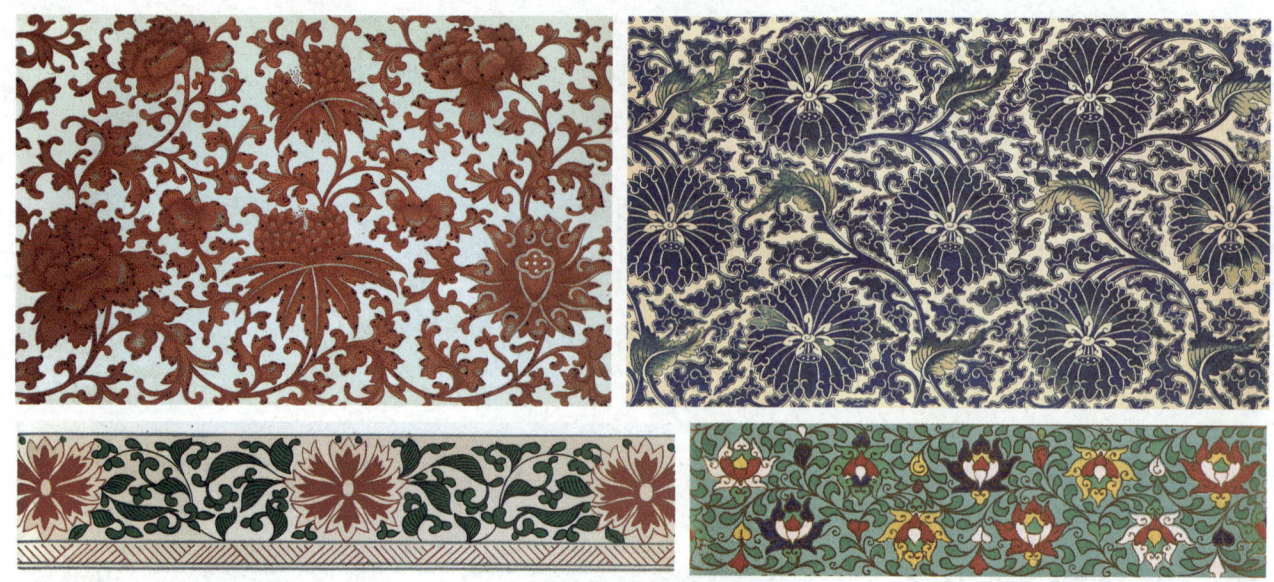

 **学习建议**

选取一幅喜欢的作品临摹，并体会图案的组织形式。

模块三　图案的创作方法

图案有具象和抽象之分，这里讨论的主要是具象图案，也就是对自然界中客观存在的事物原型进行艺术加工创造出的形象。我们从黎锦图案的探寻中了解到图案的造型元素广泛，日常生活与自然万物都是图案创作的素材。图案创作的方法多样，不能生搬硬套，应综合运用。

一、工具材料

小白云、底纹笔、叶筋勾线笔、铅笔、水粉颜料、尺子、素描纸、拷贝纸等。

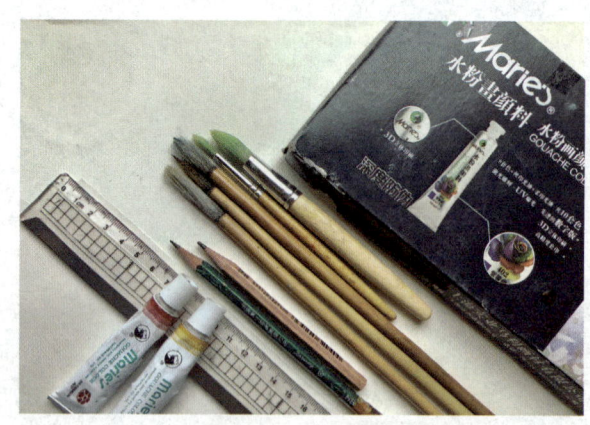

图案创作工具材料

二、图案造型方法

1. 写生变化造型

写生变化造型即通过写生收集素材，记录物象原型，再对"原型"进行"变化"即艺术加工，使之具有装饰美的效果。

写生是图案创作时"师法自然"的重要手段。其目的在于熟悉生活与自然界中的形象,研究记录并积累可供变化的具体素材,为图案的造型变化作准备。写生的形式多样,线描、明暗、淡彩等都可以。

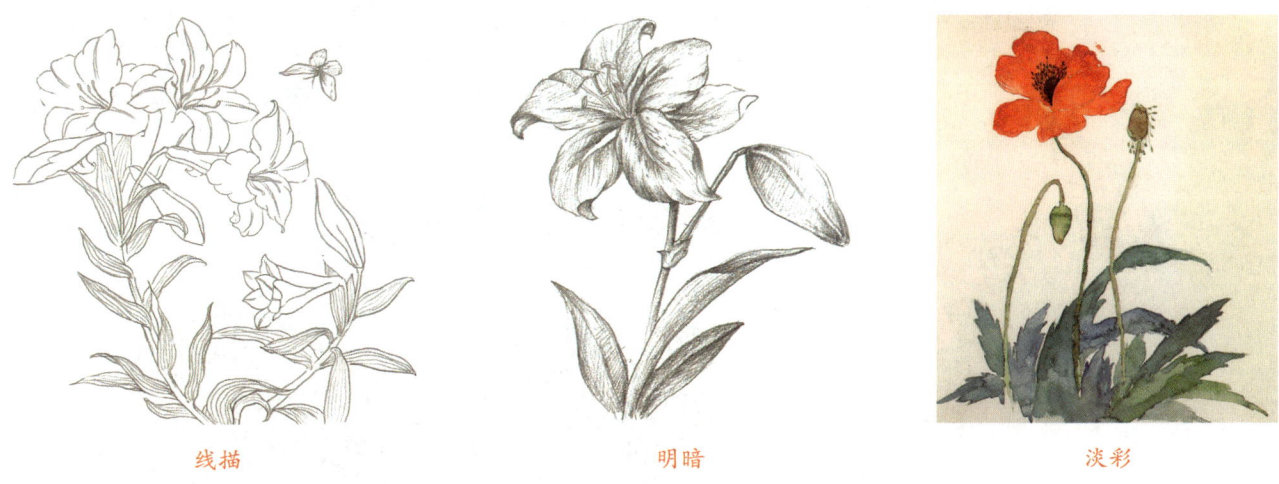

线描　　　　　　　明暗　　　　　　　淡彩

变化即对写生素材进行艺术提炼、加工,使之理想化、装饰化的过程。变化是形成图案的基本手段,也是图案创作的最终目的。常用的方法有概括、夸张、添加、几何化、适合等。

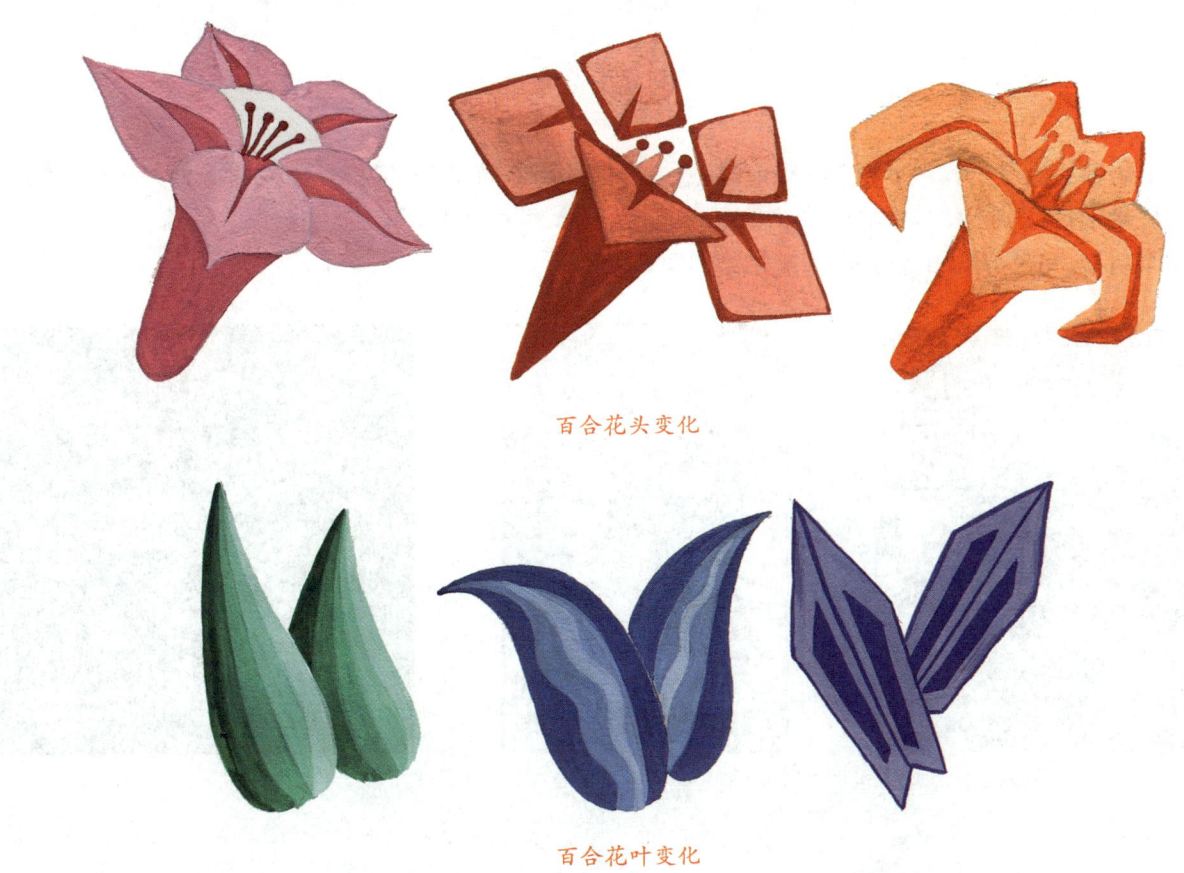

百合花头变化

百合花叶变化

2. 联想想象造型

联想造型是通过眼前事物而想到更多事物,并在原事物的基础上进行改造,加工成新的图案形象,即"借物造像"。想象造型是在原有事物的基础上,创造出新形象的造型方法。

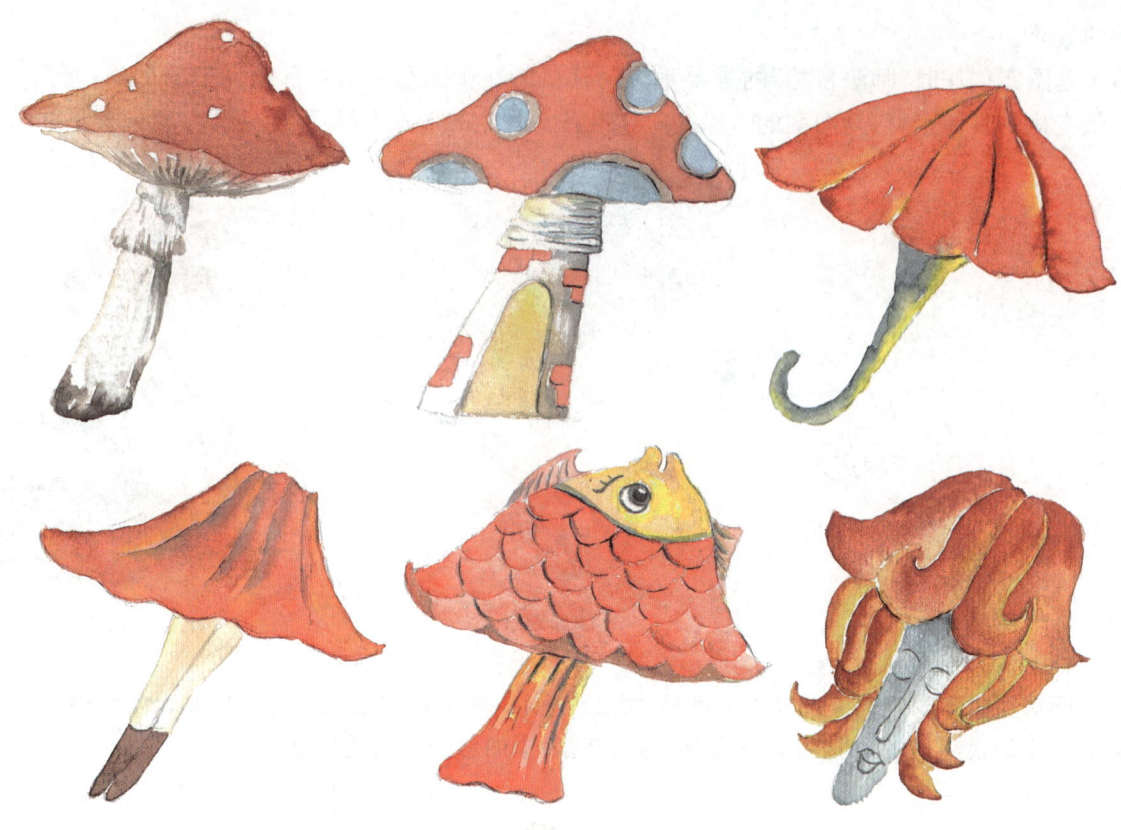

蘑菇的联想

3. 记忆表象造型

记忆表象造型是指客观事物不在眼前时,通过存储的事物特征,加以概括描绘的造型方法。民间艺人常常凭借记忆,摆脱束缚,不求形似,作品形象概括夸张、生动活泼,和自然物象既有联系又有变化,如黎锦图案造型、旬邑剪纸图案造型、安顺蜡染图案造型等。

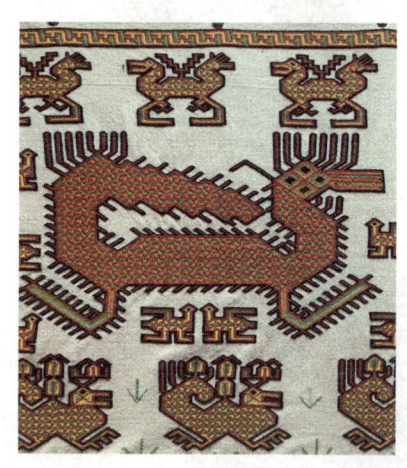
黎锦图案

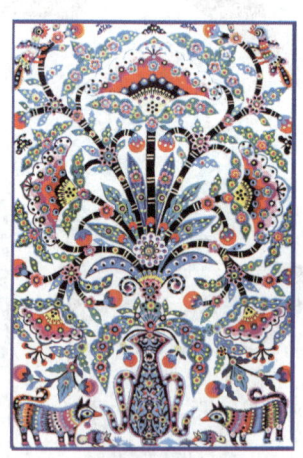
旬邑剪纸图案

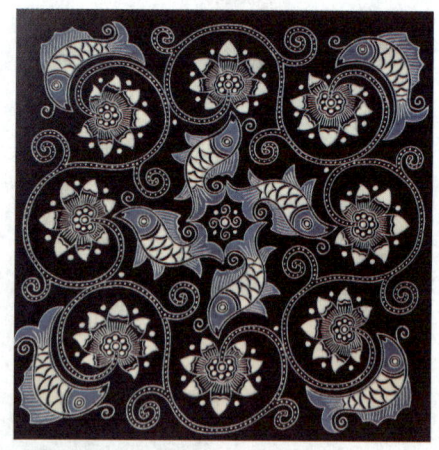
安顺蜡染图案

三、图案的基本绘制技法

图案的绘制多用水粉表现,技法丰富多样,主要有平涂法、点绘法、勾线法、渲染法、干擦法等,还有像各类肌理制作技法等,这些在"儿童题材绘画上色技法——水粉"模块中有所涉及。掌握这些技法,能为图案的创作打下技法基础。

四、图案创作步骤

1. 平涂底色着色法

平涂底色着色法是先将图案底色完全平涂,再在涂完的底色上完成造型上色,适用于底色面积多而碎小的图案,以适合纹样为例。

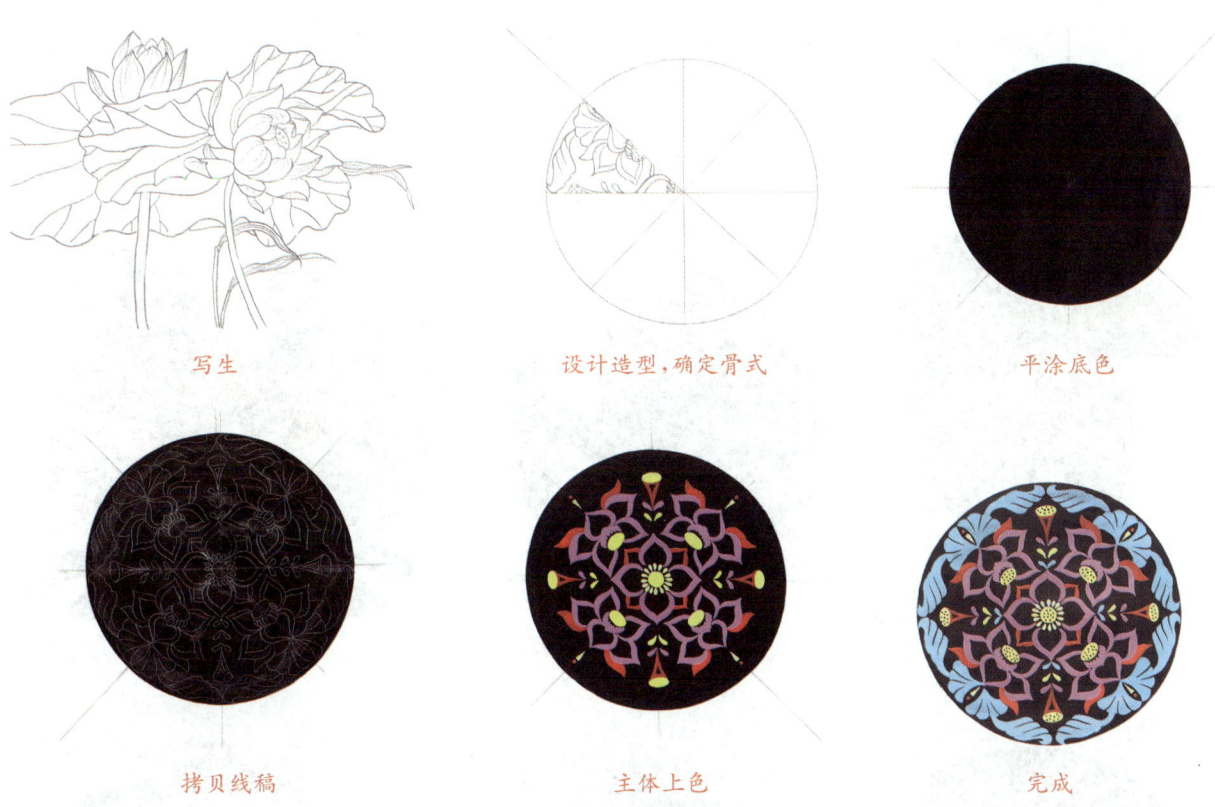

写生　　　　　设计造型,确定骨式　　　　　平涂底色

拷贝线稿　　　　　主体上色　　　　　完成

2. 直接着色法

直接着色法是在完成的图案线稿上按由主到次、由大到小、由内而外的顺序直接完成上色,适用于表现块面较大、底色较整的图案,以二方连续为例。

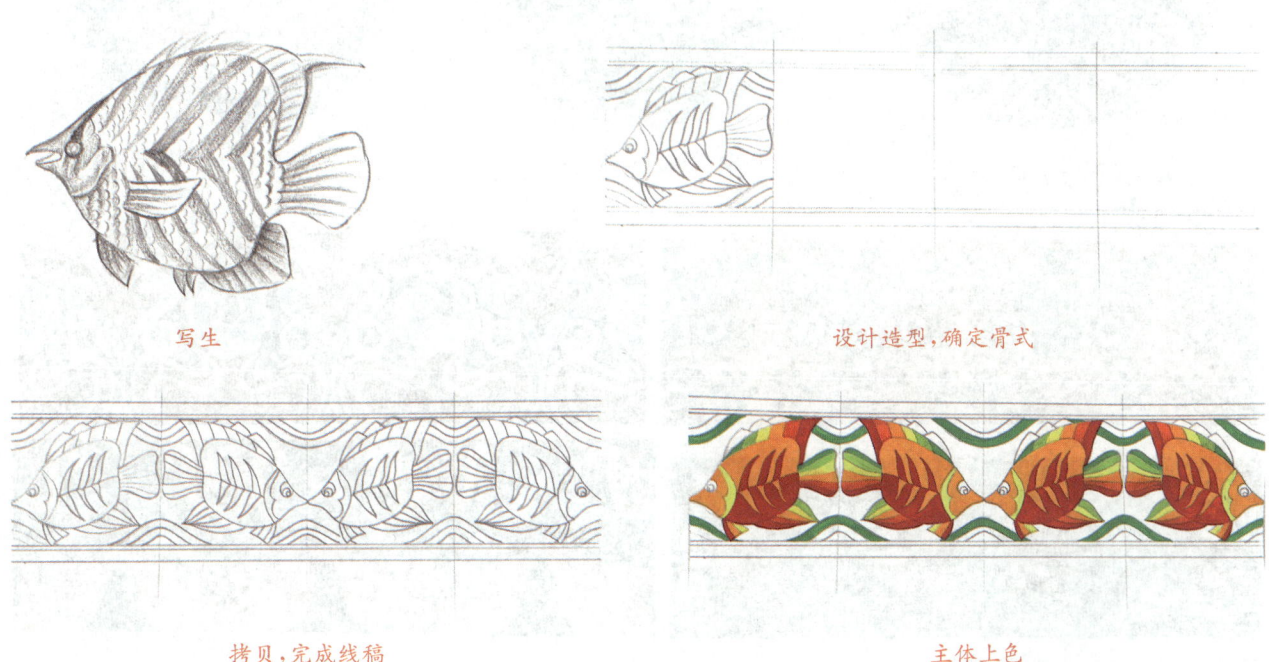

写生　　　　　　　　　　设计造型,确定骨式

拷贝,完成线稿　　　　　　　　主体上色

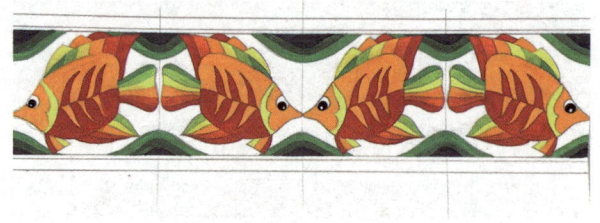
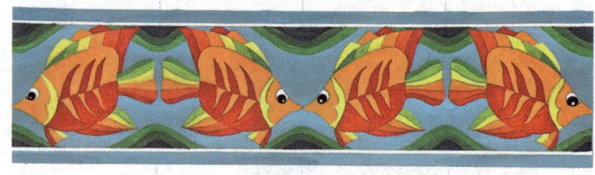

上底色　　　　　　　　　　　　　完成

五、图案创作表现

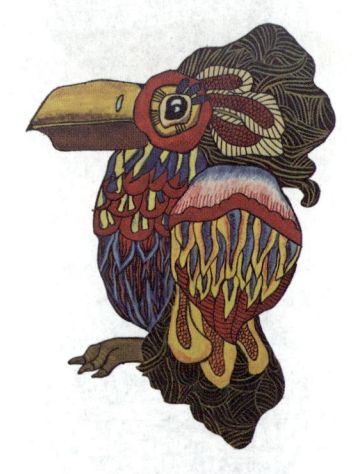
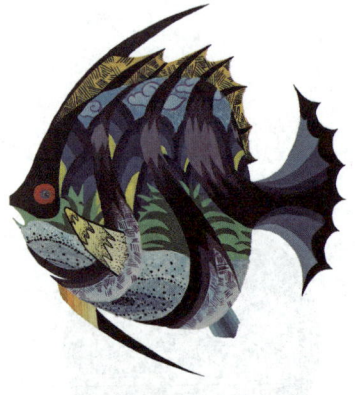

自由纹样

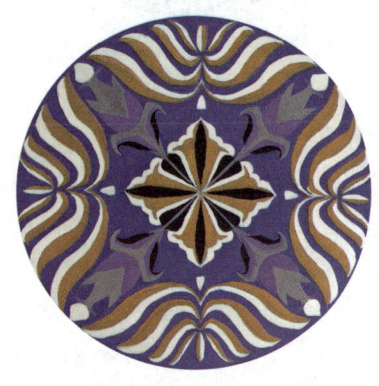
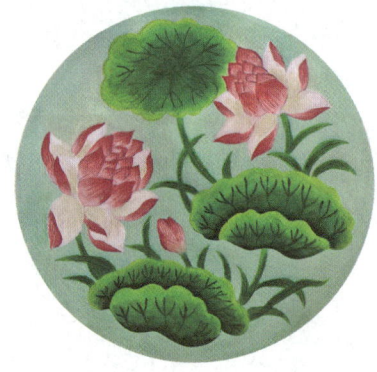
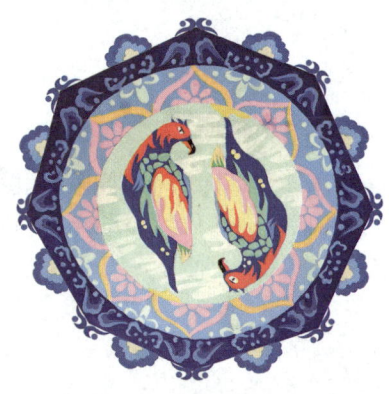

适合纹样

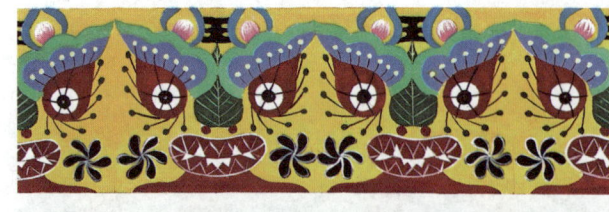

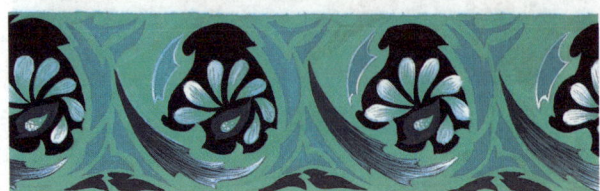
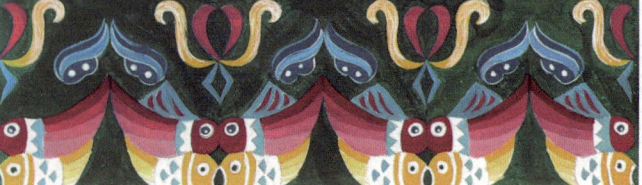

二方连续

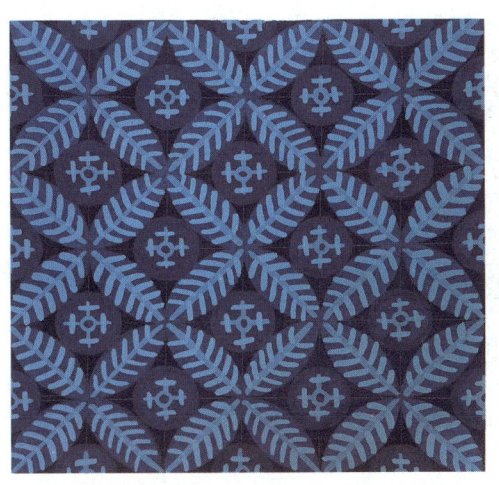
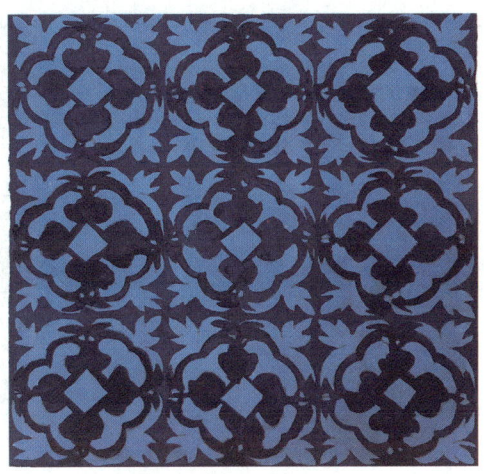

四方连续

学习建议

1. 对写生造型进行变形,创作完成一幅图案。
2. 根据图案的造型方法,设计绘制 1—2 幅图案。

拓展与提高　屋顶上的图案——藻井

藻井,是中国传统建筑中宫殿或厅堂天花装饰的一种形式,利用传统的榫卯技术做成向上隆起的井状,层层叠叠,如伞如盖,有方形、多边形或圆形凹面,周围饰以各种花纹、雕刻和彩绘。多用在宫殿、寺庙中的宝座,佛坛上方最重要的部位,因最初饰以荷、莲、菱等藻类水生植物,寓意庇护建筑不受火灾之扰而得名。

一、藻井的演变发展

早期藻井的样式为"圆渊方井",即方形井口中转 45°内接方形两次,中央雕刻或绘有倒垂的莲花。到隋唐时期佛教大盛,出现了宝盖式藻井,成为彰显华贵和尊严的华丽建筑装饰。宋代的藻井结构分为"斗八"和"小斗八",前者适用于室内中央及重要部位,后者适用于不太重要的部位。宋、辽、金三朝的藻井多为斗八造型,结构简单但已经出现复杂化的趋势。明代之后,藻井由简至繁,规模增大,顶心用以象征天国的明镜开始增大,周围放置莲瓣,中心绘云龙。到了清代,藻井极尽精巧和富丽堂皇,中央雕刻了生动的蟠龙,故藻井也叫"龙井"。

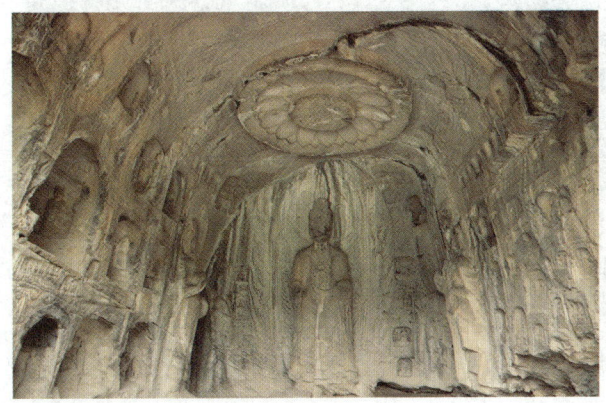

龙门石窟莲花洞(北魏)

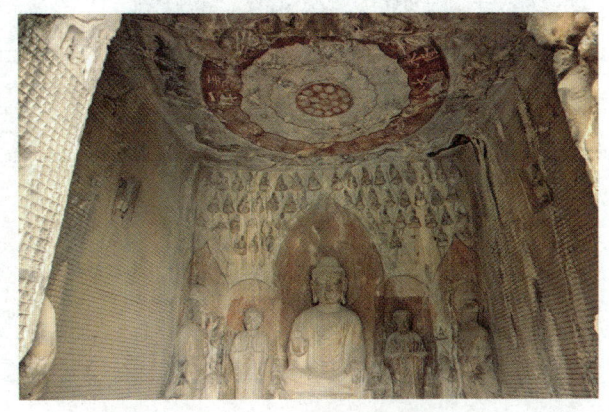

龙门石窟万佛洞(唐)

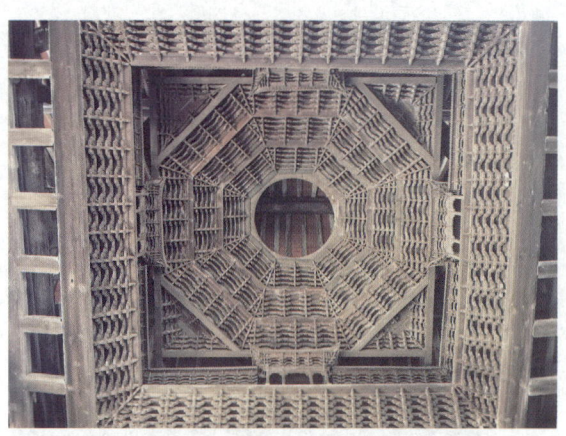
太原窦大夫祠藻井(元)

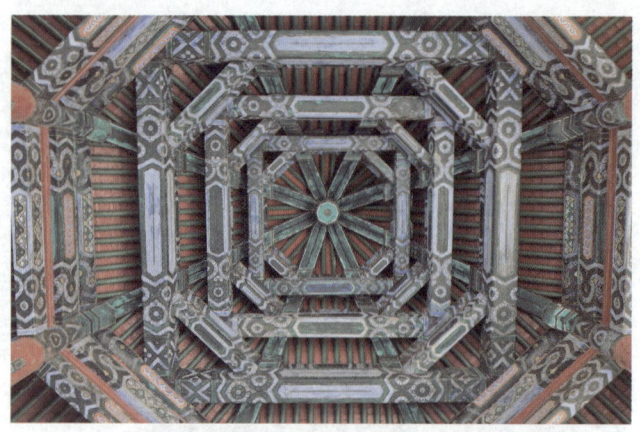
颐和园廓如亭藻井(清)

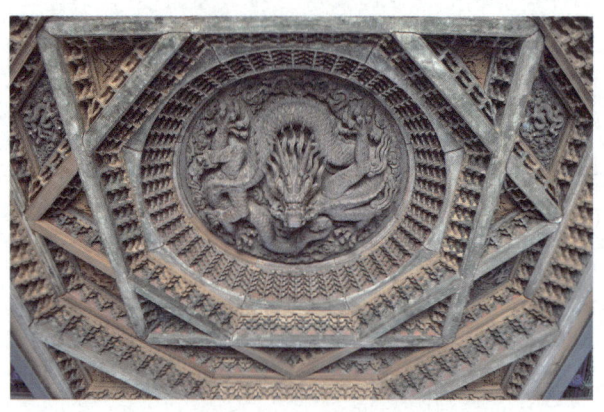
北京隆福寺侧殿藻井(明)

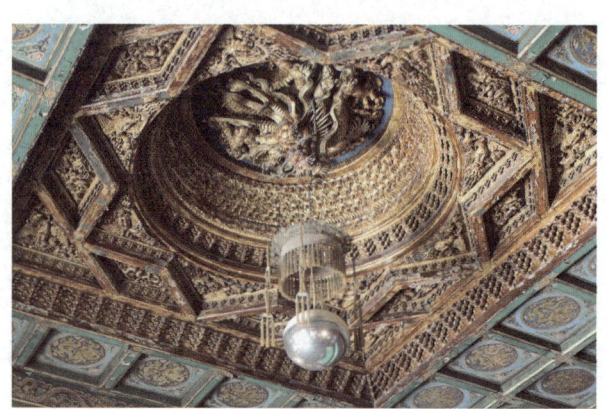
故宫养心殿藻井(清)

二、藻井的组织形式

利用榫卯、斗拱堆叠而形成的藻井,运用椽、梁的变化,采用排列方式形成不同的井心,再根据不同的造型,饰以花卉组织图案,匠心独具。几乎所有的藻井都采用中轴对称结构,所以无论装饰多么繁复,藻井始终保持着繁而不乱、复而不杂的独特美感。藻井通常为圆形、方形、八角形等简洁的几何图形组合变换而成,使整体造型具有极强的节奏韵律感,错落有致,显得建筑空间高大宽敞、精巧别致。

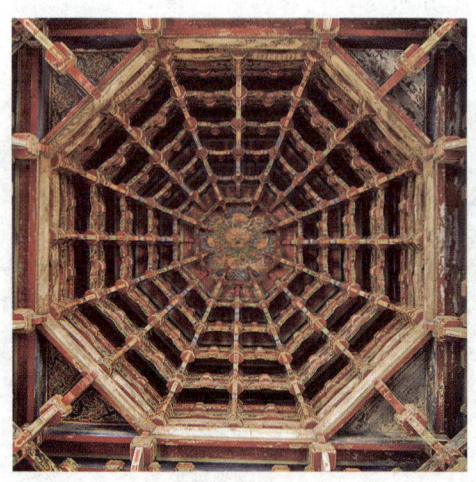
鹿港龙山寺藻井

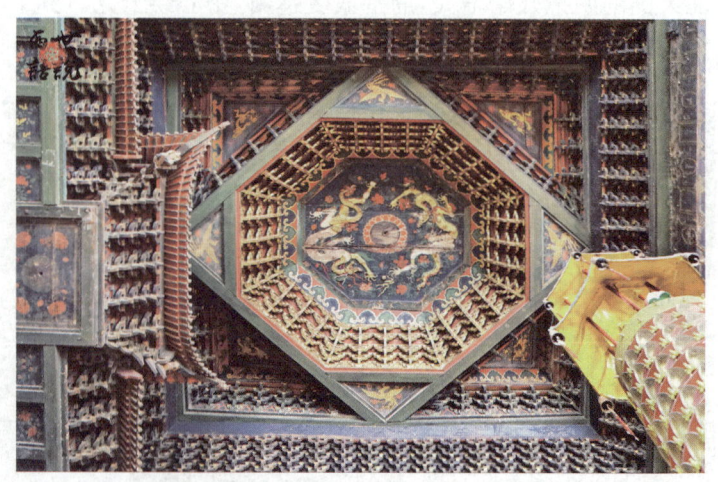
应县净土寺"八门九星"藻井

三、藻井赏析

藻井,木构为骨,纹饰作心。它以多姿的形态、丰富的文化内涵,给后人营造出一幅幅秀美的画面,中国古代匠人们将对自然的祈盼、对掌权者威严的敬畏,都凝结在了藻井这最美的苍穹中。

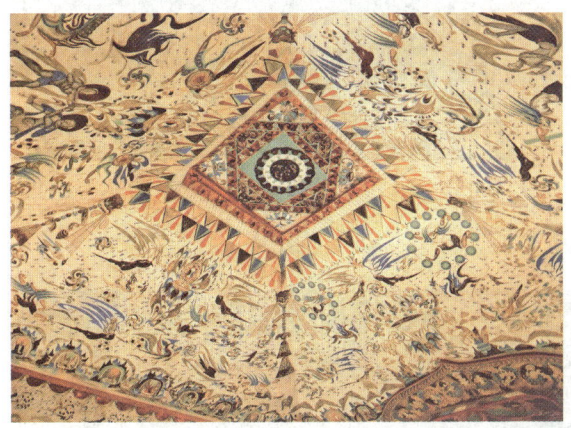

敦煌藻井

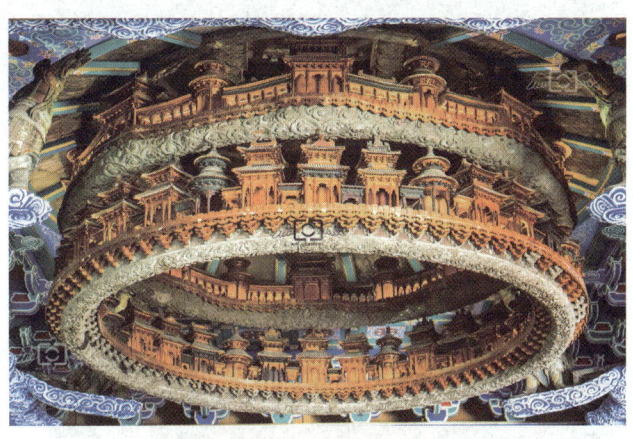

北京隆福寺正殿藻井

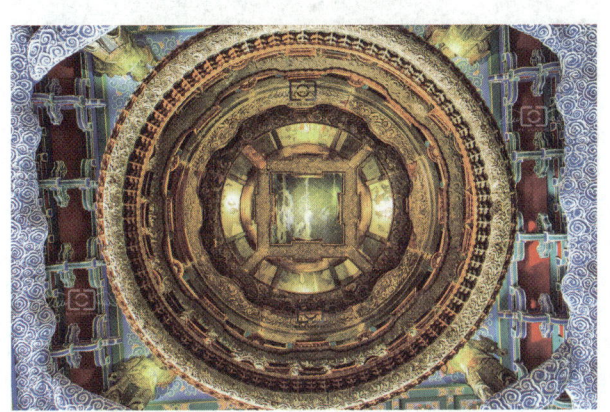

北京隆福寺正殿藻井平面图

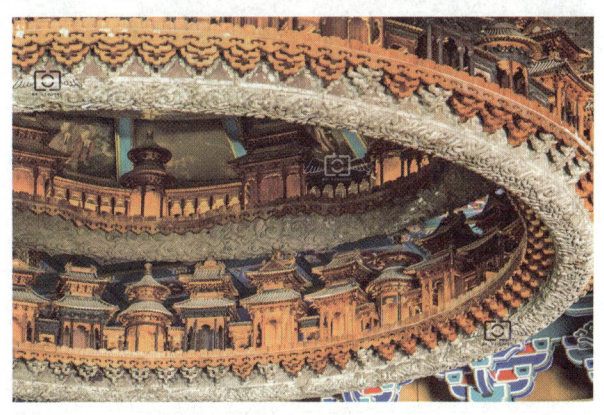

北京隆福寺正殿藻井(局部)

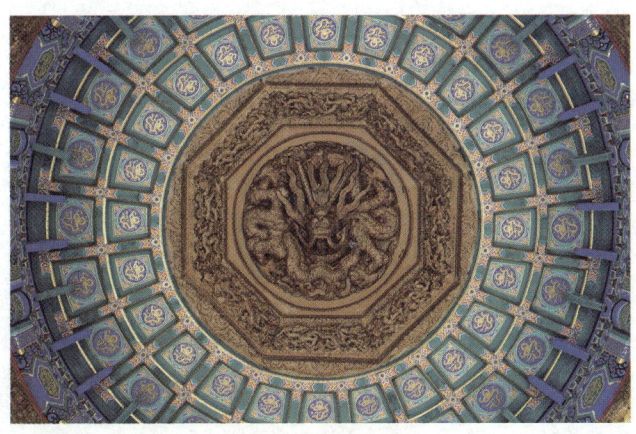

北海公园龙泽亭藻井

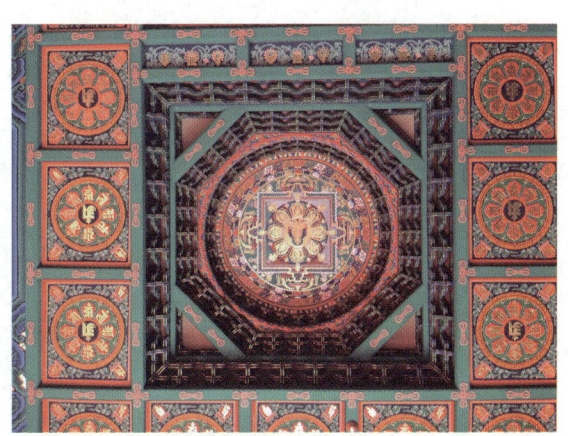

法海寺藻井

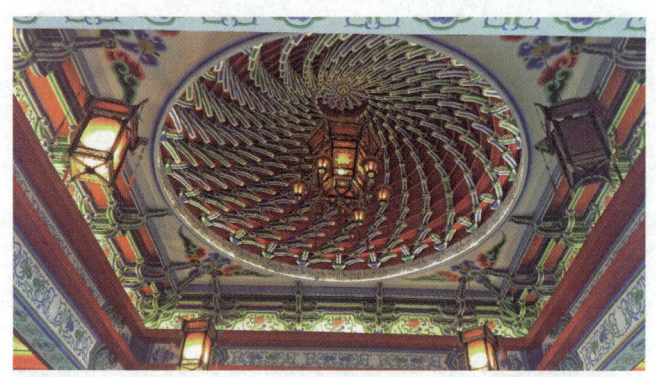
滕王阁藻井

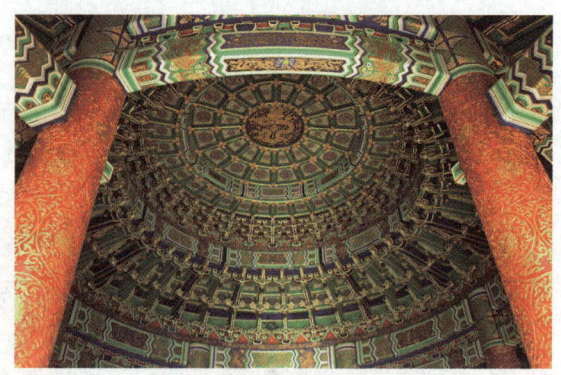
北京天坛藻井

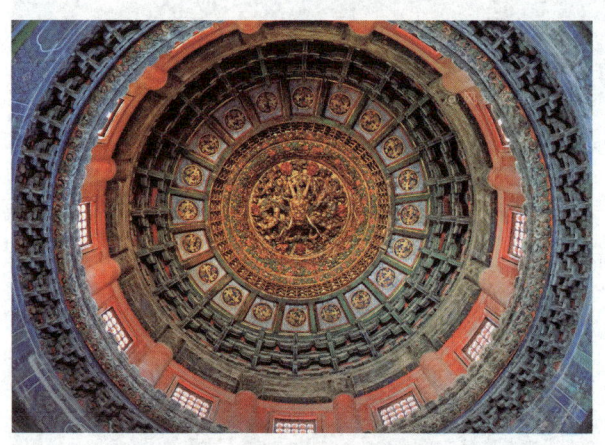
故宫万春亭藻井

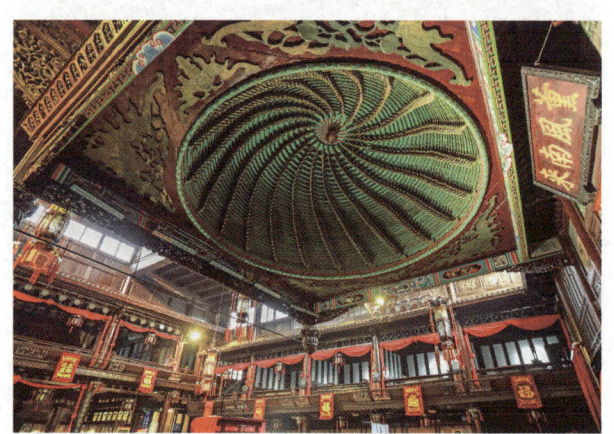
天津广东会馆藻井

 学习建议

收集各类藻井图片资料，体会形式美，并试着设计藻井纹样。

第三部分　幼儿园实践与运用

从对传统织锦图案的探寻中,我们感受了各地极具特色的民间传统图案,尤其是黎锦图案,从独特神秘的民族特色中透出和谐韵律之美。我们从图案创作的学习中,进一步掌握了图案的创作方法,感受了图案表现的形式美。

我们可以将图案的造型方法运用于幼儿园的教学实践当中,引导幼儿观察身边事物,感受图案排列的美感。如大班美术课"花雨伞",通过欣赏美丽的伞面图案,让幼儿大胆表达,再画出自己喜欢的花雨伞。在课堂教学中让创新设计思维在幼儿的心中萌芽,对提高幼儿的想象力和创造力有着积极的作用。

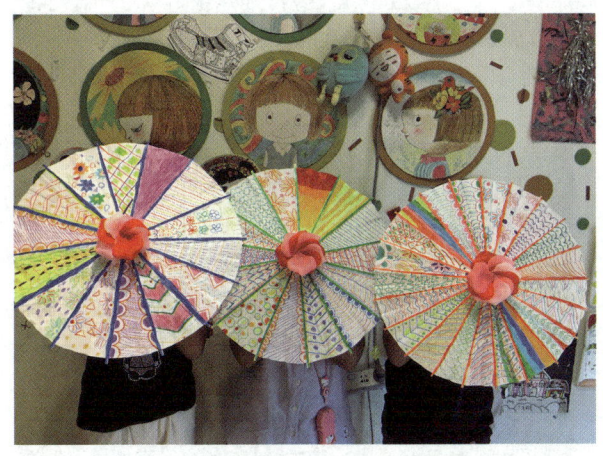
幼儿花雨伞作品展示

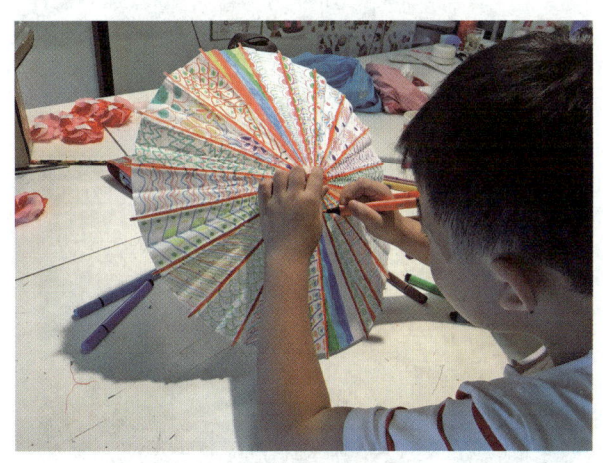
"花雨伞"设计活动

我们可以在班级创设"小小设计师"区域,将图案教学延伸到区域活动中,结合图案的组织形式,引导幼儿用多种表现方法设计小手帕、花裙子、纸盘等。让幼儿在画一画、贴一贴这些趣味活动中大胆设计装饰图案,体验不同图案组合带来的不同美感。引导幼儿在区域活动中进一步理解图案重复与变化的规律,感受生活中图案的形式美感。

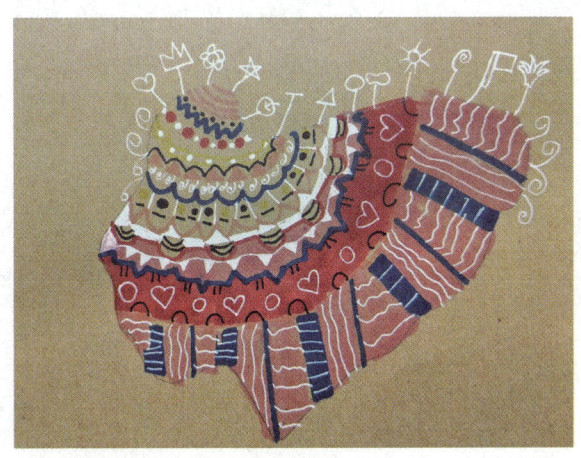
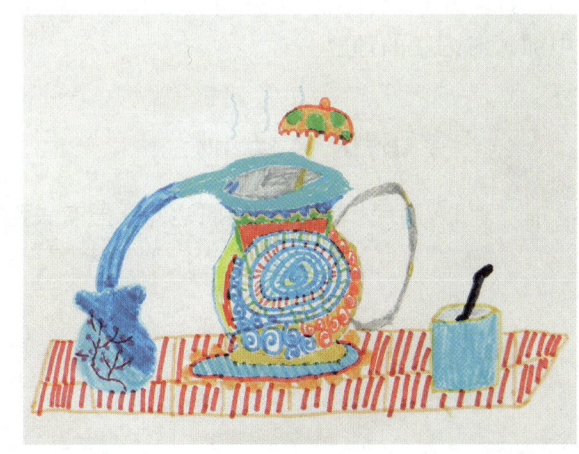
幼儿装饰图案作品

我们还可以运用图案装点、美化幼儿园环境,如幼儿园的门厅、走廊、楼梯、窗户等都可以用主题图案装饰,室内主题墙还可以让幼儿参与设计漂亮的花边图案,不论什么形式,都可以让幼儿在有序的形式美熏陶中感受美、体验美、表现美,进而习得并初步遵循形式美的法则与规律,这一切都对幼儿身心健康发展具有积极的促进作用。

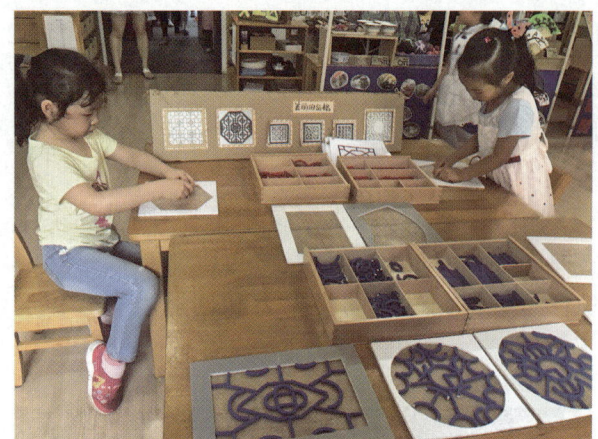
幼儿窗格图案区域活动

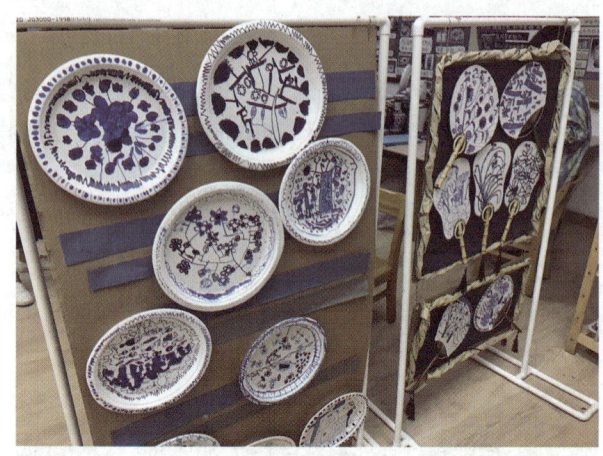
幼儿青花图案作品展示

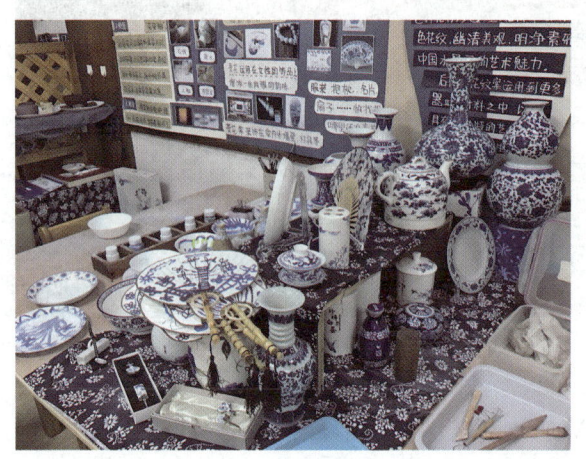

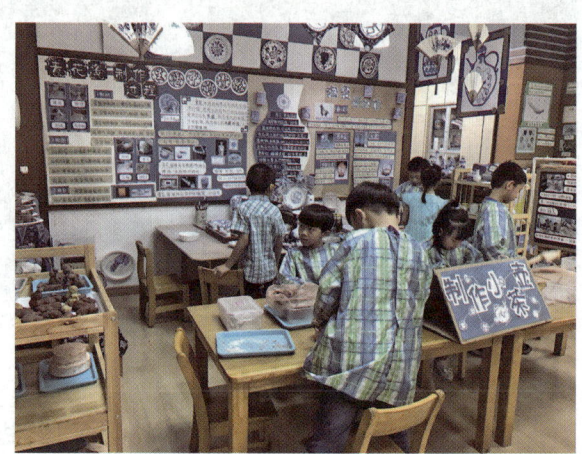

幼儿园青花图案环境创设

  图案创作既是一项基本的设计能力,也是引导幼儿欣赏美、表现美、设计美的重要手段。由此可见,每一位幼儿教师都应该了解图案的形式美规律,掌握不同的图案组织形式及图案创作方法,在教学实践中加深对图案的理解。

 **学习建议**

以小组为单位,收集周边幼儿园有关图案运用的图片资料,分组交流并讨论。

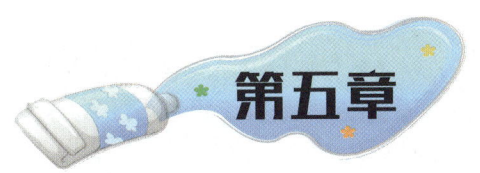

第五章

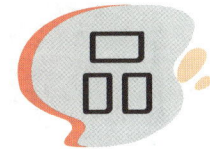

扬州漆器髹饰艺术之精美

学习导语

我国漆器历史源远流长,由于地域的不同而呈现出多姿多彩的艺术风貌。扬州漆器在漫长的历史发展中融入了当地特有的地域文化,造型多样,髹饰精美,色彩绚丽,光泽温润。在这一章节中,我们将探寻传统漆器的髹饰艺术,寻找日常生活中常见的装饰材料,尝试制作沥粉、纸浆、线材、废旧材料等儿童装饰画,力求多样的装饰表现形式,在实践中加强对民间装饰艺术的理解。

第一部分　探寻传统漆器

早在1200多年前,扬州大明寺的主持鉴真大师正是从扬州出发,东渡日本。在鉴真随身携带的物品中,除了佛经、佛像,最珍贵的就是漆盒、漆盘等扬州漆器。到达日本后,这些漆器成为日本学习制作漆器的典范,对日本漆器的发展产生了不可估量的作用,如今的日本漆器,可以说就源于扬州漆器。

扬州漆器历史悠久,起源于战国,兴旺于汉唐,鼎盛于明清。其工艺齐全、技艺精湛、风格独特、驰名中外。早在秦汉时期,扬州彩绘和镶嵌漆器制作工艺就有很高的水平,唐代经济繁荣,带动了扬州漆器向装饰和欣赏方向发展。至明清时代,扬州漆器发展到了鼎盛时期,成为全国漆器的制作中心,当时全

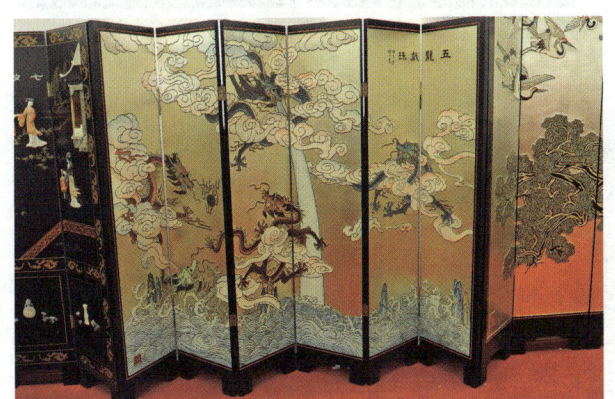

刻漆屏风《五龙戏珠》

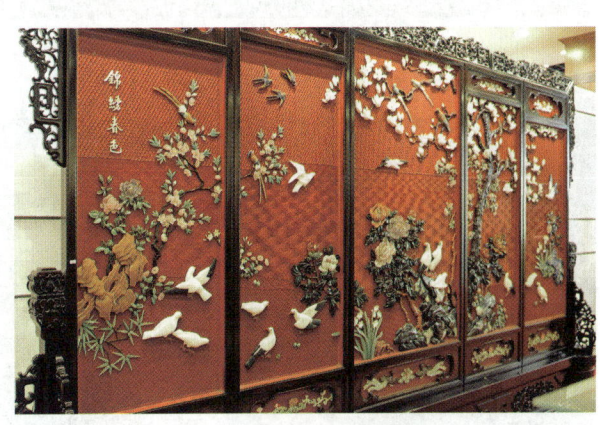

雕漆嵌玉屏风《锦绣春色》

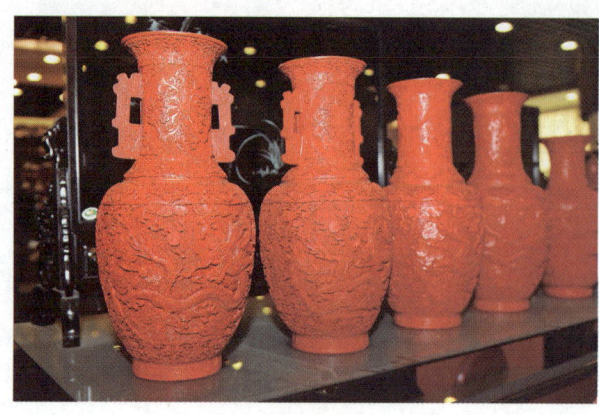
雕漆花瓶

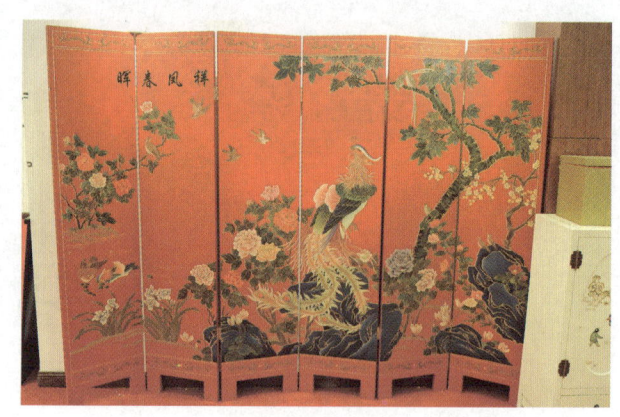
彩绘屏风《祥凤春晖》

市的漆器作坊就有四十多家，各种创新工艺相继出现，进而形成了"雕漆嵌玉"这一扬州独有的工艺特色。后经战火，虽一度萧条，但新中国建立后，扬州漆艺人不仅重拾了扬州传统的漆器工艺，还不断创新，在传承传统文化的基础上融入时尚元素，形成鲜明的地方风格。2006年，扬州漆器髹饰技艺被列入首批国家级非物质文化遗产保护名录。

扬州漆器的制作工艺一般要经历制漆、制胎、髹漆等制作工序，髹漆技艺工艺复杂，包括批腻子、刮灰、上漆、髹饰、推光等多种工序。扬州漆器的髹饰工艺是扬州漆器的灵魂，主要有点螺工艺、平磨螺钿工艺、骨石镶嵌工艺、雕漆工艺、刻漆工艺、彩绘工艺等。其中平磨螺钿是以珍珠贝、云母、蚌壳等材料，经打磨成不同色彩的薄片，根据需求拉弓裁切，平嵌于漆坯上，再经过上漆、推光处理。骨石镶嵌是选用玉石、象牙、牛骨、云母、青田石等骨石料，运用浮雕、圆雕、镂空等技法，把已雕刻并打磨光亮的骨石镶嵌成画面。雕漆指在已经完成髹涂的漆胎上，用刻刀雕剔出各中精美图案，工艺复杂讲究，光刷漆就要上百遍。彩绘工艺，是在髹漆完成的漆胎上，用笔蘸彩漆或油彩描绘图案纹样，完成后再整体罩漆。

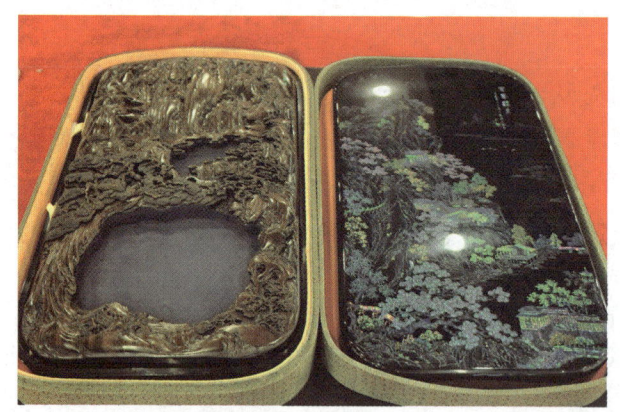
点螺漆砂砚《灵峰撷秀》

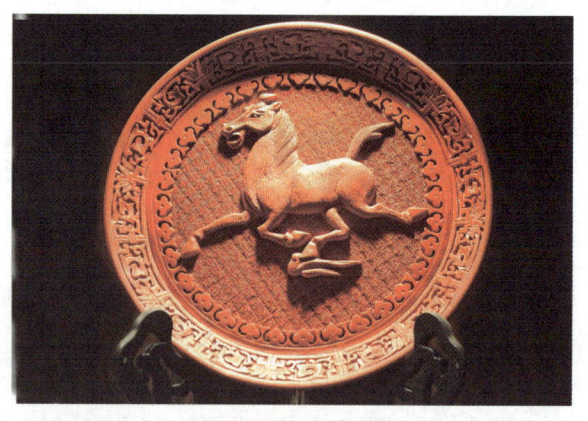
雕漆漆盘《马踏飞燕》

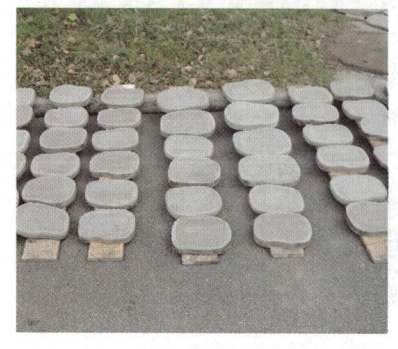
木胎

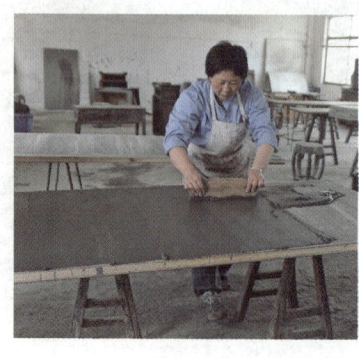
批腻子

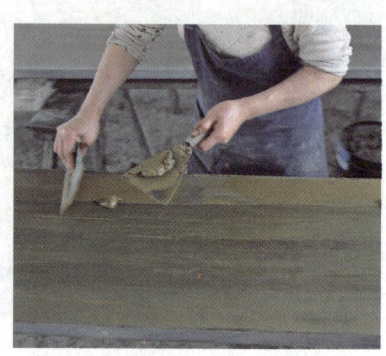
刮灰

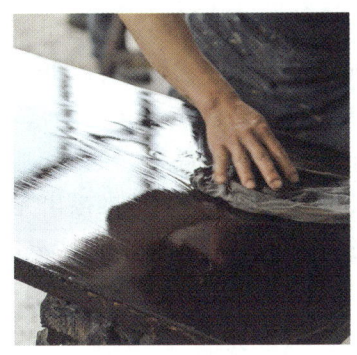
上漆

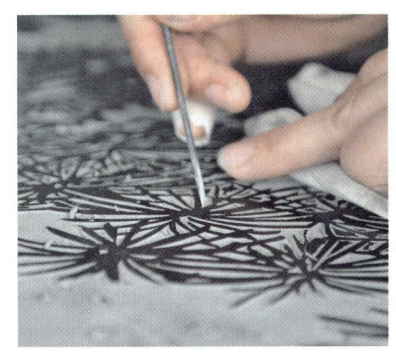
刻漆工艺

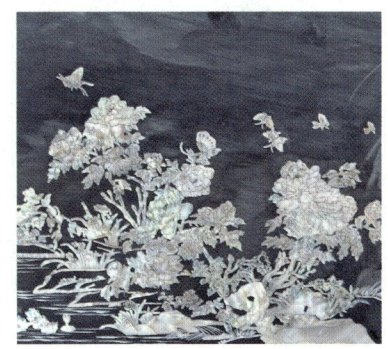
平磨螺钿工艺

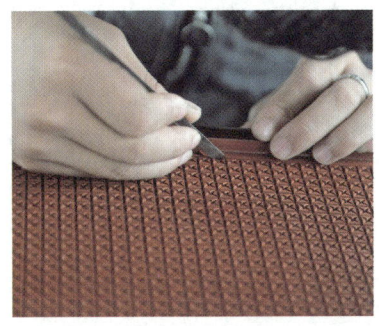
雕漆工艺

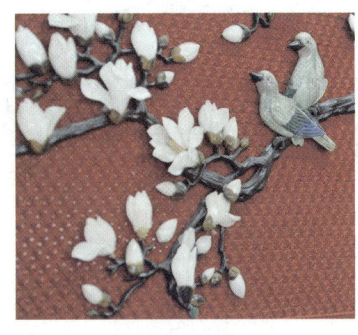
雕漆嵌玉

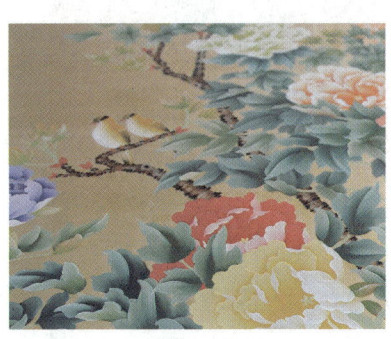
彩绘工艺

扬州漆器造型丰富、品种繁多，大到家具屏风，小到餐具碗筷以及装饰漆画、文人把玩无所不有。其纹饰丰富多彩，常见的主题有神话故事、历史故事、吉祥图案、花虫鸟兽等。扬州漆器髹饰技艺精湛，工艺复杂，常用螺钿装饰、雕漆装饰、百宝嵌装饰等，尤以百宝嵌最为代表。其髹饰镶嵌中各类发光材料的使用赋予漆器五光十色、美轮美奂的光色效果，呈现出颜色绚丽、随光变幻的艺术特色。在制作手法和工艺上具有南派漆器的隽秀精致，在产品的造型和气势上又常见北派漆器的雄浑和博大。扬州漆器以其实用与欣赏功能、精湛的髹饰技艺成为中国传统工艺中极具特色的装饰艺术，一件优秀的扬州漆器背后凝聚的是劳动人民的智慧，是百姓在生活富足与繁荣之余对审美文化的追求，更是扬州传统文化的重要体现。

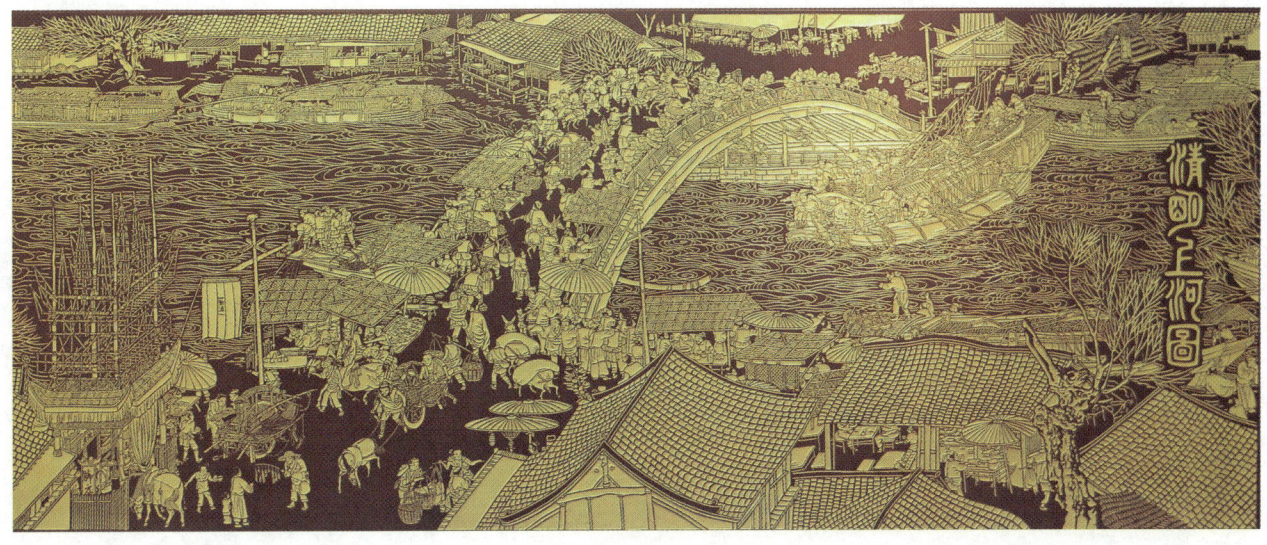
刻漆挂屏《清明上河图》

除此之外，与扬州并称为"中国四大漆器"的还有福州脱胎漆器、平遥推光漆器和成都漆器。福州脱胎漆器以泥土、石膏等塑成胎胚，以大漆为粘剂，然后用布在胚胎上逐层裱褙，阴干后脱去原胎，留下漆布雏形，再经过上灰底、打磨、髹漆研磨，最后施以各种装饰纹样，其色彩瑰丽，光亮如镜，装饰技法丰富，并结合玉雕、石雕、牙雕、木雕、角雕艺术，使漆器的表面装饰琳琅满目，更加多彩。而平遥推光漆器，则是用炼制过的大漆髹饰木器家具和精致器皿，经过漆后细磨，磨后再漆，反复数遍，然后用手掌推擦出光泽，再经过描金、彩绘。推光漆器，漆光闪闪，映影如镜，绘饰金碧辉煌，极具特色。成都漆器工艺精湛，做工考究，以"雕嵌填彩，雕锡丝光，镶嵌描绘"等极富地域特色的独特技艺，以及"平绘描线，拉刀针刻，堆漆工艺"等稀有技法而自成流派，在漆器工艺中独树一帜，风格独具。

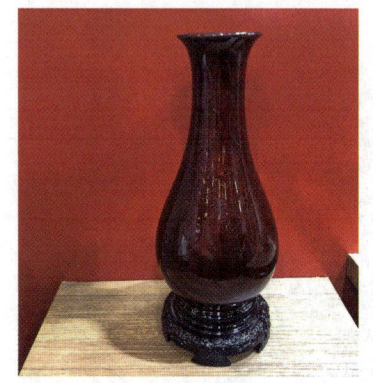 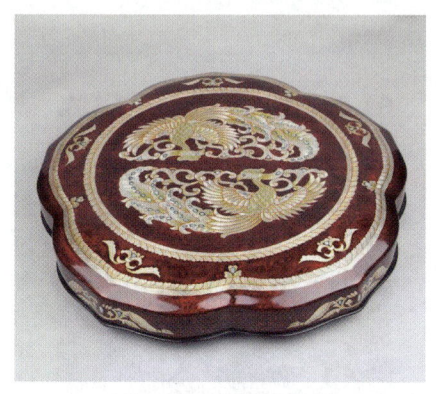 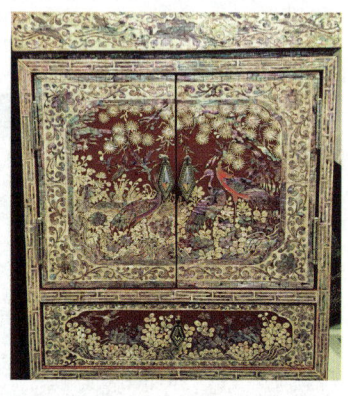

福州脱胎漆器　　　　　　　　　　成都漆器　　　　　　　　　　平遥推光漆器

 学习建议

1. 思考扬州漆器的髹饰工艺有哪些。
2. 思考扬州漆器与平遥漆器、福州漆器、成都漆器在工艺特征、艺术特色上如何区别。
3. 收集各地漆器髹饰资料，分小组进行展示并交流。

第二部分　儿童装饰画创作

由于地域文化的差异，各地漆器都具有当地的特有的艺术特色，平遥以推光漆器见长，福州则多的是脱胎漆器，而成都漆器则雕嵌填彩、雕锡丝光、镶嵌描绘，极富地域特色。尤以百宝嵌最为代表的扬州漆器造型雄浑，髹饰秀美。精美的扬州漆器装饰不仅反映了各个历史时期的工艺特征，充分体现了不同时期人们对审美文化的不同追求。我们从传统漆器装饰艺术的探寻而来，直观地感受到了漆器繁复的髹饰工艺以及各地漆艺匠人的制作匠心。我们在此基础上汲取营养，寻求更方便安全的材料学习制作儿童装饰画，将民间的漆器髹饰拓展为更加适合学前教育专业教学，贴近幼儿园教学实践与应用的沥粉、纸浆、线材、废旧材料等装饰形式。

模块一　沥粉装饰画

沥粉装饰画是以凸出的沥德粉线条为主要表现形式，加以装饰材料的绘制嵌贴为装饰手段完成的绘画装饰作品。它的装饰工艺手法来源于传统漆画，作品在增强立体感的同时尽显华贵精致，整体凸显线条美、色彩美、装饰美。它独特的工艺效果和浓厚的装饰趣味给人以视觉享受。

一、工具材料

木板、沥德粉、裱花袋、白乳胶、金粉（金漆）、丙烯颜料、画笔、砂纸、刮灰刀、一次性餐盒、筷子等。

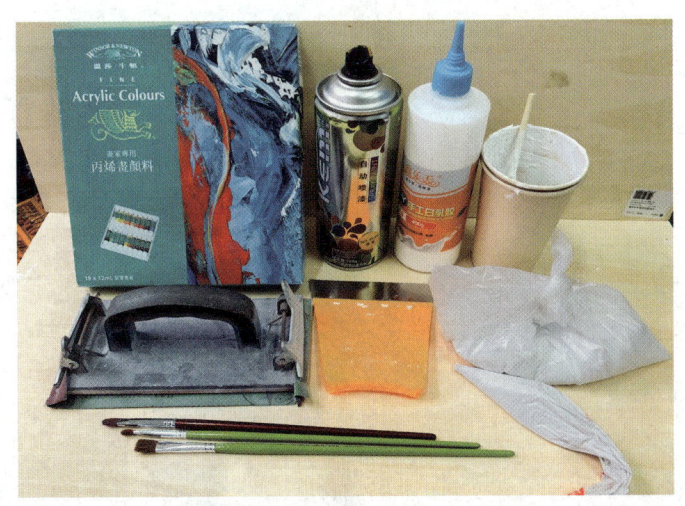

沥粉装饰画工具材料

二、沥粉装饰画制作技法

① 调灰浆：以 1∶1 比例调和沥德粉和白乳胶，使其形成均匀无颗粒的沥粉浆。
② 刮灰浆：用刮灰刀将沥粉浆均匀刮至木板上。
③ 打磨：灰浆阴干后用砂纸打磨平整，刮灰浆和打磨可重复两到三遍。
④ 画稿：根据设计稿在底板上完成线稿。
⑤ 准备沥粉浆：白胶缓慢倒入装有沥德粉的杯中均匀搅拌（浓度以出线顺畅、线条挺立为标准），再灌入裱花袋并剪开小口（口子大小视线条粗细而定）。

⑥ 挤粉线：按已画线条挤线，做到线条连贯、流畅挺拔。
⑦ 上金：待彻底干透后在凸起的线条上上金粉或喷金漆、贴金箔。
⑧ 上色：用丙烯颜料上色，一色完成后再换色。
⑨ 装饰完成：视画面需要完成其他材料的装饰，并调整画面完成。

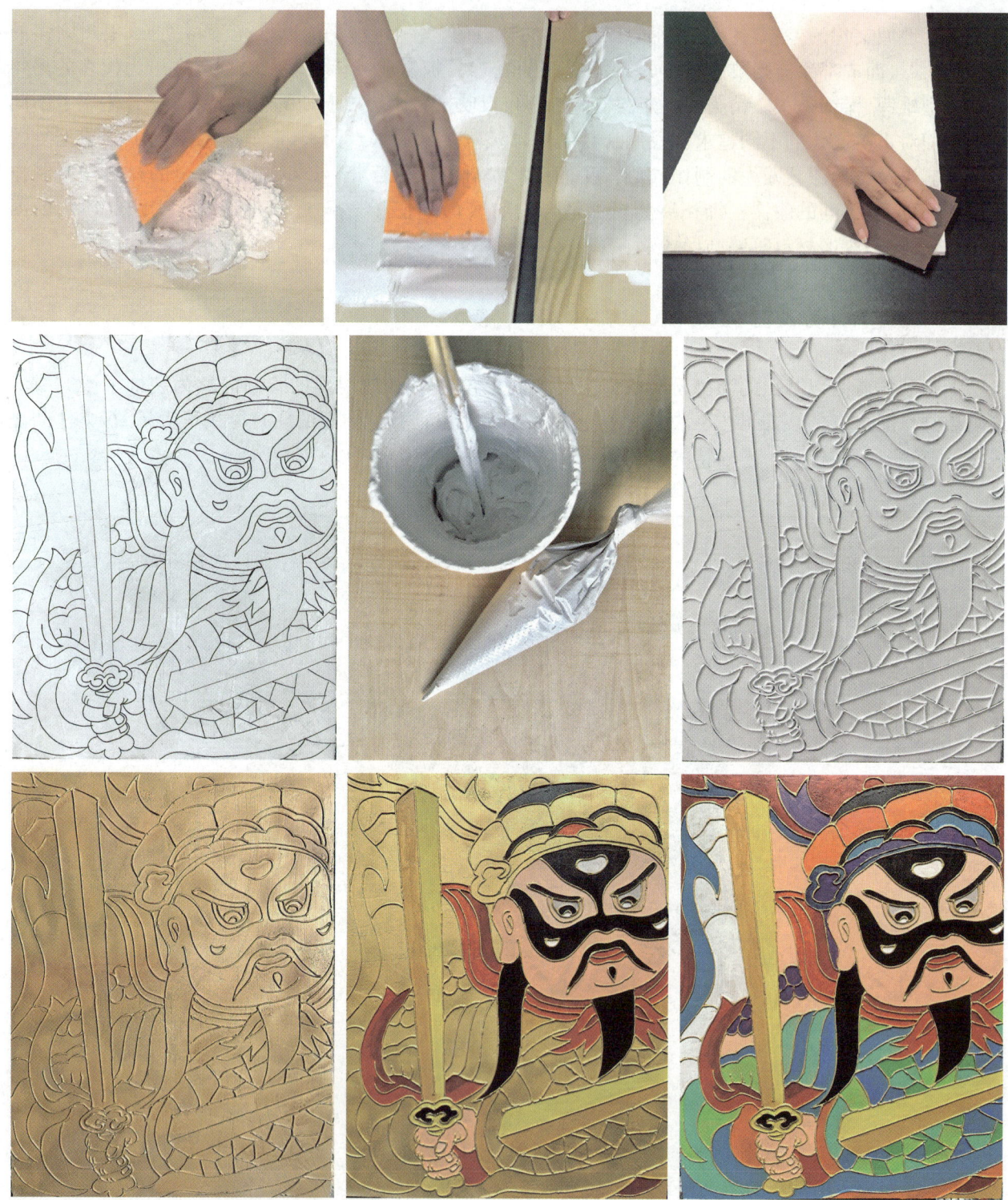

沥粉装饰画制作步骤

三、作品表现

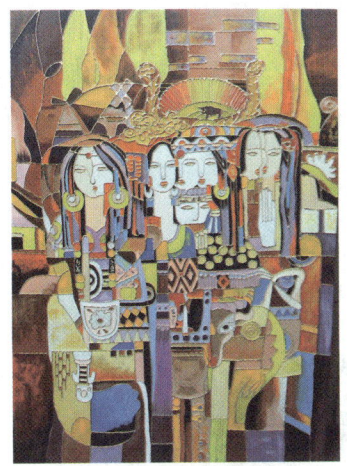

沥粉装饰画《高原》

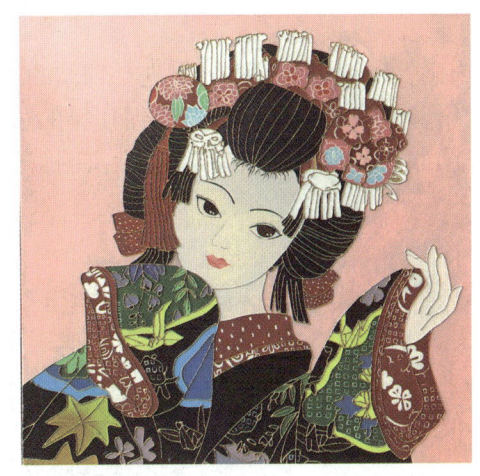

沥粉装饰画《艺伎》

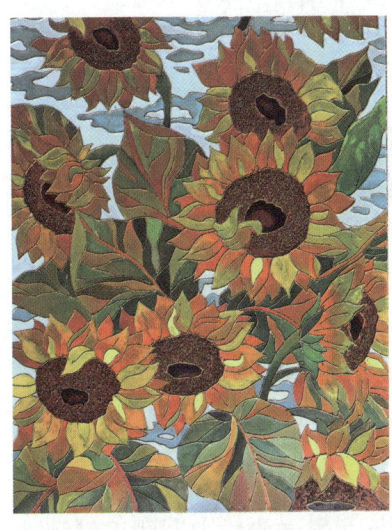

沥粉装饰画《向阳而生》

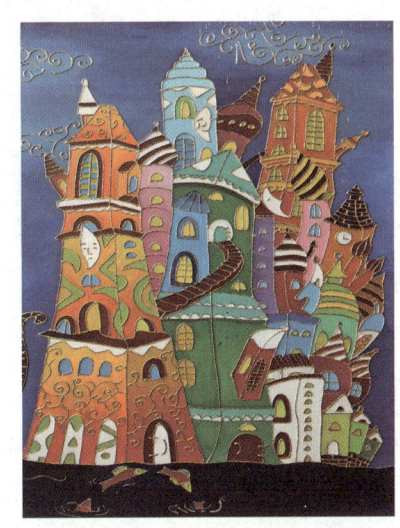

沥粉装饰画《城堡》

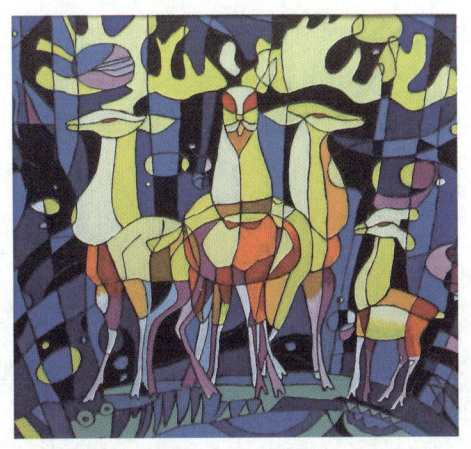

沥粉装饰画《鹿王》

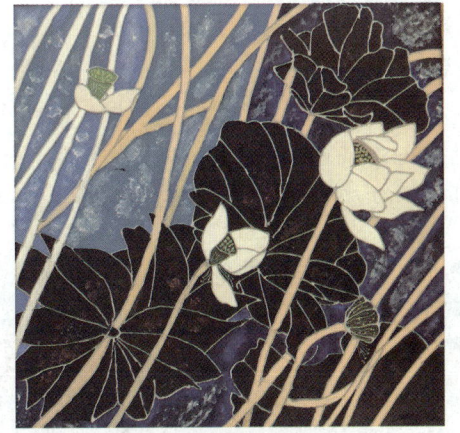

沥粉装饰画《风扶荷》

学习建议

完成沥粉装饰画作品一幅。

模块二　纸浆装饰画

纸浆装饰画是以纸浆为主要材料进行创作的具有装饰美感的艺术作品。普通的纸材经过打碎调浆调色，再经过堆叠、压制等方法，从而达到独特的视觉与触觉肌理效果。纸浆画色彩艳丽，装饰感极强，因其取材容易，制作过程充满乐趣，深受大家的喜爱。

一、工具材料

木板、卷筒纸、一次性餐盒若干个、水粉颜料、白乳胶、水、筷子、镊子、记号笔等。

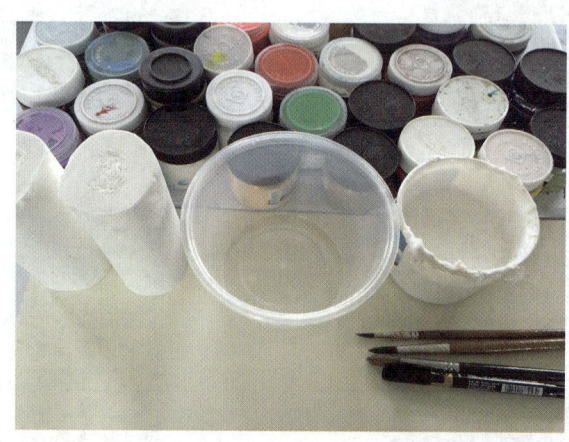

纸浆装饰画工具材料

二、纸浆装饰画制作技法

① 画小稿：在纸上画出分色清楚的小稿。
② 画线稿：用记号笔在木板上画好清晰的线稿。
③ 制作纸浆：白胶和水 1∶1 调匀倒入盛有碎纸的杯中，并根据小稿上的颜色分别加入各色水粉颜料，搅拌均匀。
④ 上纸浆：用筷子或镊子夹住纸浆在底板上粘贴紧密。
⑤ 换色：将一个颜色上完再换另一个颜色，趁湿可用硬物压出肌理。

注意：湿的纸浆容易混色，应注意相邻的两个颜色的上色顺序，不要急于上色，应等前一个颜色干了再上相邻的另一个颜色。换色时要洗干净镊子或者换筷子。

⑥ 调整完成：依次将各个颜色的纸浆都上完，调整并通风晾干完成。

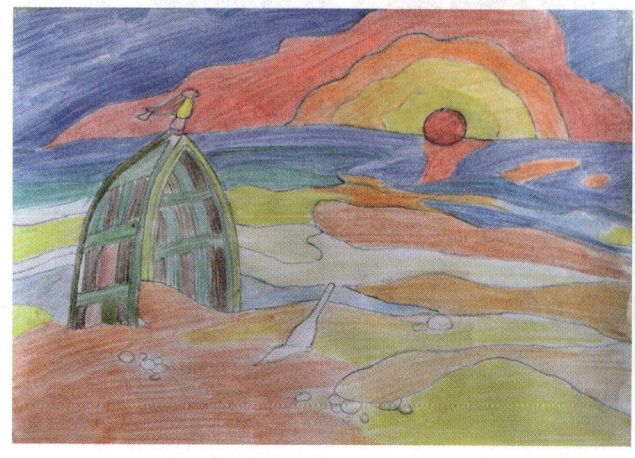
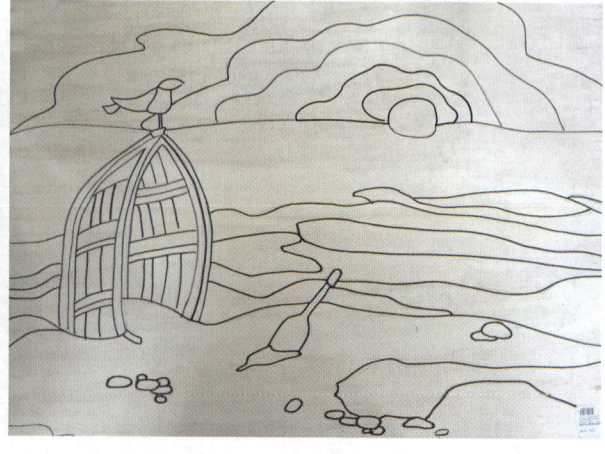

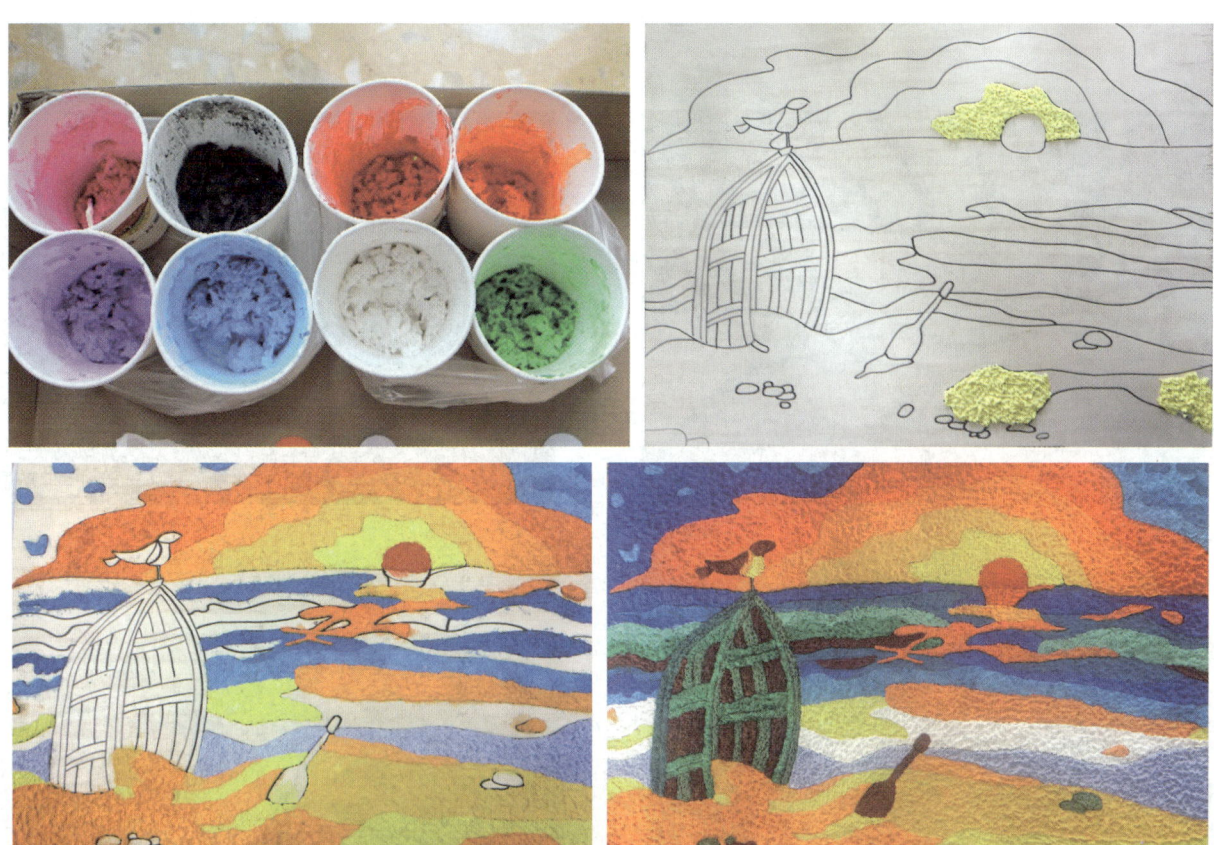

纸浆装饰画制作步骤

三、作品表现

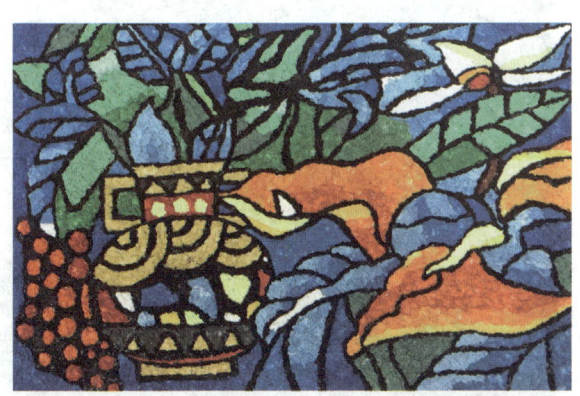

纸浆装饰画《美丽的花瓶》

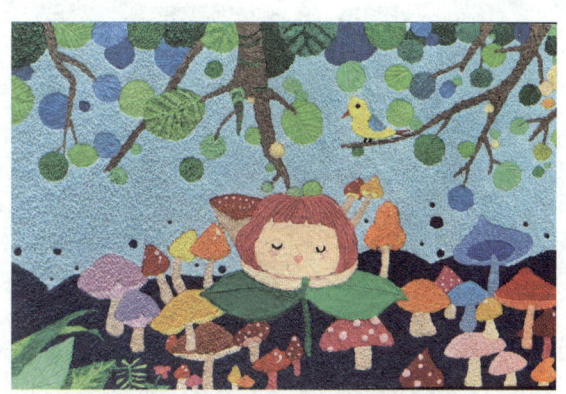

纸浆装饰画《欢乐丛林》

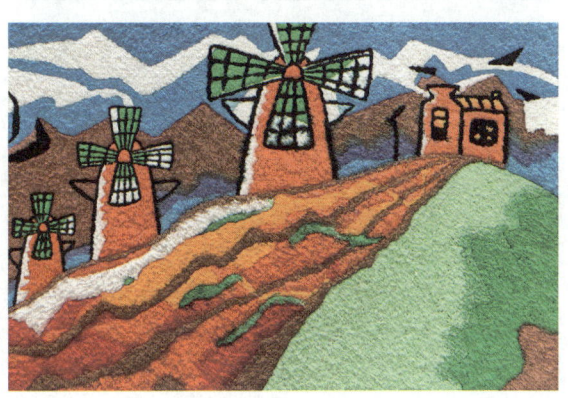

纸浆装饰画《风车转转》

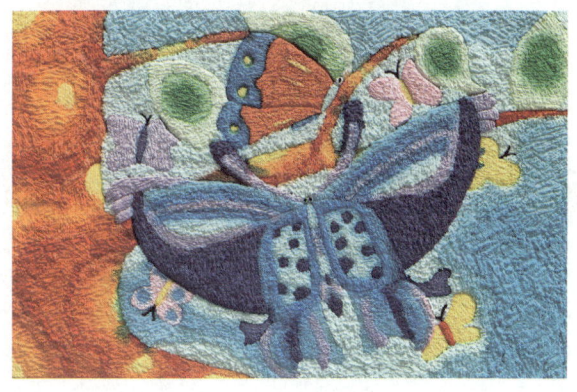

纸浆装饰画《蝶儿飞》

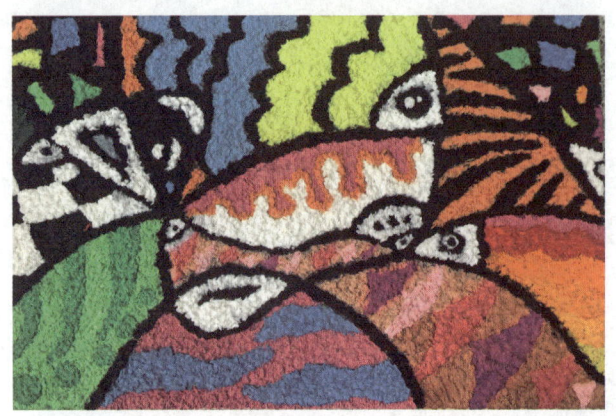
纸浆装饰画《鱼儿游游》

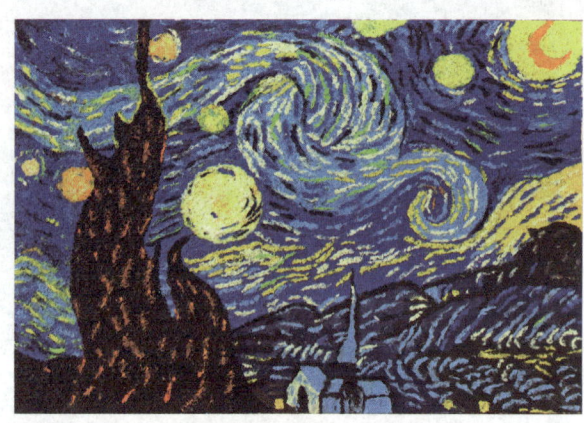
纸浆装饰画《星空》

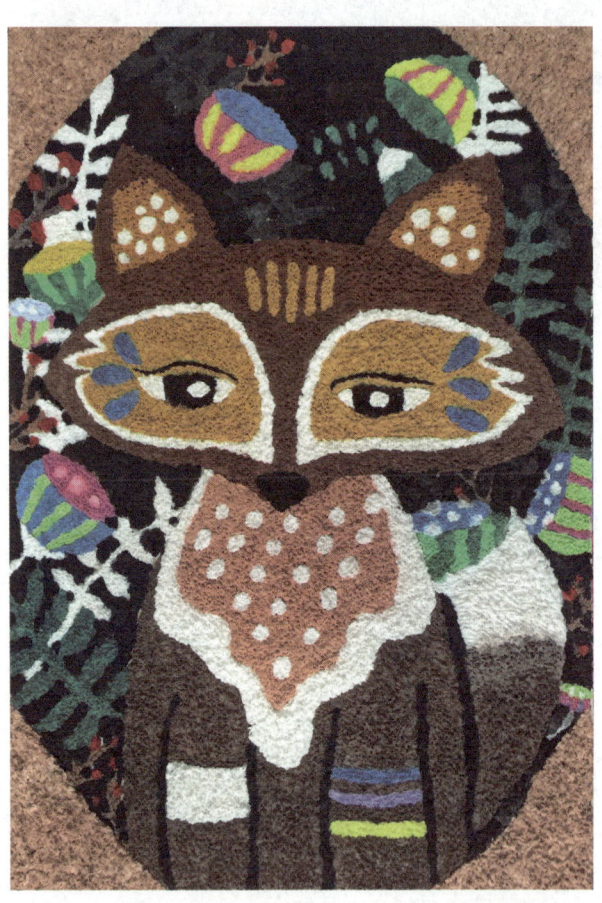
纸浆装饰画《小狐狸》

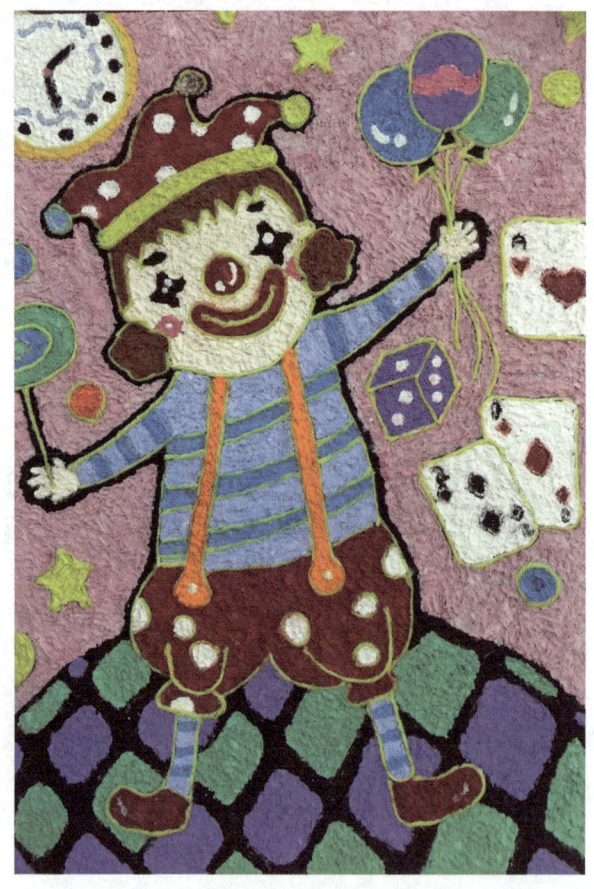
纸浆装饰画《快乐的小丑》

 学习建议

完成纸浆装饰画作品一幅。

模块三　线材装饰画

线材装饰是以纸绳、毛线、麻绳等线材经过拼贴、盘绕、编织等工艺制作而成的具有装饰效果的作品。不同的线状材料，由于质地、粗细、颜色的不同，加以不同线条的组合表现会呈现出各自独有的装饰效果。我们可以灵活运用材料，举一反三，创作出儿童喜爱的装饰作品。

一、工具材料

纸绳、纸藤、毛线等线材，卡纸、剪刀、美工刀、手工白胶等。

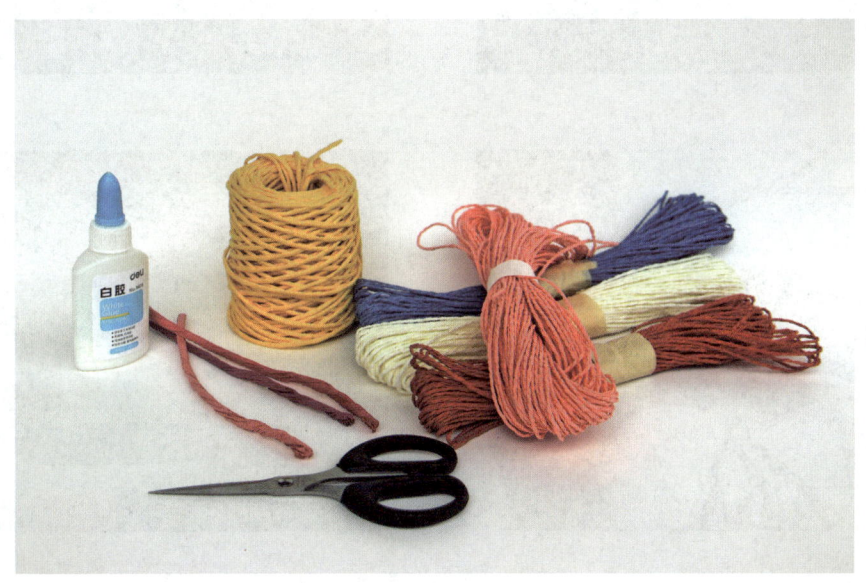

线材装饰画工具材料

二、线材装饰画制作技法

在底板上完成线稿后，以手工白胶为黏合剂，将线材按秩序有序盘绕粘贴。每个色块边缘的线材应修剪整齐压紧压平，以增添作品的美观度。

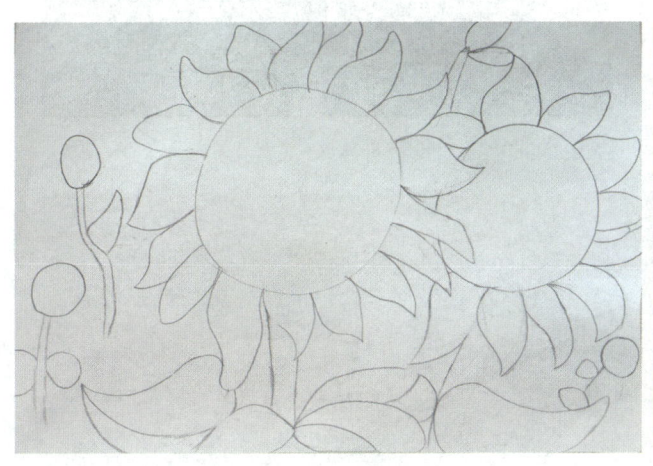 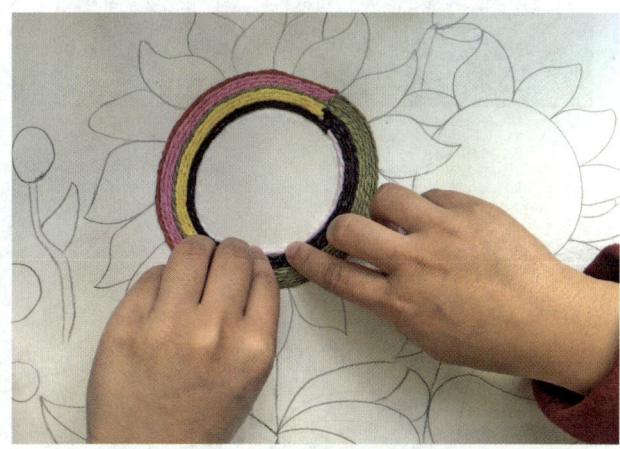

盘绕粘贴步骤

三、作品表现

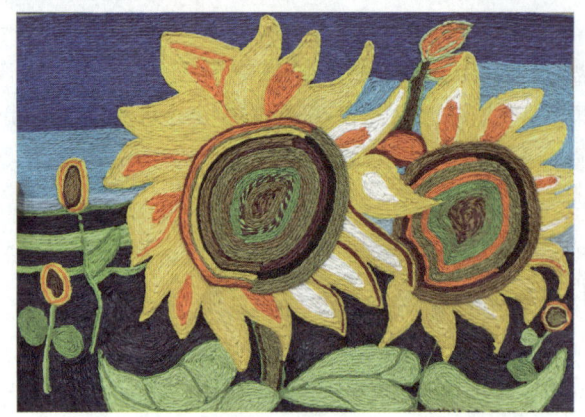

线材装饰画《向日葵》

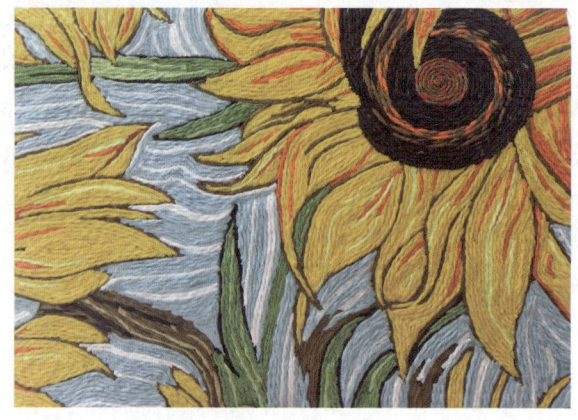

线材装饰画《向日葵》

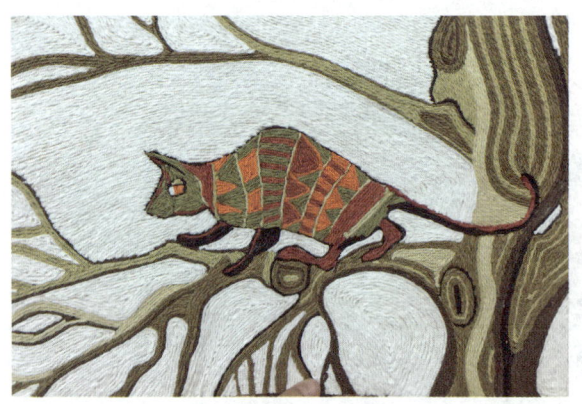

线材装饰画《觅食》

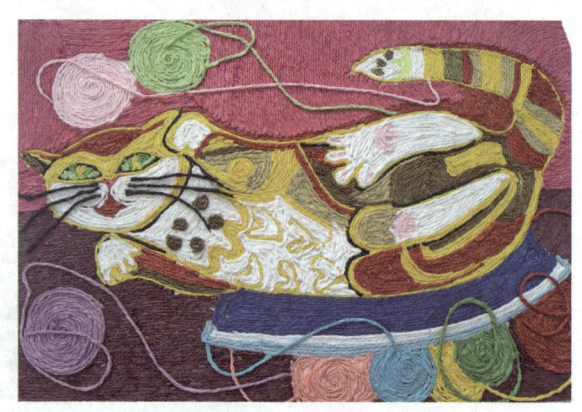

线材装饰画《玩耍》

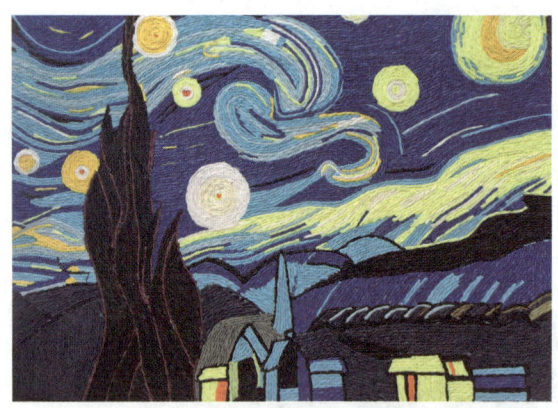

线材装饰画《星月夜》

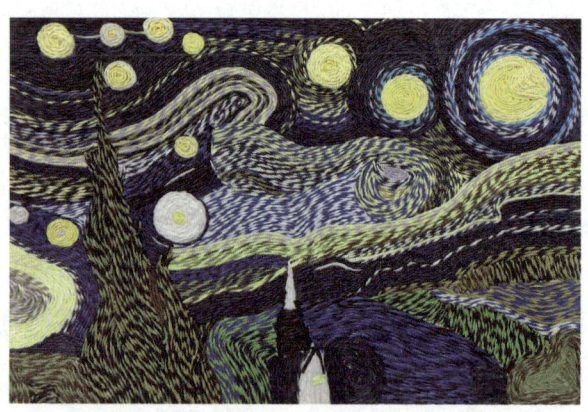

线材装饰画《星月夜》

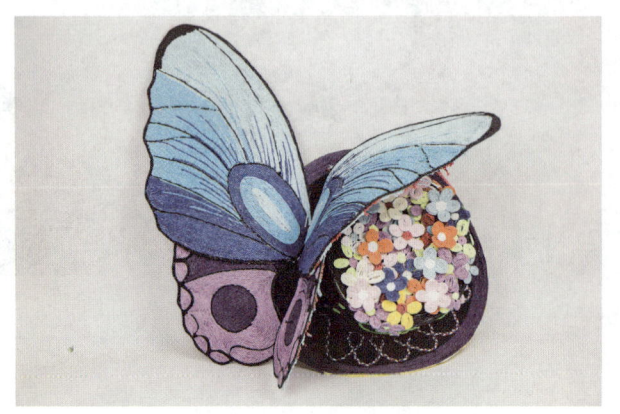

线材立体装饰《蝶恋花》

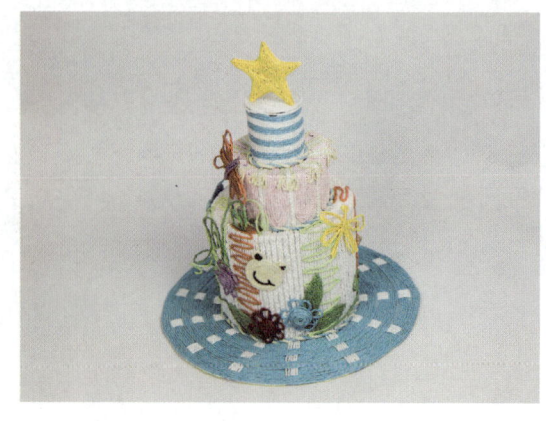

线材立体装饰《生日蛋糕》

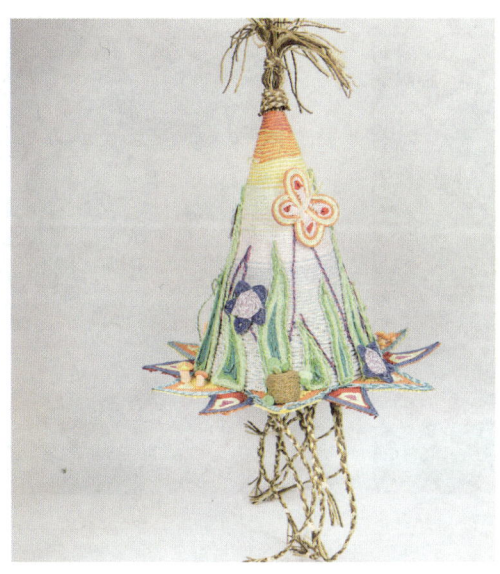
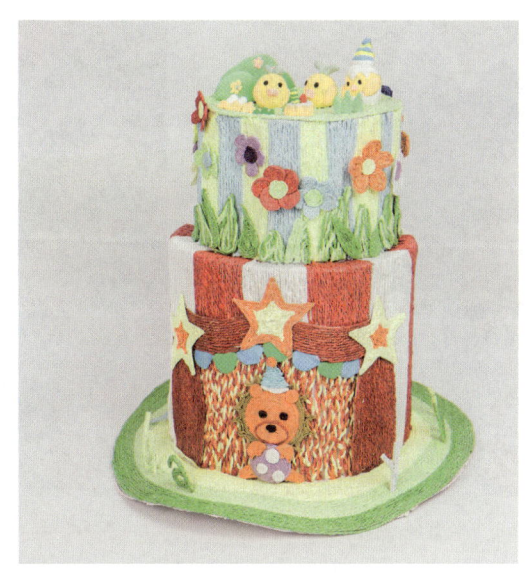

线材立体装饰《帽子》　　　　　　　　　　　线材立体装饰《帽子》

 学习建议

完成线材装饰作品一件。

拓展与提高　废旧材料装饰画

废旧材料装饰画是运用生活中常见的废旧材料,根据自己的主观想法进行创造性的构思,通过剪切、拼贴等加工方式完成的具有装饰效果的作品。废旧材料具有随机性、多样性的特点,加上多种材料的综合运用,可以赋予作品极具装饰感的视觉效果。

一、工具材料

纸张、毛线、纽扣、吸管、易拉罐、树枝、松果、蛋壳等常见废旧材料,木板、手工白胶、胶枪等。

二、废旧材料装饰画制作技法

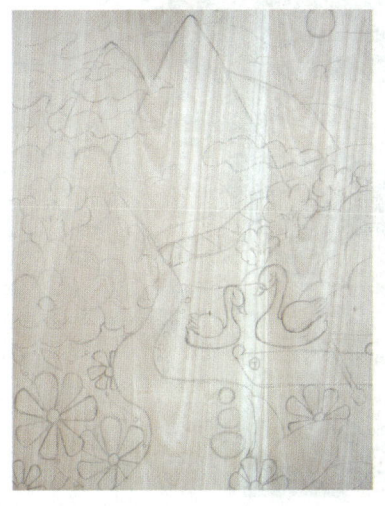
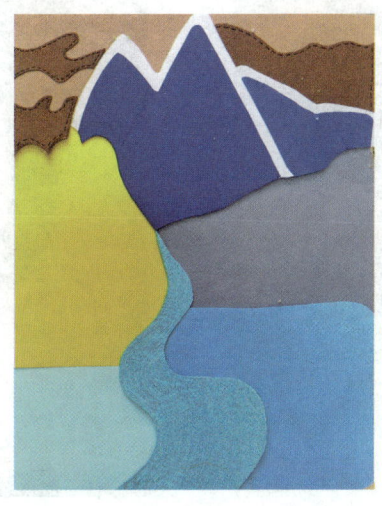
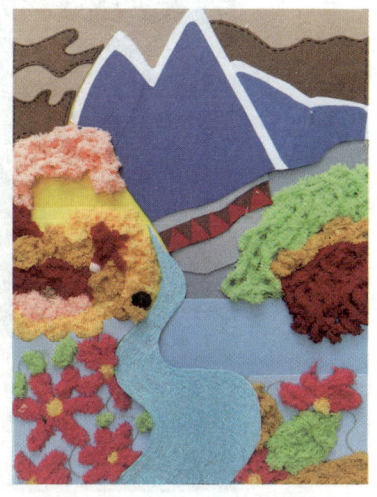

构思画稿　　　　　　　选择材料,完成底板　　　　　　添加材料,粘贴

绘画：从民艺赏析到童趣表达

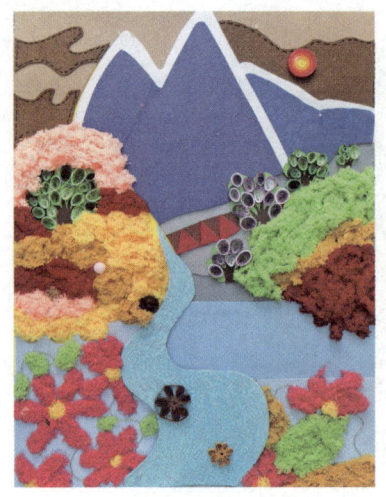
粘贴，丰富材料表现

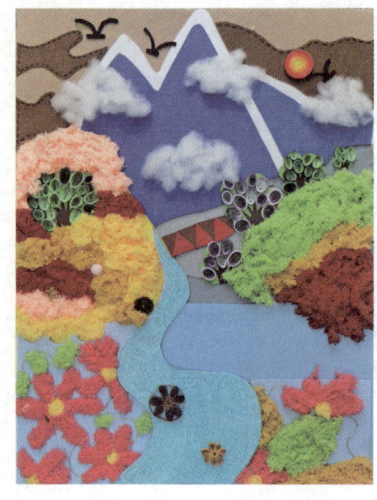
进一步粘贴，局部调整细节

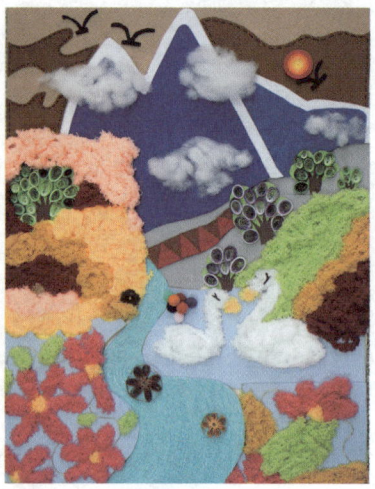
添画完成

三、作品表现

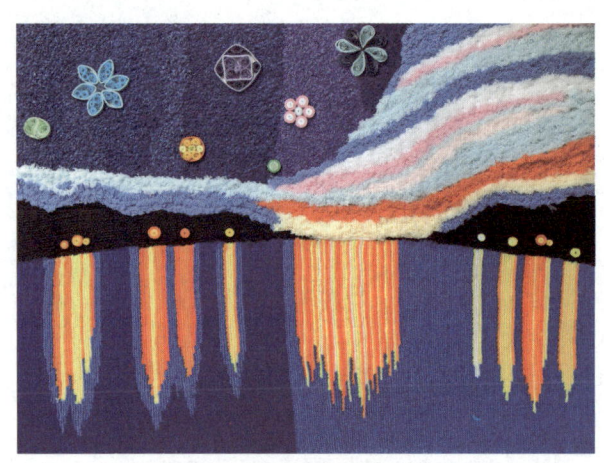
废旧材料装饰画《夜晚的湖边》

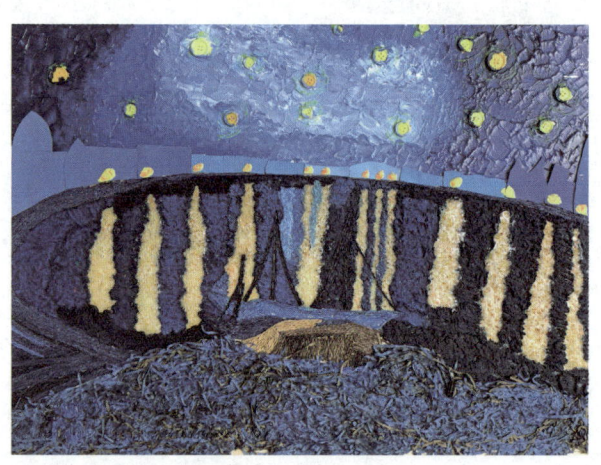
废旧材料装饰画《星空下》

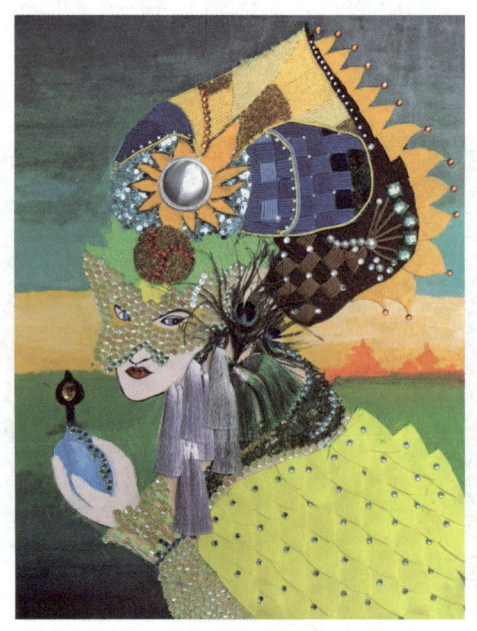
废旧材料装饰画《戴面具的少女》

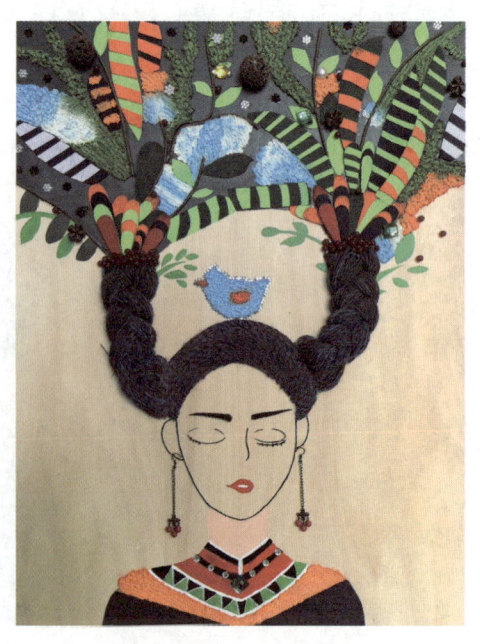
废旧材料装饰画《长辫子里的梦》

第五章 品扬州漆器髹饰艺术之精美

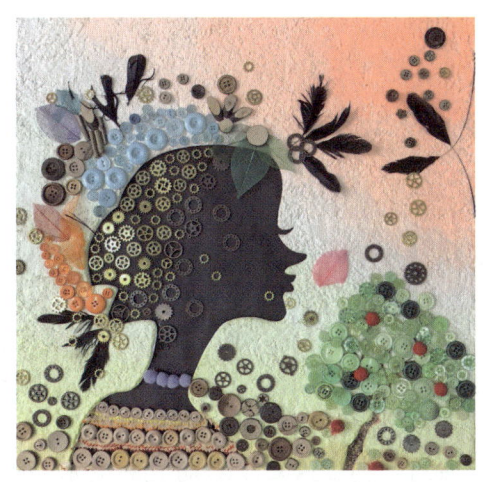
废旧材料装饰画《剪影》

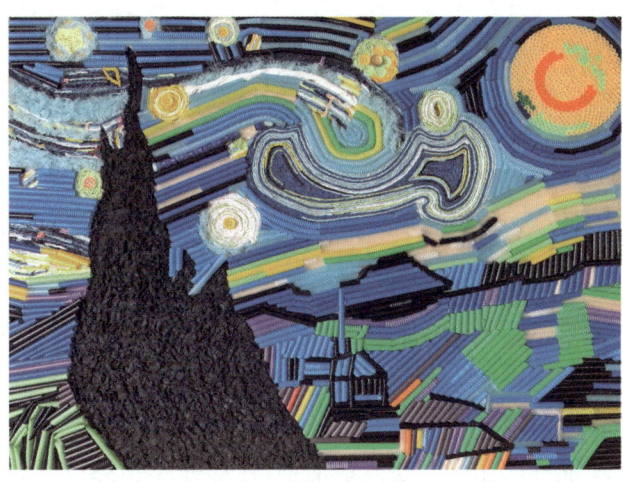
废旧材料装饰画《星月夜》

 学习建议

综合运用各种废旧材料完成一幅装饰画。

第三部分 幼儿园实践与运用

从传统漆器髹饰的探寻中我们感受了民间传统漆艺术的精美,民间手艺人以精湛的装饰工艺表达了对生活的热爱。我们从各种不同材料装饰的绘画学习中,也体验了装饰材料的多样性。

我们可以将多样的材料装饰应用于幼儿园的教学实践中,除了收集自然界中随处可见的材料,我们还可以撕纸调浆、调粉制浆、拧纸成绳,搜集材料本身就是一项充满童趣的活动。在教学实践中,指导幼儿用不同材料参与绘画装饰的同时,重要的是引导幼儿大胆想象、精心设计、动手操作。还能做成什么样?还能在哪里做?绘画活动中,让幼儿尽情感受不同材料装饰的乐趣。这对培养幼儿的美术兴趣及提高动手能力有着积极的意义。

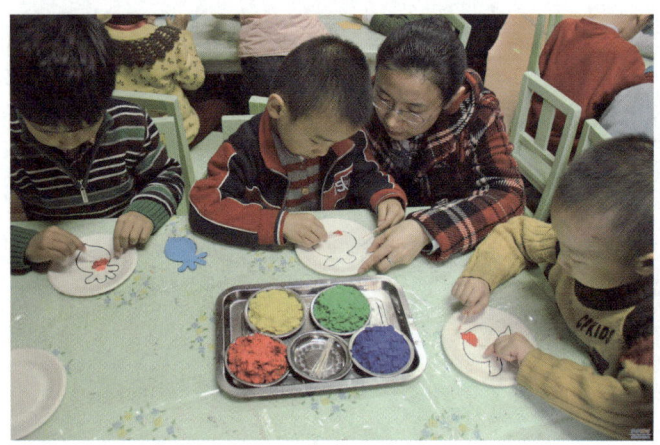 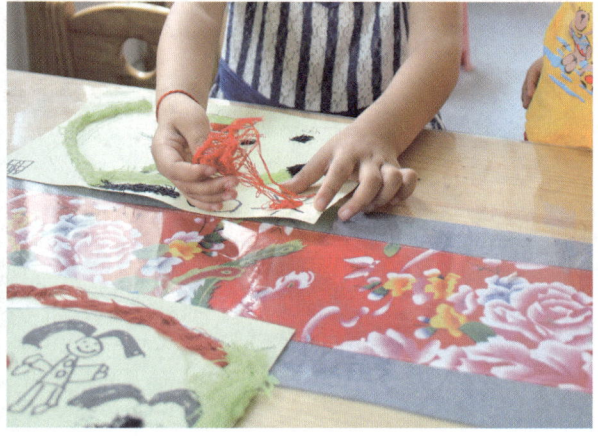

我们可以让幼儿搜集生活中各类废旧材料并带到幼儿园,如各种粗细、颜色、质地不同的绳子,各类废旧纸张、松果、蛋壳、贝壳等,创设各类特色美工区域。我们可以带领幼儿用各类材料装饰我们身边的物品,如不起眼的瓶子、纸盘、坏了的皮球等,都可以被我们装饰成漂亮的工艺品,让幼儿在做一做、贴一贴、玩一玩中体验装饰的乐趣。这样的区域活动形式多样、材料丰富,更能吸引幼儿主动参与并自主游戏。

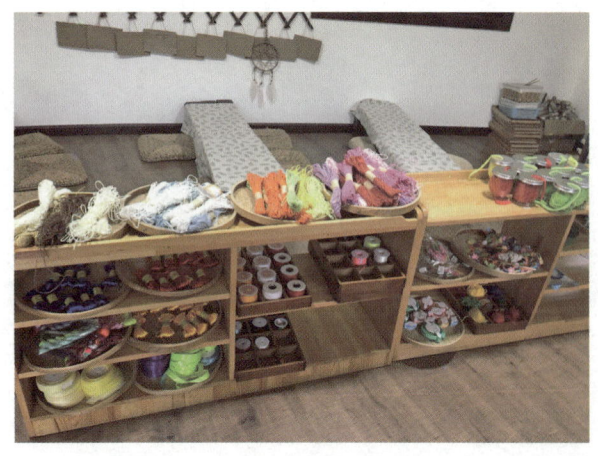 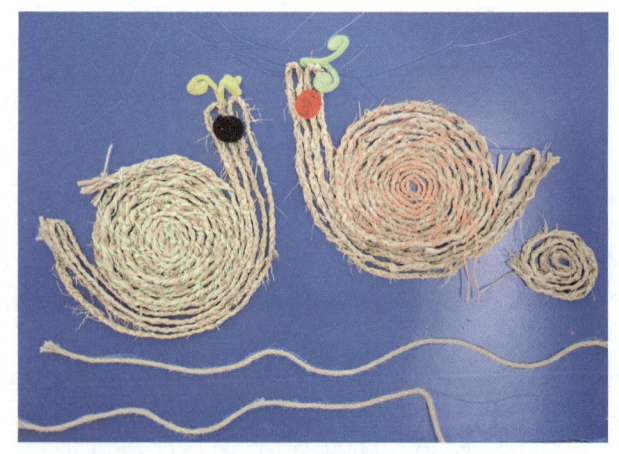

"绳趣装饰"特色区域　　　　　　　　　　幼儿草绳装饰作品

我们可以用多种装饰手法布置幼儿园的环境,如用绳艺、废旧材料装饰的墙饰,再加入教学活动或区域活动中幼儿创作的装饰作品,如有趣的纸绳装饰、纸浆装饰、沥粉装饰等,能增强幼儿环境创设的共同参与性,提高他们创作的信心。我们也可以用各类材料装饰自制玩教具,如纸绳装饰的童话剧头饰、纸浆装饰的各类小动物等,还可以针对不同的材料开展特色鲜明的主题装饰活动,以此引导幼儿对多样材料的探索,激发幼儿的创造能力,让幼儿找到创作的乐趣。

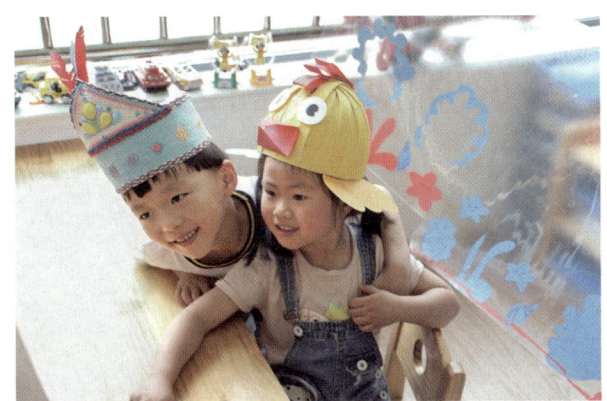

纸绳装饰头饰

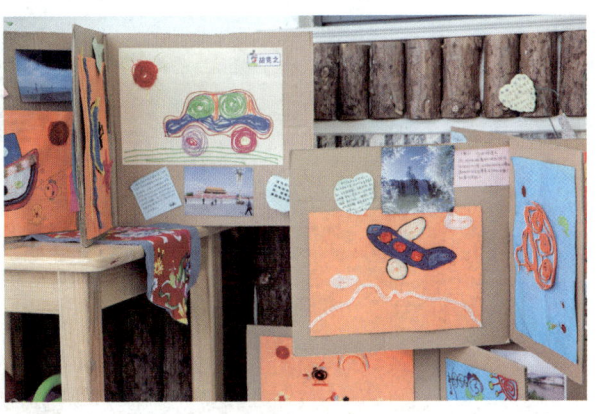

幼儿纸绳装饰作品展示

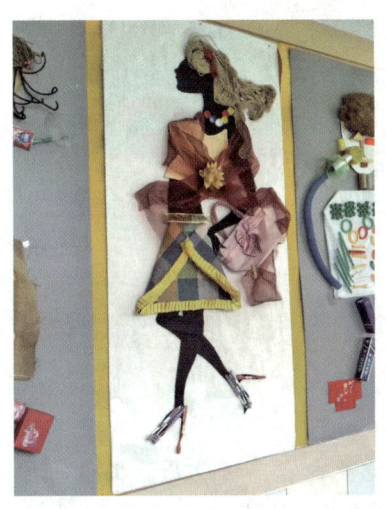

废旧材料装饰墙饰

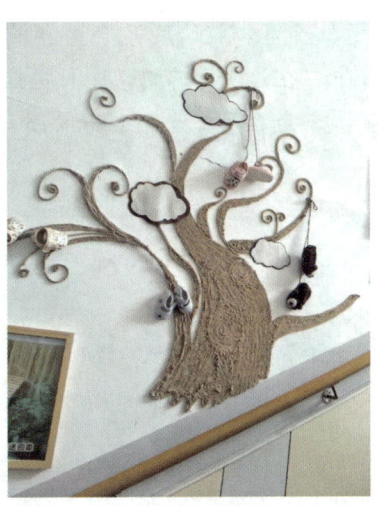

绳艺装饰墙饰

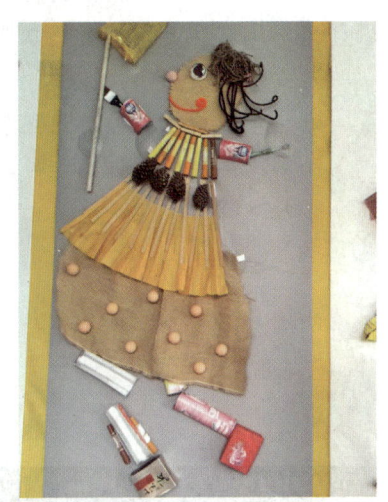

废旧材料装饰墙饰

学习建议

1. 以小组为单位,收集用各类材料制作的儿童题材装饰画图片资料,分组交流并讨论。
2. 思考针对不同年龄段的幼儿,在美术教学中如何开展多种材料的装饰活动,可用于哪些区域的布置。

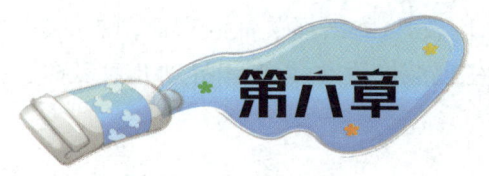

第六章

鉴 桃花坞木版年画之雅致

> **学习导语**
>
> 木版年画是我国传统的民间艺术形式，其历史悠久，由于地域的不同而呈现出多姿多彩的艺术风貌。苏州桃花坞木版年画题材丰富、刻工精美、色彩清秀，以木刻和套色印体现苏州的风土人情，表达人们对美好生活的向往。在这一章节中，我们将探寻传统木版年画的精雕细刻，学习儿童纸版画的多样表现形式，尝试单色油印、套色水印及粉印等多种印制方法。在实践中加深对民间木版年画的理解。

第一部分　探寻传统版画

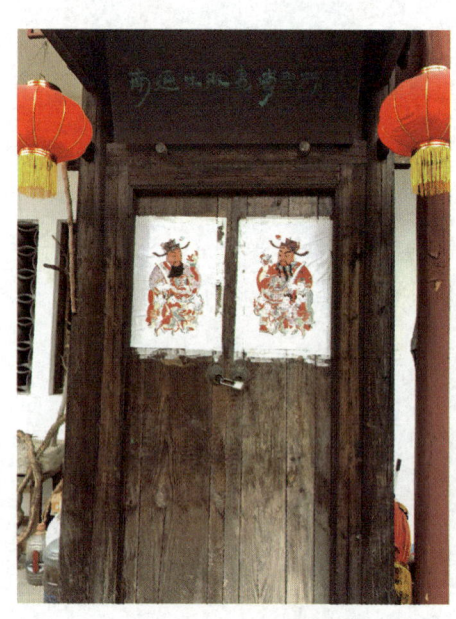

木版年画《门神》

门神，是桃花坞木版年画中的重要内容。传说是能捉鬼的神荼郁垒的两位门神，东汉应劭的《风俗通》中引《黄帝书》说：上古的时候，有神荼郁垒俩兄弟，他们住在度朔山上。山上有一棵桃树，树荫如盖。每天早上，他们便在这树下检阅百鬼。如果有恶鬼为害人间，便将其绑了喂老虎。后来，人们便用两块桃木板，在上面画上神荼、郁垒的画像，挂在门的两边用来驱鬼避邪。南朝·梁·宗懔《荆楚岁时记》中记载：正月一日，"造桃板着户，谓之仙木，绘二神贴户左右，左神荼，右郁垒，俗谓门神。"早期的年画人们用手绘制而成，每到春节的时候就贴到门上，一年一贴，不同的房间门上贴不同的门神。到后来，人们开始用版画的形式印制门神，也就是我们现在看到的木版年画中的门神了。

桃花坞年画是江南地区的民间木版年画，因曾集中在苏州城内桃花坞一带生产而得名。桃花坞年画源于宋代的雕版印刷工艺，由绣像图演变而来，到明代发展成为民间艺术流派，形成了自己的独特风格，当时被称为"姑苏版"年画。发展到清代雍正、乾隆年间，进入鼎盛时期，当时在苏州枫桥、山塘街、虎丘、桃花坞报恩寺一带每年出产的木版年画达百万张以上。销售范围遍及江、浙、鲁等地，甚至随商船远销南洋一带。因此，苏州桃花坞木版年画的名声传遍大江南北，成为中国南方民间年画的代表。

第六章 桃花坞木版年画之雅致

　　桃花坞木版年画的制作，一般分为创作、刻版、印刷三道工序。在民间年画铺子中，这三道工序并非一人完成，即画稿、刻版、印刷都由专人操作。画师完成画稿后，刻工将画稿粘贴在梨木板上，称"上样"。一般将画稿分成线版和套色版若干块。然后刻工运用拳刀刻画出画稿上的点、线和面，达到线条流畅、图稿不走样的效果。桃花坞木版年画为分版水色套印，印刷时先印墨线版，然后根据画稿的颜色再分版套色。用色通常为红、绿、黄、桃红、紫和淡墨等五六套色。无论套色版用色是否相同，印刷时都是均匀平刷，不分浓淡，但可用"环色"，即两种套色重叠造成复色，可丰富色彩的变化。在印刷过程中，印工则采用"模版"技法，使墨线版和套色版准确无误，保证印刷出的作品与原作不失真。最后进行装裱，一幅年画才算完工。

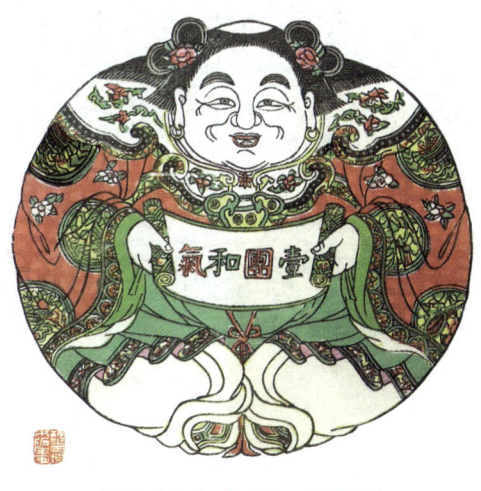

桃花坞木版年画《一团和气》

　　桃花坞木版年画的题材丰富，主要有祈福迎祥、驱凶辟邪、市井风俗、戏曲故事等几大类。除此以外，还有表现风景名胜、四时花卉、爱国内容等。在实际运用中，常根据不同的场所和用途，选取不同的形式与题材。桃花坞木版年画作为传统的民间美术形式，始

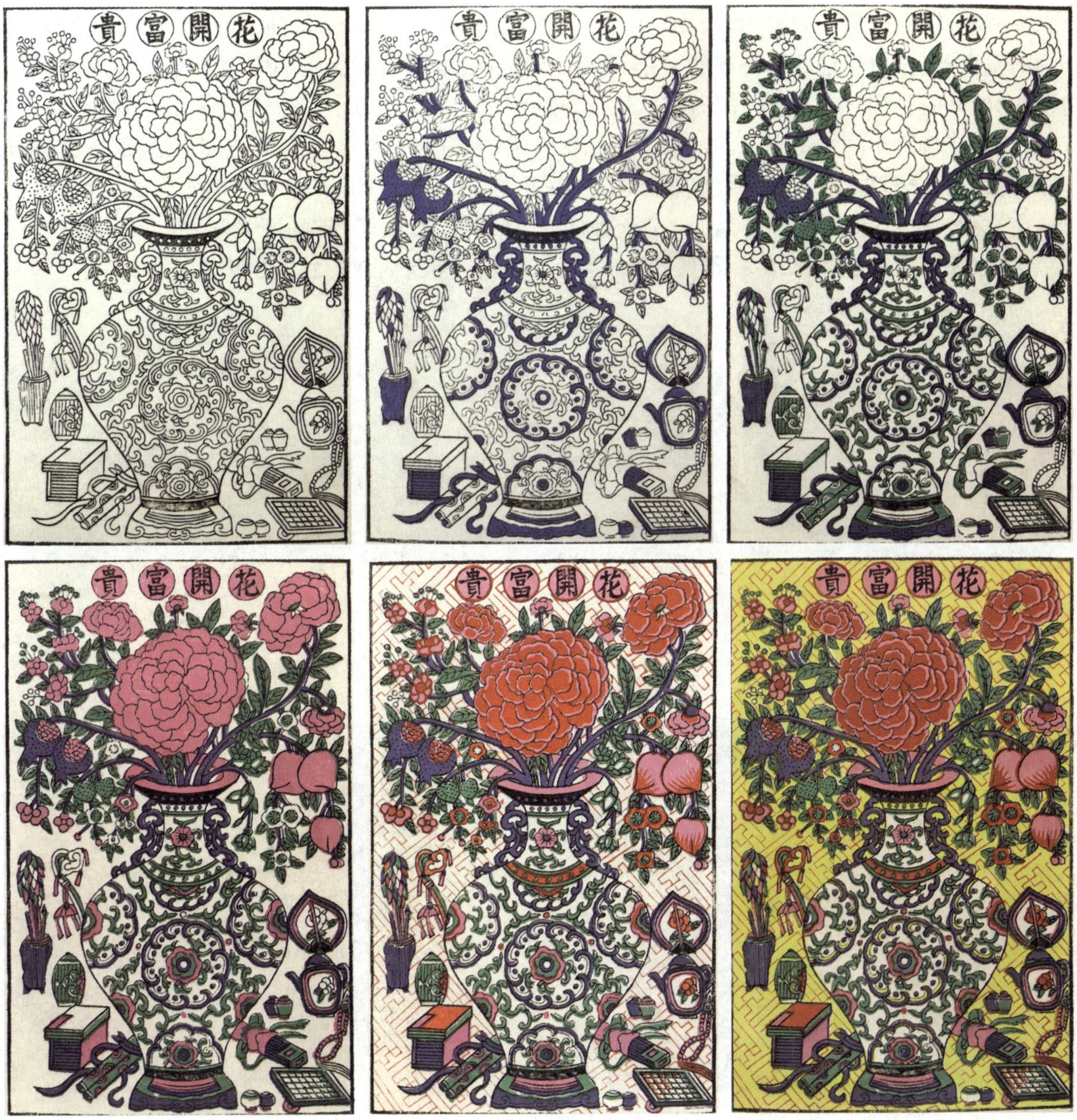

桃花坞木版年画《花开富贵》套色印刷

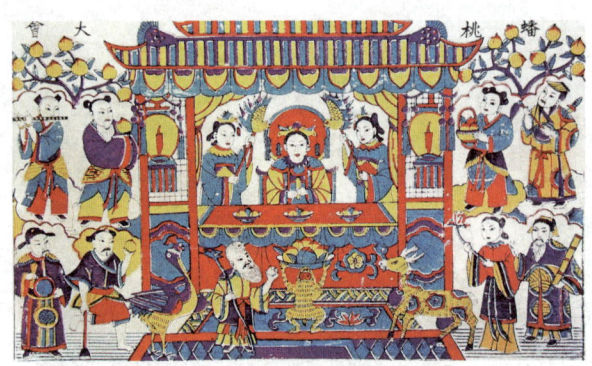
桃花坞木版年画《蟠桃大会》

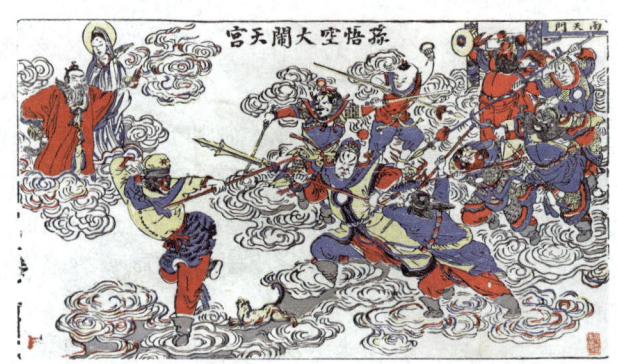
桃花坞木版年画《孙悟空大闹天宫》

终根植于民间文化的土壤中,作品充满了浓郁的市井文化气息,反映了百姓的价值追求,也体现了姑苏市民的真实生活。而受吴文化的影响,其作品在历史的演变中吸收了文人画的精华,体现出了文人绘画的意趣,在画面经营与笔法的处理上都留下了文人画的印迹。其精细的刻工、讲究的雕版套印成就了桃花坞木版年画优美清秀、精细雅致的木版雕刻韵味,线条流畅、细腻富有节奏韵律感,其大红、桃红、黄、绿、紫和淡墨组成的基本色调,也最终形成了桃花坞木版年画雅致清秀的艺术效果,并独步江南,成为我国南方木版年画的代表。

除苏州桃花坞外,像山西平阳、天津杨柳青、广东佛山、四川绵竹、山东杨家埠、江苏南通等地都是木版年画的重要产地,由于地域和民族的差别,木版年画风格也各异。山西平阳木版年画,以夸张生动的造型手法和鲜明对比的色彩见长,画面整体概括、造型夸张、形象生动、主题突出、装饰性强,充满山西地方特色;天津杨柳青年画构图丰满,线条工整,色彩鲜艳,人物的头脸多粉金晕染,富有装饰性;杨家埠木版年画体裁广泛,想象丰富,重用原色,线条粗犷,风格纯朴;广东佛山木版年画色彩尚红,特色鲜明,反映出岭南文化特征;而同属江苏的南通木版年画包容会通,既吸收了"年画四大家"的严谨精细、一丝不苟,又具有江海平原简练明快、古朴雅拙的地域特色,形成了自身内敛的独特韵味。

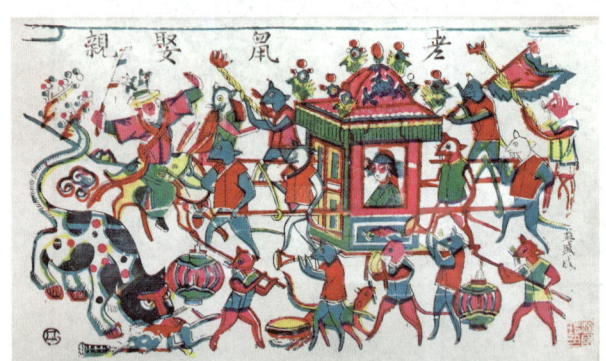
平阳木版年画《老鼠娶亲》

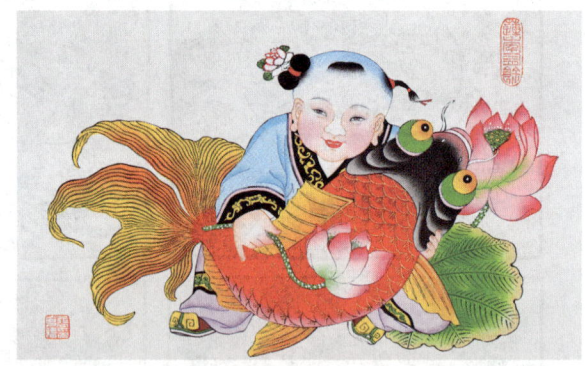
杨柳青木版年画《连年有余》

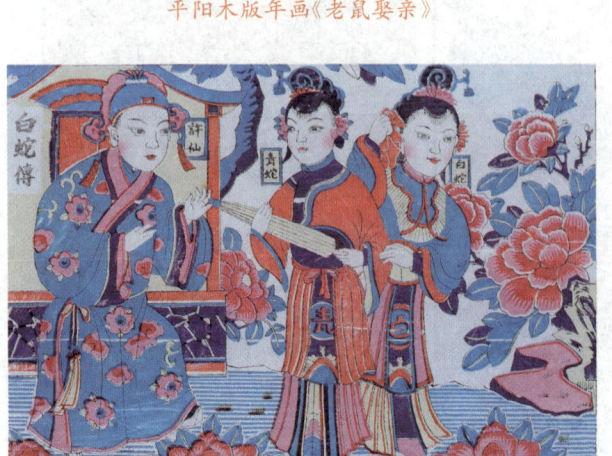
杨家埠木版年画《白蛇传》

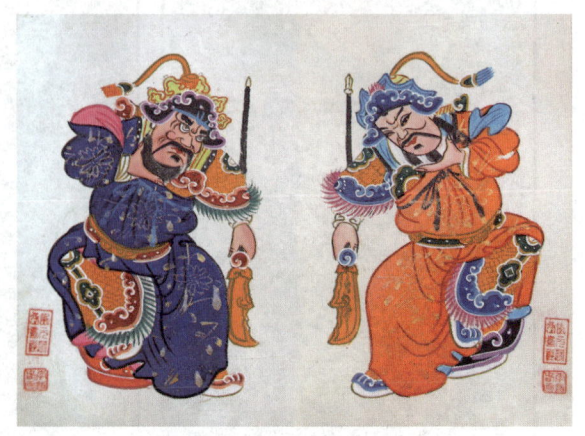
绵竹木版年画《门神》

第六章 鉴 桃花坞木版年画之雅致

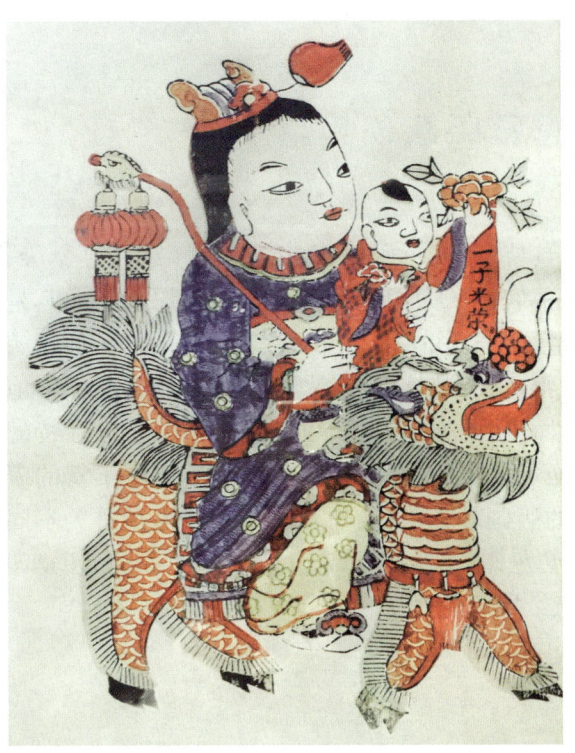

南通木版年画《麒麟送子》

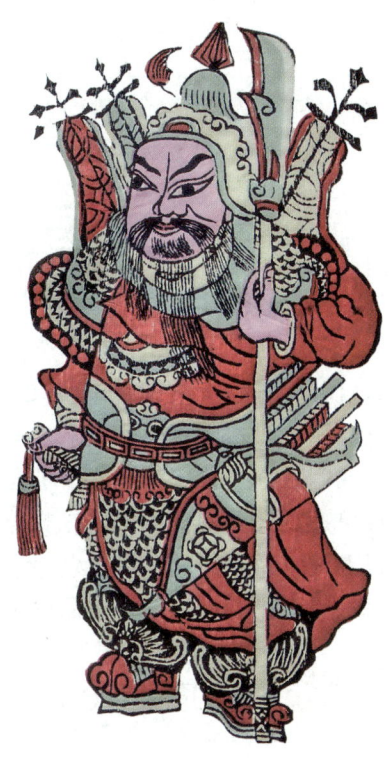

佛山木版年画《门神》

 学习建议

1. 思考苏州桃花坞木版年画的艺术特征是什么。
2. 收集各地木版年画资料,分小组进行展示并交流。
3. 拜访当地木版年画的手工艺人,了解当地木版年画的艺术特色。

第二部分　儿童纸版画创作

由于地域和民族的差异，各地的木版年画风格各具特色，或色彩艳丽、风格质朴，或粉金晕染、极具装饰，或一版一印、套色叠加，或只印轮廓、手工彩绘，都表达了人们迎福纳祥的美好愿望。尤其是苏州的桃花坞木版年画继承了传统文人画及民间艺术的优秀形式，并不断吸收西洋画如透视、关注现实等艺术元素，构图丰满，线条细腻工整，色彩明艳但不失清雅，富有装饰性和朴实感，具有显著的江南地方特色。我们从传统木版年画中直观地感受到了民间百姓朴实的生活愿望，以及民间年画艺人独特的绘制匠心。我们在探寻传统木版年画的基础上寻求更方便更安全的材料学习制作版画，以更丰富的表现形式以及更贴近儿童的艺术语言来探索学前教育专业的版画教学，以及幼儿园的实践应用等。不同形式的制版方式以及不同的印制工艺，不论是单色印还是套色印，不论是油印、水印、粉印、拓印，还是印后添彩等，我们都将一一尝试，以多彩的艺术形式拓展儿童纸版画的教学。

模块一　油印剪贴纸版画

油印纸版画是以纸板为材料，根据设计好的画稿进行剪裁、撕揉、拼贴等多种方式进行处理，按从后往前、从大到小的顺序粘贴，形成高低错落、层次分明的凹凸底板，再使用油墨印刷而成的版画艺术形式。它取材方便、制作简便、效果独特，深受大家喜爱。

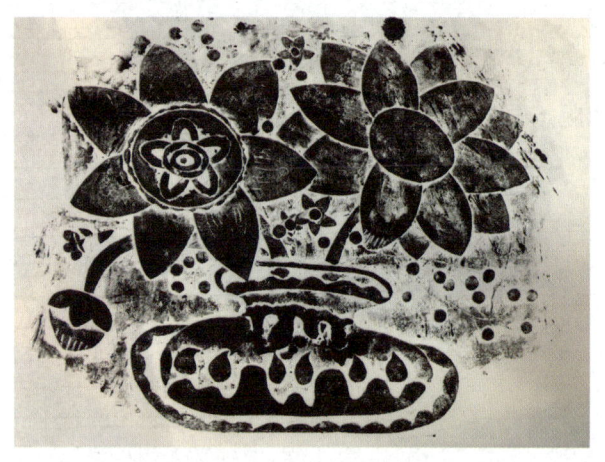

油印剪贴纸版画《瓶花》

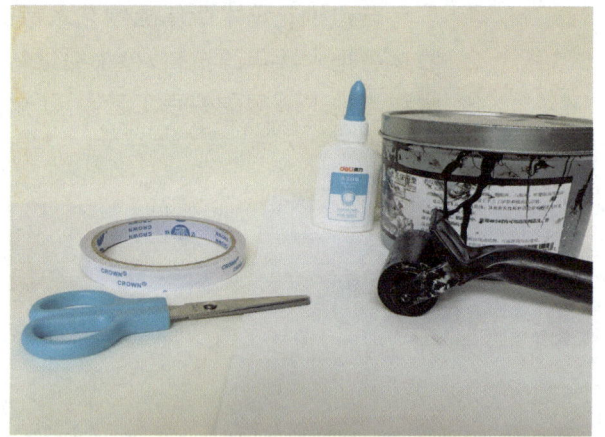

油印纸版画工具材料

一、工具材料

卡纸、夹宣、拷贝纸、剪刀、双面胶、手工胶、油墨、滚筒以及表面光滑可以磨拓的工具等。

二、油印纸版画制作技法

油印纸版画制作的要点在于制版，根据线稿，拷贝时应补全被遮挡部分，剪下的每个部分都应和线稿相对应，可采用标号形式以方便区分。粘贴时根据实际需要也可加入其他有肌理的纸张，如皱纹纸、瓦楞纸等以增加其变化。

第六章 鉴 桃花坞木版年画之雅致

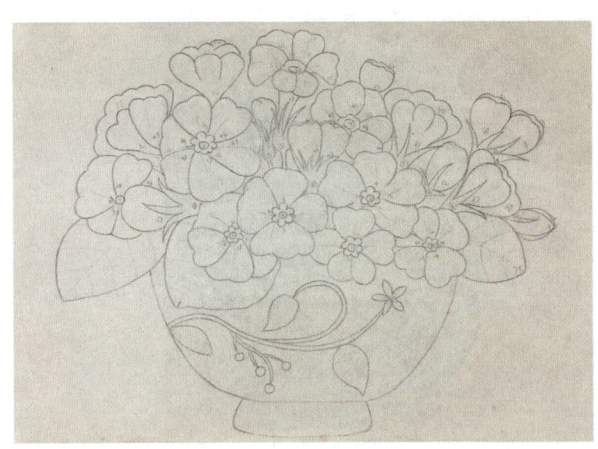
画稿：线条清晰流畅，每个部分做好记号

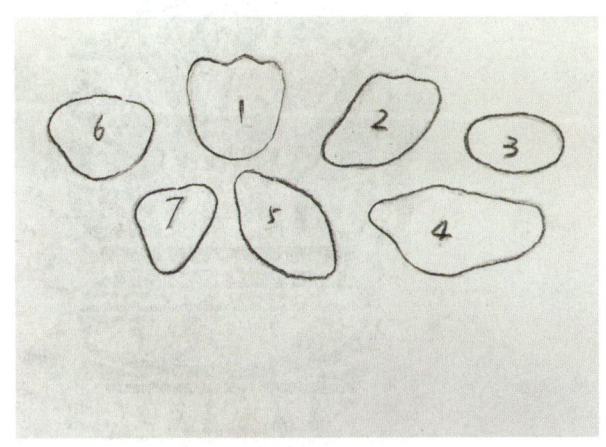
拷贝：补全被挡住的部分，增强凹凸感

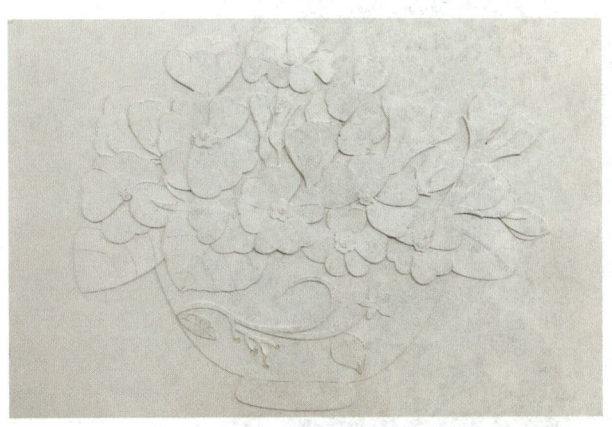
剪贴：从后往前依次粘贴

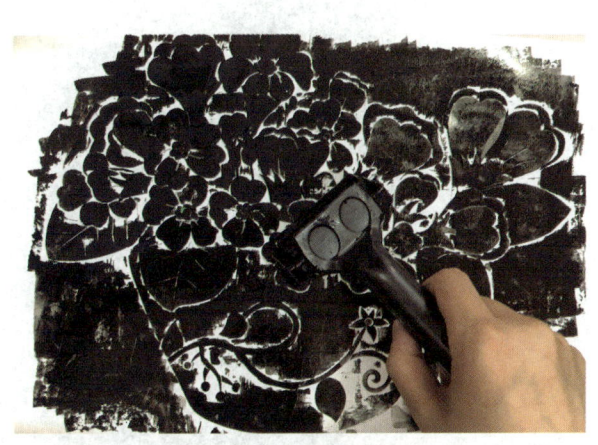
滚油墨：多次均匀滚动油墨

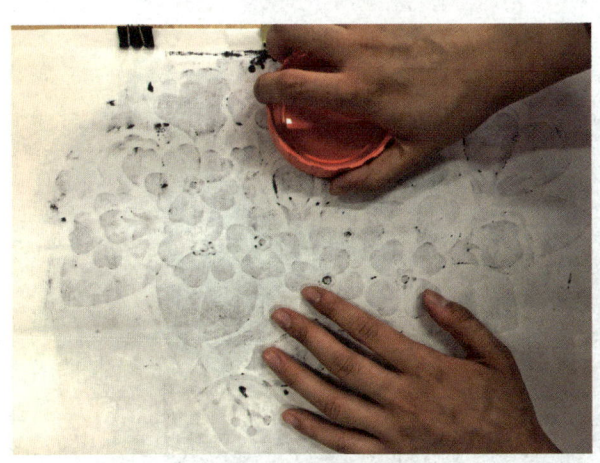
磨拓：用力均匀，轻压底版

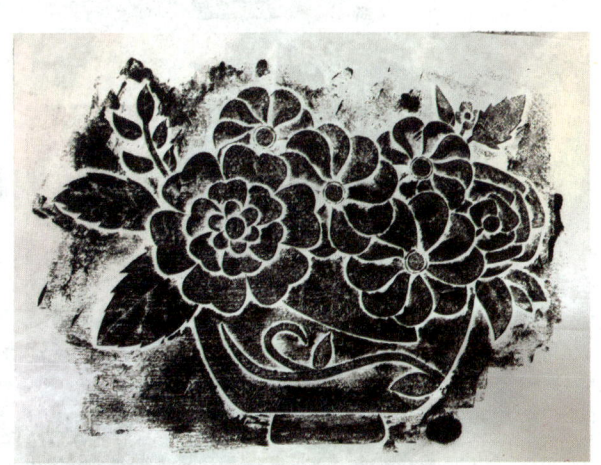
完成：如一次印制效果不佳，可局部再印

三、作品表现

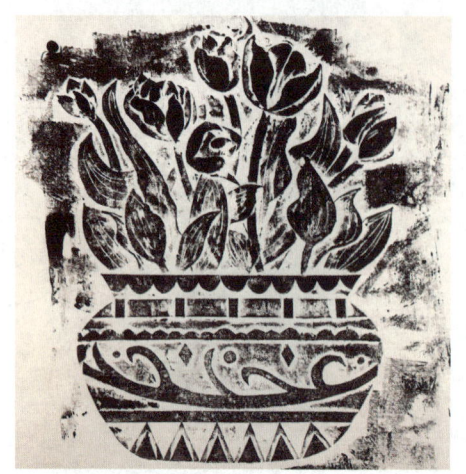
油印剪贴纸版画《瓶花》1

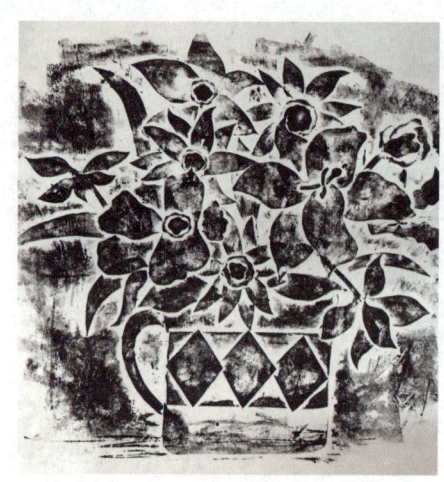
油印剪贴纸版画《瓶花》2

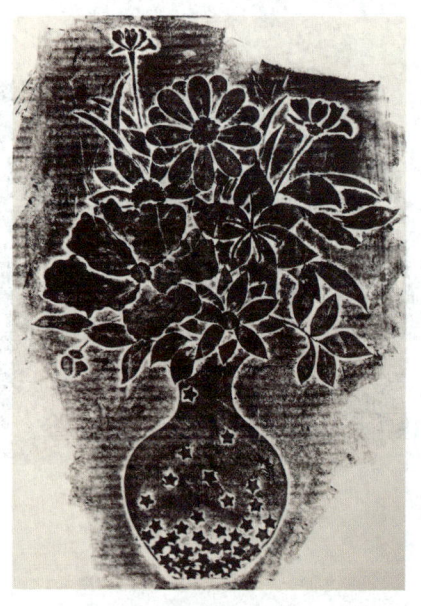
油印剪贴纸版画《瓶花》3

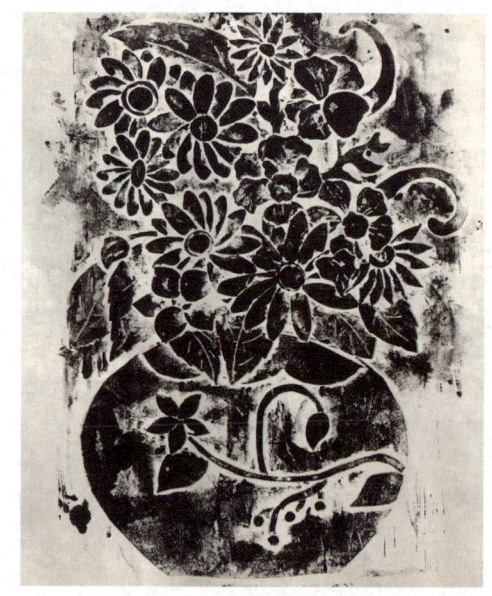
油印剪贴纸版画《瓶花》4

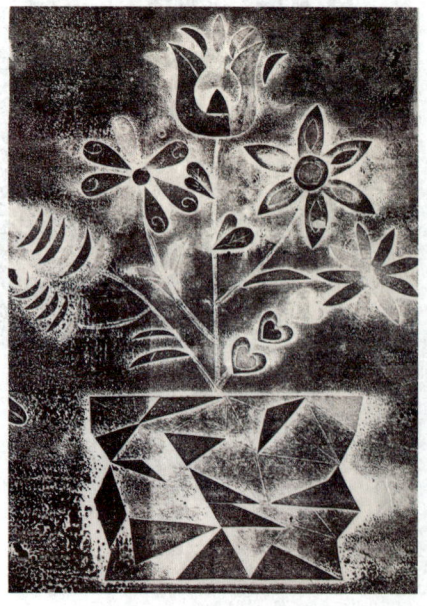
油印剪贴纸版画《瓶花》5

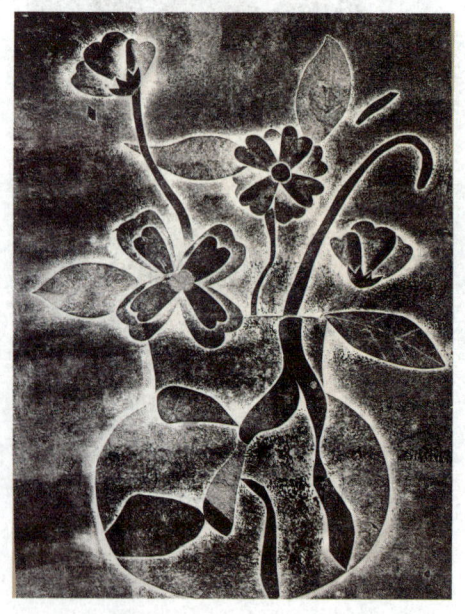
油印剪贴纸版画《瓶花》6

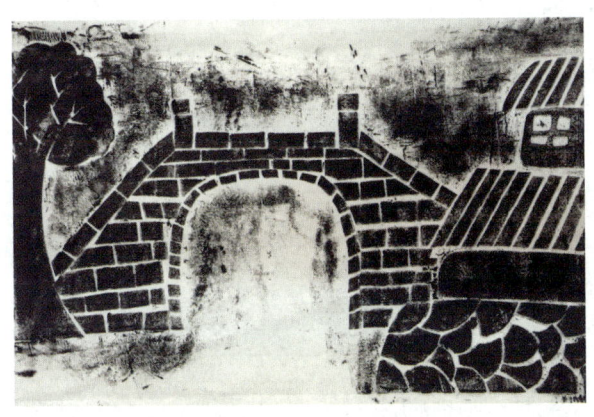
油印剪贴纸版画《桥》

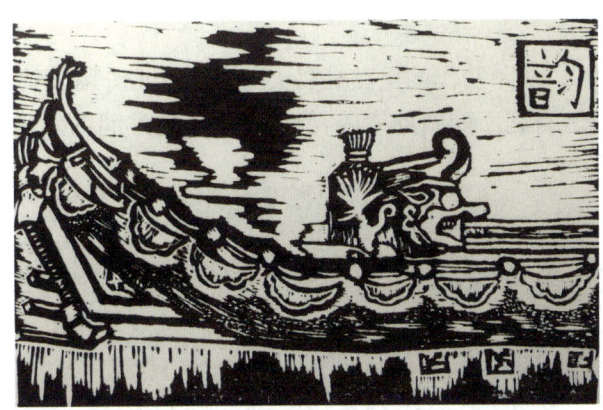
油印剪贴纸版画《韵》

 学习建议

完成油印纸版画作品一幅。

模块二　吹塑纸版画

吹塑纸版画是以吹塑纸或吹塑板为底板，用笔等尖锐物在上面刻线，形成凹版，而后在纸上拓印制成的版画。吹塑纸较松软，容易刻线成型，制作简便，印制时可采用油印、水印、粉印等多种手法，形式多样，非常适合儿童操作使用。

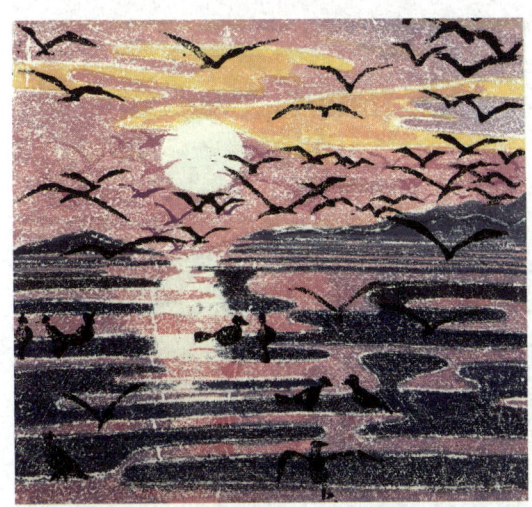
吹塑纸版画《朝霞》

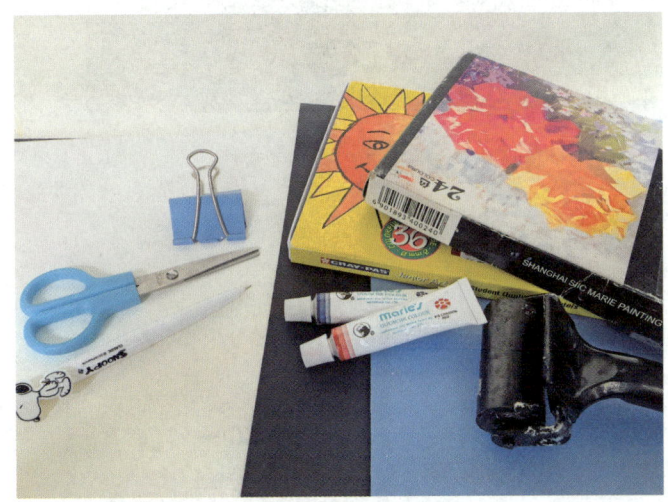
吹塑纸版画工具材料

一、工具材料

吹塑纸/板、铅笔、水粉颜料、喷壶、水粉笔、卡纸、夹宣、夹子等。

二、吹塑纸版画制作技法

吹塑纸版画一般分为画稿、刻版、印制三个步骤，本节针对吹塑纸版画介绍水印和粉印方法。针对低龄的儿童，还可拓展粉印添彩的形式。

1. 水印方法

水印制作的重点是将夹宣打湿，可使用喷壶或湿毛巾。纸的干湿程度要控制好，最好处于半湿状态，有利于颜料的渗透，能体现出水色淋漓的感觉。

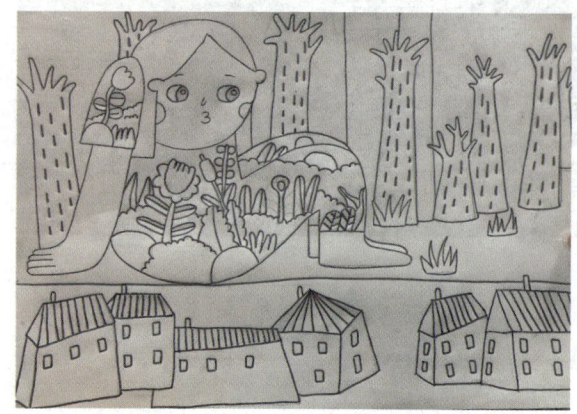

画稿：线条流畅

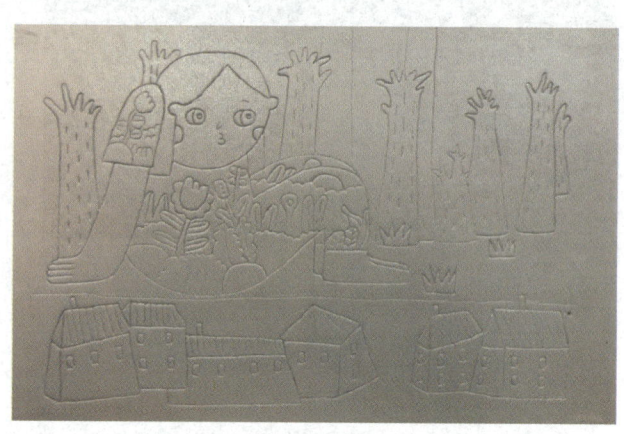

刻版：线条清晰，凹感鲜明

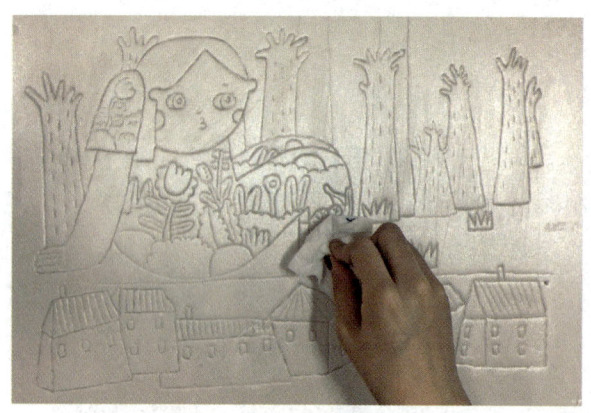

擦版：擦去吹塑板油脂，防止上色不匀

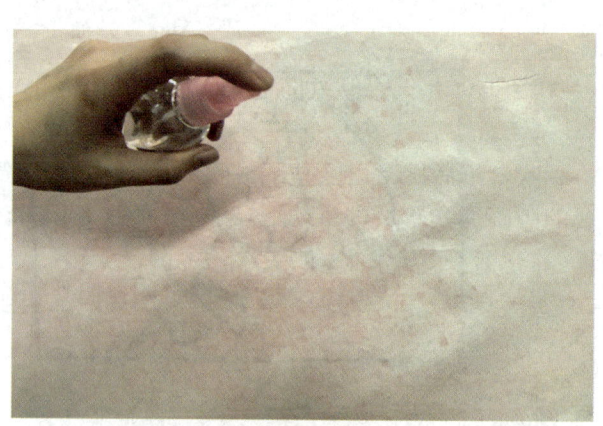

湿纸：将夹宣喷水至半干

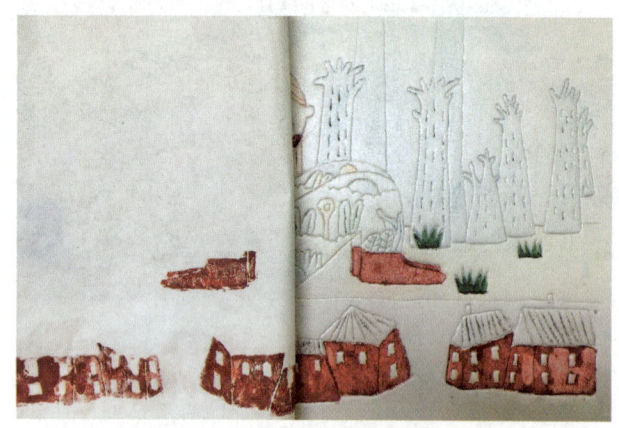

套色印制：印完一套色再印第二套色

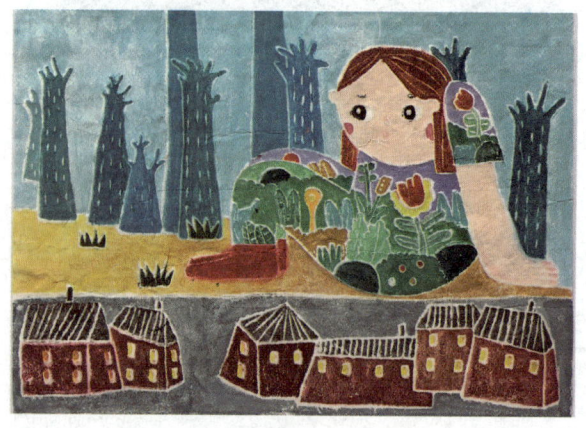

完成

2. 粉印方法

粉印区别于水印，一般采用卡纸或牛皮纸等比较结实又不易吸水的纸张套色印制，特点是颜色厚重、色彩鲜明，相对于水印更容易操作些。

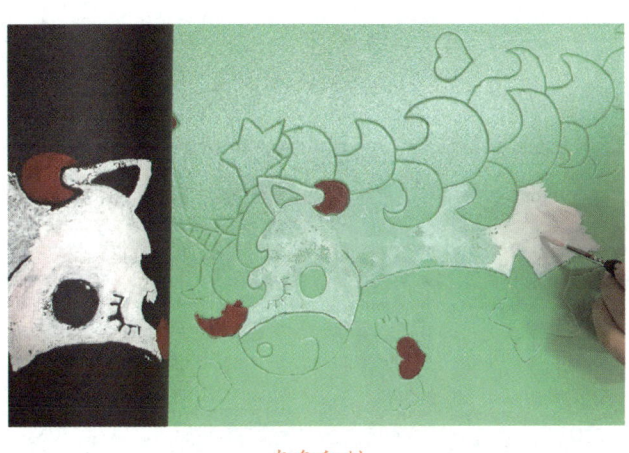
套色印制

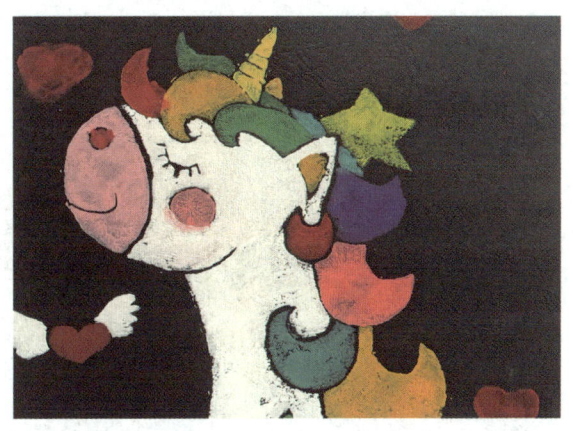
完成

3. 粉印添彩

粉印添彩是在单色粉印的基础上再用油画棒等材料添画颜色,一般是在黑卡纸上印白色,相对于套色粉印更容易些。其特点是同时具有版画和蜡笔画的特色,色彩相对于蜡笔画更厚重。

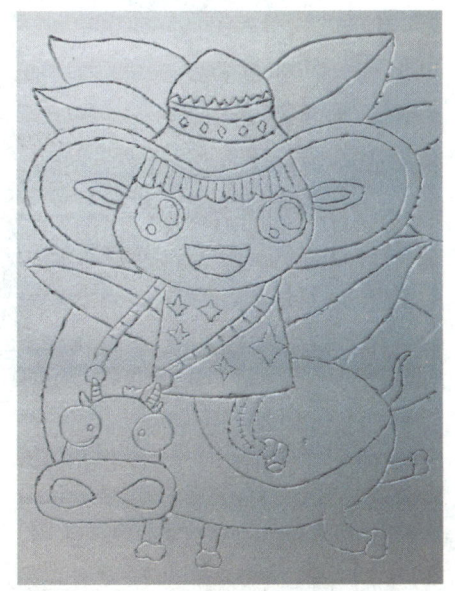
刻版

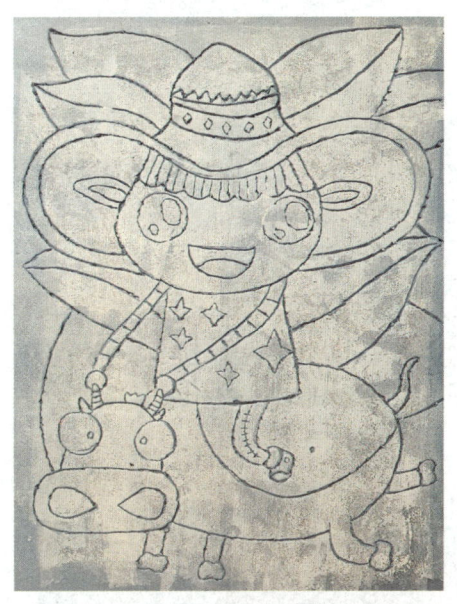
在底板上用滚筒均匀滚上白颜料

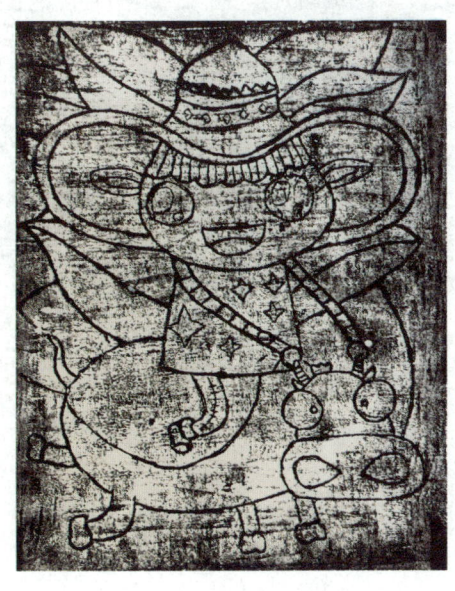
黑卡纸印底色

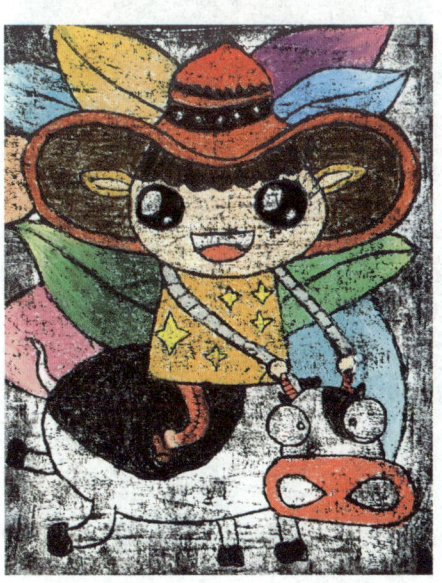
油画棒添彩

三、作品表现

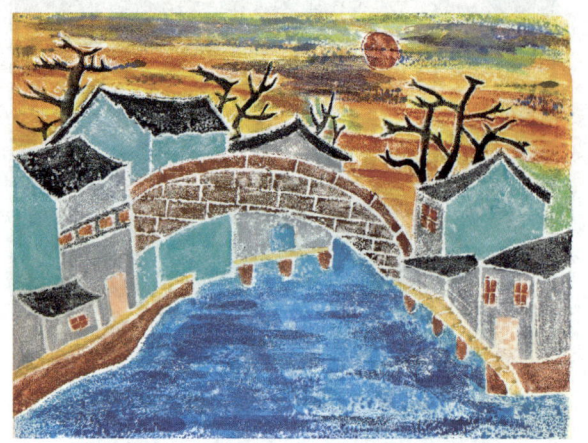
吹塑纸水印《故乡的早晨》

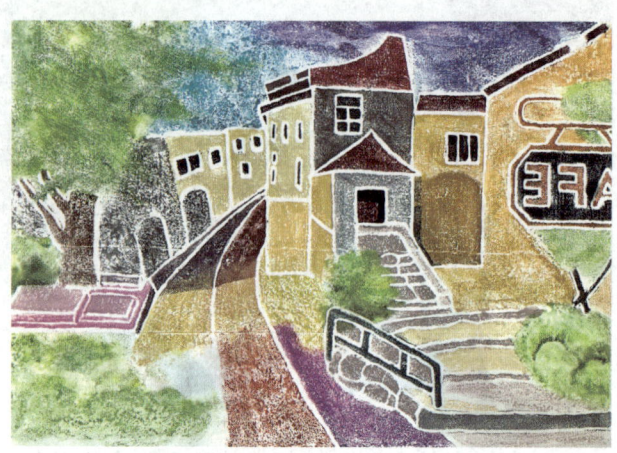
吹塑纸水印《庭院》

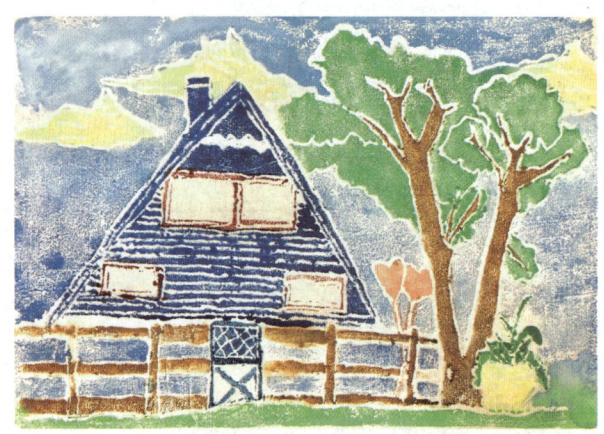
吹塑纸水印《午间》

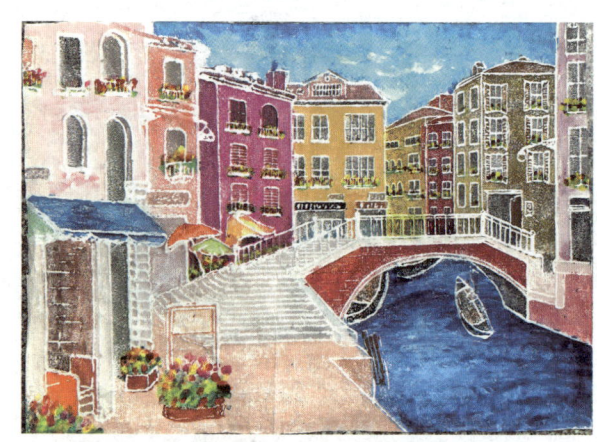
吹塑纸水印《城市》

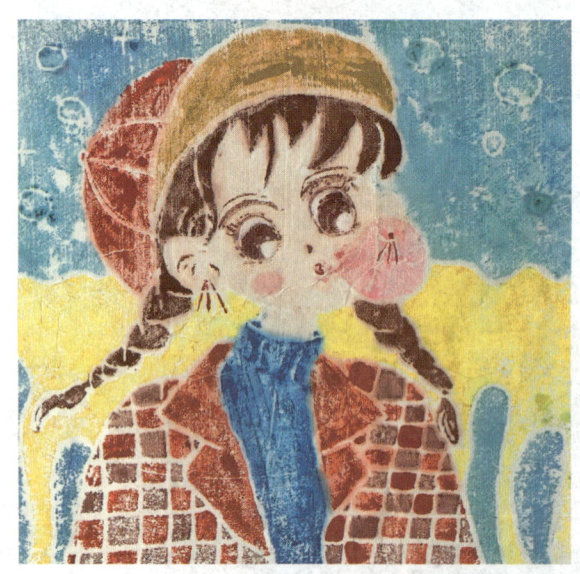
吹塑纸水印《回忆童年》

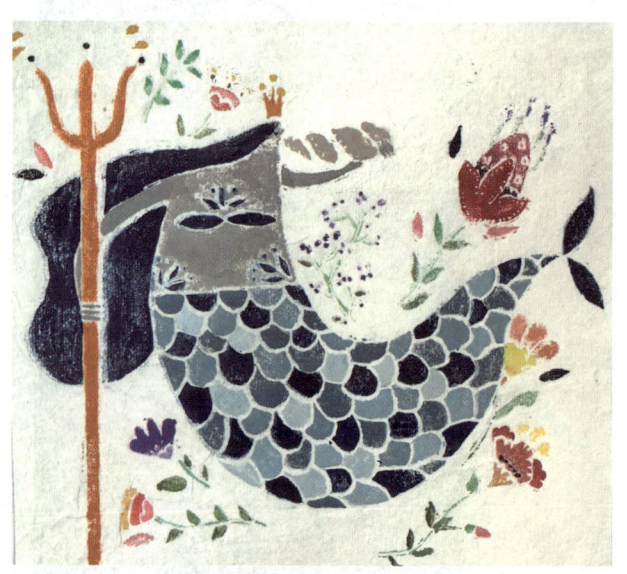
吹塑纸水印《海王》

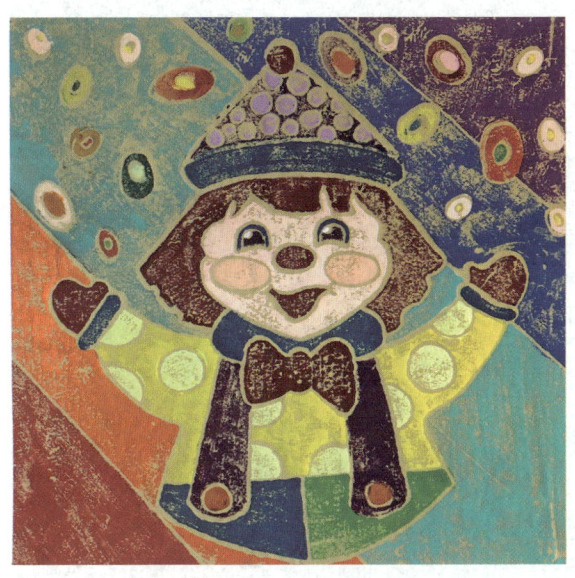
吹塑纸粉印《快乐的小丑》

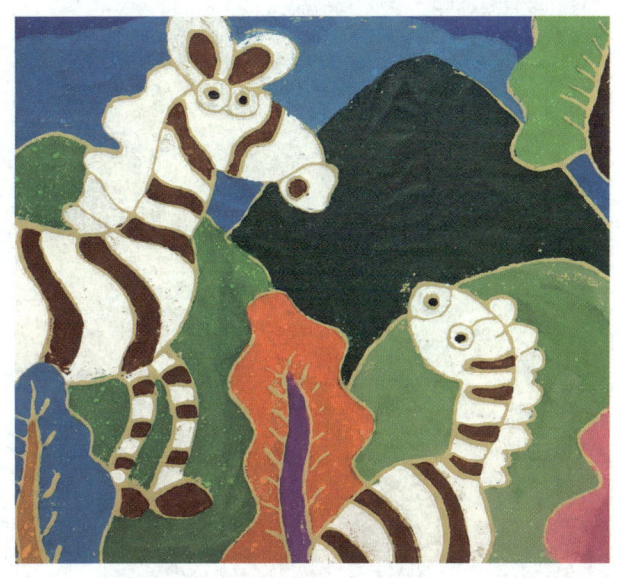
吹塑纸粉印《斑马》

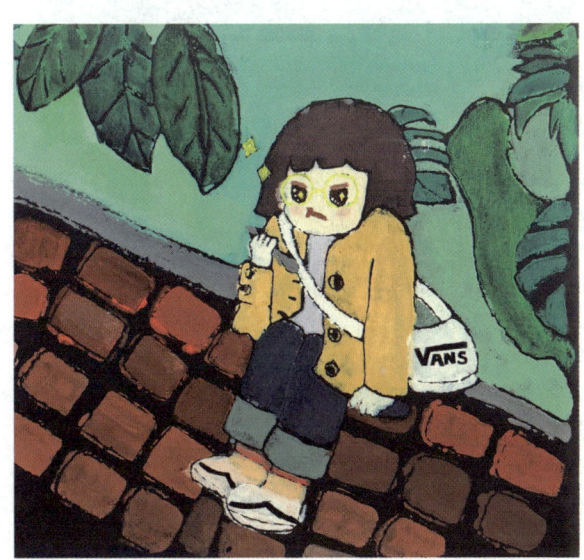
吹塑纸粉印《忧伤》

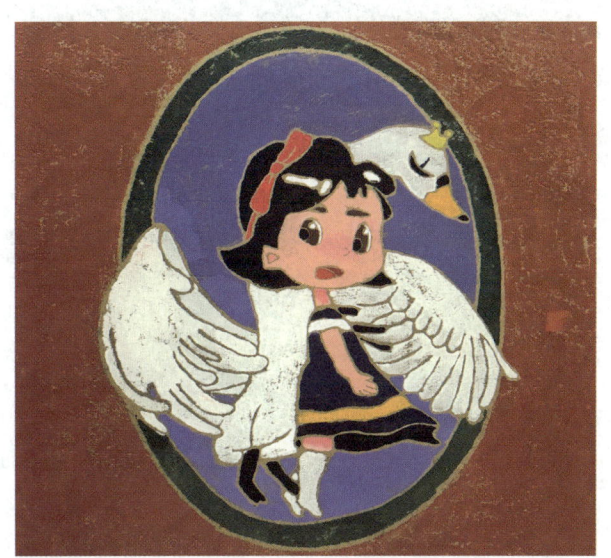
吹塑纸粉印《小天使》

 学习建议

1. 完成吹塑纸水印或粉印版画作品一幅。
2. 尝试制作粉印添彩作品一幅。

模块三　实物拓印纸版画

　　实物拓印纸版画是采集自然界和生活中具有各式各样纹理和图形的实物，如蔬菜、水果、树叶、花瓣、砖石等，经过创作加工组成画面，再通过压印、盖印、拓印和添画等手法完成的版画作品。由于素材随手可得，制版简便，想象和创作的空间极大，深受儿童的喜爱。

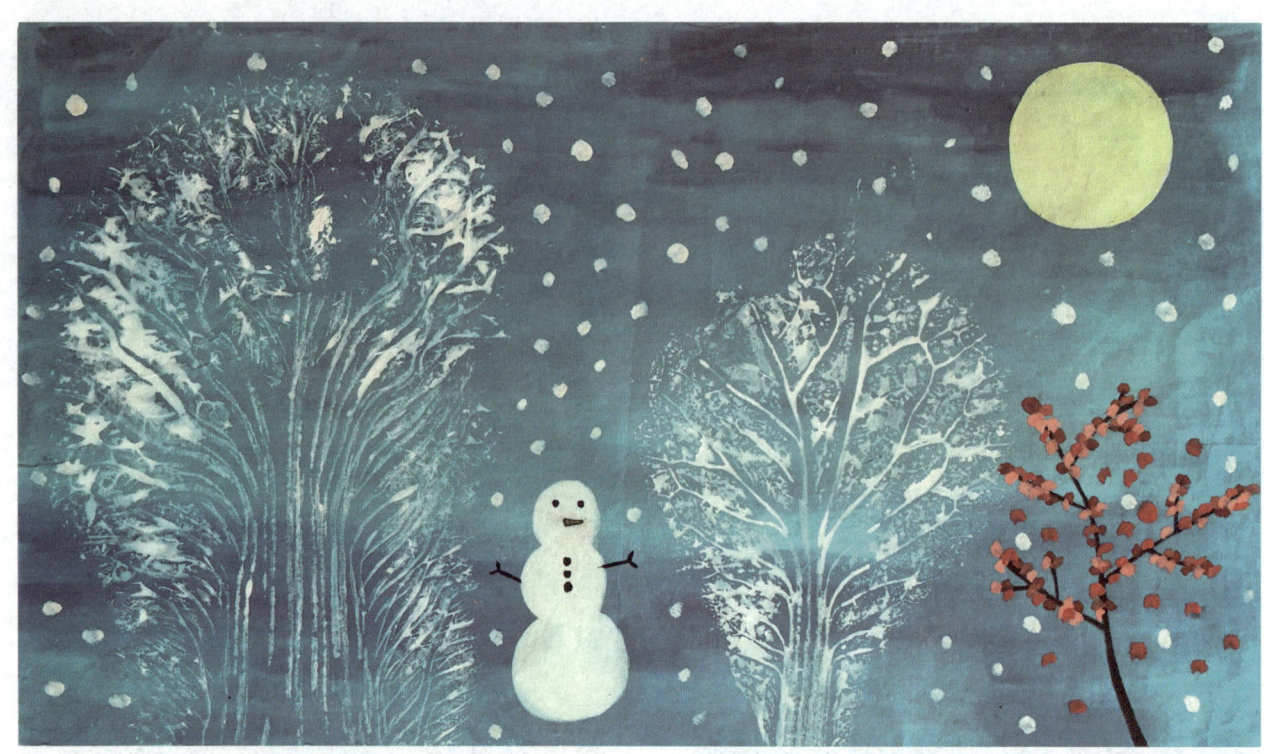

实物拓印纸版画《冬》

一、工具材料

蔬菜、水果、树皮等表面有纹理的物品，水粉颜料、画笔、夹宣、拓包等。

二、实物拓印技法

1. 压印

在待印物表面上色，将纸覆盖上去并均匀使力压，完成印制。

2. 盖印

在待印物表面上色，直接盖到纸上完成印制。

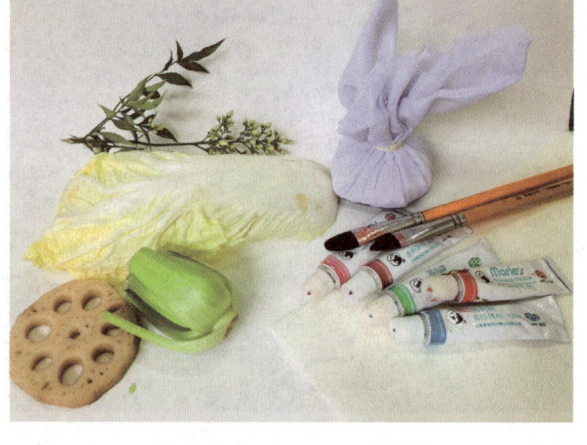

实物拓印纸版画工具材料

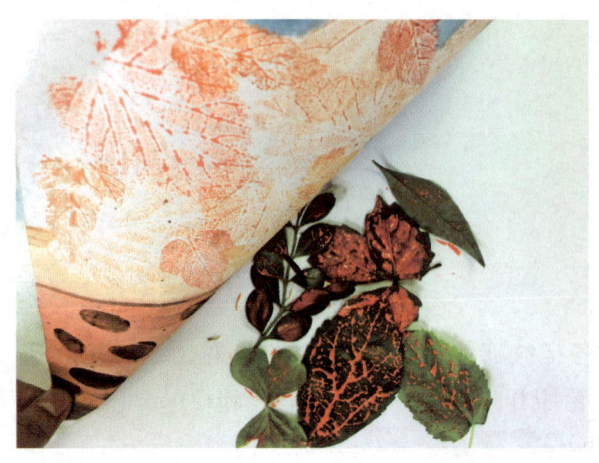

压印

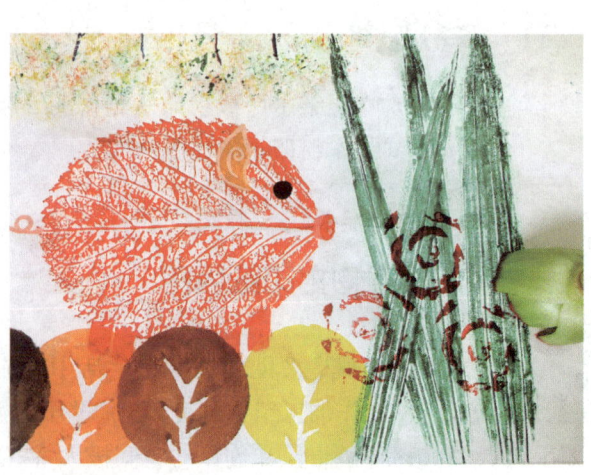

盖印

3. 拓印

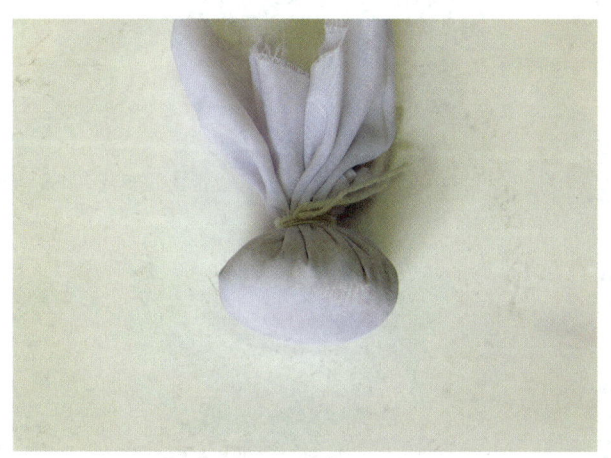

用白棉布和棉花制作好拓包

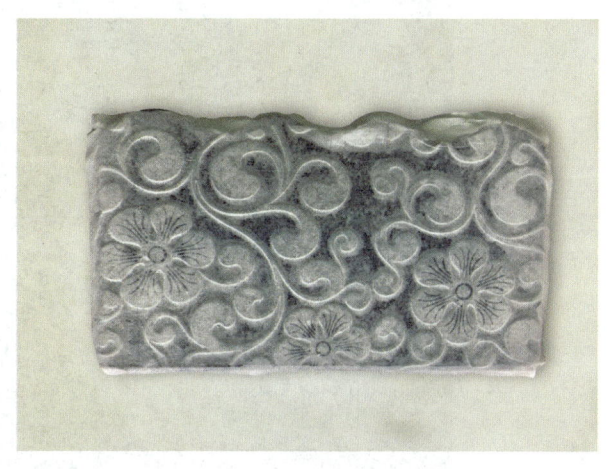

将宣纸打湿,与实物紧密贴合

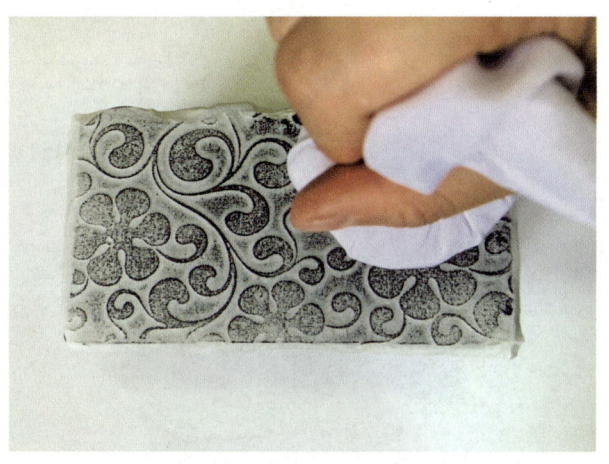

拓包蘸色,轻轻拍打纸面

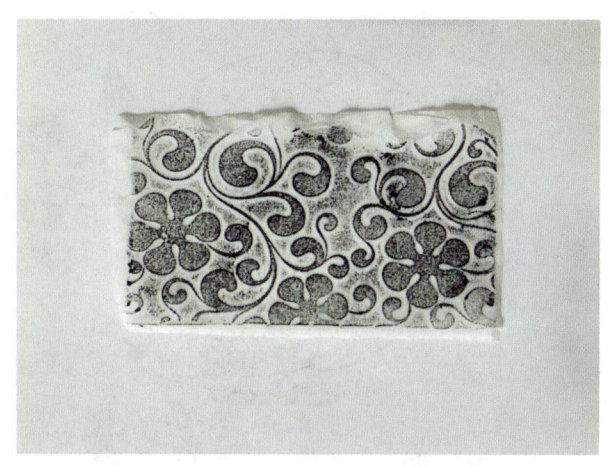

拓印完成

三、作品表现

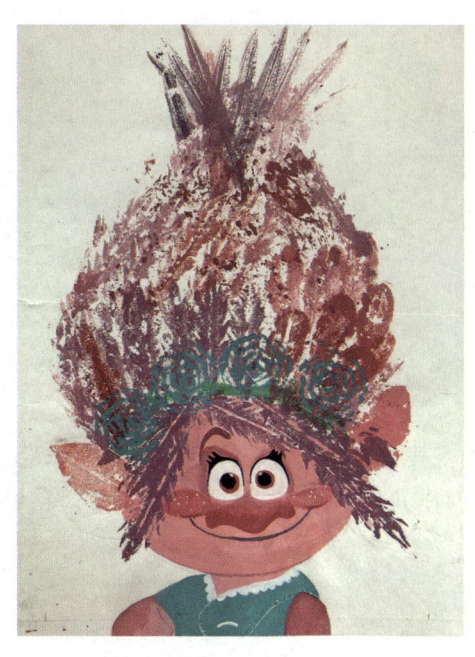

实物拓印纸版画《小精灵》

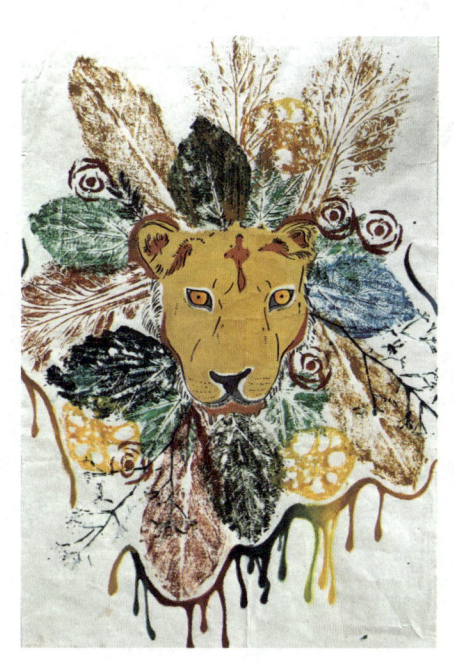

实物拓印纸版画《森林之王》

绘画：从民艺赏析到童趣表达

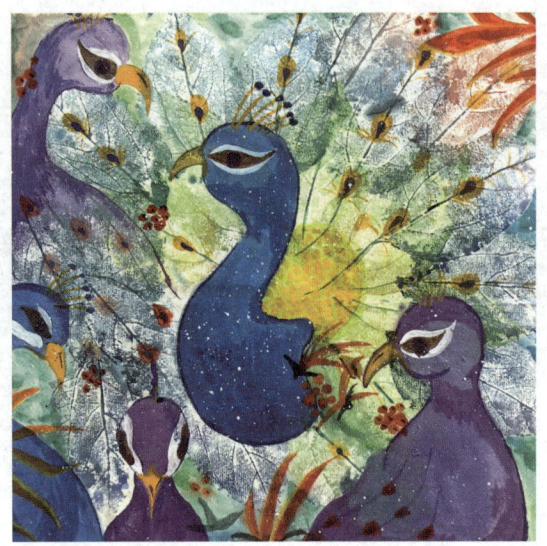
实物拓印纸版画《比美》

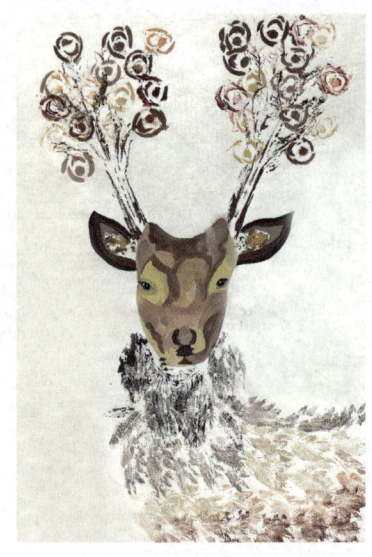
实物拓印纸版画《鹿王》

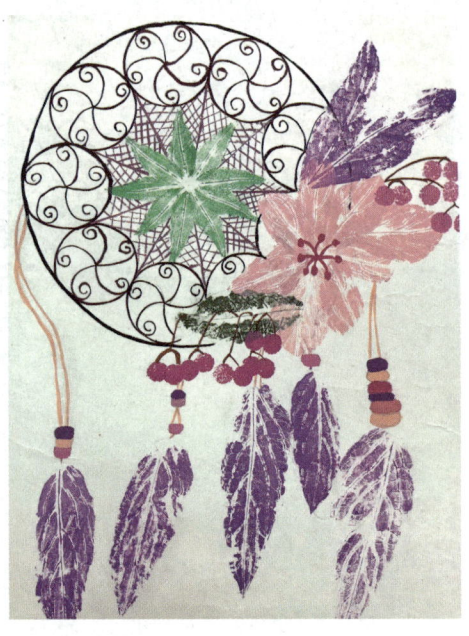
实物拓印纸版画《花环》

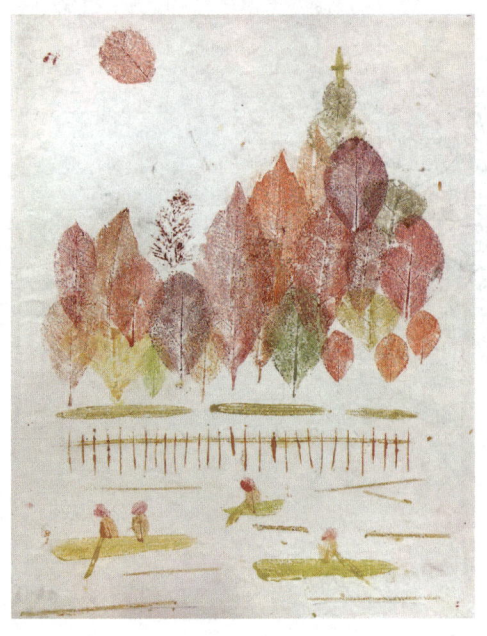
实物拓印纸版画《秋》

学习建议

完成实物拓印纸版画作品一幅。

拓展与提高 橡皮章纸印画

　　橡皮章纸印画是根据设计好的画稿，由多个刻好的橡皮章在纸上组合印制，并结合水彩或水粉绘画而成的综合美术作品。以橡皮章纸印画的形式可自由创作儿童插画，作品既有版画的风格特点，又不失绘画的灵活性。

一、工具材料

橡皮砖、笔刀、角刀、丸刀、美工刀、硫酸纸、印台、铅笔、彩铅、水彩等。

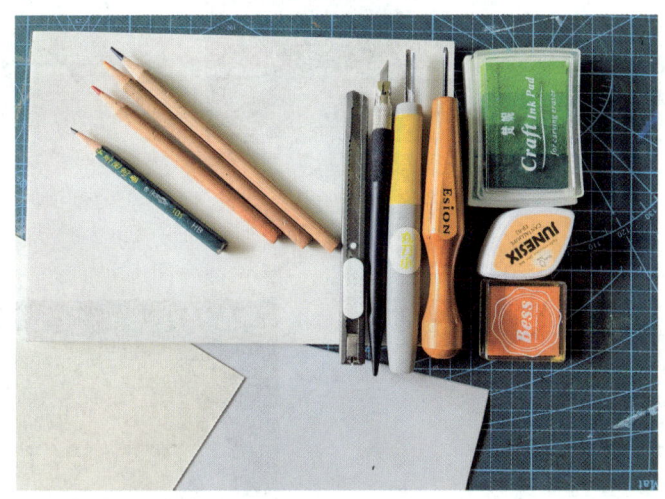

橡皮章纸印画工具材料

二、橡皮章刻制技法

单个橡皮章的刻制方法由画稿、转印，再由内而外、由粗到细，最后刻边缘直至完成。

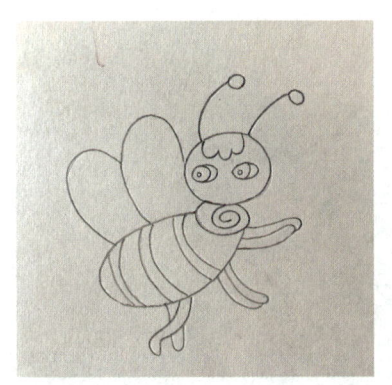

设计画稿

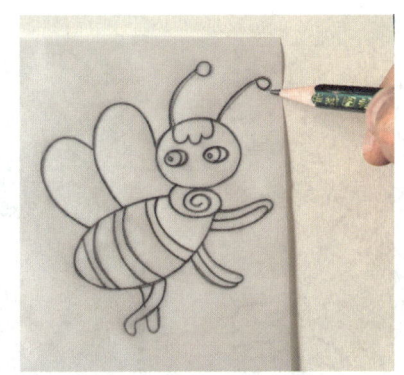

拷贝

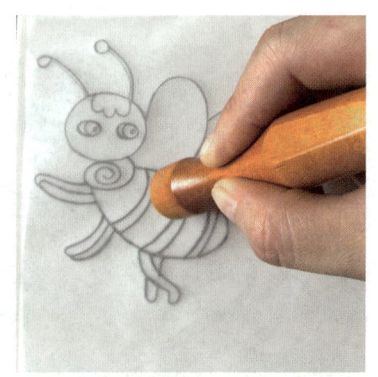

转印

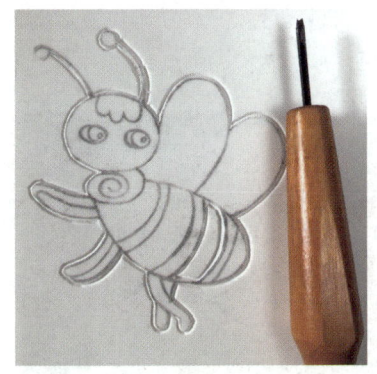

粗刻

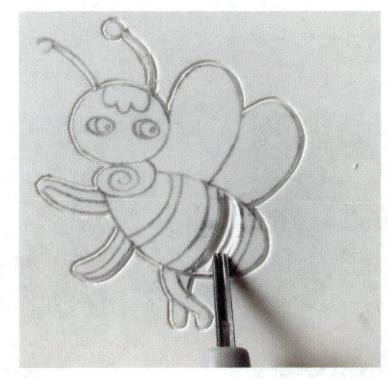

细刻

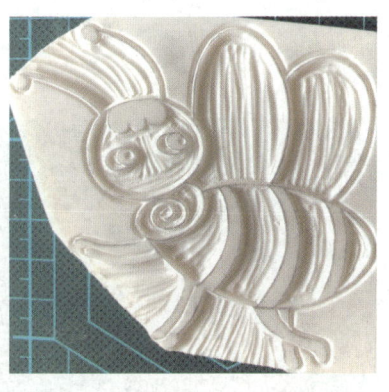

完成

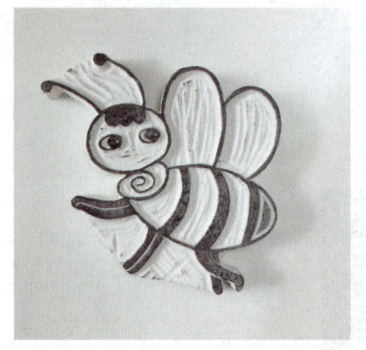
切下橡皮章

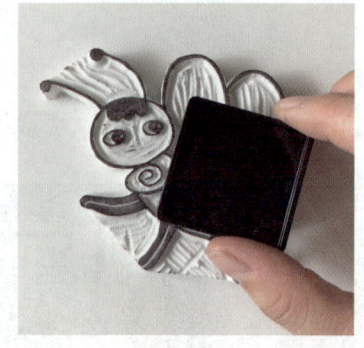
印台扑印

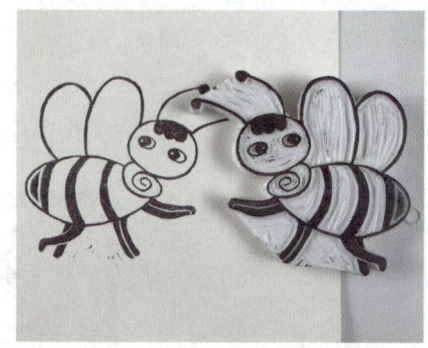
印制完成

三、橡皮章纸印画技法

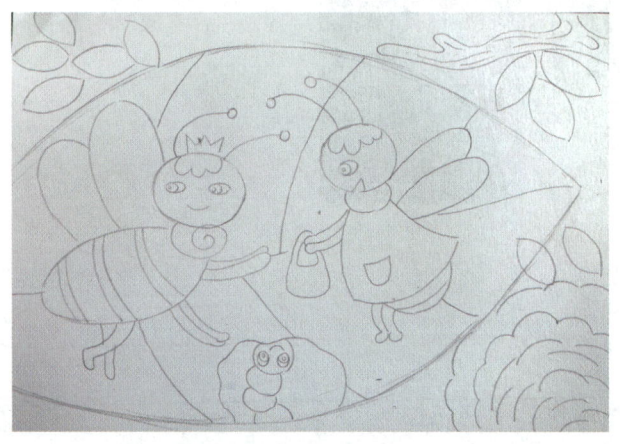
设计画稿，刻印章

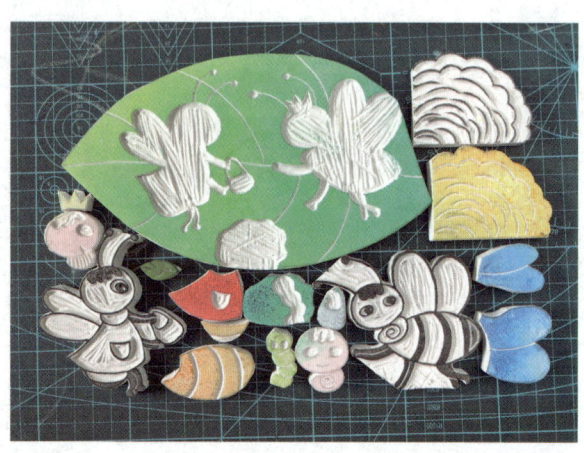
完成所有印章刻制

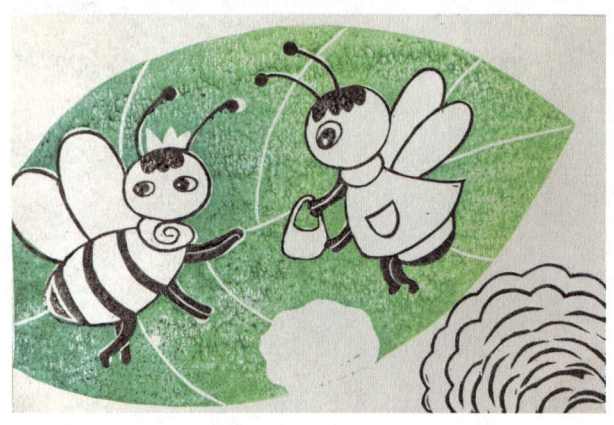
套色印制

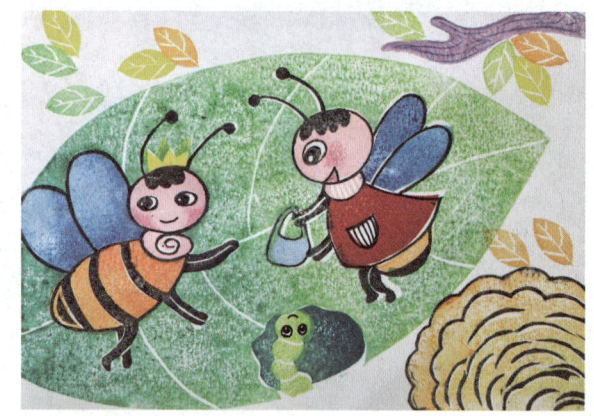
添画，作品完成

四、作品表现

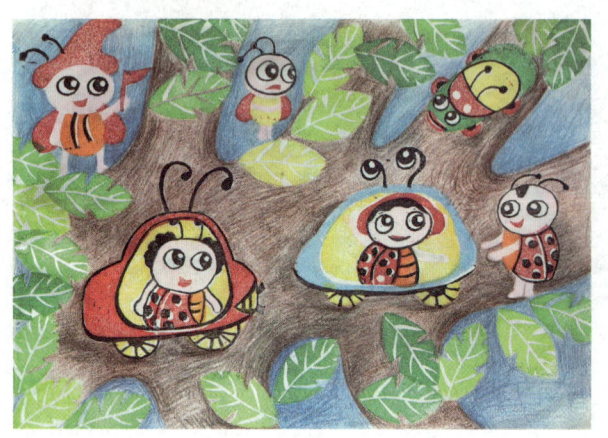
橡皮章纸印画《彩色小吉普》

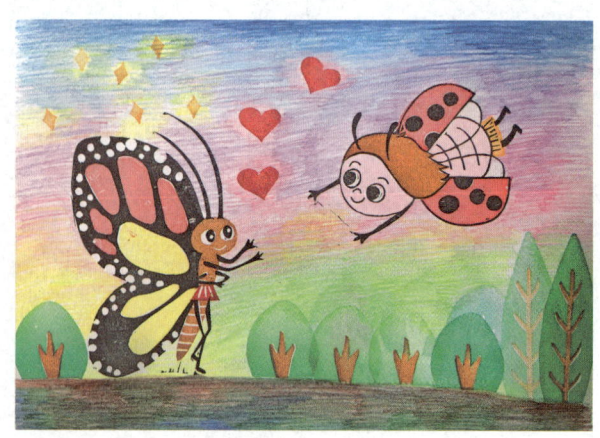
橡皮章纸印画《好朋友》

第六章 鉴 桃花坞木版年画之雅致

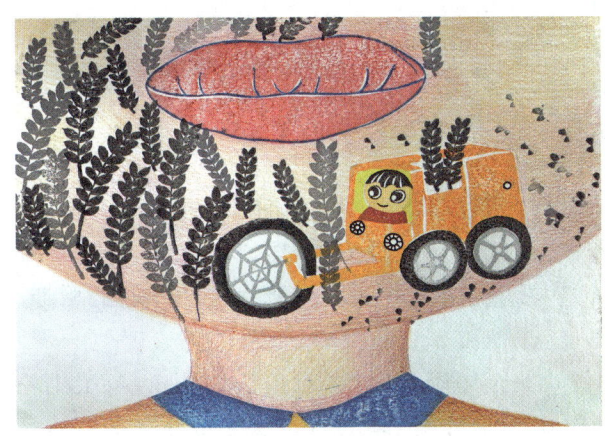

橡皮章纸印画《爸爸的剃须刀》

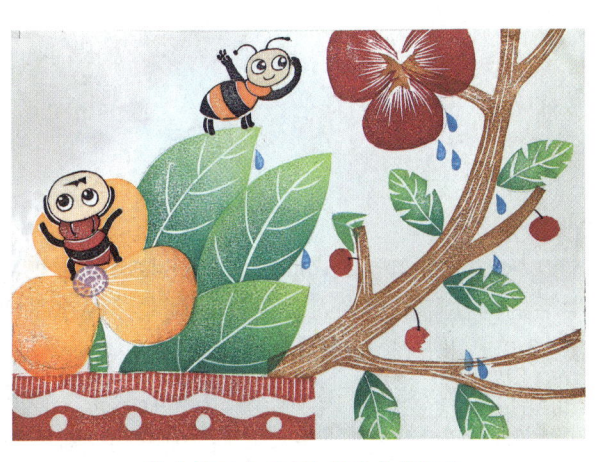

橡皮章纸印画《快乐的小蚂蚁》

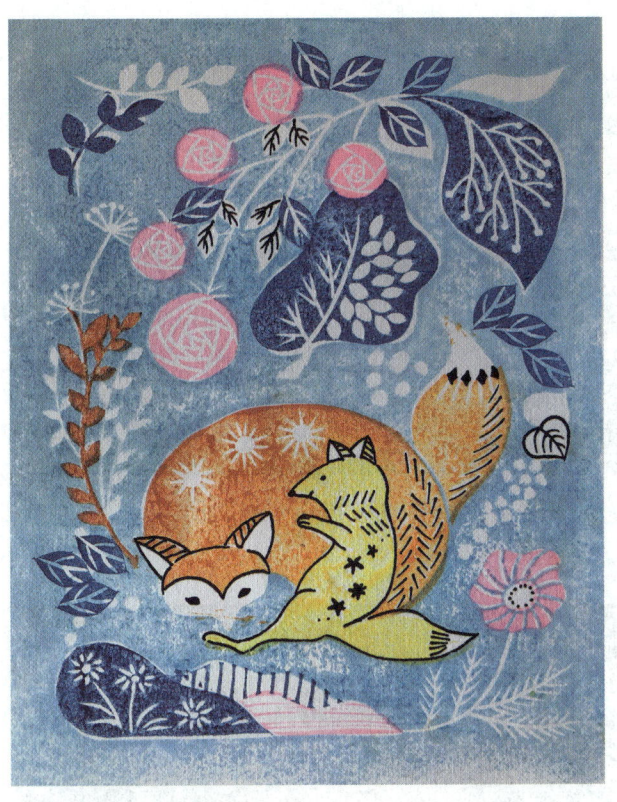

橡皮章纸印画《母与子》

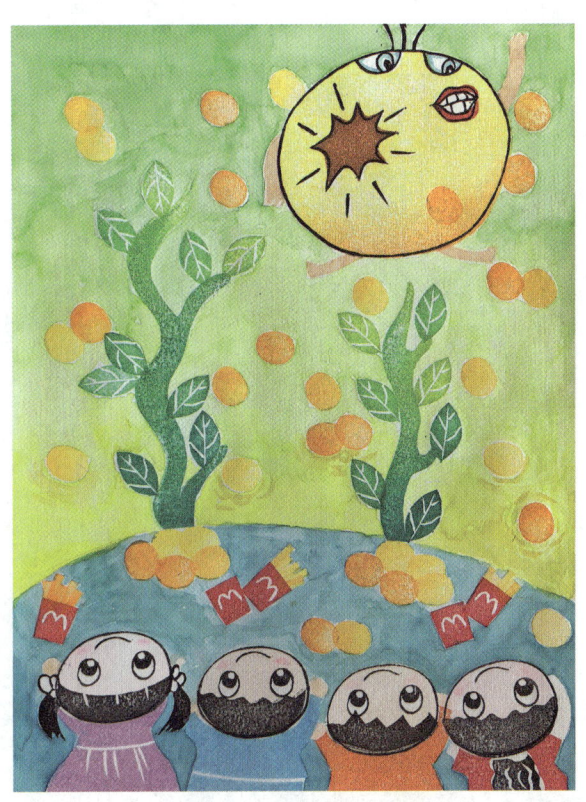

橡皮章纸印画《很大很大的土豆》

 **学习建议**

尝试结合幼儿童话故事，完成橡皮章纸印画作品一幅。

第三部分　幼儿园实践与运用

从传统的探寻中我们感受了各地独具特色的木版年画，民间手艺人以刀代笔，以印代画，将对美好生活的向往与期盼融入一张张年画中。从各种纸版画的学习中，我们进一步体验制版和印刷的乐趣。而"印"，也是幼儿最热衷的美术活动之一。

我们可以将"印"应用于幼儿园的教学实践中，在制作吹塑纸版画的时候，对于低幼儿童，可采用粉印添彩，体验滚一滚、印一印、画一画的乐趣，既有版画的韵味，也不失童趣，操作起来更安全方便。绘画活动中，可以让幼儿尽情感受"印"的乐趣，指印、手印等都极易让幼儿扩散思维，发挥想象，获得创作的愉悦感。

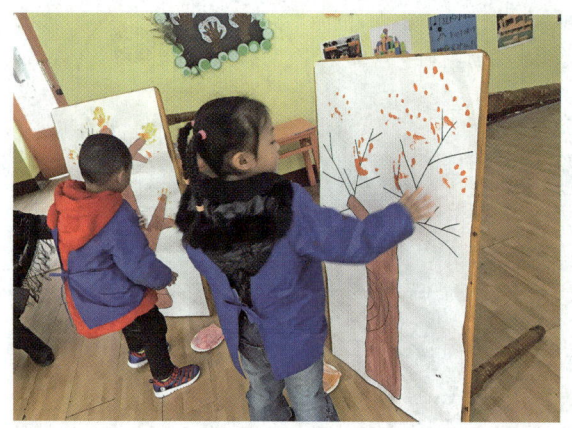
秋主题教学活动

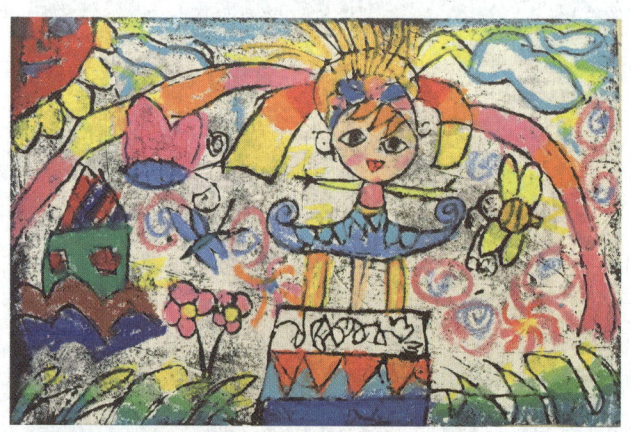
幼儿粉印添彩作品

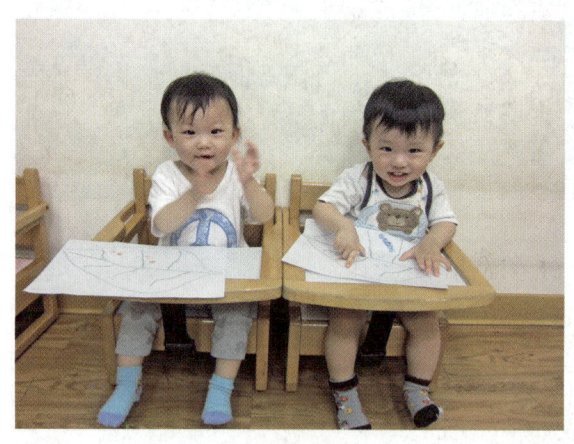
幼儿指印游戏

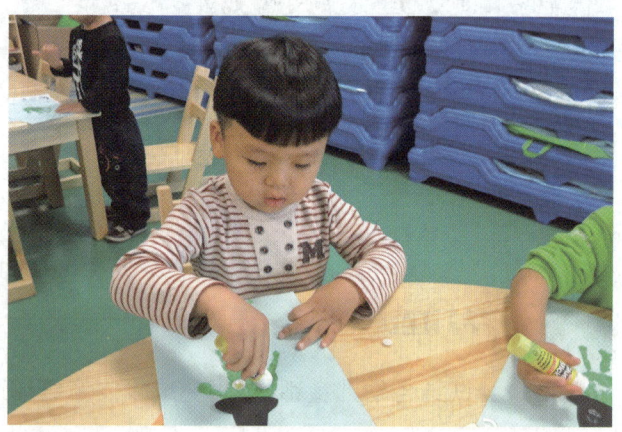
幼儿掌印添画

我们还可以让幼儿收集生活中各类有纹理的生活物品或废旧材料并带到幼儿园，如蔬菜、水果、泡泡膜、瓦楞纸等，创设各类印画区域，让幼儿在拓一拓、印一印、玩一玩中体验拓印的乐趣。而纹理多样的生活物品及废旧材料又能给幼儿带来更多的生活体验，也是区域玩具中最环保、最方便的材料之一。自然材料也更能吸引幼儿主动参与，并专注地进行自主游戏。

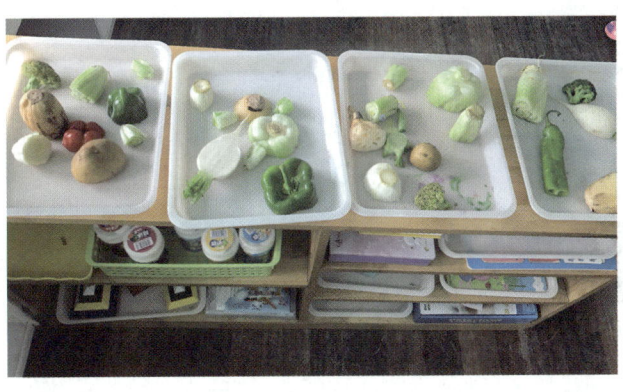
蔬菜印画区域

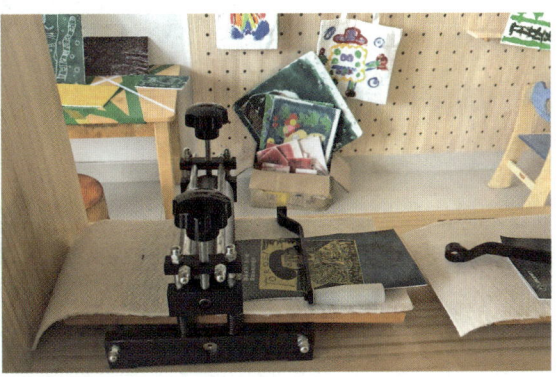
油印体验区域

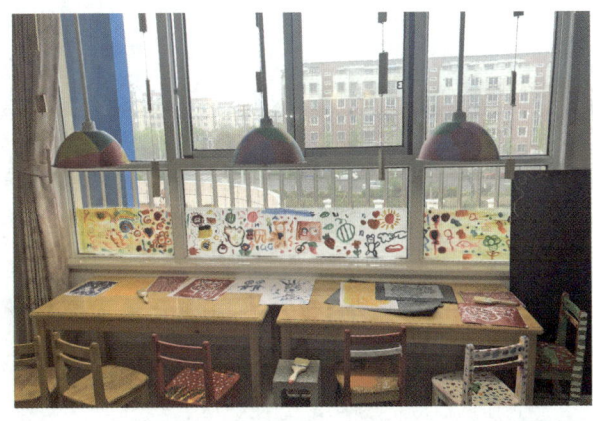
幼儿纸版拓印区域

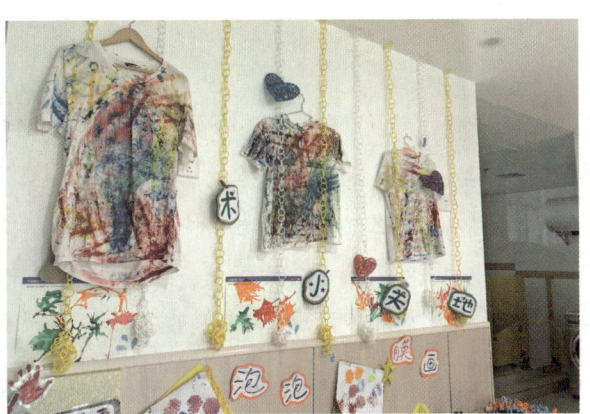
印画创作区域

我们还可以让幼儿以印画的形式自主参与到环境创设中，如春天主题墙饰设计中，可以让幼儿搜集春天的花花草草，印一印，提升幼儿环境创设的共同参与度。也可以将教学活动或区域活动中幼儿创作的印画作品用来布置墙饰，如童趣感十足的撕纸粘贴版画、指印画等等，都能激发幼儿参与的积极性，让幼儿找到创作的自信与乐趣。

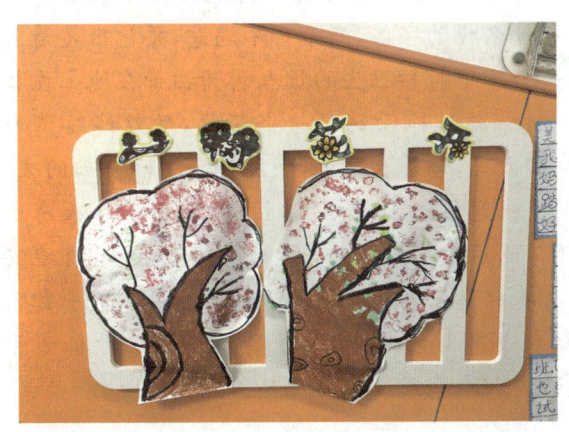
幼儿印画作品墙饰布置

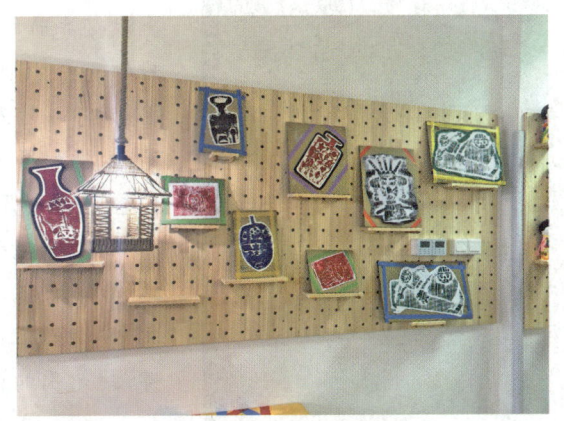
幼儿拓印作品环境布置

自然界的一花一叶、一草一木都是我们开展印画活动的素材，在印中画、画中印，既能提升幼儿的动手能力，又能丰富教师的课堂教学，还能带来印一印的无限乐趣，为环境创设提供了丰富的可视语言。

学习建议

1. 以小组为单位，收集周边幼儿园有关拓印制作的图片资料，分组交流并讨论。
2. 针对不同年龄段的幼儿，在美术教学中如何开展拓印活动，可用于哪些区域的布置。

第七章

赞 民间美术字设计之巧妙

学习导语

中国民间美术字历史源远流长,伴随着汉字的形成一路走来并不断演变发展,从金属铸造到碑石刻印再到剪纸年画,都能看到民间艺人的匠心智慧。人们寄福祉于文字,并装饰美化,形成了中国文字艺术的传统美。在这一章节中,我们将探寻民间美术字的独特创意,学习儿童美术字体的多样形式,并设计制作幼儿园区域标识、墙饰、活动海报等,以此拓展儿童美术字在幼儿园的实际运用。

第一部分 探寻民间美术字

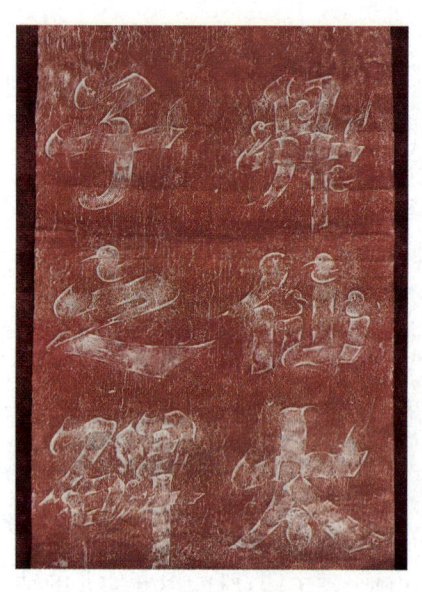

《升仙太子碑》碑额

相传在汉灵帝熹平年间,皇帝命蔡邕作《圣皇篇》并篆于鸿都门上以颂先帝功业。用什么样的字体,皇帝都不满意,蔡邕很是着急为难。无意中他看到一个宫中打扫卫生的役人用竹扫帚在地上左扭右转,写了一个好字。竹帚掠过地面的每一个笔画,丝丝缕缕清晰可见,就像一条长帛飘然欲飞,却落在地上,凝成一个灵动自如的文字。蔡邕茅塞顿开,特制了板笔,在纸上如竹帚扫尘,写出了从未有过的"飞白书",皇帝大悦。此后,学习这种书体的人越来越多,就连皇帝也津津乐道。后来有人以鸟书与飞白书相结合,又创作了一种飞白鸟书。据说,武则天亲手书写的《升仙太子碑》的碑额"升仙太子之碑"就是用的这种字,这六个字里藏了好几只鸟呢!

民间美术字历史源远流长,它伴随着中国汉字的形成演变一路发展而来。从东周时期的错金银青铜器铸造中开始出现以鸟虫兽替换文字笔画的图形开始,至秦汉时期,这种装饰文字被发展运用到玺印、瓦当中。随着纸张的发明,飞白书的出现,板笔的使用,行书的兴起,这些都促进了民间美术字的进一步发展。至唐宋,民间美术学更是深入到碑林石刻,随着民间工艺的发展,它的呈现形式多样化,从民间刺绣、彩绘、雕刻、剪纸或年画中,都能见到这类字的身影。它与正统的书法、篆刻不同,在民俗文化中自有表现汉字之美的方法,这些匠心独具、富有民族色彩的文字在民间广为流传。

第七章 赞·民间美术字设计之巧妙

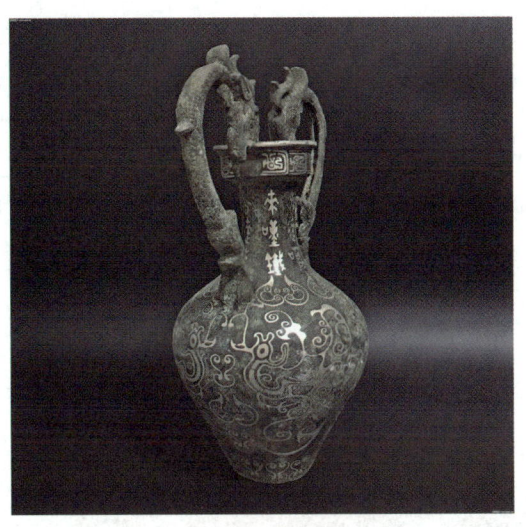
错金银鸟虫篆青铜器

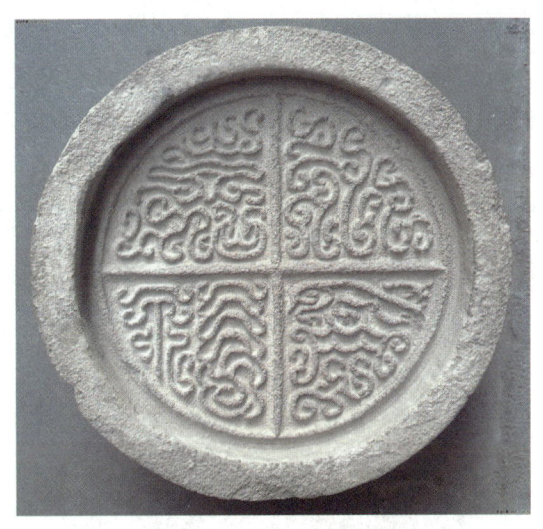
鸟虫篆瓦当

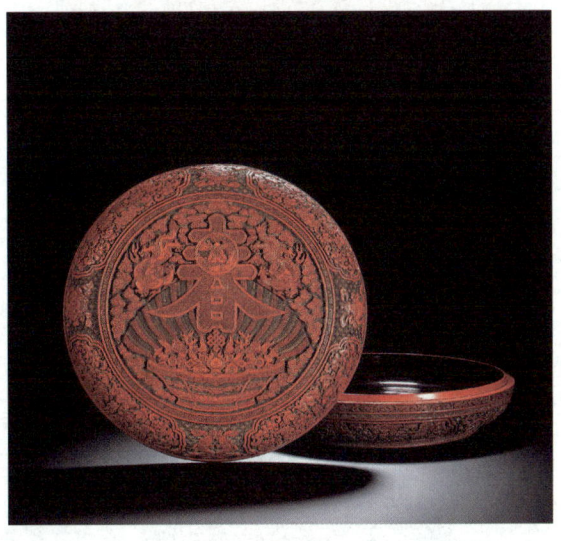
漆雕春寿捧盒

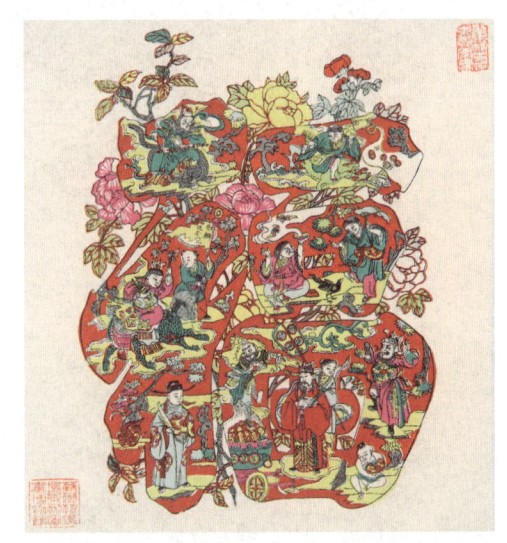
桃花坞木版年画《福》

民间美术字内容丰富、设计巧妙，以各种吉祥文字的组合为基础，再添加各类富有吉祥寓意的绘画，或是福禄寿三星、八仙，或是龙、凤、麒麟、虫鱼鸟兽，或是岁时景象，甚至包括民间戏曲故事等。民间工匠以字形为基础，以绘画形式布局，充分利用汉字中的笔画结构，巧妙地将字与画融为一体。可以说民间美术字是在以形造字的基础上把文字符号扩大成了一片生机勃勃的万象之美。

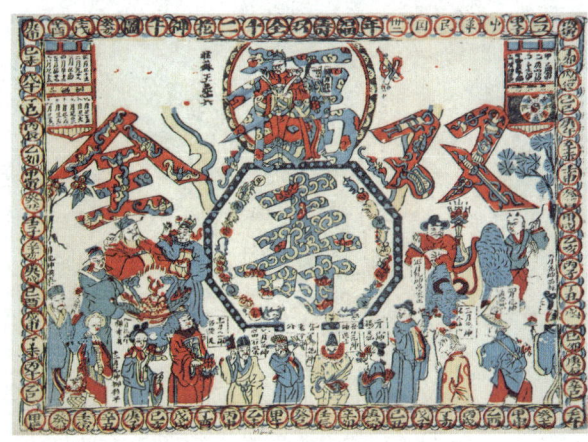
桃花坞木版年画《福寿双全》

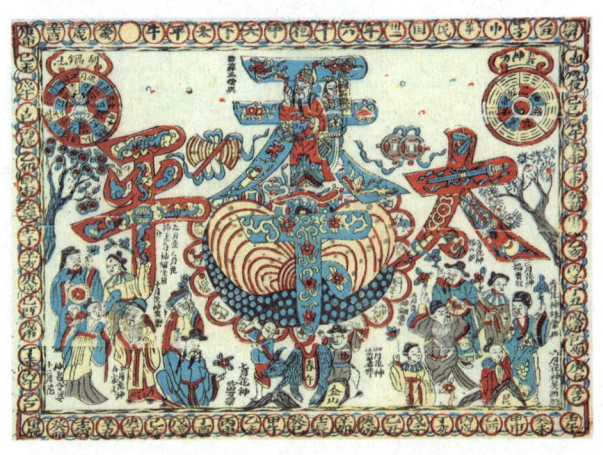
桃花坞木版年画《天下太平》

161

民间美术字呈现的类型多样，有将文字双勾成空心字，再添加花卉、鸟兽和人物等图案的，如在民间年画、剪纸中常出现"福""寿"等；有在文字的笔画上加花卉、鸟虫等添饰，古代的鸟虫篆就是这类；有组画成字、组字成画的；有巧借笔画，像年画中的黄金万两、招财进宝等；有以画嵌字，表达吉祥寓意的，如将福、禄、喜、财嵌入寿字，组成"福禄寿喜财"；有两个喜字并列组合结成双喜的复合字；还有民间艺人自制板笔、蘸彩点墨、半书半画而成的板书等。而事实上在很多时候，它们会以各种类型相互交错出现，这也正是艺术法无定法的具体体现。

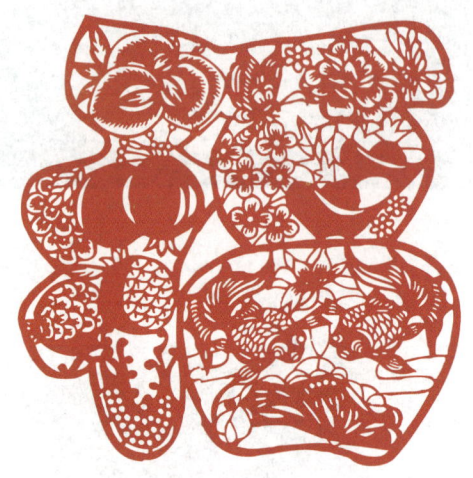

剪纸《福》

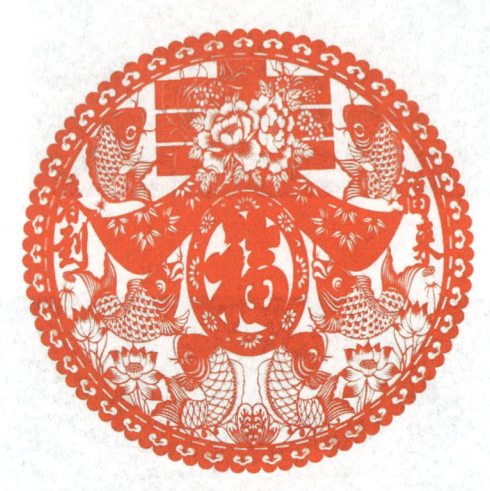

剪纸《春福图》

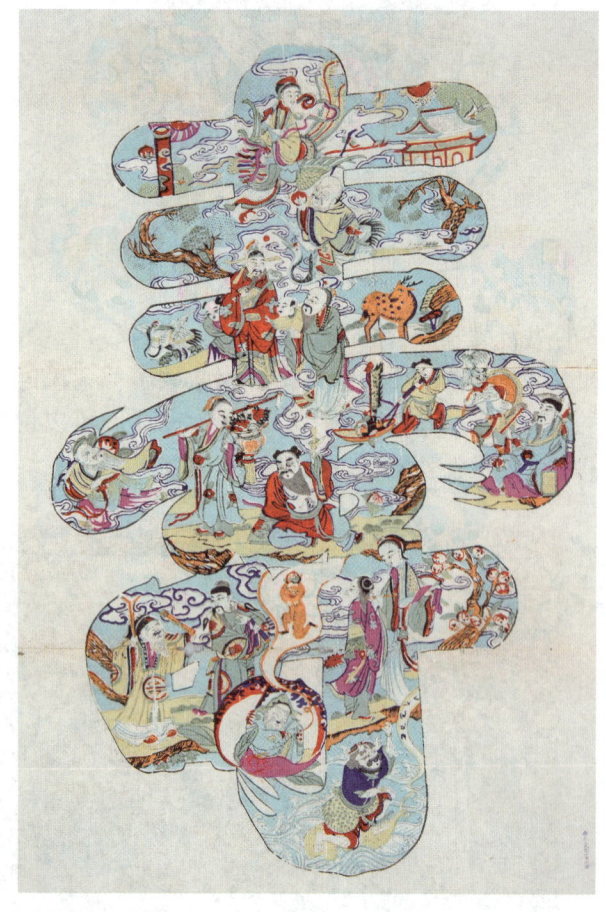

桃花坞木版年画《寿》

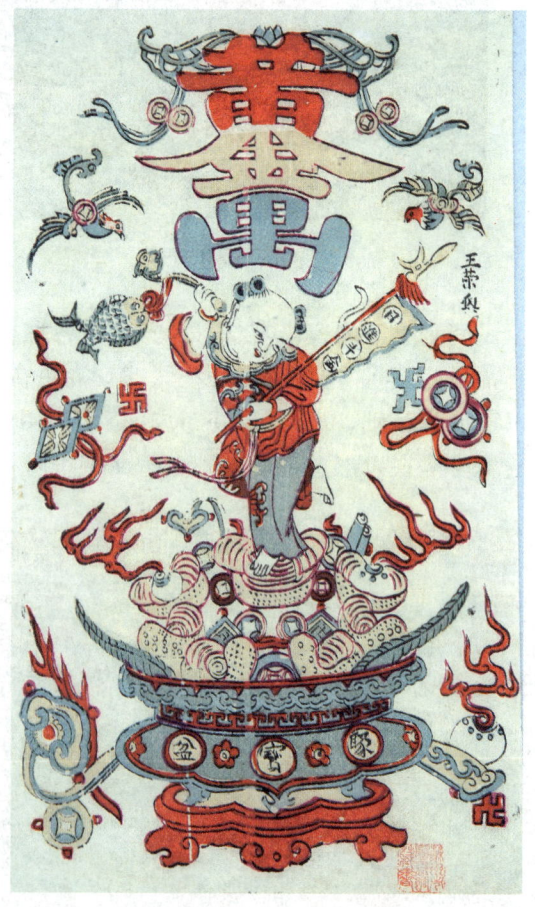

桃花坞木版年画《黄金万两》

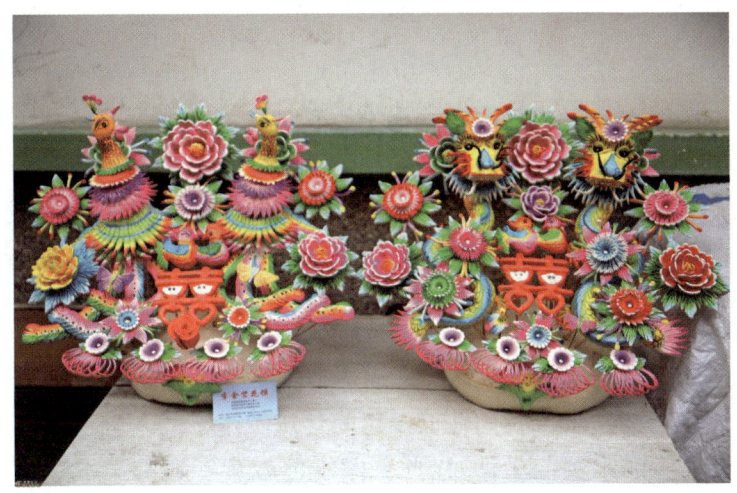 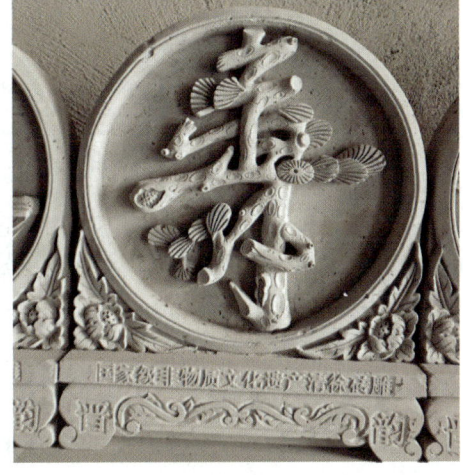

合阳花馍　　　　　　　　　　　　　晋韵砖雕

  民间美术字出现在了百姓生活的方方面面，民间艺人以独特的匠心和智慧表达出对幸福生活的期盼和祝福，在似与非似之间抒发吉祥如意的美学追求，不仅包含了书法或刻印的美感，还独具个性特色和浓郁的民间韵味。人们把对幸福的期盼、对美好生活的向往以及精神的信仰都投射于文字中。它在"土俗"中洋溢着真情美意、率真淳朴，充分表现出民间美术家巧手慧心的设计意匠。而其中饱含深厚的文化内涵正是我们民族文化的根基，也为我们的现代设计提供了丰富的营养，不论在寓意的方法上，还是在形式的处理手法上，都能给予我们深刻的启发。

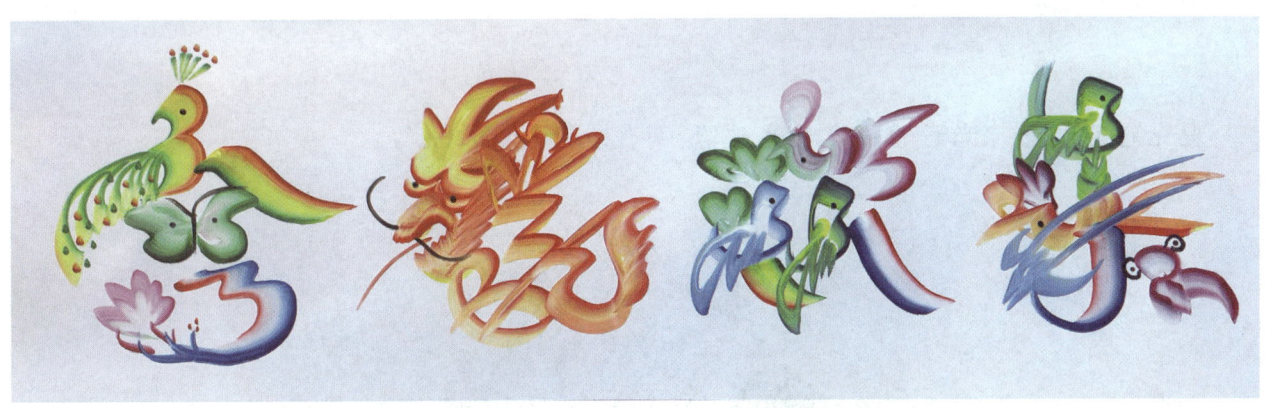

民间板书

 学习建议

1. 民间美术字的表现类型和形式有哪些？
2. 收集生活中各类民间美术字资料，分小组进行展示并交流。
3. 有条件的可以参观各地博物馆，从文物中找找古代的美术字。

第二部分　幼儿园美术字设计及运用

由于表现形式和用途的不同,民间美术字虽然呈现多种不同的类型,但都有一定的规律可循。它们以原有汉字为原形,多用花鸟图案组合、代替笔画,藏画于字,巧妙融合,寓意深刻。民间艺人用自己的匠心智慧,使得花鸟鱼虫与龙飞凤舞两者相映成趣,以多彩的装饰语言生动描绘着汉字的吉祥寓意,反映着百姓对美好生活的憧憬与期盼。我们从民间美术字的探寻而来,直观感受到了百姓寓文字以吉祥美意,寄文字以精神期盼,在文字中体现对美好生活的追求。我们在探寻民间传统美术字的基础上寻求更多的延续与传承,以更丰富的表现形式贴近儿童的审美与生活,以此探索学前教育专业的美术字教学。通过对民间美术字的赏析、再到儿童美术字体、幼儿园区域标识设计、幼儿园墙饰设计、幼儿园活动海报等方面,以多条路径展开对儿童美术字体的应用。

模块一　儿童创意美术字设计

儿童创意美术字设计是以原有文字为基础,以儿童的视角对其笔画、结构进行创意加工美化,从而形成具有创意变化、装饰意味及儿童趣味性的实用字体。将文字的整体或局部演变成图形或添加形象,文字与图形装饰的完美融合具有了鲜明的儿童化特征,其活泼可爱的外形在完成文字传递信息的同时又具有了儿童的趣味性。

一、工具材料

马克笔、记号笔、高光笔、修正液、铅笔、橡皮、具有一定厚度的纸张等。

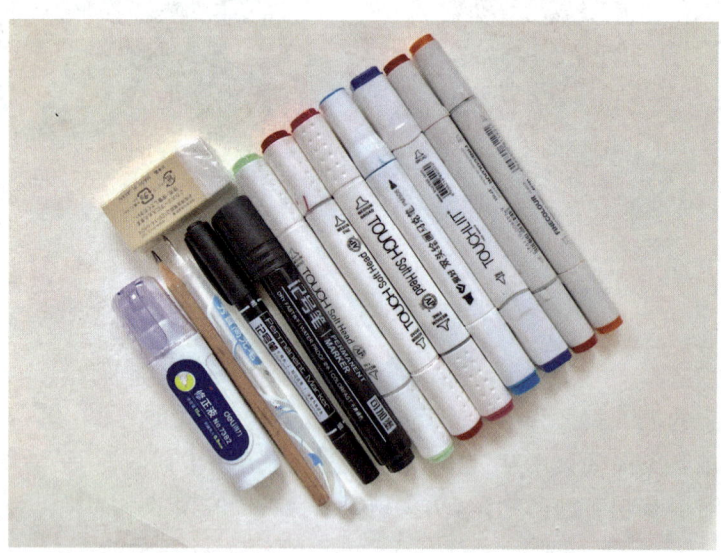

儿童创意美术字工具材料

二、儿童创意美术字体设计方法

(一)字体变形方法

字体的变形方法多种多样,我们只要掌握基本的字体变形规律,在运用时做到举一反三,便能写出变化无穷的创意字体。

1. 局部变形法

局部变形法是在原有文字的基础上对字的某一局部做变形处理,如文字中所有出现转折的笔画变形成圆弧,文字中所有的点变形成圆等。

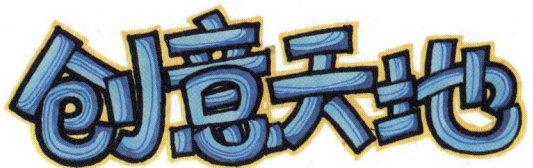 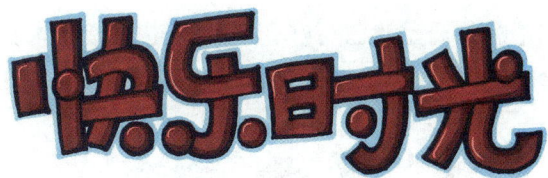

局部变形——转折　　　　　　　　　　　局部变形——点

2. 整体夸张法

整体夸张法是对文字的整体做夸张处理,如把文字整体变胖、变瘦,整体结构拉长、缩短或整体字形变化形状等。

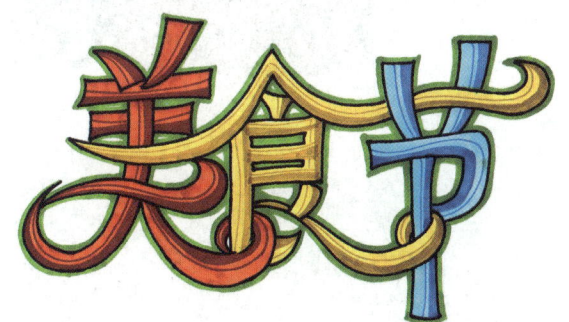 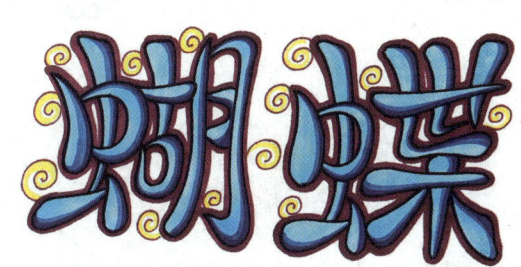

整体结构拉长　　　　　　　　　　　整体变化形状

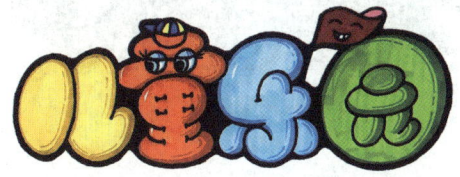 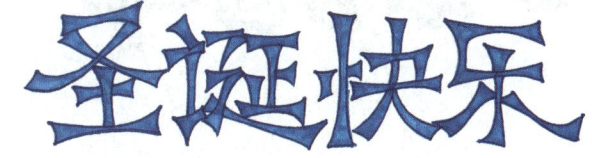

整体变胖　　　　　　　　　　　整体变瘦

3. 图形替代法

图形替代法是用图形替代文字的某一部分,有创意的同时还能形象地表现文字意思,如书写"骄阳似火"的"阳"字,右半部分的"日"替换成太阳,"火"的一点一撇用火焰图案替代;如书写"最美阅读快乐书吧",其中的"阅"字中间的"口"和"书"字都用书本图案替代等。

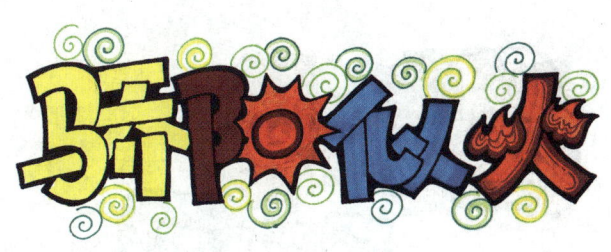 

图形替代　　　　　　　　　　　图形替代

(二)字体装饰方法

字体装饰可以加强美术字的视觉效果,美化文字的同时还能让字体构成更丰富、更具有个性。字体装饰方法多种多样,只要掌握好方法,灵活运用,我们也能设计出创意十足的美术字体。

1. 轮廓装饰

轮廓装饰是对已写好文字的外轮廓做装饰处理,可以让颜色较浅的文字更加醒目,笔画区分更清晰,具体运用时可以根据需要对文字轮廓做不同的装饰变化。

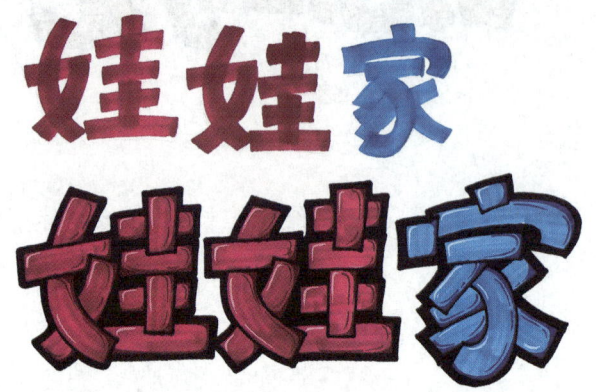

实线轮廓装饰

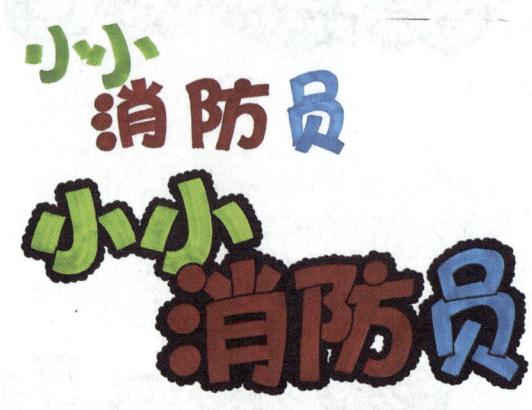

波浪线轮廓装饰

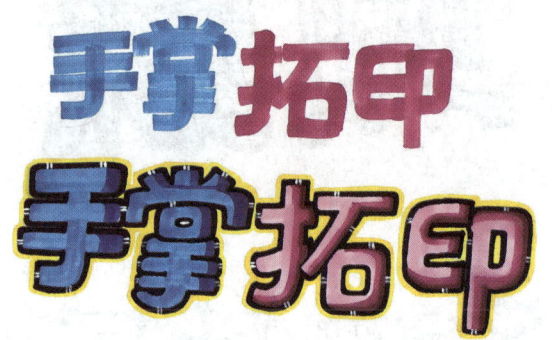

断线轮廓装饰

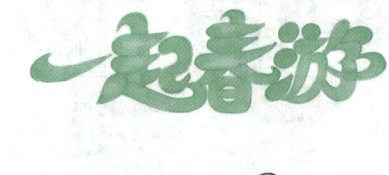

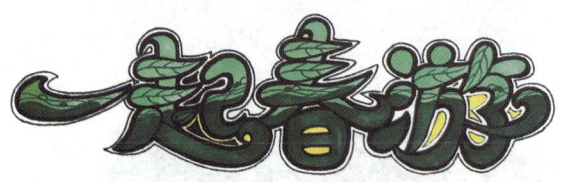

双线轮廓装饰

2. 内部装饰

内部装饰是对文字的内部做装饰处理,可做分割、堆雪、亮光、花纹等多种装饰形式。

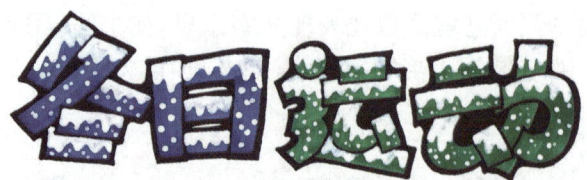

内部堆雪装饰

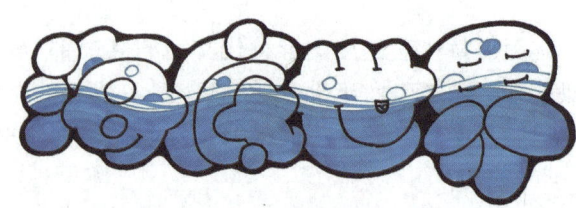

内部分割装饰

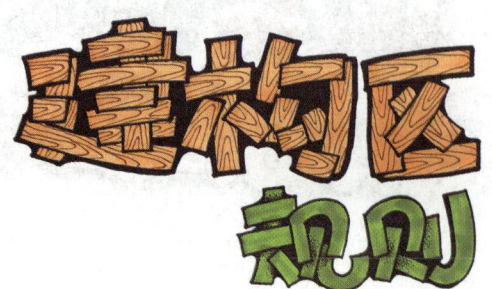

内部木纹装饰

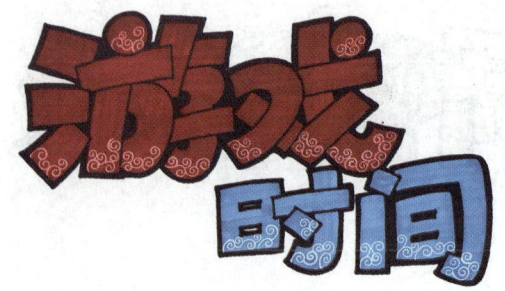

内部螺线装饰

3. 局部装饰

局部装饰是对文字的局部做装饰处理,如仅对某个笔画或字的某个部位做装饰。

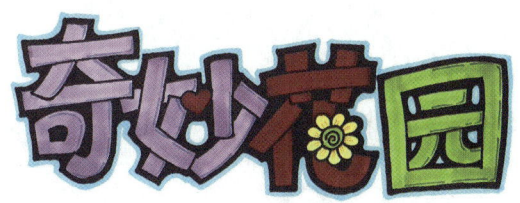
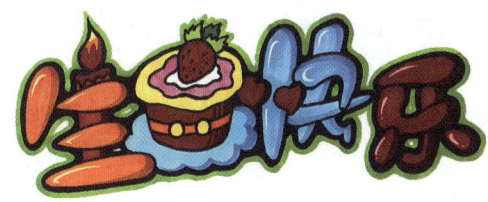

局部装饰　　　　　　　　　　　　局部装饰

4. 背景装饰

背景装饰是在文字外部绘制各种图案以衬托文字,颜色尽量浅一些,避免喧宾夺主。

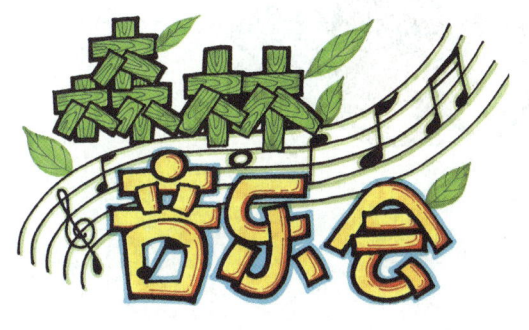
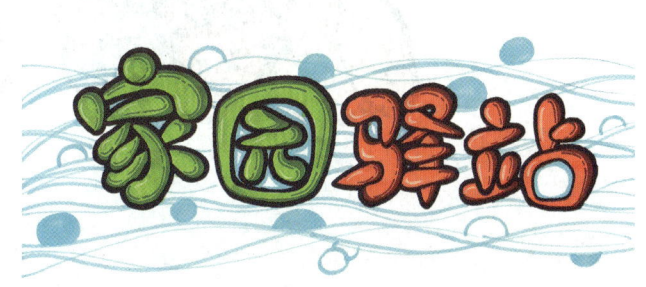

背景装饰　　　　　　　　　　　　背景装饰

三、儿童创意美术字书写方法

在具体书写的时候,只要我们掌握字体变形的规律和装饰方法,合理配色,我们也能写出具有特色的创意美术字。

以"亲子活动"为例:

① 根据变化规律,遇到转折画成圆弧,用铅笔画出文字的单线笔画(熟练后这一步可省略)。
② 根据铅笔单线,用马克笔书写出字形。
③ 用记号笔勾线,注意笔画的先后顺序。
④ 完成字体轮廓装饰。

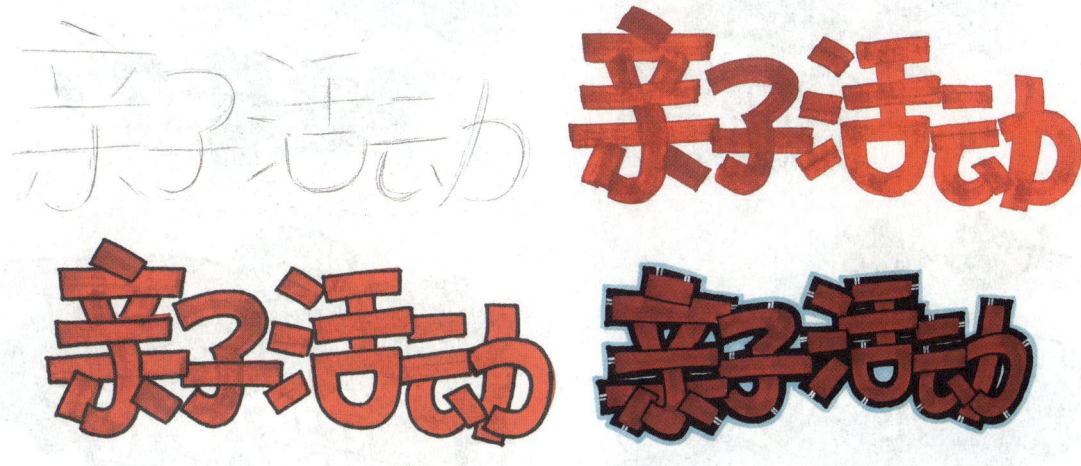

"亲子活动"美术字书写步骤

以"儿童节"为例：

① 分析字体变化规律，用铅笔画出文字单线，再把文字的每个笔画画成椭圆形结构，并适当添加装饰元素替代笔画，体现童趣。
② 用黑色记号笔勾轮廓，并清除铅笔线。
③ 浅色马克笔填充颜色。
④ 深色马克笔加深，高光笔画出反光，以此体现字体的立体效果。

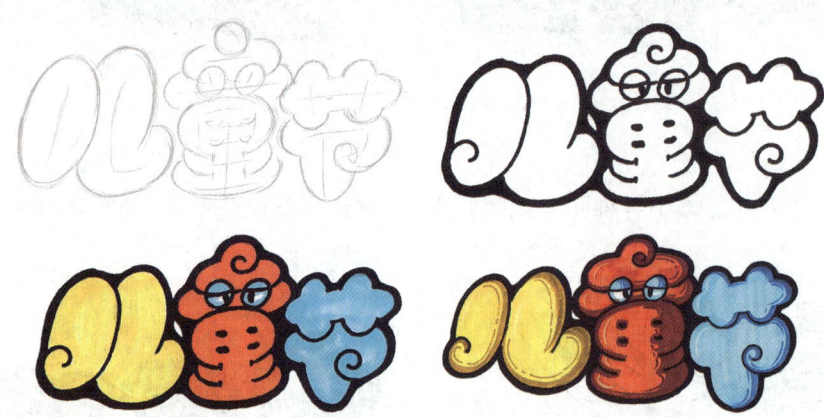

"儿童节"美术字书写步骤

四、儿童创意美术字作品

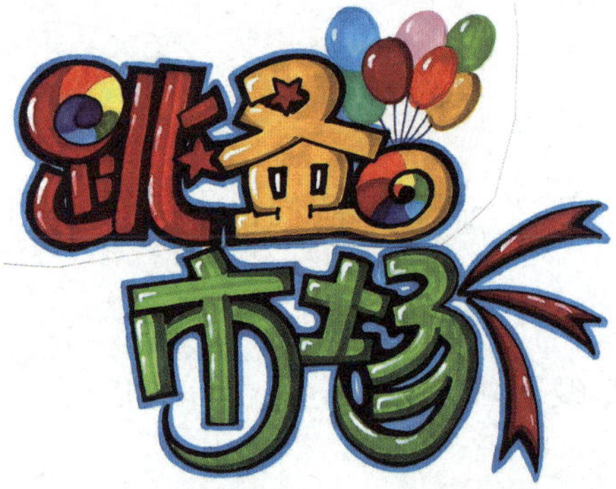

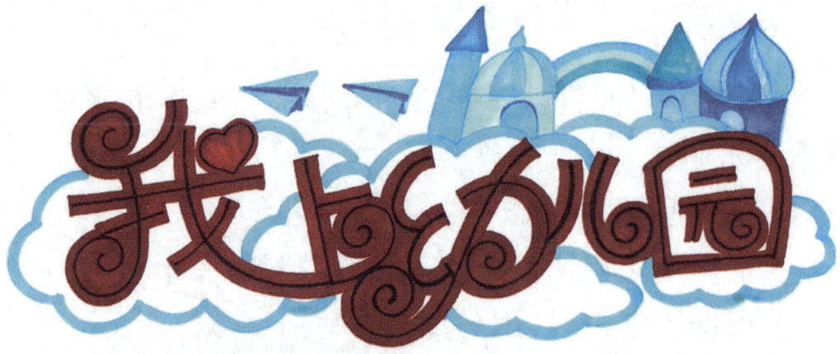

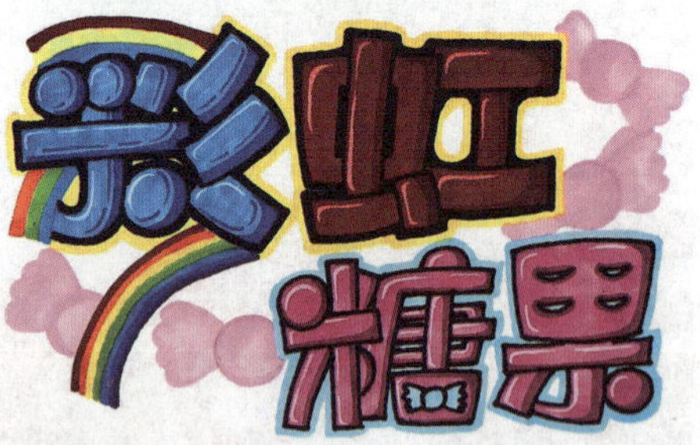

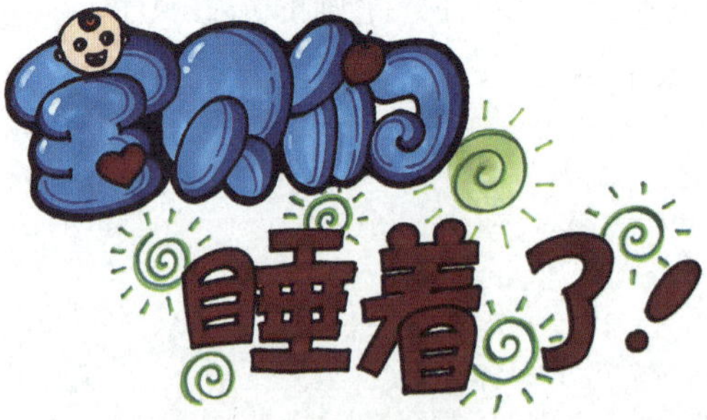

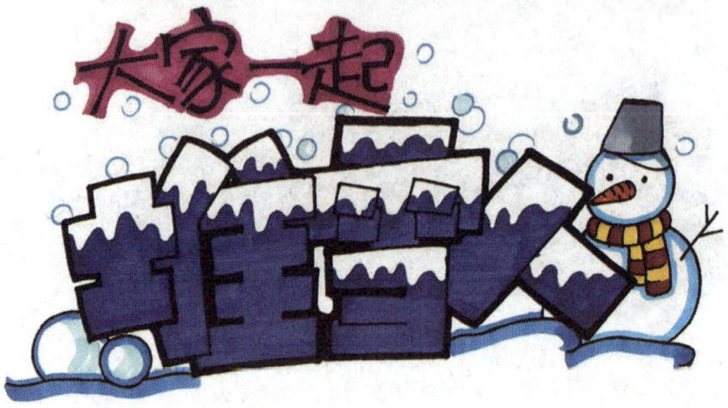

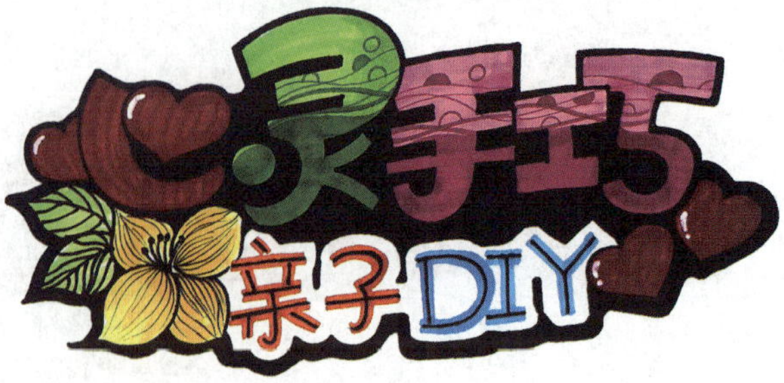

第七章 民间美术字设计之巧妙

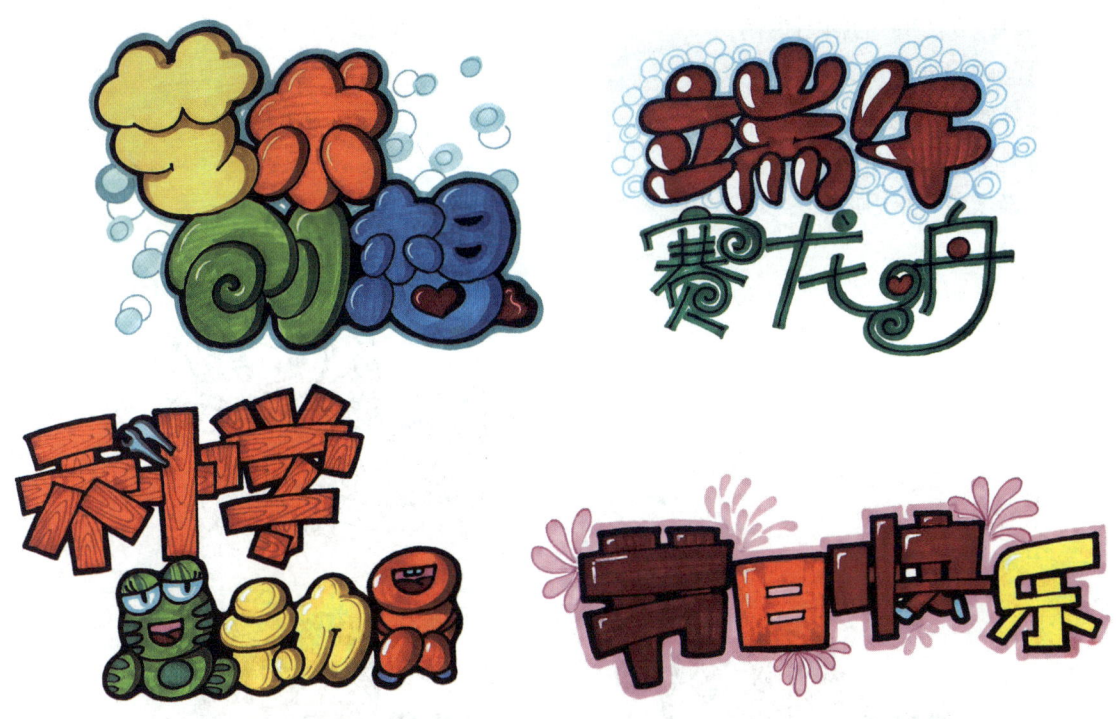

 学习建议

1. 尝试用不同的字体写一写自己的名字。
2. 运用字体的装饰方法,对所写名字完成装饰。
3. 运用字体变形方法,设计一种字体,并相互展示交流。

模块二 幼儿园区域标识设计与制作

幼儿园区域标识的设计与制作是创设区域环境的一项重要内容。在活动中,区域标识以插图、文字等形式无声地向幼儿传达游戏规则,引导幼儿有序游戏,对区域游戏的开展,让幼儿做区域的主人并享受游戏的快乐有着积极的意义。在幼儿园进行区域标识的设计与制作时应恰当运用具有儿童审美特点的美术字结合表达区域主题的造型,做到图文巧妙结合,主次分明,主题突出,既有视觉的美感,又能服务幼儿。

一、工具材料

马克笔、记号笔、彩色卡纸、剪刀、双面胶、手工胶等。

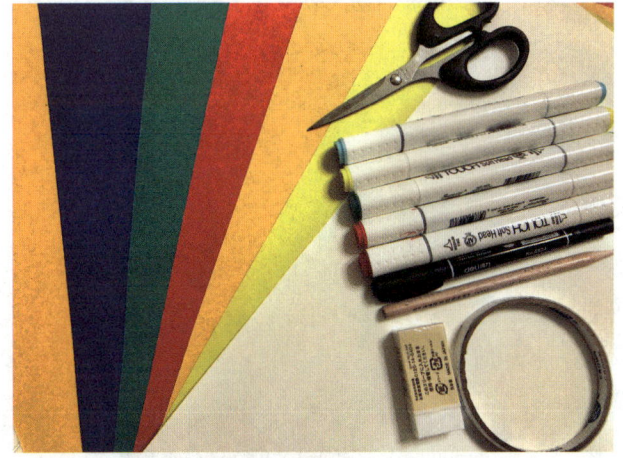

幼儿园区域标识设计工具材料

二、幼儿园区域标识设计技法

1. 插图绘制方法

在幼儿园区域标识设计中,插图能向幼儿有效传达信息,掌握好插图的绘制技巧显得尤为重要。

以区域标识"美食街"的插图为例:
① 用铅笔画出插图的线稿。
② 用记号笔完成勾线。
③ 用马克笔上第一遍色。
④ 进一步填色,体现画面色彩层次。

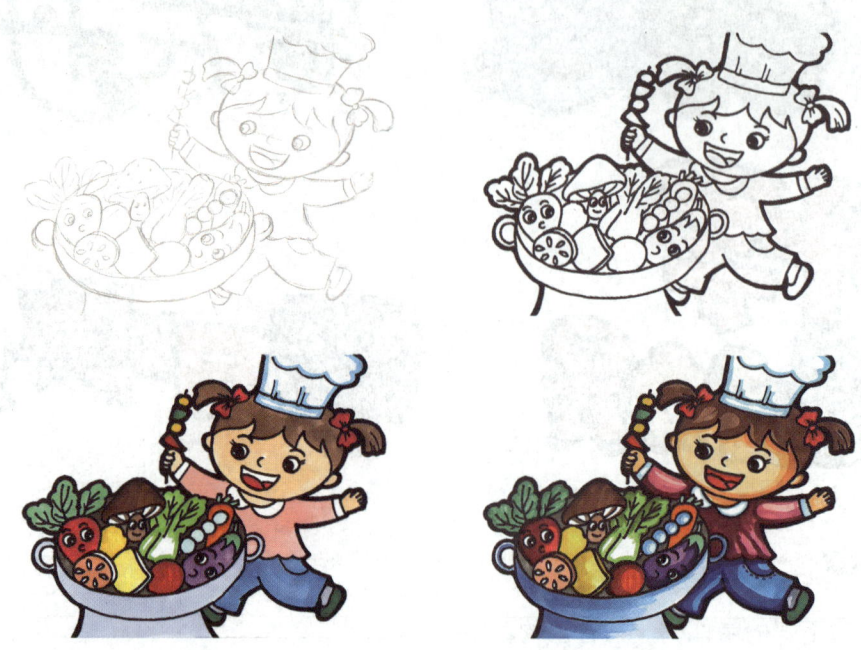

"美食街"插图绘制步骤

2. 区域标识设计制作方法
① 设计画稿,体现区域特色和用途。
② 根据区域特征和用途完成美术字书写。
③ 根据画稿完成标识插图的绘制,做到图文巧妙结合。
④ 剪贴并装饰完成。

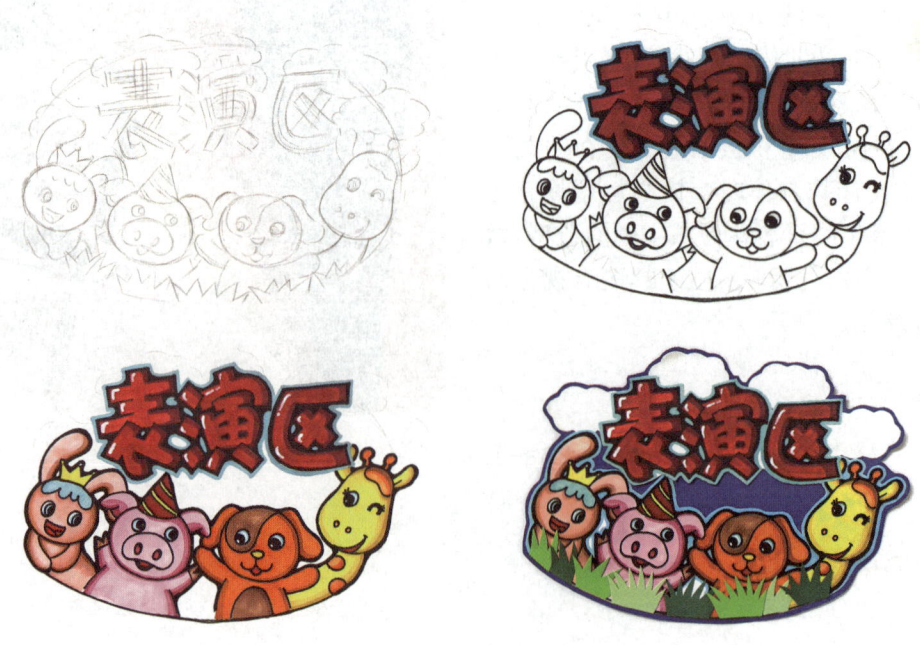

"表演区"标识设计制作步骤

三、幼儿园区域标识设计作品

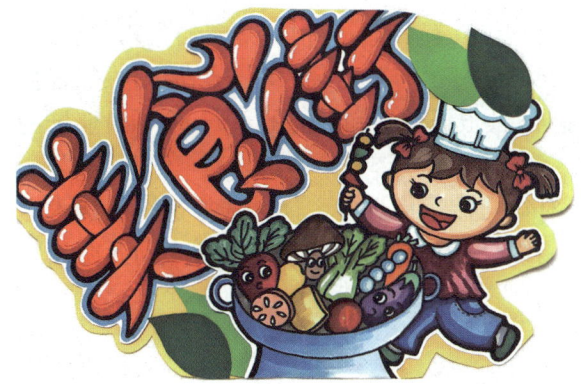

美食街

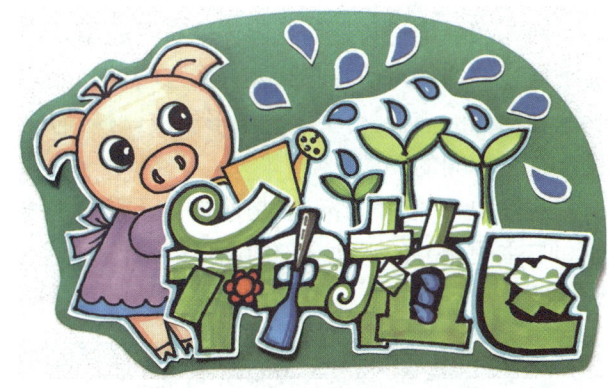

种植区

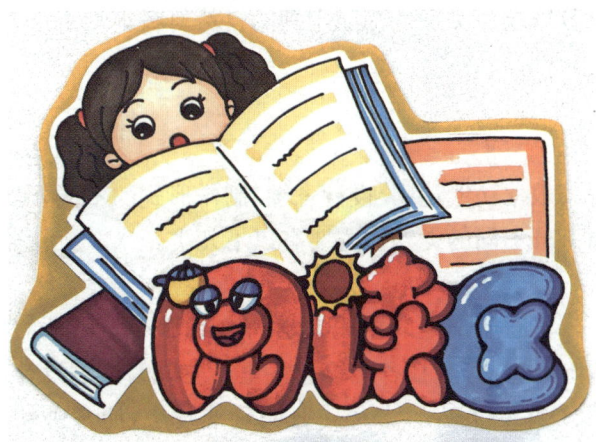

阅读区

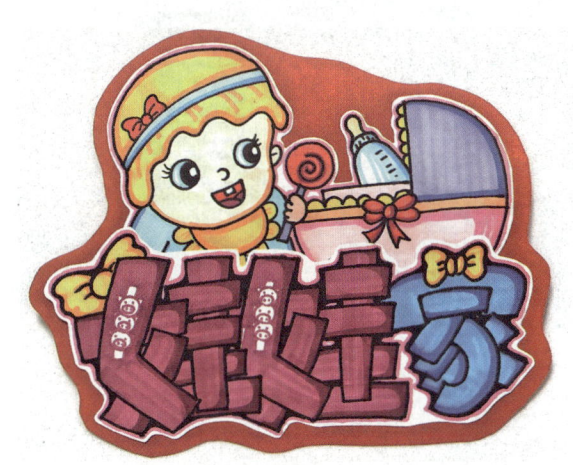

娃娃家

益智区

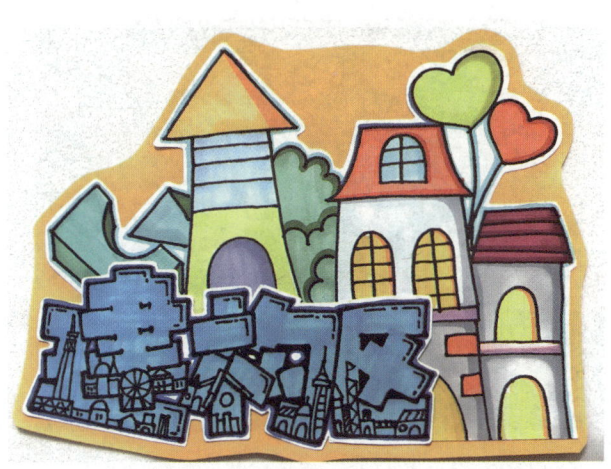

建构区

学习建议

设计并制作一个幼儿园区域标识牌。

模块三　幼儿园墙饰设计与制作

幼儿园墙饰设计是幼儿园环境布置的重要内容之一,它不仅具有装饰、美化幼儿园的作用,更重要的是通过墙饰能对幼儿起到教育和启智的作用,是对幼儿施以教育的有效途径。幼儿园墙饰一般根据主题和功能的需要,由文字和图形组成,材料的使用多种多样,且根据位置和功能的不同,墙饰对墙饰的设计有着不同的要求。

这其中,文字作为标题,是连接各元素的主线,图形是对幼儿传达信息的主体。选择适合的美术字体和与主题相关的生动有趣的图形,设计适合主题要求的墙饰,以配合相应的教育要求,是幼儿园墙饰设计的重点。

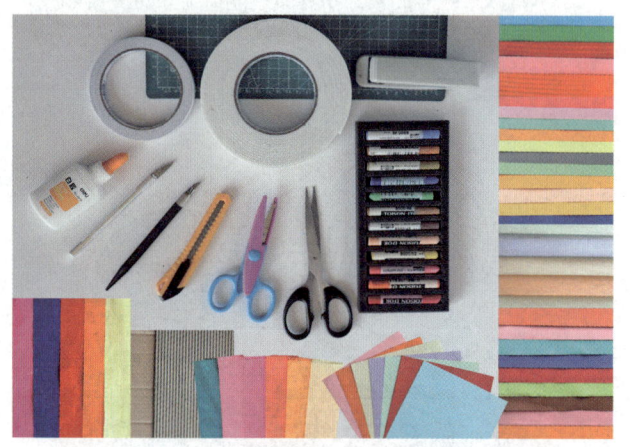

幼儿园墙饰设计工具材料

一、工具材料

油画棒、记号笔、彩色卡纸、海绵纸、双面胶、泡沫胶以及各类做墙饰能用到的自然材料等。

二、墙饰设计基础知识

(一) 墙饰类型

根据功能使用、设计意图、制作形式的不同,墙饰有着不同的类型。主要有以下几类:

1. 主题墙饰

主题墙饰是以相关教学内容或活动为主题的墙饰,主要分布在各班级教室里。主题墙饰的设计要求主题突出,体现相关阶段教育内容,在教室整体的设计风格和内容上都要有明确的呼应,通常师幼合作,共同完成。如主题墙饰《我和南瓜是好朋友》《我上幼儿园啦》等。

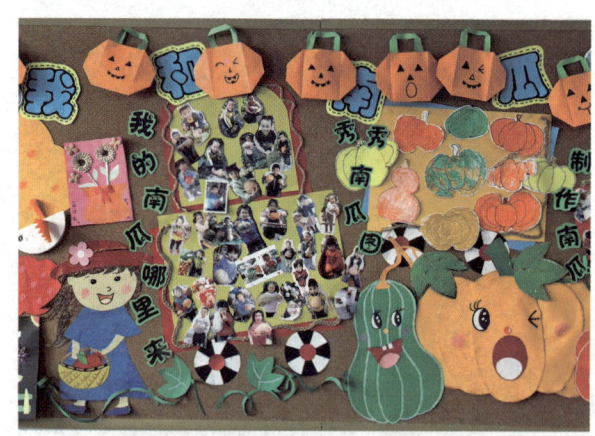

主题墙饰《我和南瓜是好朋友》

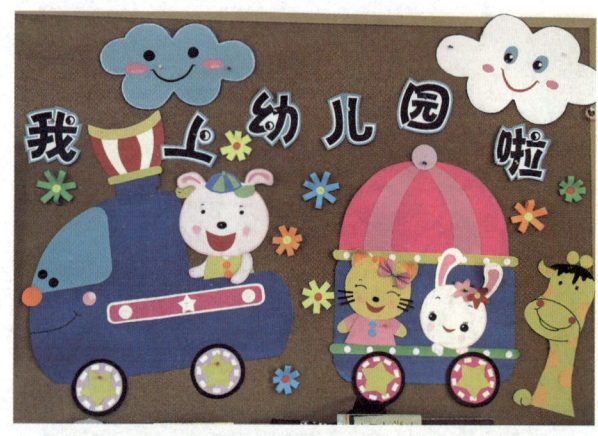

主题墙饰《我上幼儿园啦》

2. 常规墙饰

常规墙饰是针对幼儿园各场所所做的具有装饰作用的墙饰。一般情况下,常规墙饰使用时间较长,因此对墙饰设计的整体性和装饰性有较高的要求。

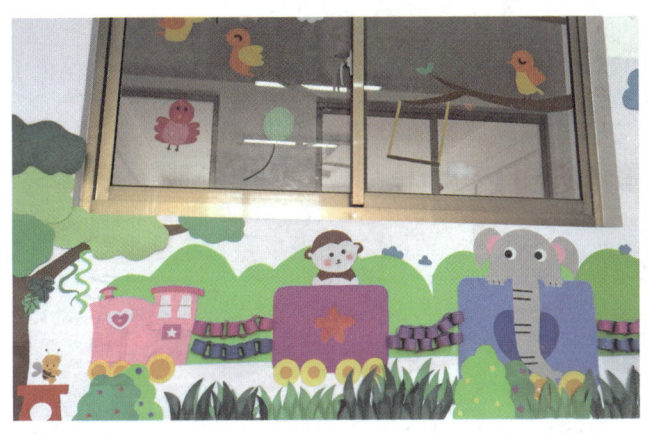

常规墙饰《丛林伙伴》

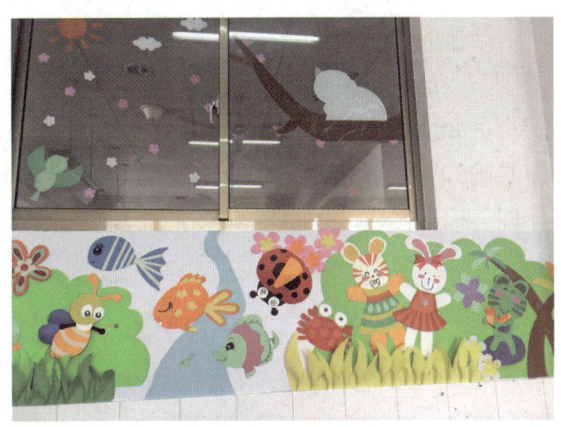

常规墙饰《好朋友》

(二)墙饰常用表现形式

1. 剪贴式

剪贴式墙饰以墙面为底,运用各种纸材以及各种易加工的材料,通过剪、切、折、粘贴等手法制作而成。

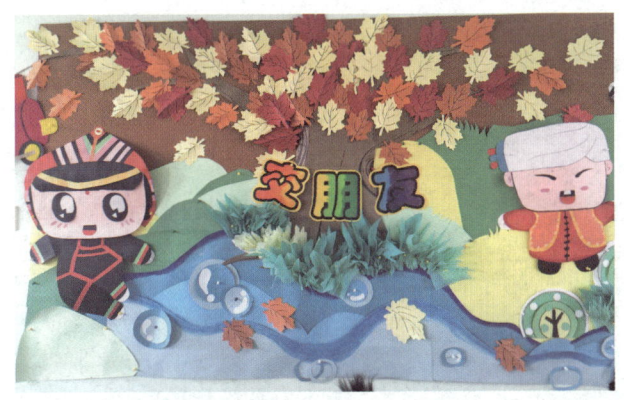

剪贴墙饰《交朋友》

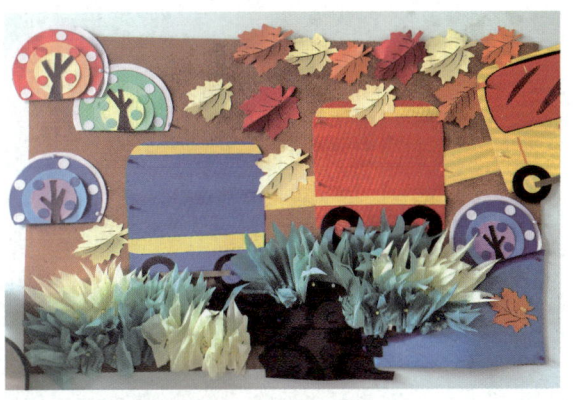

剪贴墙饰《秋来了》

2. 壁画式

壁画式墙饰通常画面较大,通过整体规划,以墙绘的形式表现,对绘制材料、表现手法、视觉效果有着较高的要求。

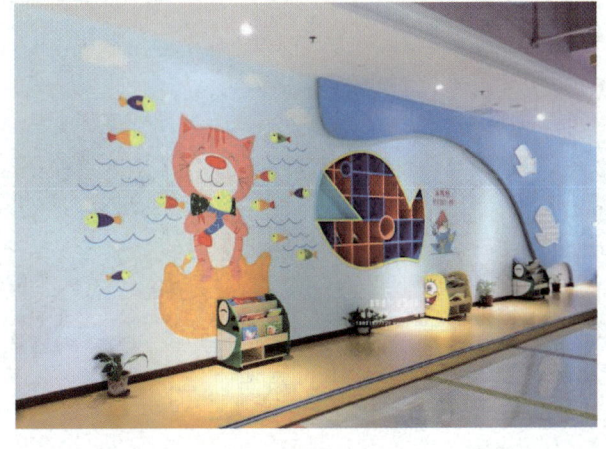

壁画墙饰《好朋友》

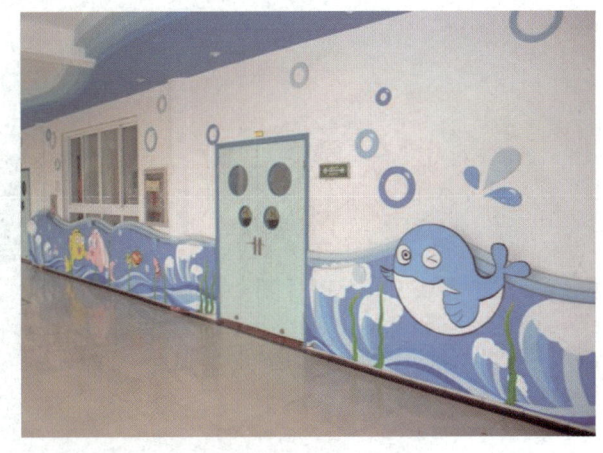

壁画墙饰《海洋世界》

三、幼儿园墙饰设计制作技法

（一）墙饰设计图的绘制方法

近年来，各类基本功比赛对环境布置的考核通常为完成主题墙饰的设计图形式，对此在掌握墙饰设计基础知识的情况下，对设计图的绘制要求较高。需做到主题突出、色彩对比鲜明、各部分版块设计合理。

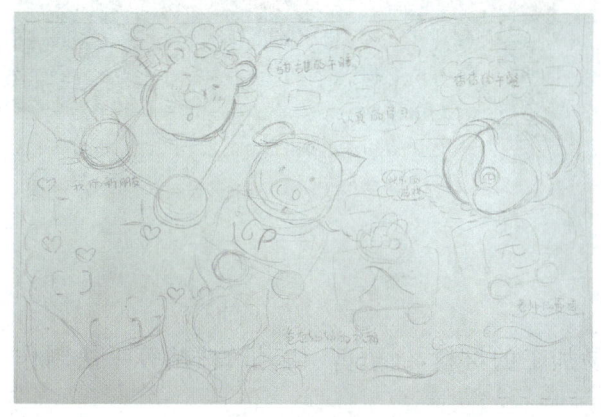

勾画草图，完成板块分割

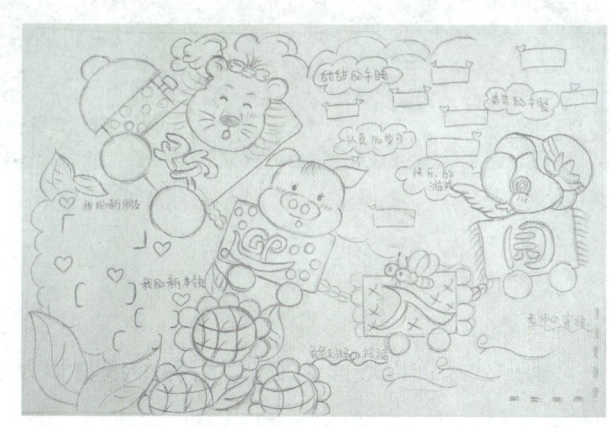

添加细节，完成线稿

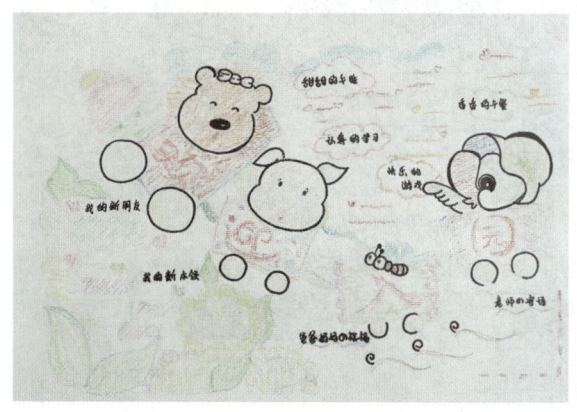

标注板块内容、材料使用等，标注颜色

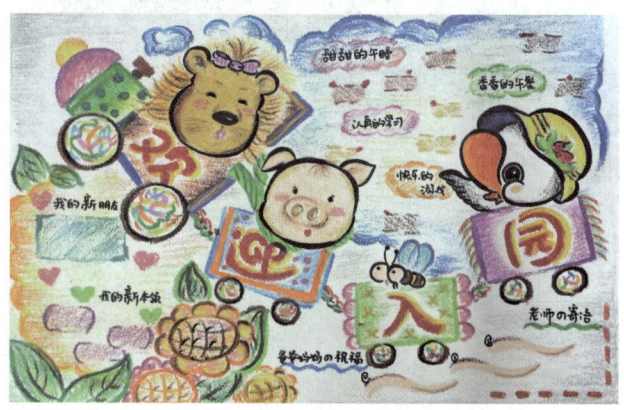

调整并完成

（二）墙饰的制作技法

以剪贴类墙饰为例，制作技法主要有剪、切、折、粘贴、卷、压、上色等技法。

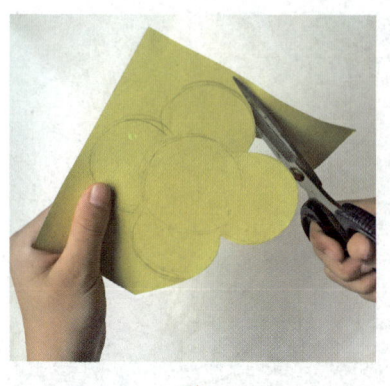

剪

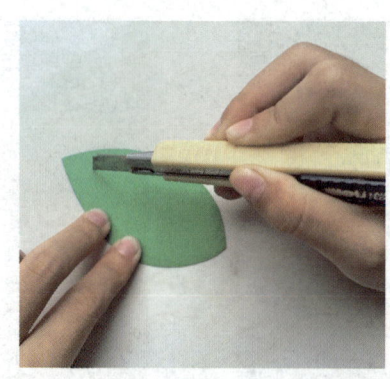

切

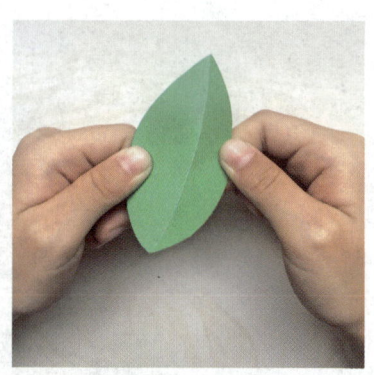

折

第七章 赞民间美术字设计之巧妙

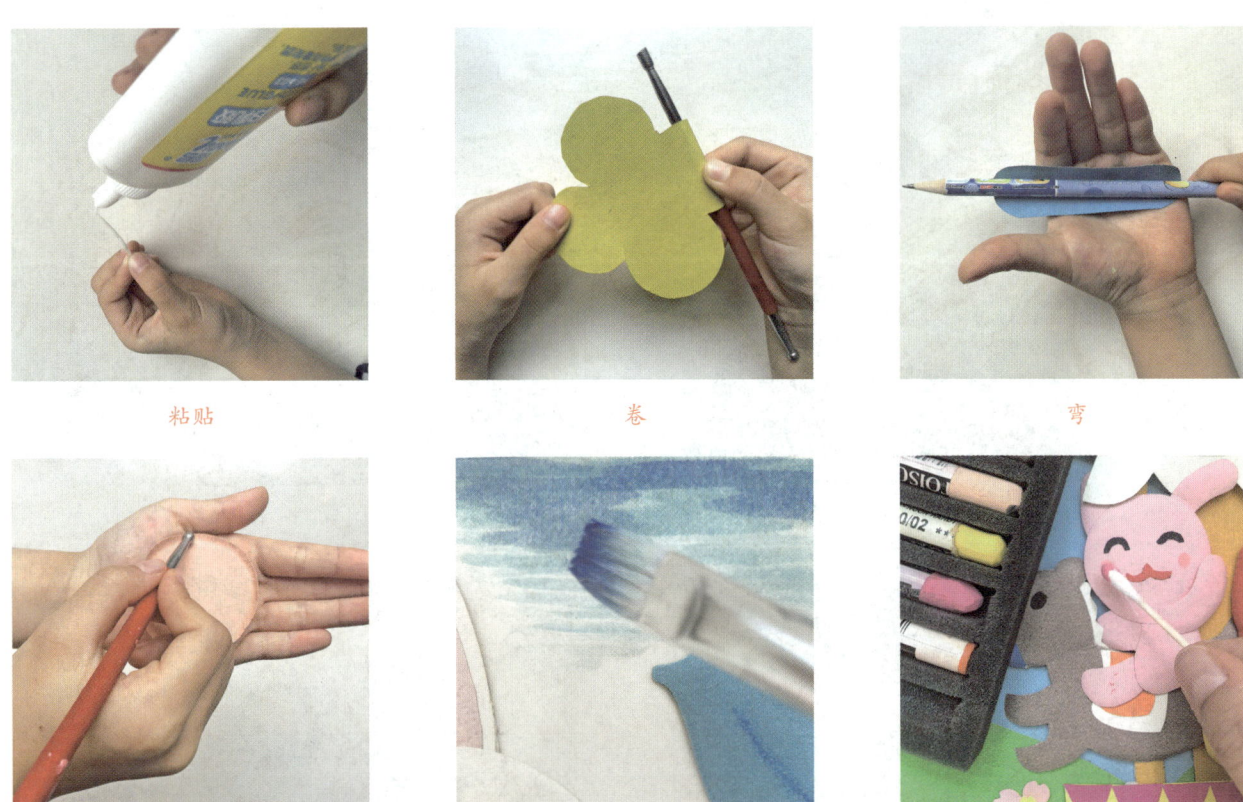

粘贴　　　　　　　卷　　　　　　　弯

压凸　　　　　　　上色　　　　　　　上色

制作步骤按照画稿、剪贴、装饰等步骤完成，一般遵循从里到外、先大后小的制作原则。

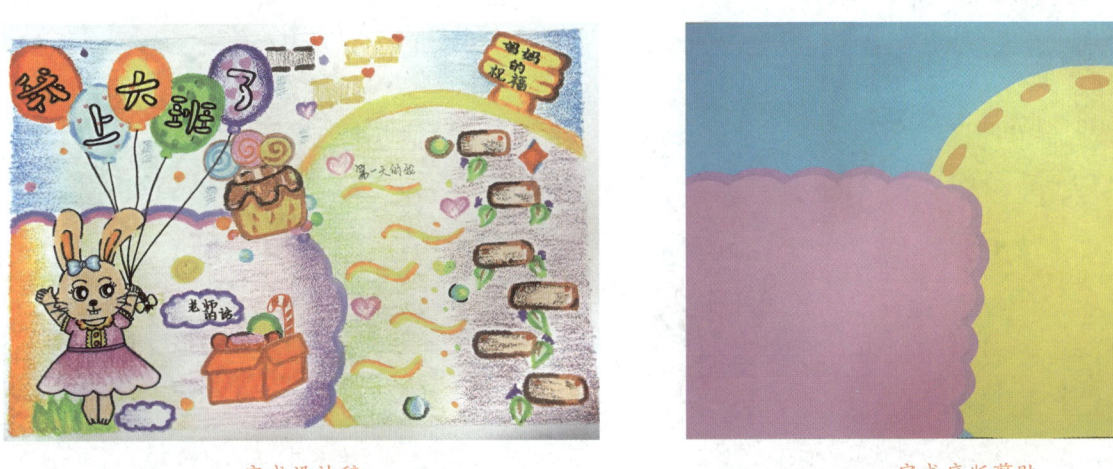

完成设计稿　　　　　　　　　　　完成底版剪贴

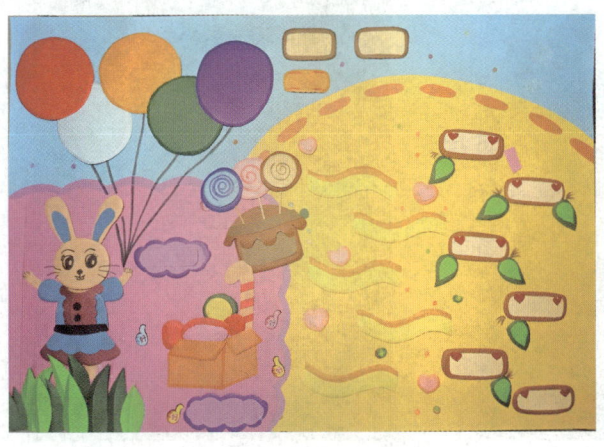
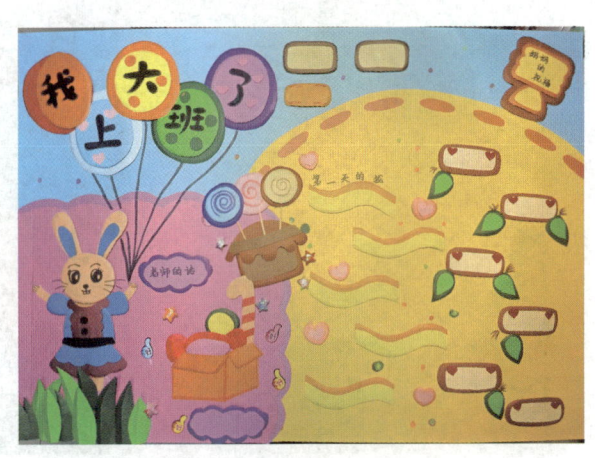

完成各部分剪贴，力求层次突出　　　　剪贴美术字，整体调整并完成

四、幼儿园墙饰设计作品

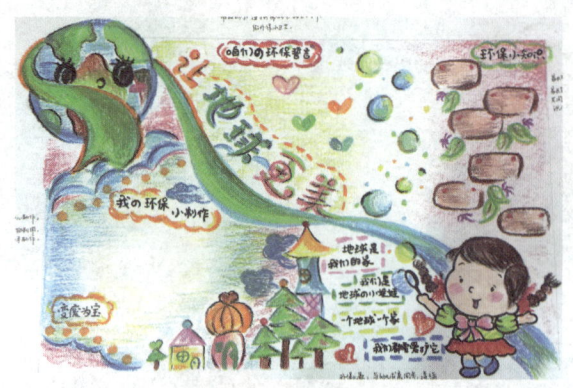

主题墙饰设计《让地球更美》

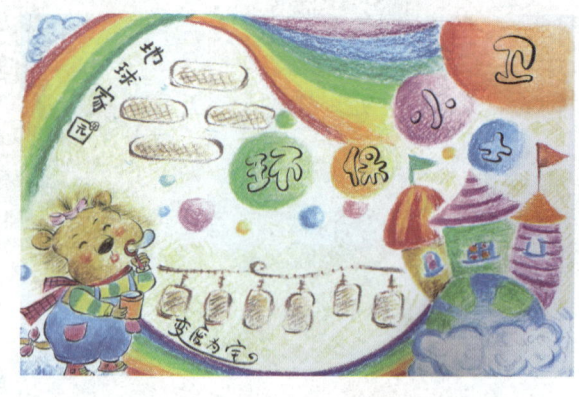

主题墙饰设计《环保小卫士》

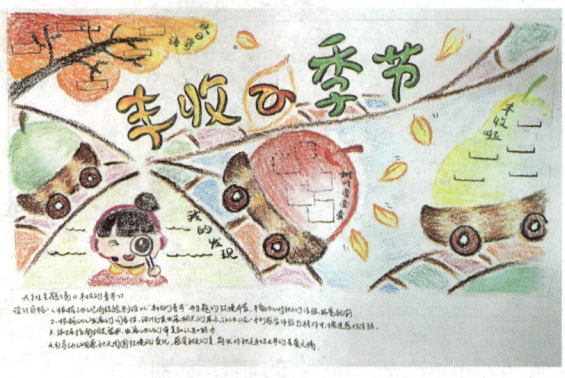

主题墙饰设计《丰收的季节》

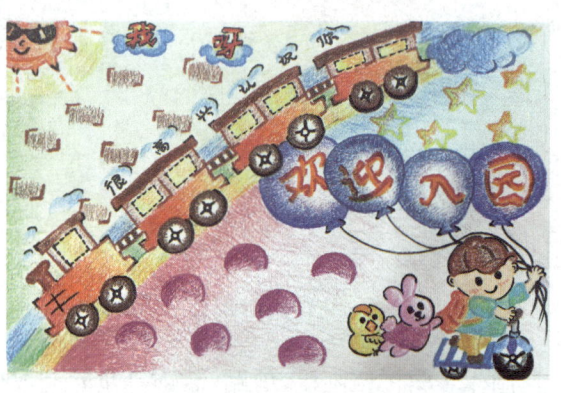

主题墙饰设计《欢迎入园》

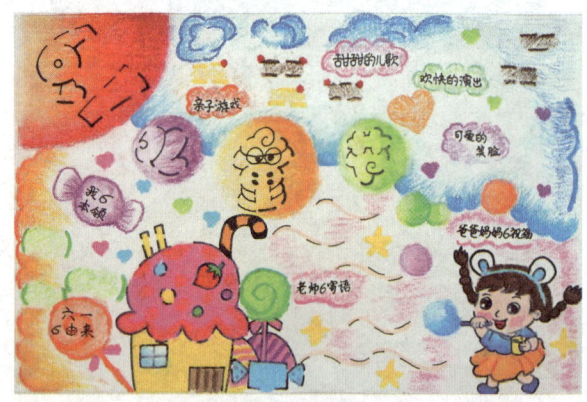

主题墙饰设计《六一儿童节》

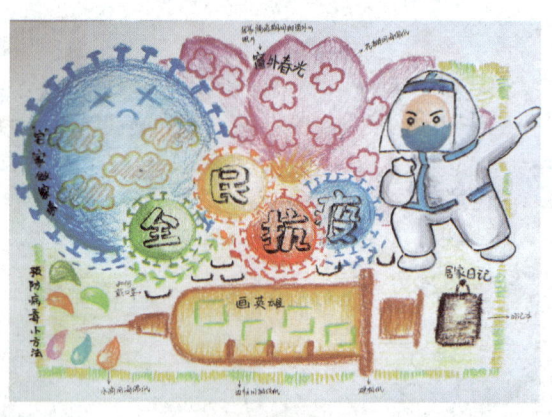

主题墙饰设计《全民抗疫》

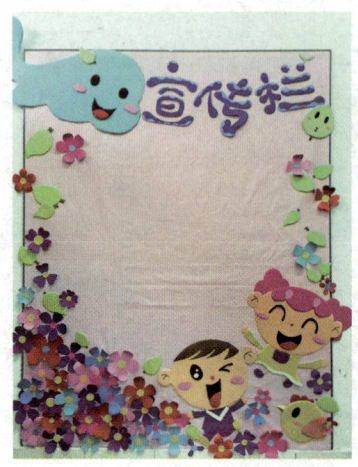

墙饰设计《宣传栏》

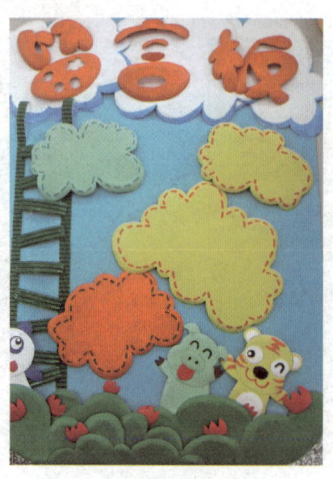

墙饰设计《留言板》

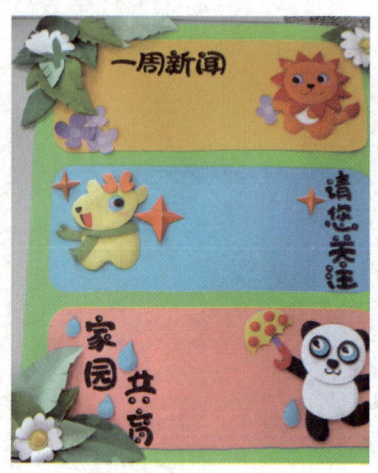

墙饰设计《家园信息栏》

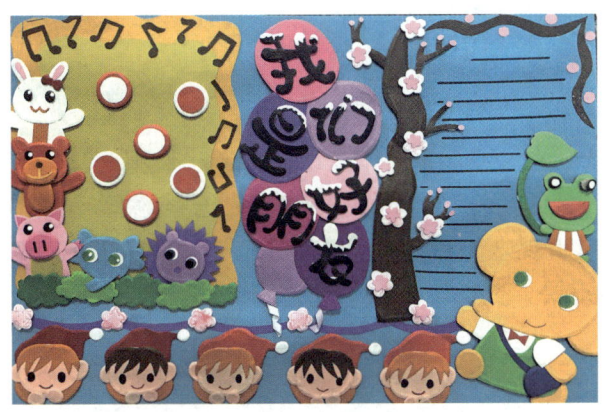
主题墙饰设计《我们是好朋友》

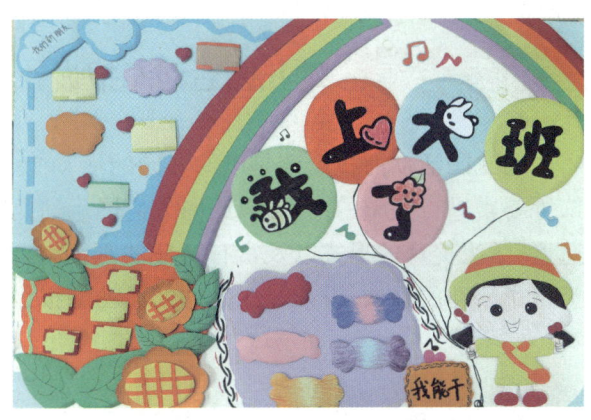
主题墙饰设计《我上大班了》

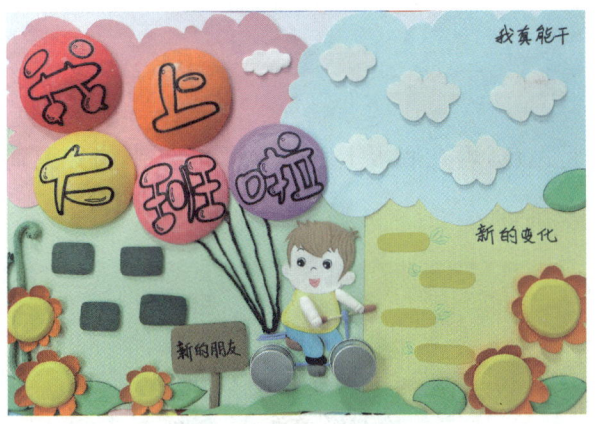
主题墙饰设计《我上大班啦》

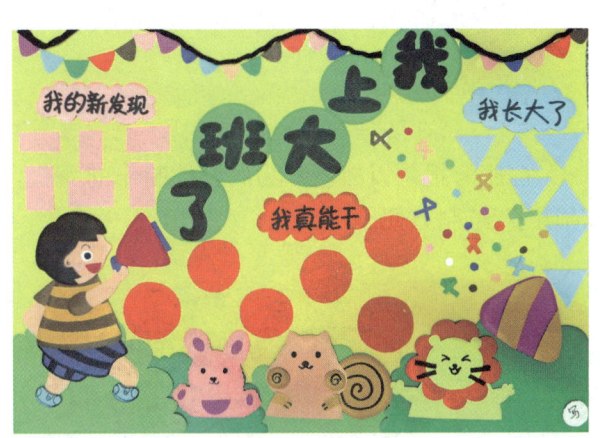
主题墙饰设计《我上大班了》

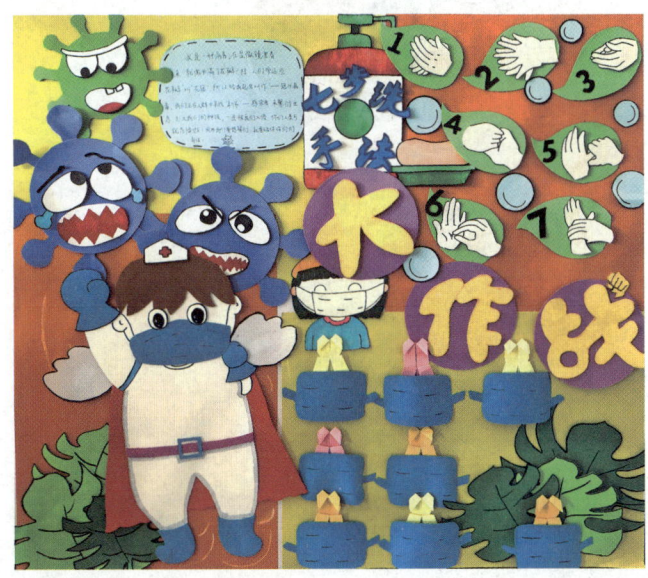
主题墙饰设计《防疫大作战》

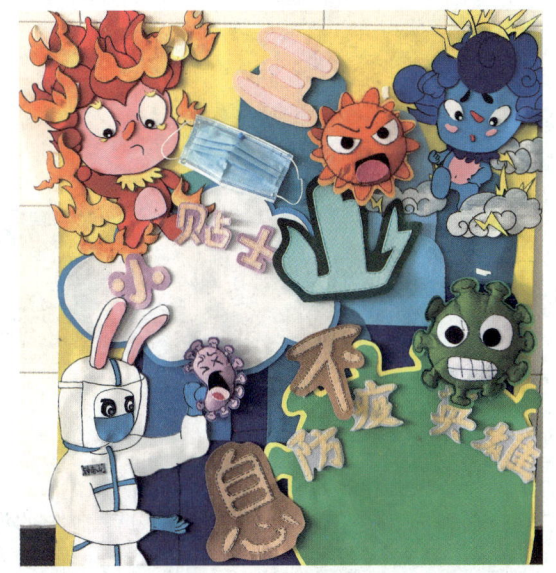
主题墙饰设计《三山不息》

学习建议

1. 根据主题完成墙饰的设计图。
2. 根据主题完成幼儿园主题墙饰的布置。

拓展与提高　幼儿园活动海报设计

幼儿园活动海报设计是以幼儿园的活动为主要内容，通过版面的整体设计，将文字、插图、色彩、装饰等要素进行完整的结合，以此向人们展示幼儿园活动信息的表现形式。它以鲜艳的色彩、生动有趣的造型、活泼美观的形式以及富有童趣的画面，在活动中吸引观众的目光，营造活动气氛。随着幼儿园各类精彩活动的开展，设计一张优秀的活动海报显得尤为重要。

一、工具材料

马克笔、记号笔、白卡纸、彩色卡纸、剪刀、双面胶等。

二、幼儿园活动海报基础知识

（一）海报形式

1. 白底海报

白底海报是以白色纸为底设计制作的海报，因底色是白色，可在底板上直接书写和绘制，特点是简洁明了、绘制方便。

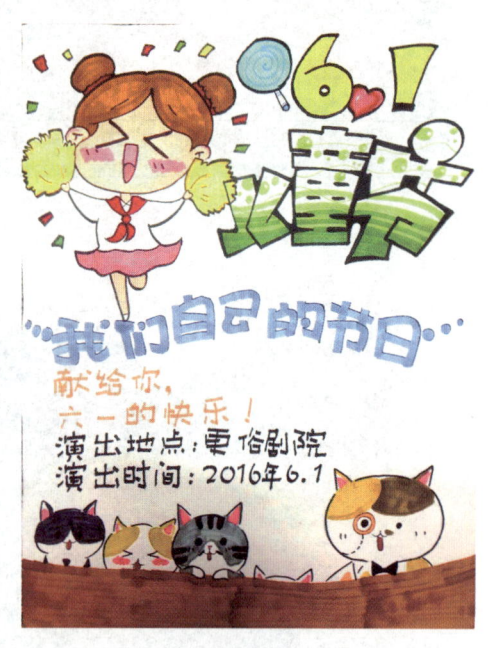

白底海报《儿童节》

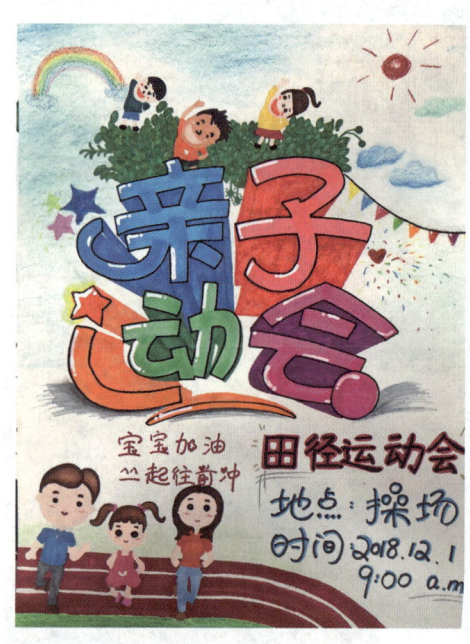

白底海报《亲子运动会》

2. 彩底海报

彩底海报是以有色纸为底板设计制作的海报，因底板有色，需在白底上绘制完成后做剪贴。特点是色彩丰富、整体富有对比，与白底海报相比更具有视觉效果。

（二）海报内容

1. 主标题

主标题是海报的重心，是传达活动信息的主体，应做到字体醒目、清晰，阅读容易，字数不宜过多。如"一起去春游""吉狮舞新春"等。

2. 副标题

副标题在活动海报中对主标题起到补充说明作用，有画龙点睛的效果。如主题活动"手掌印画"，副标题为"美术活动"。

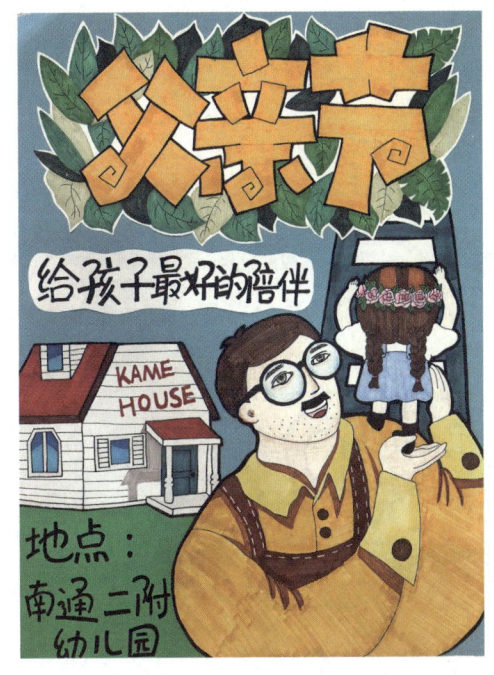
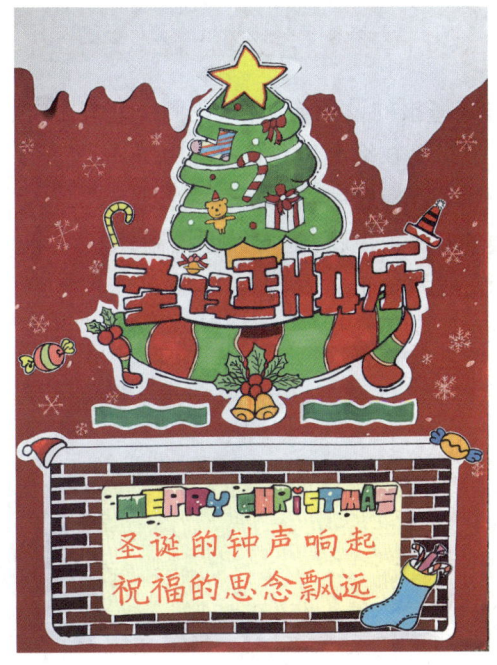

彩底海报《父亲节》　　　　　　　彩底海报《圣诞节》

3. 正文

正文简明扼要说明海报活动内容，并交代清楚活动的时间和地点。

4. 插图

插图是穿插在文字中用于补充解释和说明文字内容的图画，形象生动的插图在海报中更能烘托活动的主题，增强视觉冲击力。

5. 装饰图案、框饰

在海报的设计中，通常会有一些空缺的地方，装饰图案和框饰能起到填补画面空白、丰富画面的效果。

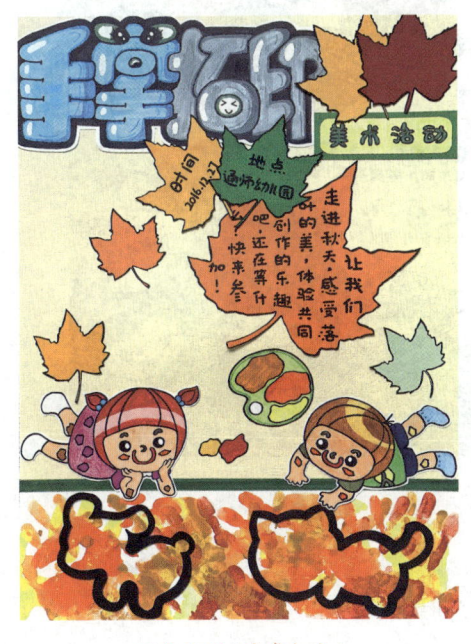
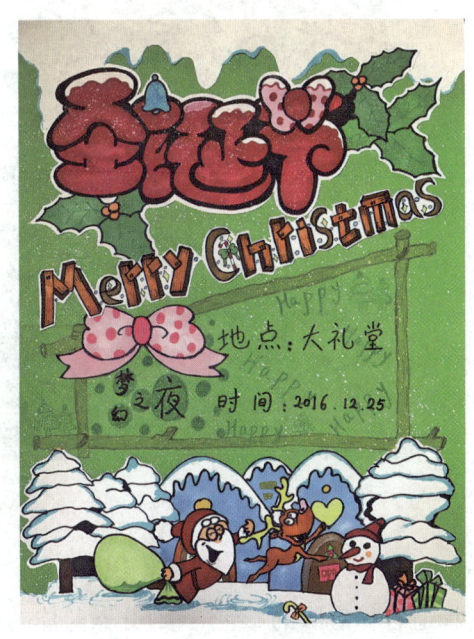

彩底海报《手掌拓印》　　　　　　彩底海报《圣诞节》

三、幼儿园活动海报设计制作方法

以白底海报的设计与制作《我们一起春游》为例：
① 用铅笔在纸上做整体的排版布局。
② 书写好标题字，完成字体装饰。
③ 根据海报主题，完成插图绘制。
④ 完成海报正文内容。

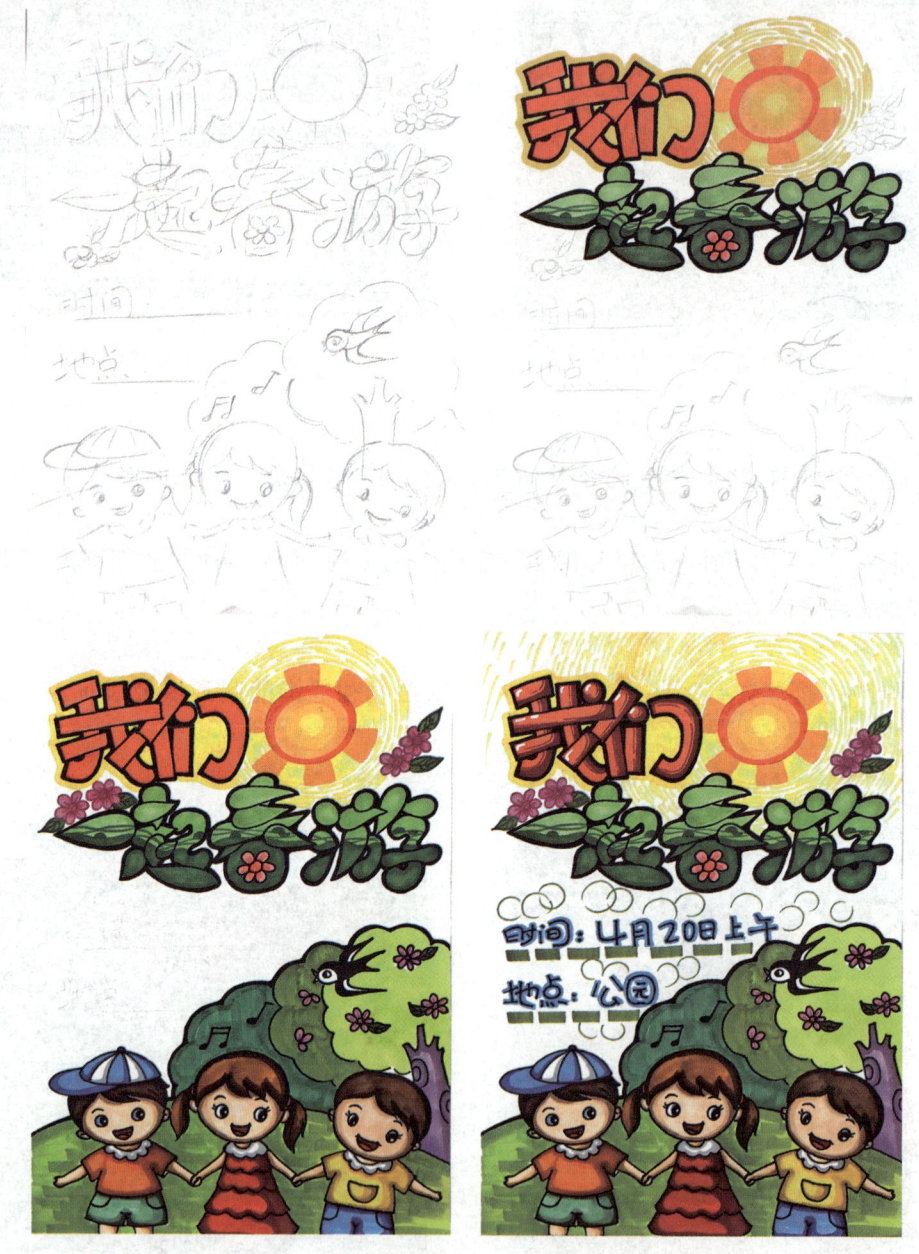

白底海报制作步骤

以彩底海报的设计与制作《圣诞节》为例：
① 选择适合做底版的彩色卡纸，并做整体的排版布局。
② 在白底纸上排版，书写好标题字，完成插图绘制。
③ 留边剪下，粘贴到彩卡底版上。
④ 补充海报正文内容。

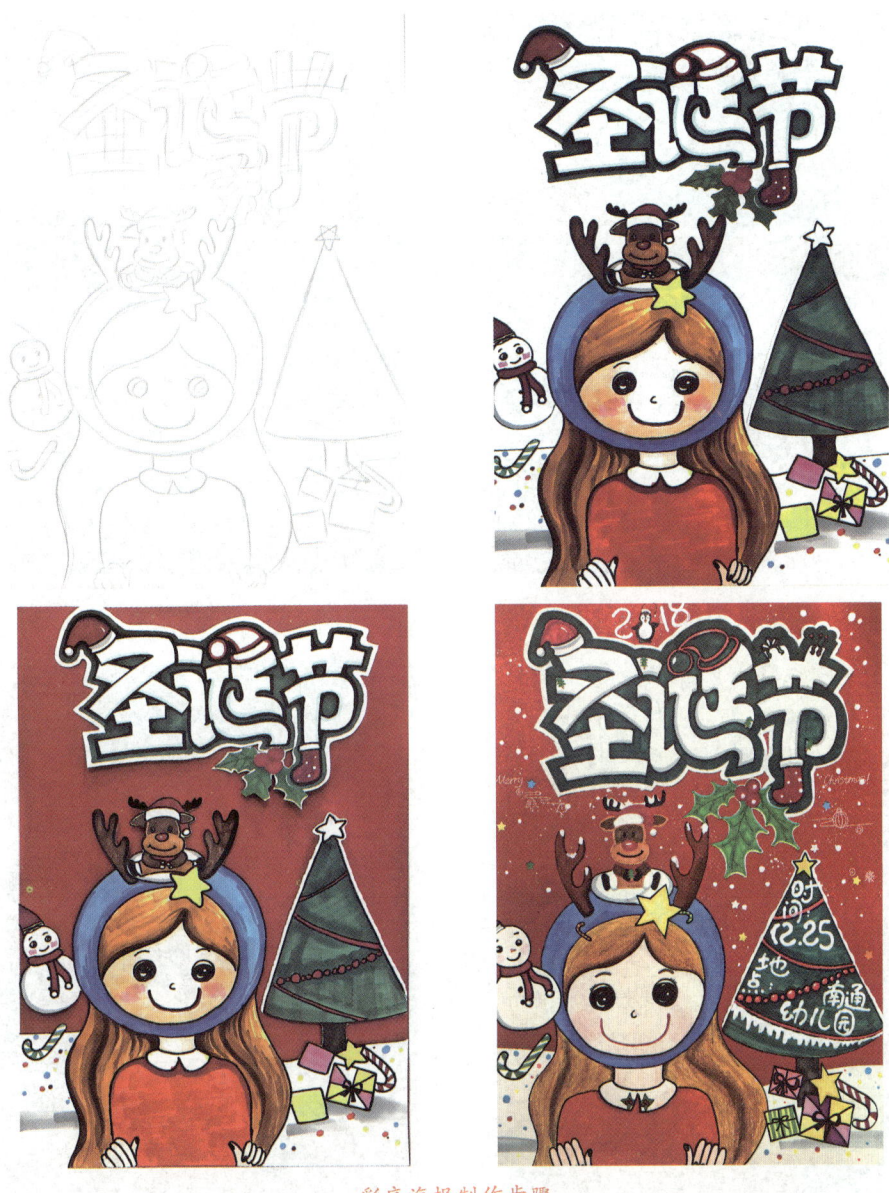

彩底海报制作步骤

四、幼儿园活动海报设计作品

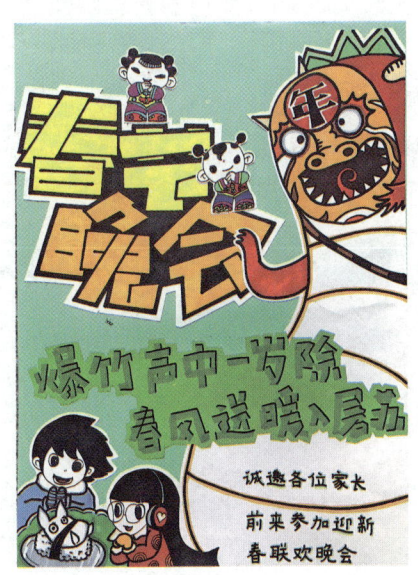

彩底海报《春节晚会》

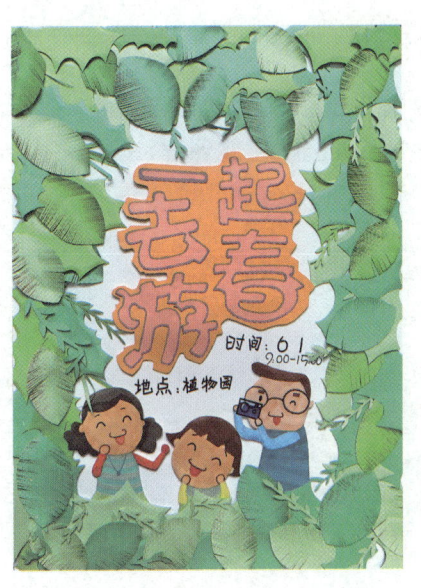

白底海报《一起去春游》

绘画：从民艺赏析到童趣表达

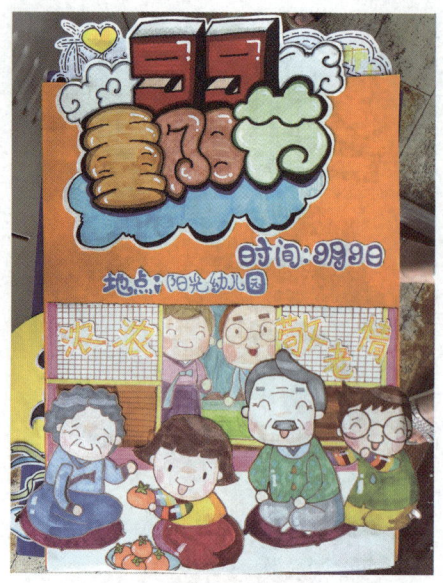
彩底海报《九九重阳节》

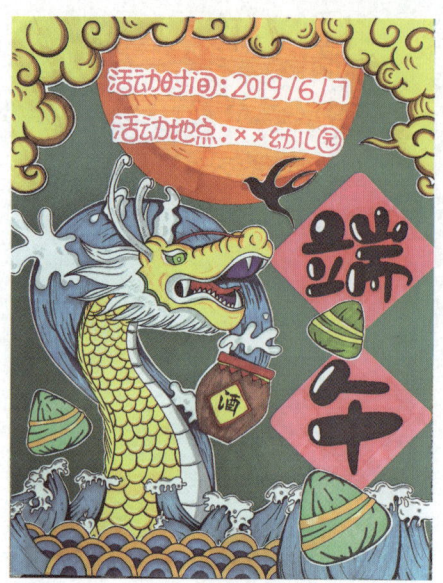
彩底海报《端午》

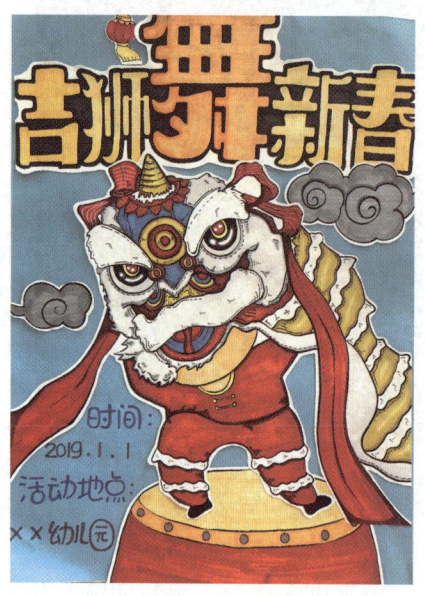
彩底海报《吉狮舞新春》

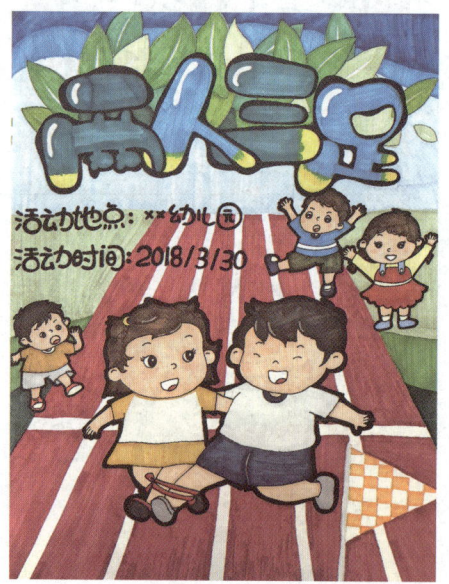
白底海报《两人三足》

学习建议

1. 根据节日主题，为幼儿园设计一张节日主题活动海报。
2. 根据幼儿园的主题课程，设计一张课程观摩活动的海报。

第三部分　幼儿园实践与运用

从传统的探寻中我们感受了民间丰富多彩的美术字，也感受到了汉字文化的博大精深，从幼儿园美术字的设计及应用的学习中，我们了解到美术字在幼儿园的运用非常广泛。在幼儿园，我们随处都能看到美术字的身影。

我们可以将美术字运用于幼儿园的环境布置中，设计制作幼儿园的区域标识和各类墙饰。一个设计精美、文字清晰、极具特色的区域标识，能区分不同活动区域，还能有效引导幼儿建立良好的区域活动规则意识。精心设计制作的富有童趣的墙饰是主题课程和活动的一部分，教学中让环境成为幼儿的"老师"，活动中让幼儿共同参与布置，让幼儿成为环境的主人。

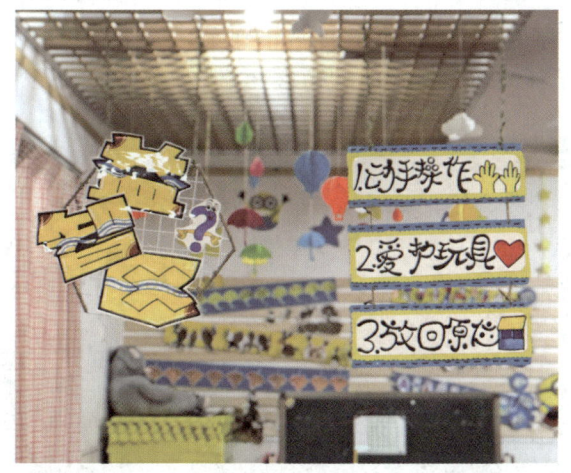

益智区区域标识

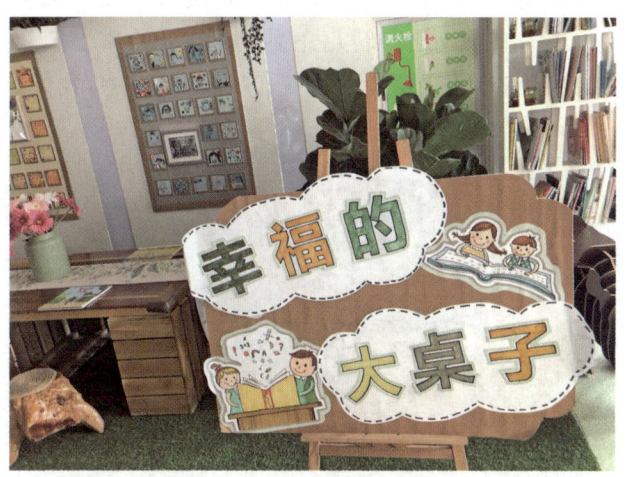

阅读区区域标识

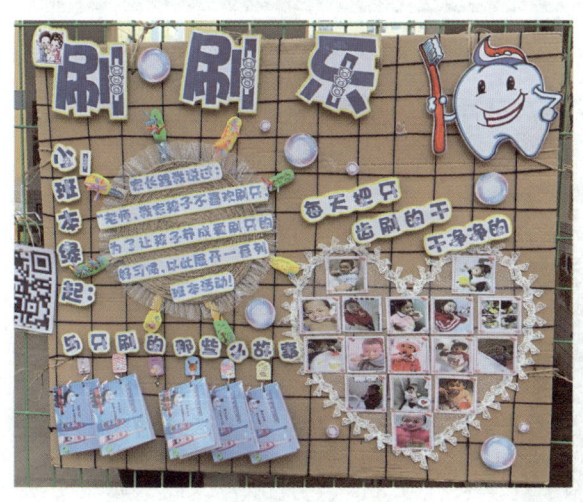

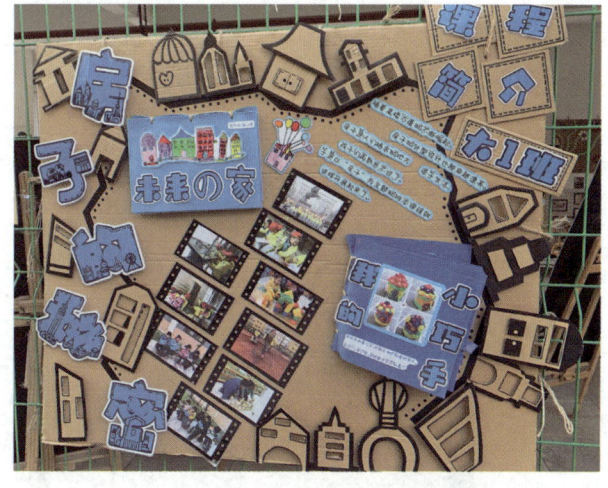

课程展示墙

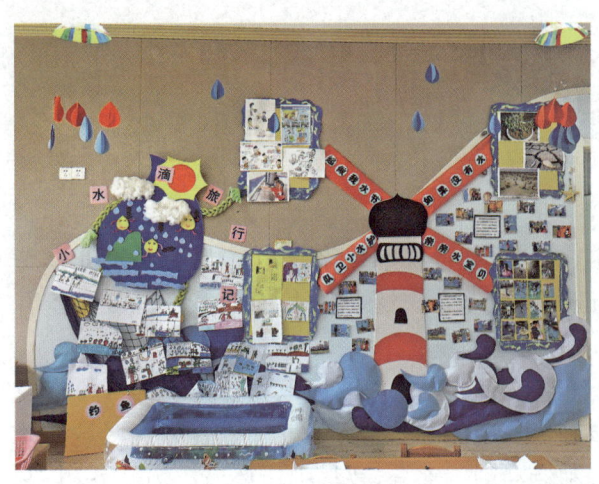
主题课程墙饰《水滴旅行》

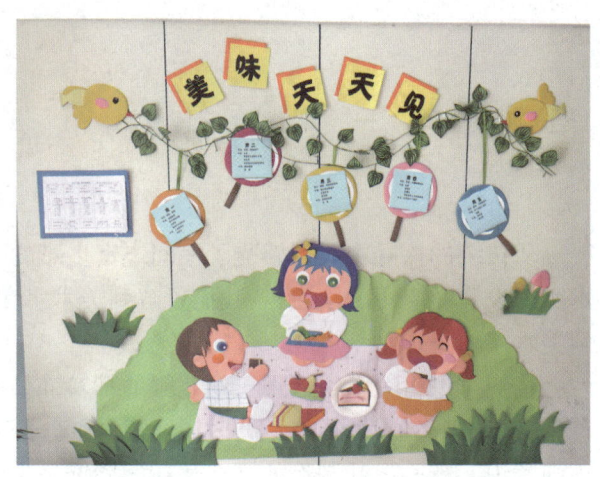
幼儿园食谱墙饰

我们可以将美术字运用在各类教育教学活动的展示和宣传中。如绘本阅读活动中,可以用海报的形式图文并茂地向幼儿介绍各类优秀绘本。节日来临,我们可以制作海报向幼儿和家长展示各班级主题活动的开展内容。在主题课程的汇报中,我们可以制作宣传板做班级活动精彩介绍等。

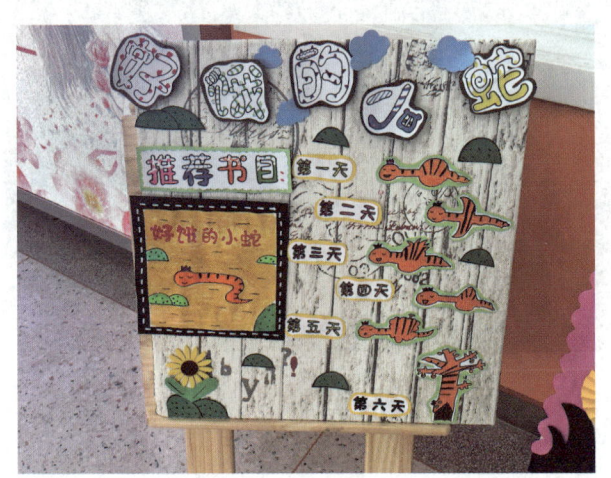
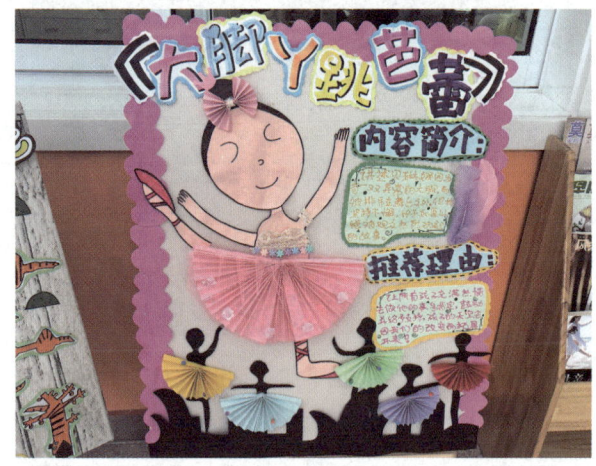
幼儿园绘本宣传海报

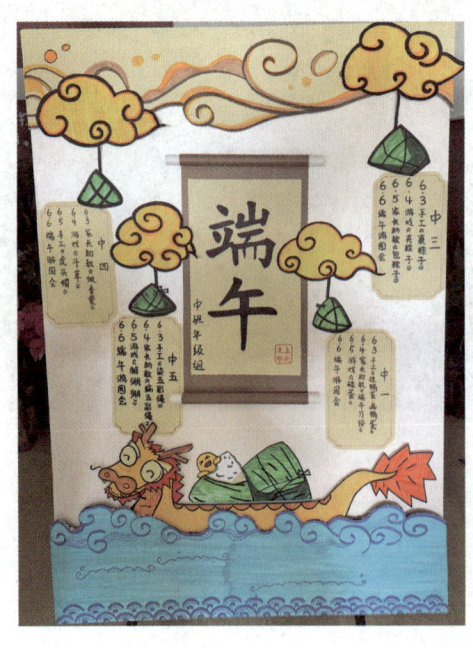
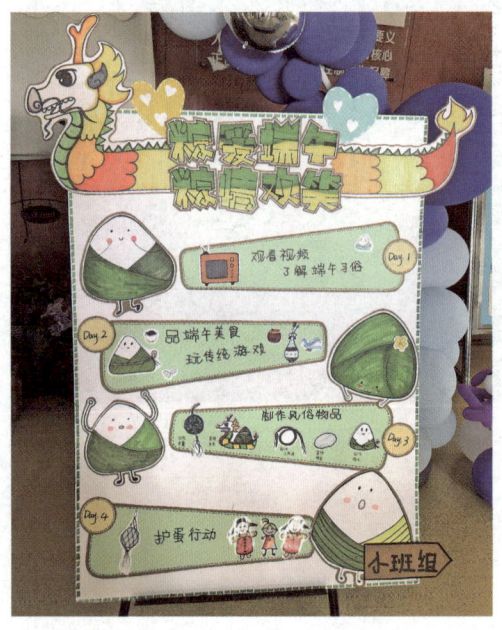
幼儿园端午活动海报

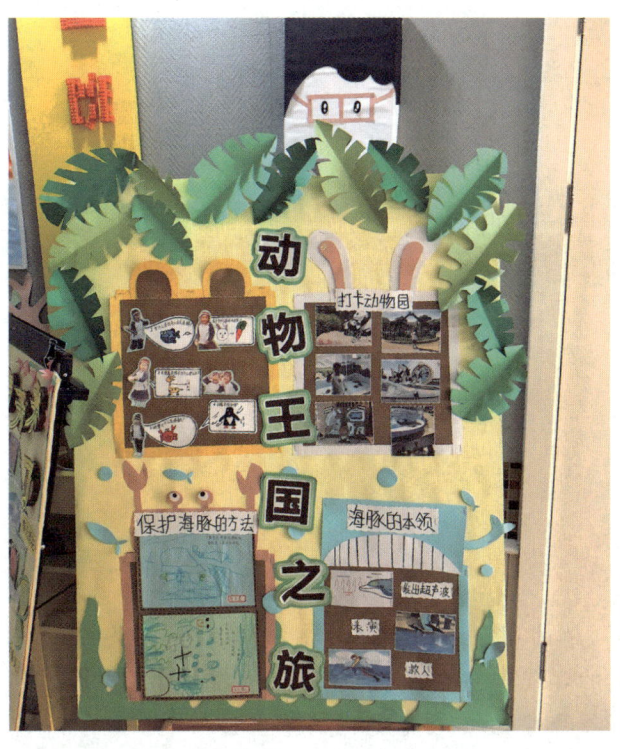
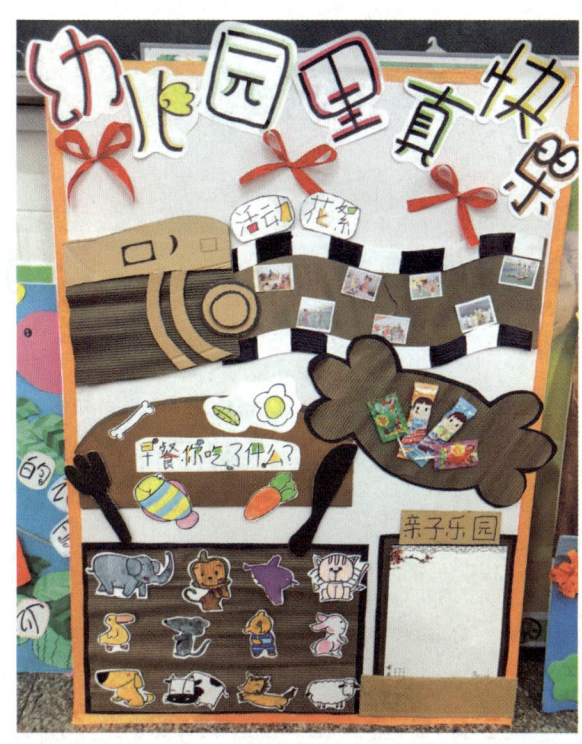

幼儿园主题活动宣传板

我们还可以将美术字拓展运用到幼儿园的玩教具制作中，富有童趣的字体给自制玩教具增添了美感，增加了辨识度。这些更贴近教学、更贴近幼儿年龄特征的自制玩教具对于培养幼儿的动手能力、补充教学的内容、激发学习时的欢乐情绪有着积极的意义。

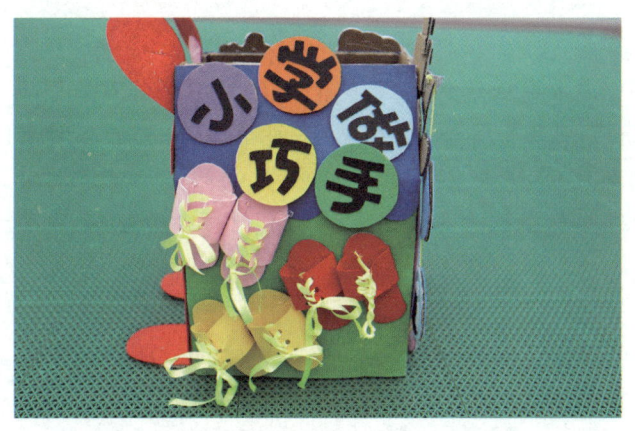
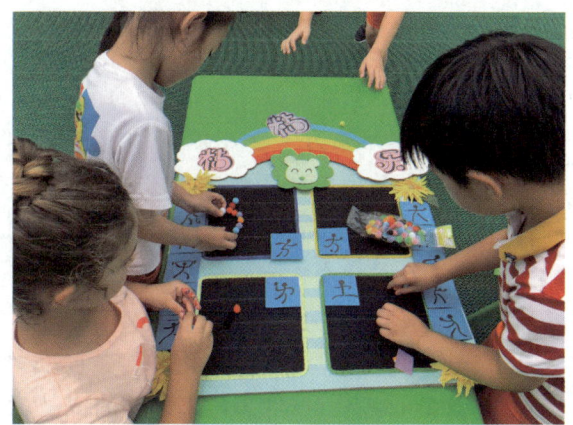

幼儿园自制玩教具　　　　幼儿体验自制玩教具

由此看来，写好美术字是每一位幼儿教师必备的专业技能，美术字将运用于幼儿园区域标识、墙饰设计、活动海报等各个方面，是日常教学、环境布置和主题活动中不可或缺的艺术形式。

学习建议

以小组为单位，收集周边幼儿园有关美术字、区域标识、活动海报、墙饰设计运用的图片资料，分组交流并讨论。

第八章

叹 齐白石水墨艺术之灵动

学习导语

齐白石是我国20世纪最著名的国画艺术大师,他的作品笔墨刚柔相济,形象灵动活泼、神韵十足。他成功地以经典笔墨意趣传达了中国画的现代艺术精神,把现代国画推到了新的高度。在这一章节中,我们将探寻齐白石水墨艺术的独特表现,学习水墨画的笔墨技法,尝试以水墨意趣表现童真童趣,在实践中加深对经典水墨艺术的理解。

第一部分 探寻经典水墨画

齐白石故居旁有个星斗塘,幼年的阿芝(齐白石小名)常在塘边钓虾玩耍,与虾结缘。齐白石早年临摹古人画的虾,后来为了画好虾,他在案头的水盂里养了几只长臂虾,每日观察,再写生,群虾的各种动态都在笔墨中表现。再后来,他在用笔用墨上不断创新变化,使虾体有了透明感,他画的虾感觉湿淋淋的,好像真的在水中游动,一张白纸变成了一溪清水,这些都得益于白石老人的艺术创新。而虾,也成了他代表性的艺术符号之一。

齐白石(1864—1957),湖南湘潭人,原名纯芝,小名阿芝,名璜,字渭清,号兰亭、濒生,别号白石山人,遂以齐白石名行世,他集诗书画印的成就为一身,是我国20世纪最著名的国画艺术大师。齐白石一生创作了众多优秀作品,为我们后人的学习提供了宝贵的艺术资源,也为我们指引了作品创新的道路。

纵观齐白石一生的创作生涯,大概分为三个时期。初期他学做木匠,兼习画,后为画工,为乡里人画衣冠。这一时期的齐白石受民间美术影响巨大,也正是这种朴实的民间艺术气息奠定了他后来绘画的艺术风格。中期他学习传统文人画,推崇徐渭、朱耷、石涛、吴昌硕等明清以来富于创新精神的文人画家。这一时期齐白石五出五归,游历名山大川,为后期的创作提供了源源不断的灵感。齐白石后期的艺术创作是他整个艺术生涯的高峰期,"衰年变法"后他形成独特的大写意国画风格,独创"红花墨叶"一派,创作主张"妙在似与不似之间",达到了中国现代花鸟画最高峰。1953年文化部授予齐白石"人民艺术家"的称号。

齐白石的水墨画作品题材多样,生活气息浓厚,从人物、山水到乡村生活中常见的花鸟鱼虫、飞禽走兽、蔬菜瓜果等几乎无所不画,甚至还有柴扒、锄头、算盘、老鼠等大众所熟悉的题材。他的作品构图简洁,笔墨酣畅淋漓,意趣盎然,洋溢着对生活的热爱,体现质朴天真的和谐韵律。他独创的工虫花卉更是

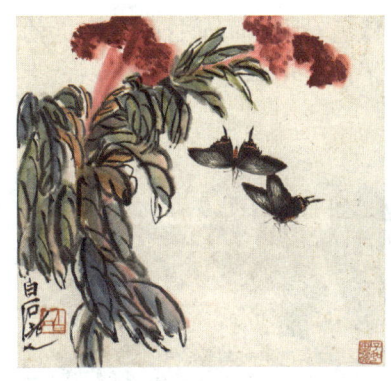
《蝶舞花间图》

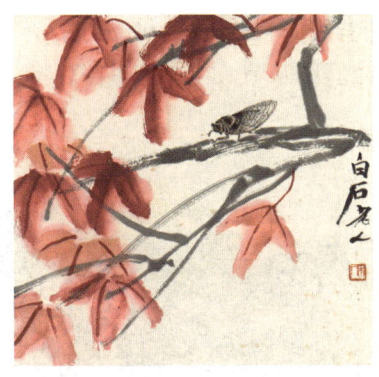
《红叶知了图》

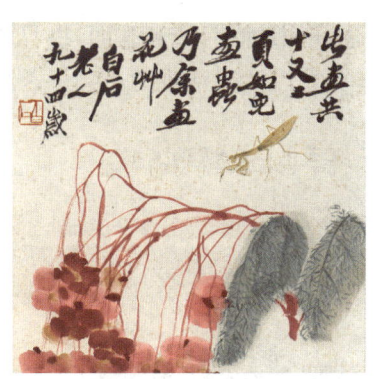
《独步螳螂图》

绝,在一张作品中以工笔手法细致入微、生动逼真地描绘昆虫,重视细节的表达,同时以写意手法豪放自如、夸张概括地描绘花卉,构成巧妙,韵趣十足。齐白石晚年的大写意作品大胆创新,用色夸张,将纯色运用于黑白水墨之中,在视觉上形成强烈的表现力。齐白石水墨作品的成就来源于对自然生活的细致观察和不断创新,以达到"似与不似",神形兼备的境界。以齐白石画虾为例,由摹古、写实到创新,通过毕生的观察研究,力求深入表现虾的神形特征。齐白石晚年画虾出神入化,虾身的节数、虾腿的数量逐渐减少,78岁时画的虾后腿只有5只,到80岁以后,他的虾真正达到似虾非虾的境界,以概括简练、虚实相济、似断实连的线条和浓淡有序的墨色变化出色地表现出了虾的生命力。纸上的虾玲珑剔透、活泼机敏,似在水中嬉戏游动一般。

齐白石的作品以文人画为根基,又广泛使用民间生活题材,作品充满了泥土的芬芳和生活气息。热烈明快的色彩,浑朴稚拙的造型和笔法,工与写的巧妙构成,形成了齐白石作品独特的艺术风格。从他的作品中能感受到天真烂漫的童心童趣,体会到画家对生活的无限热爱和富有余味的诗意。齐白石的作品从根本上继承了民族绘画的精髓,并在实践中发展,他使现代中国画有了新的生命意趣,并对现代中国画的发展产生了深远的影响。

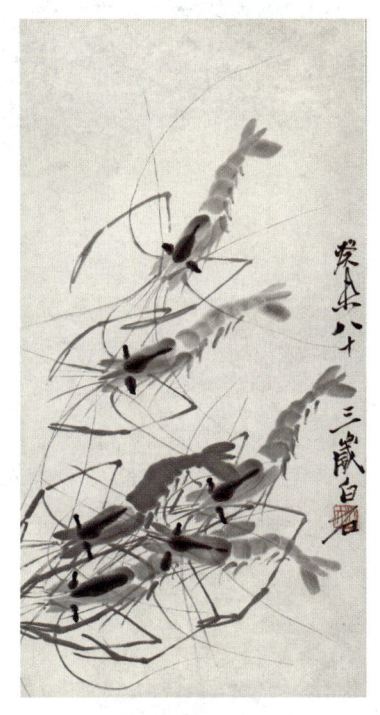
《六虾图》

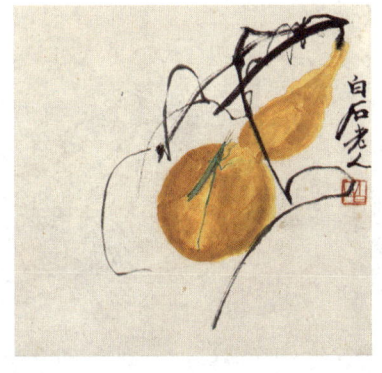
《葫芦螳螂图》

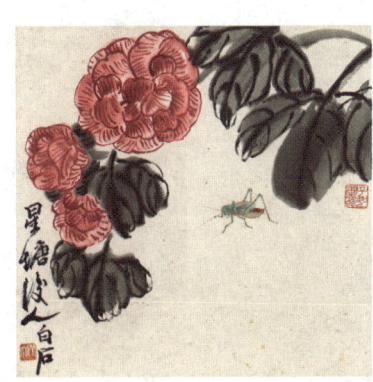
《花卉蝈蝈图》

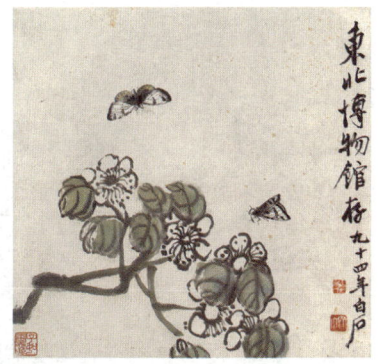
《蝴蝶双飞图》

齐白石的弟子众多,其中著名的有国画大师李苦禅、李可染、王雪涛、王铸九、许麟庐、娄师白、张德文、戏剧大师梅兰芳等。李苦禅树立了大写意花鸟画的新风范,作品风格豪放,气势磅礴,形象鲜明,最擅长画鹰;李可染擅长画山水、人物,尤其擅长画牛,极富生活情趣;王雪涛则以小写意花鸟见长,工写结合,形似神俏,清新秀丽,极具笔墨情趣;娄师白全面继承齐白石艺术技法特色,画作简练中透出生机勃勃,尤以活灵活现的小鸭子著称……他们师从齐白石,但却各有特色,推进了现代中国画的发展。

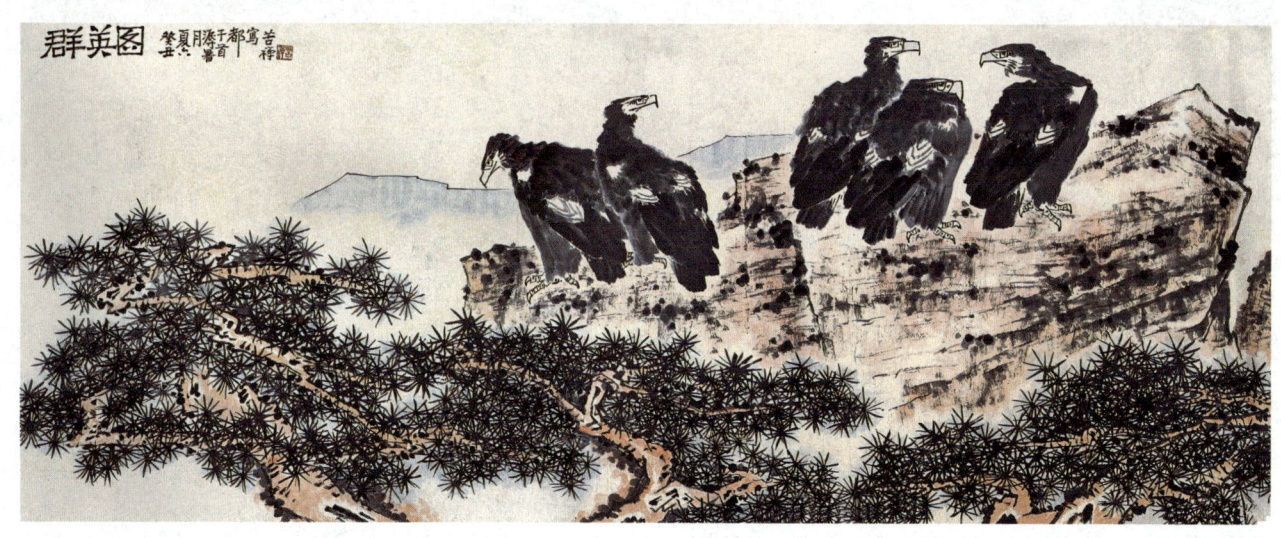

李苦禅《群英图》

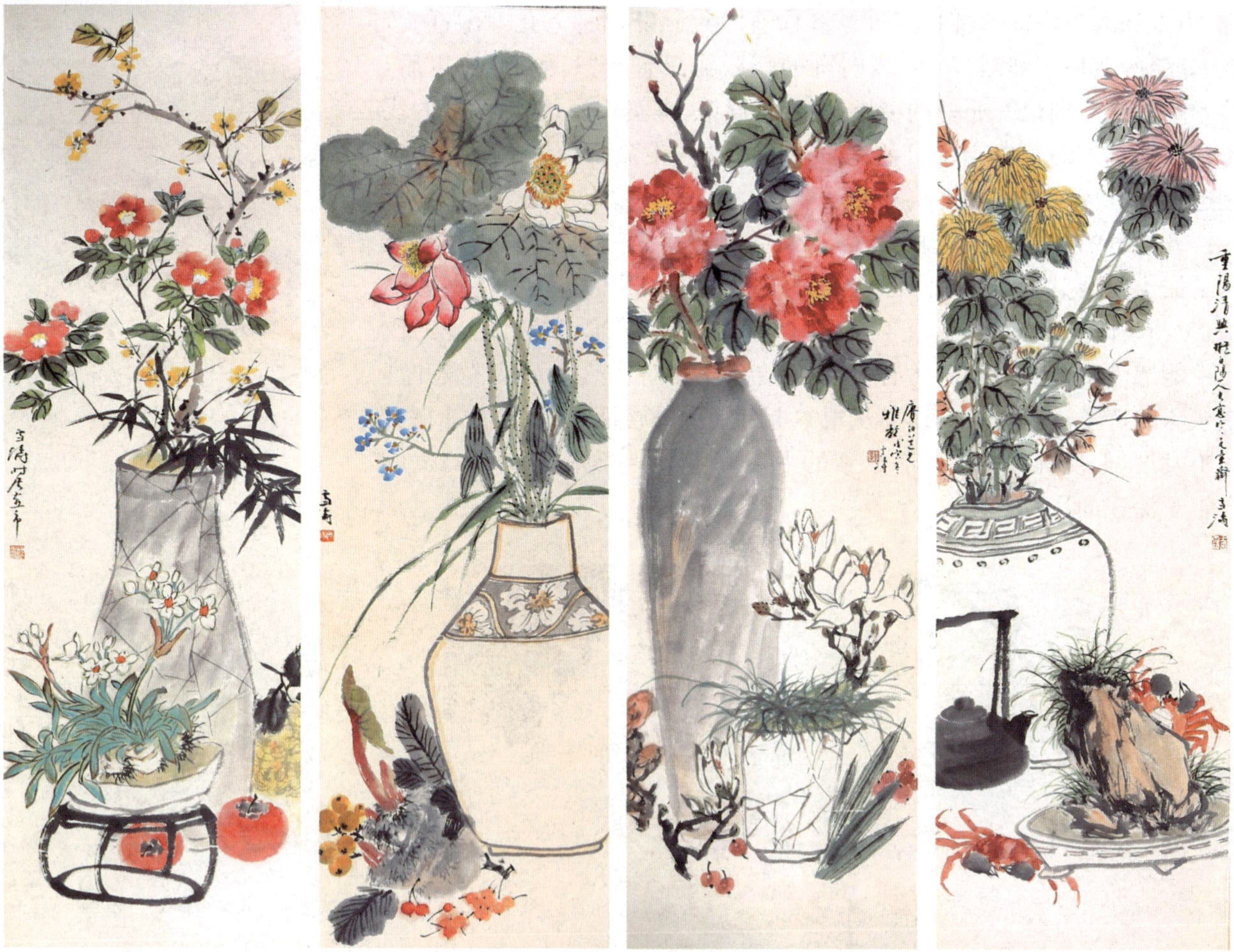

王雪涛《花鸟四屏》

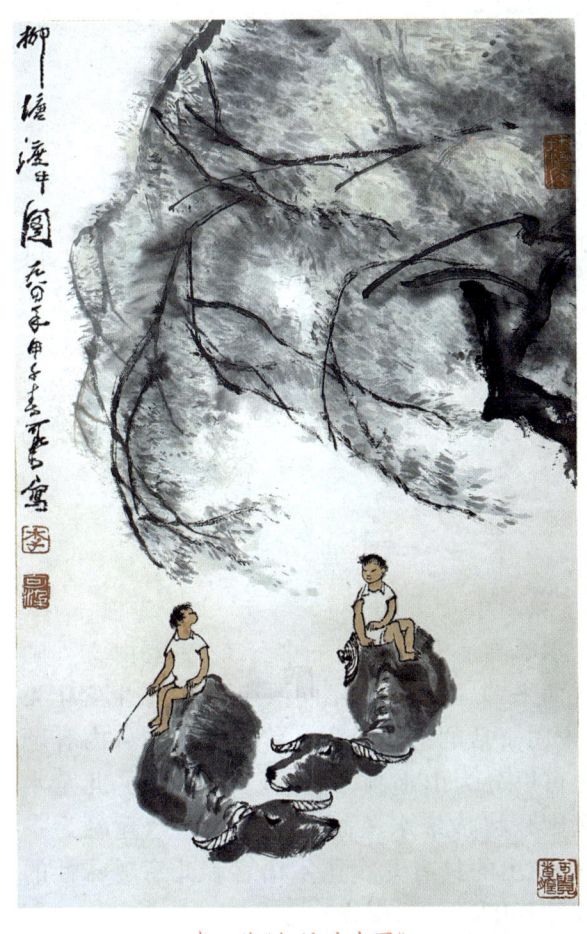

李可染《柳塘渡牛图》

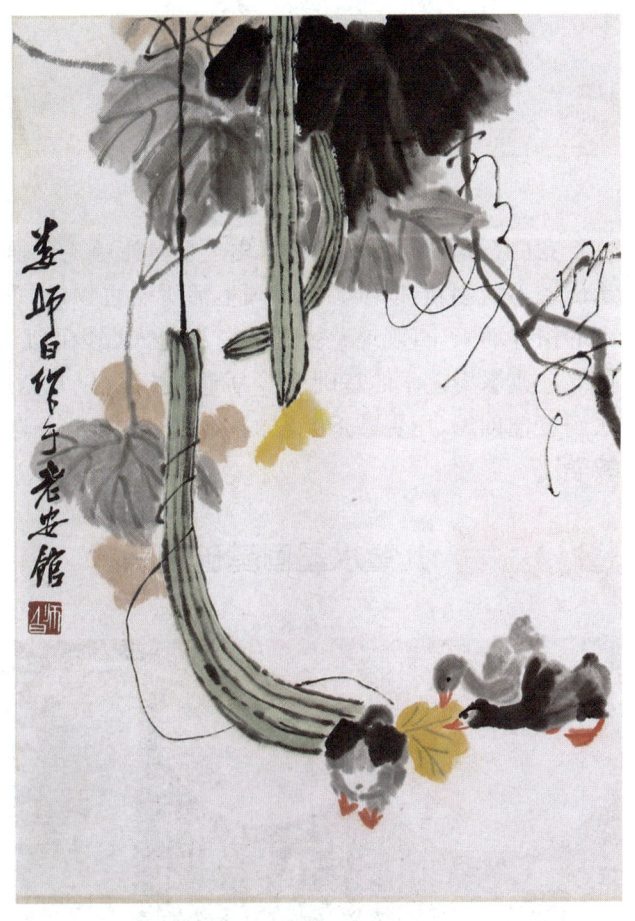

娄师白《鸭趣图》

学习建议

1. 思考齐白石艺术生涯三个阶段的特征是什么。
2. 思考齐白石作品的艺术特色是什么。
3. 收集齐白石及其弟子的作品资料,分小组进行展示并交流。

第二部分　儿童水墨画创作

齐白石是中国近现代艺术史上最具影响力的画家，他以农民的淳朴之心赋予文人画新的生命力，继承传统不断创新，以童心童趣画生活所见之物，将现代国画推向前所未有的高度。我们从齐白石水墨艺术的探寻而来，直观地感受到了白石老人"妙在似与不似之间"的艺术追求和不断创新的精神。我们在探寻经典水墨艺术的基础上学习笔墨技法，以儿童的视角将生活意趣与水墨艺术相结合，从学习笔墨技法到意趣创编，用更贴近儿童的水墨艺术语言表达所见所思，以此来探索学前教育专业的儿童水墨画教学。

模块一　儿童水墨画基础知识

水墨画是中国画的一个分支，主要由文人画发展而来，以墨色画出不同浓淡层次，产生变化无穷、生动概括的艺术效果。传统水墨画从内容题材上可以分为山水画、人物画和花鸟画。儿童水墨画则是将传统水墨画技法和儿童意趣融为一体，创作出的具有儿童艺术语言和儿童趣味性的水墨绘画作品。

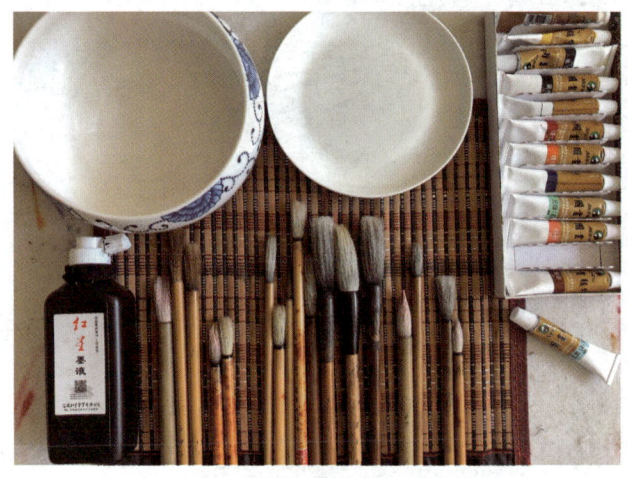

水墨画工具材料

一、工具材料

1. 笔

毛笔种类繁多，从制笔的原料和性能方面可以分为硬毫、软毫、兼毫三大类。

硬毫：以狼毫为主，挺拔有弹性，一般用于勾线，有叶筋、衣纹、山水等。

软毫：以羊毫为主，圆润柔和，吸水饱满，一般用来渲染着色，有京提、斗笔等。

兼毫：由软硬毫合制而成，软硬适中，能勾能染，有大白云、中白云、小白云等。

好的毛笔具有"尖、圆、健、直"的特点，也就是笔头尖锐有锋，笔肚圆润饱满，笔杆直而不曲，用起来挺拔舒畅。

2. 墨

传统的墨有油烟、松烟、漆烟三种，要经过细细研磨方可使用。墨以细而黑为上品，现在多用瓶装书画墨汁。

3. 纸

宣纸有生宣和熟宣两种。生宣吸水性强，墨色容易化开，用于画写意；熟宣经过加工上矾，不易渗化，用于画工笔。宣纸以尺寸分为三尺、四尺、五尺、六尺、丈二、丈六等。

4. 砚

砚台是研磨、存墨的容器，以不吸水、易下墨的砚台为佳。现在有了书画墨汁，砚台可以省略，备几个白瓷盘即可。

5. 颜料

国画颜料可分为植物性水色和矿物性石色两种。矿物色一般不透明，覆盖力较强，有石青、石绿、朱碌、朱砂、赭石等,植物色可渗透性强,较透明,有花青、藤黄、胭脂等。

6. 其他材料

除了笔墨纸砚色之外,还应准备好画毡、笔洗、笔帘、调色盘等。

二、笔墨运用技法

(一) 执笔

执笔应做到"指实掌虚",即大拇指向外推,中指与食指向内勾,无名指和小指往外稳稳地顶住笔管,手掌心与毛笔之间留有足够的空间,活动自如。

(二) 运笔

常用的运笔方法有中锋、侧锋、逆锋。

中锋:运笔时笔锋在笔画中间运行,力度饱满均匀,形成的墨线浑圆流畅,如表现花草的枝条、叶脉等。

侧锋:执笔稍倾斜,笔尖在笔划的一侧运行,笔肚在另一侧同步画出的墨痕较虚,有锯齿状效果,变化较多,适于表现花卉的叶片及花瓣等。

逆锋:笔尖逆向推出,其势如犁破土,画出的线条凝滞、苍劲,宜画枯枝等。

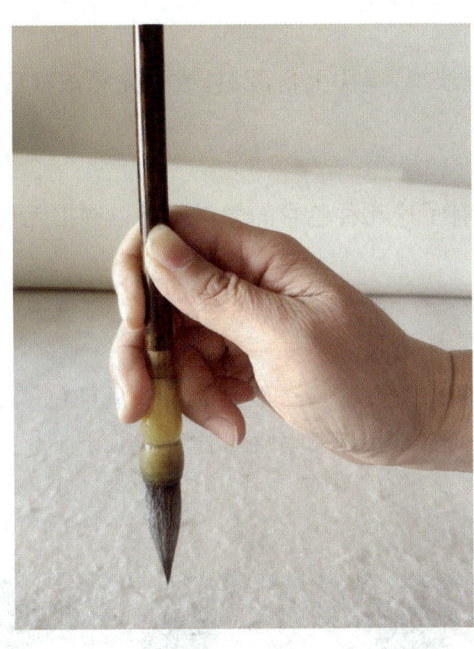

执笔

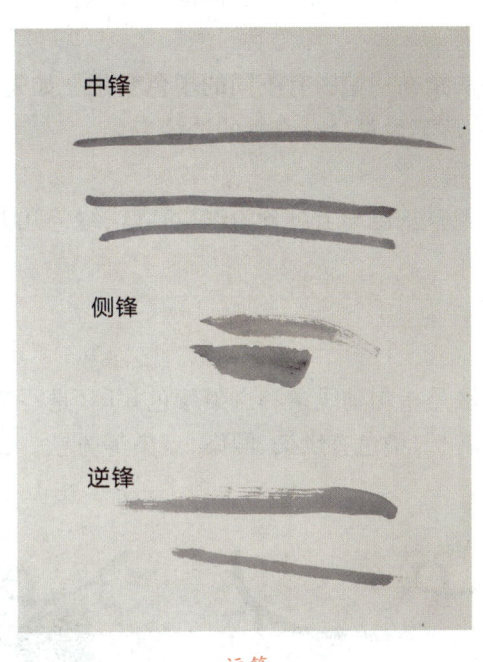

运笔

(三) 用墨

水墨画素有"墨分五色"之说。墨色大致有焦、浓、重、淡、清之分,有枯润之变,并且可以在这"五色"之间形成丰富而细微的变化。用墨有破墨、积墨、泼墨、蘸墨之法,用墨的变化能产生丰富的艺术韵味和节奏,并以此表现物象的形体、质感、意境和趣味。

1. 泼墨法

泼墨法是以大片润泽的墨色表现物象,这种方法因其动势如往纸上泼洒而得名,有气势磅礴之感。常见的有两种方法:一是将水墨直接泼洒于纸上或绢上,根据渗晕的效果和作画意图,加以调整;二是饱蘸水墨快捷大胆地挥毫点就。

2. 积墨法

积墨法是一种先淡后浓、层层叠加、反复积染的用墨方法。前一遍墨色干后,才能进行下一遍的积染,反复积墨之后,可以达到层次丰富、浑厚润泽的效果。

墨分五色

用墨方法

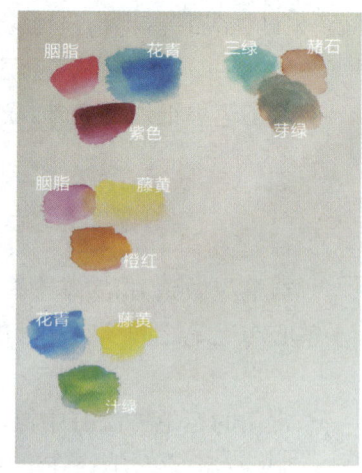
用色

3. 破墨法

破墨法是在前一种墨色未干时,趁湿再画第二遍或叠加,对原有的墨色实施渗破,具有浑然交融、滋润生动的特点,主要有浓破淡、淡破浓、色破墨、墨破色、干破湿、湿破干等。

4. 蘸墨法

蘸墨法指在一笔中有不同的墨色变化。如先蘸一笔淡墨,笔尖上再蘸墨,或是先蘸浓墨后再向笔肚中滴清水,落笔后都会有奇妙的浓淡变化。

(四) 用色

国画颜料从色彩上可分为红、黄、蓝、绿等几大色。有了这几种色彩的颜料就可以调出无数种颜色。

三、基本绘画技法

1. 勾染法

勾染法是指勾勒线条和点染颜色并用,是写意花鸟的常用方法。一般是先勾线后染色,勾线要求提按顿挫和转折,染色有烘染、圈染、点染等方法。主要特点是线条有节奏和韵律,浓淡干枯得当,色彩富有变化。

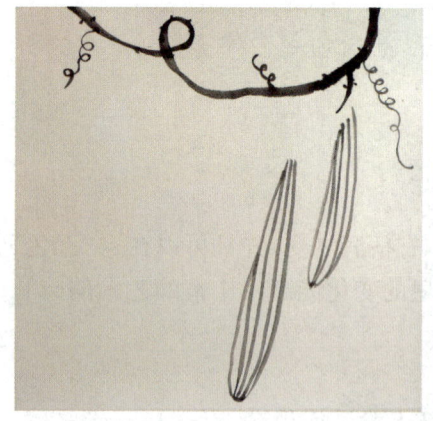
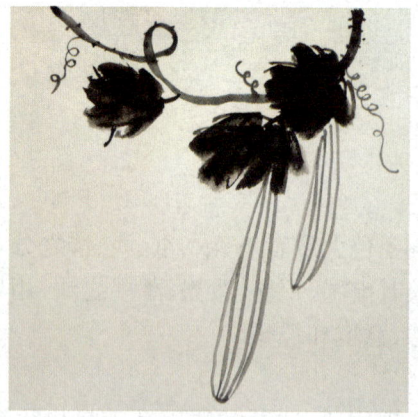
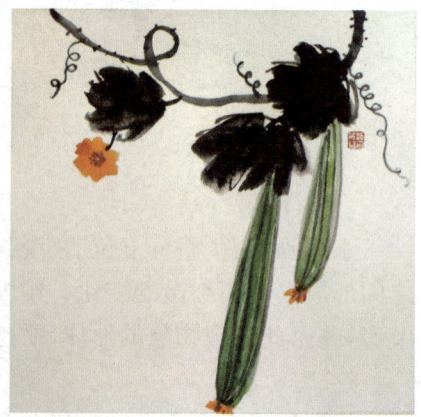

勾染法表现

2. 皴擦法

皴擦法源于中国山水画,是表现山石、峰峦和树身表皮脉络纹理的画法。画时先勾出轮廓,再用或浓或淡的墨色侧笔而画,笔法丰富,能表现出物象的纹理以及明暗、空间的关系。写意花鸟、人物画中也常借用皴擦法,能增加画面的厚重感和质感。

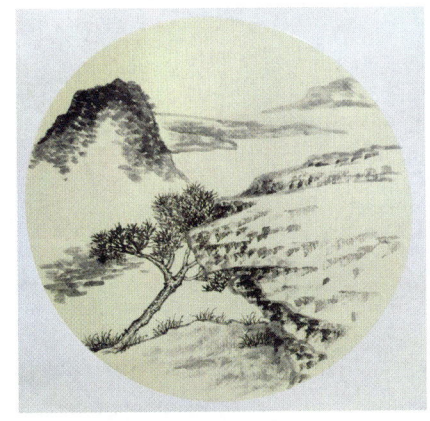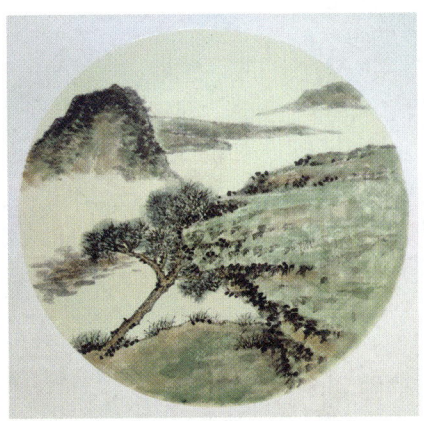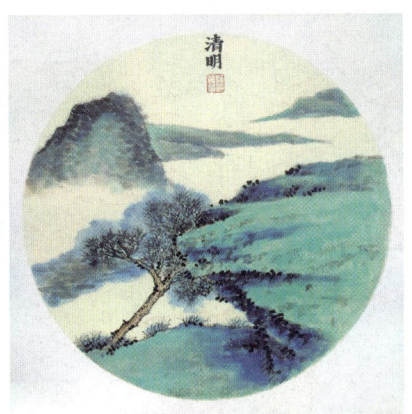

皴擦法表现

3. 点染法

点染法是指不用墨线勾勒,而是用毛笔蘸墨或色直接点染而成的画法。其主要特点是落笔成形,通过墨彩的干湿浓淡变化,笔法的刚柔、轻重、顿挫等因素,表达物象特征。因此点染时要特别注意调墨、调色、蘸墨、蘸色、用水等技法,严格控制和掌握墨色在纸上的渗化效果。

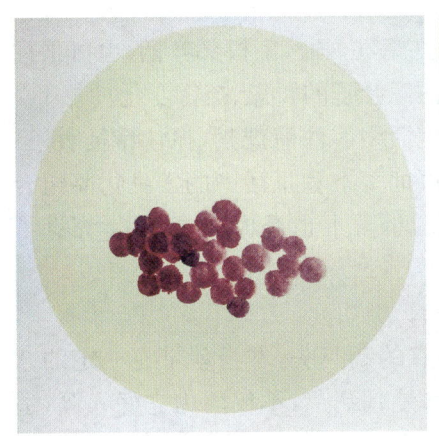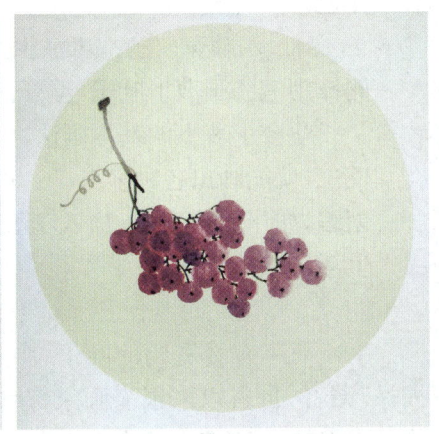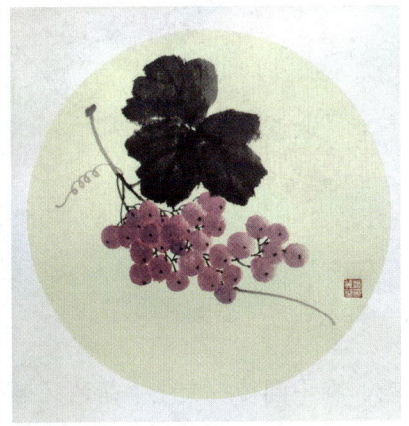

点染法表现

学习建议

1. 思考如何引导幼儿正确地掌握执笔方法。
2. 思考如何引导幼儿理解墨分五色,该如何进行教学设计。
3. 反复练习笔墨运用技法及基本绘画技法。

模块二　水墨植物表现

植物包括蔬菜、瓜果、花卉等,属于花鸟画的范畴。由于在日常生活中比较常见,用水墨技法表现时应多观察植物的形态、特征、色彩,把握好植物的穿插、遮挡、疏密等关系。

一、绘画技法

(一) 蔬果画法

1. 萝卜

萝卜是我们生活中常见的蔬菜,很多著名的画家都饶有兴趣地画过它们。齐白石也爱画萝卜,在他的笔下,萝卜清新脱俗、笔墨精妙。由于萝卜品种多样、结构简单,因此很适合初学者体验。

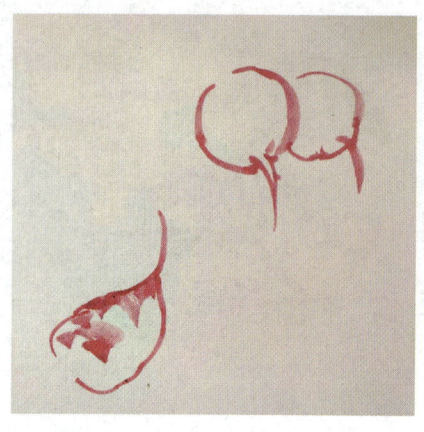 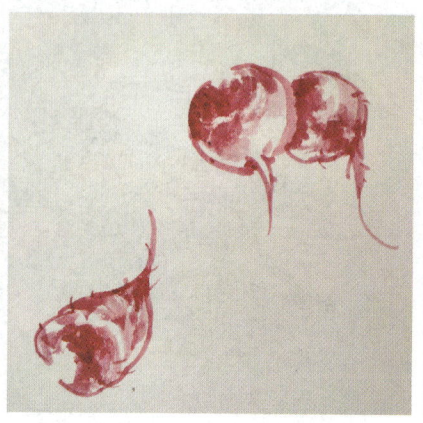 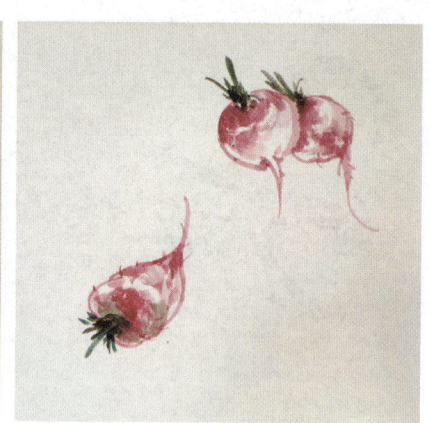

萝卜画法步骤

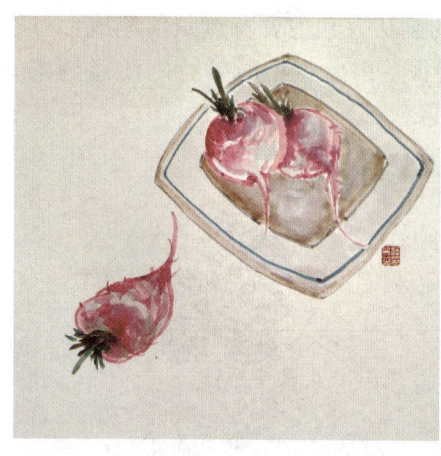

《大菜》

萝卜画法步骤：

❶ 大号笔，调淡胭脂，勾出萝卜外形。

❷ 笔尖先调曙红，再加少许胭脂，侧锋用笔，画出萝卜的主体色。

❸ 调藤黄、花青，再加少许曙红，画萝卜根部叶柄，也可采用侧锋用笔添画萝卜叶子，但要注意叶子的长短、疏密变化。

学会了萝卜的基本画法，生活中多注意观察，抓住特征，举一反三，就能画出各种萝卜了。再把萝卜和生活中的常见物品组合创编，如作品《大菜》，加入了瓷盘，萝卜也登大雅之堂了，充满了生活气息。

2. 葫芦

葫芦有着宽阔的叶子、胖胖的葫芦头，本身就带有一定的童趣。在中国传统文化中葫芦又与"福禄"谐音，自古以来很多画家都喜爱画葫芦，不仅因为它好入画，适宜水墨表现，更在于它负载着浓浓的田园生趣，寄托着对美好生活的憧憬。

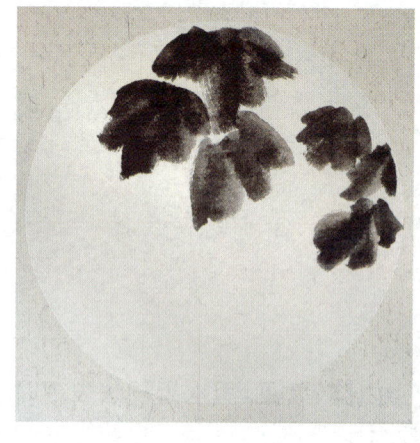 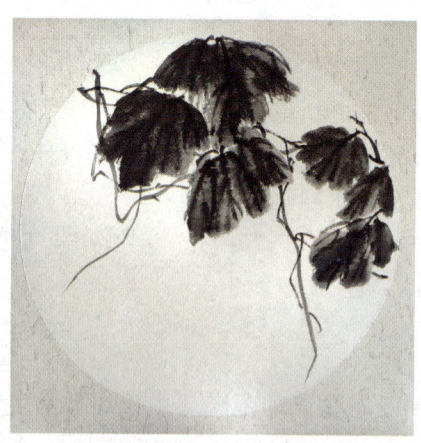

葫芦画法步骤

葫芦画法步骤：

❶ 大笔饱蘸墨色，泼墨法画出葫芦叶片，注意墨色变化及疏密安排。

❷ 趁湿以浓墨勾出叶片的脉络，渴笔淡墨画出葫芦藤，要注意藤的穿插关系。

❸ 笔肚蘸赭石色，笔尖蘸朱磲色或淡墨，分别画出葫芦的形状，趁未干时以重墨点葫芦脐。

学会了葫芦基本的画法,可尝试观察生活中的葫芦,多做练习,表现好藤蔓、叶片和葫芦的造型姿态以及相互间的穿插关系。在熟练的基础上可根据主题进行作品创编,如作品《路过》,在葫芦藤旁边加入了一只小蜘蛛,画面就有了生活趣味和故事性了。

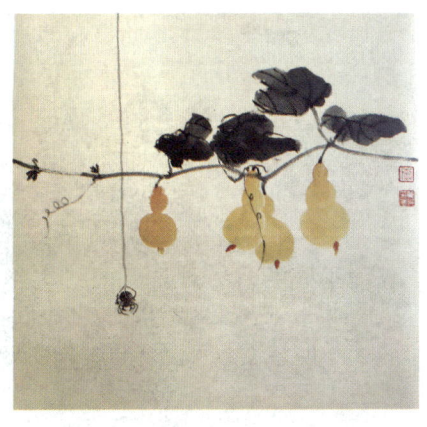

《路过》

(二) 花卉画法

1. 菊花

菊花种类繁多,色彩各异,因为在百花凋零,收获果实的秋季开花,因此被赋予坚强、孤傲等人格化特征,深得世人喜爱和赞颂。

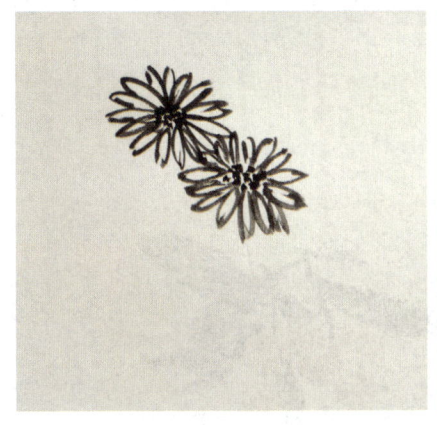 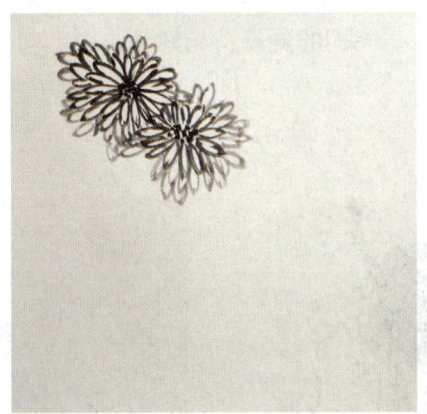 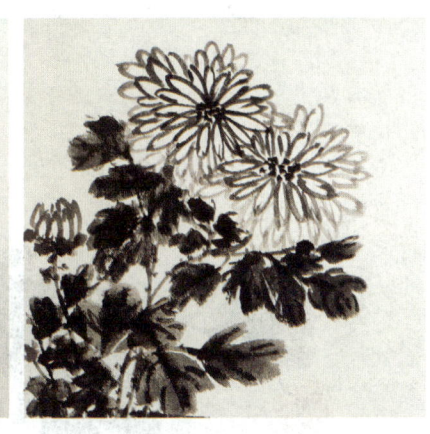

菊花画法步骤

菊花画法步骤:
① 重墨画出花心,淡墨两笔双勾画花瓣。
② 画第二第三层花瓣时注意长短变化。
③ 淡墨勾画花蕾,侧锋画出叶子,淡墨勾出菊枝,趁湿浓破淡勾叶筋。

菊花形态多变,无论怎样变化,其绘画的方法是差不多的。以菊花为题材进行作品组合创编时还应注意菊花的形态造型,不可千篇一律。如作品《秋思》将不同颜色、造型、角度的菊花组合,构图饱满,上下呼应,盆栽增添了生活气息,整体体现出浓浓的秋韵。

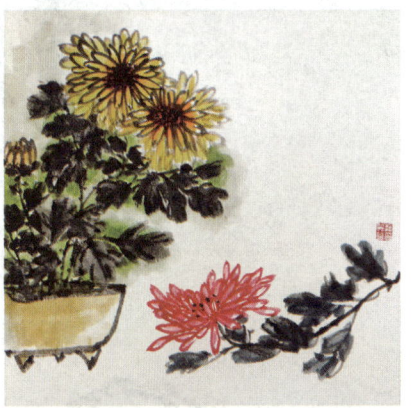

《秋思》

2. 荷花

荷花出淤泥而不染,自古以来是画家笔下常见的表现题材。齐

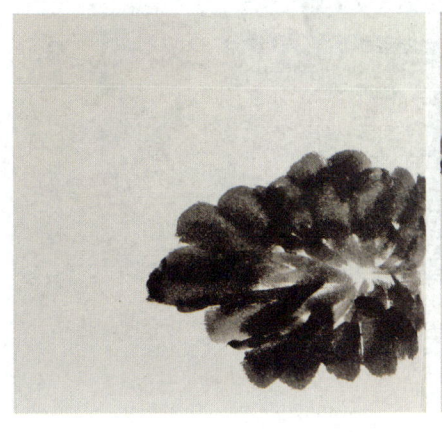 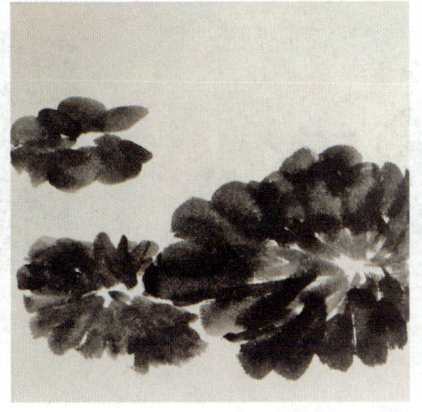

荷花画法步骤

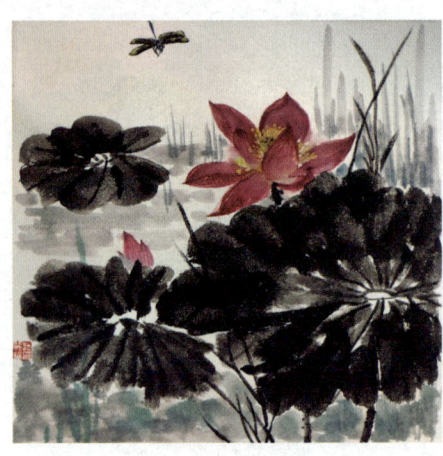

《小荷》

白石也极为爱荷,他画过晴荷、雨荷、枯荷、盛开的荷等等,他笔下"红花墨叶"的荷花色彩奔放,富有生活情趣。

荷花画法步骤:

① 以浓淡相间的墨色,大笔侧锋画出近处荷叶。

② 淡墨画远处荷叶。

③ 淡胭脂画出碗状荷花,胭脂勾画筋纹,藤黄加白粉画花蕊。淡墨中锋画花梗,浓墨点梗上尖刺。

荷花姿态婀娜,荷叶如伞,画时需要对真实的荷花进行提炼、概括和夸张,注意花瓣的大小和方向。在基本掌握荷花笔墨技法的基础上,可进行有主题的创编。如作品《小荷》,将荷花、花蕾与蜻蜓、水草等巧妙组合,体现了"小荷才露尖尖角,早有蜻蜓立上头"的夏日荷塘意境。

二、作品表现

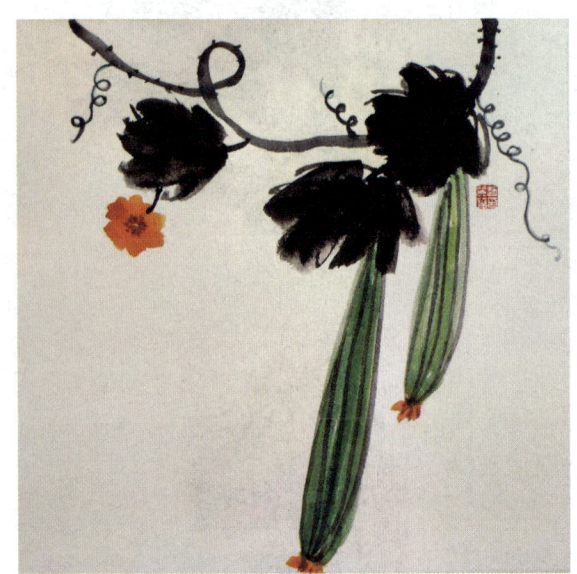

《夏至》

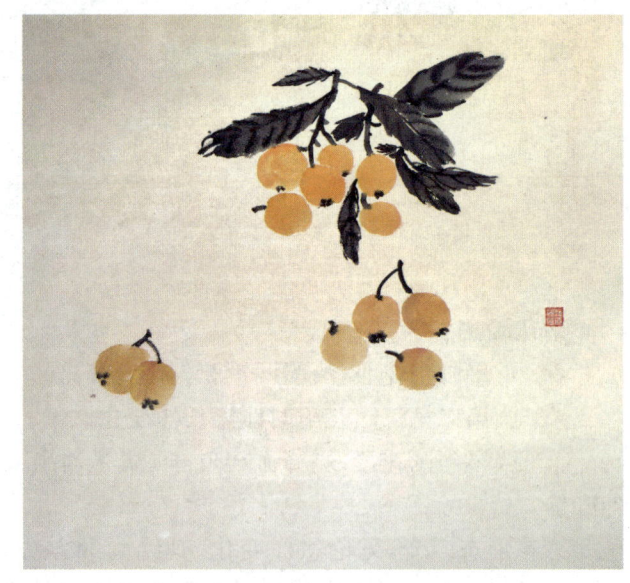

《枇杷熟了》

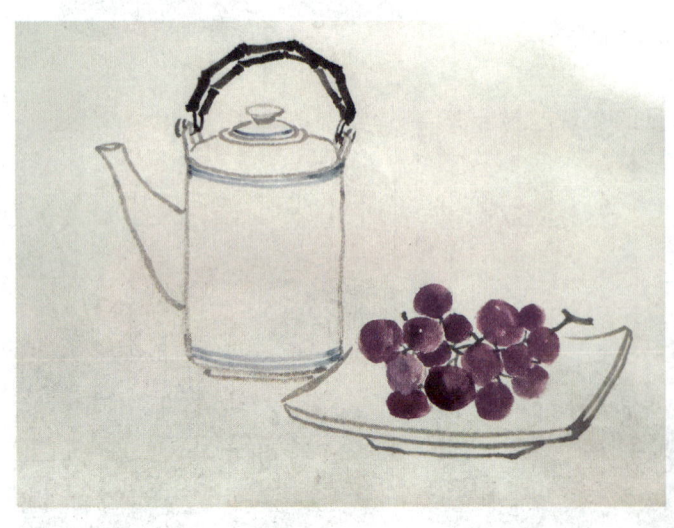

《闲》

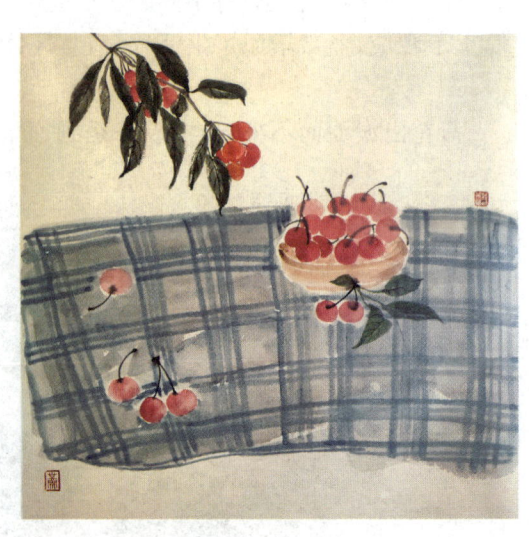

《红了樱桃》

第八章 齐白石水墨艺术之灵动

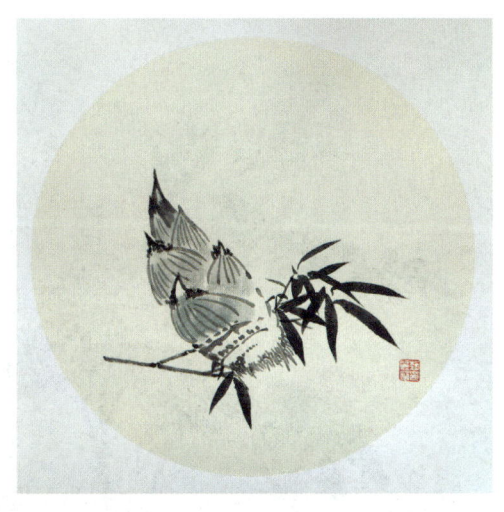
《竹笋》

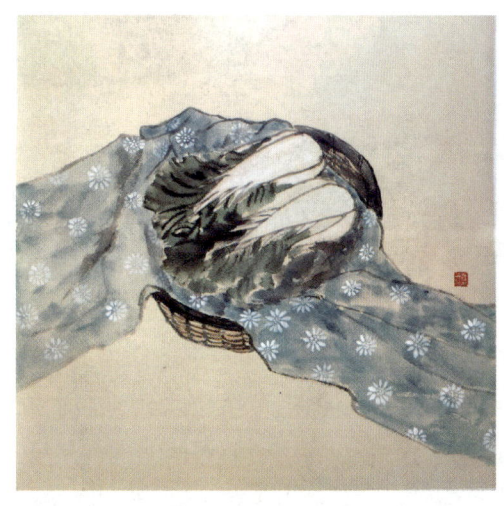
《清白》

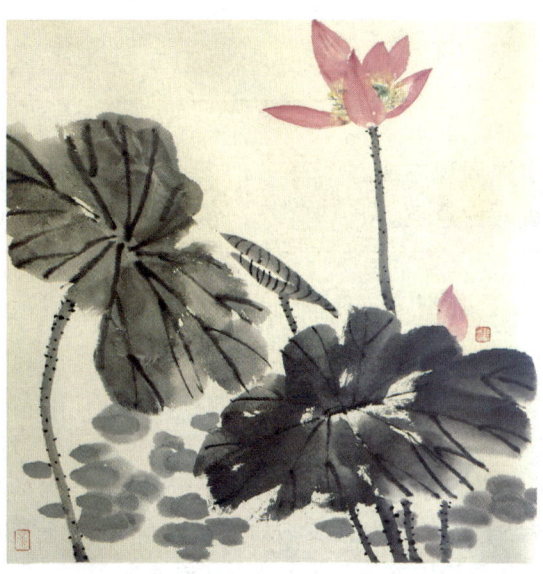
《芙蕖》

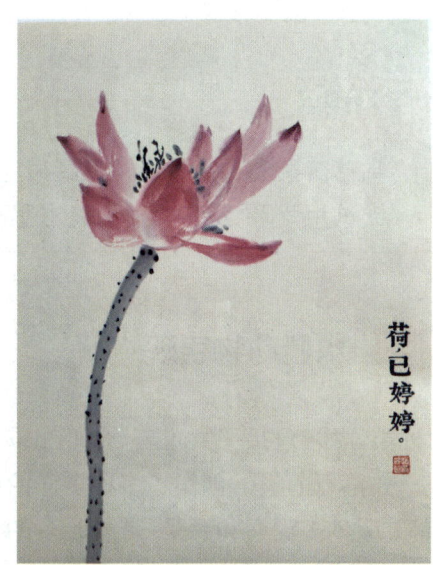
《荷,已婷婷》

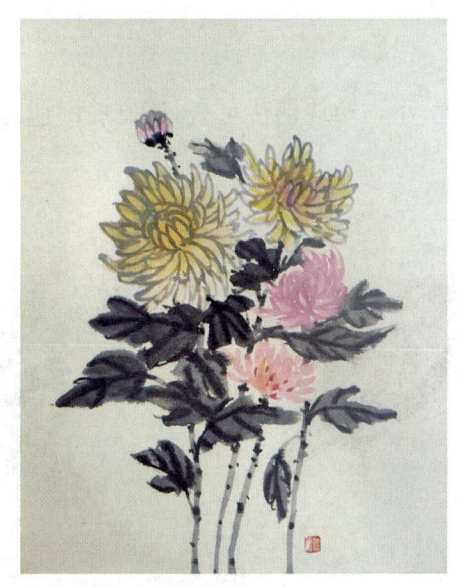
《秋风》

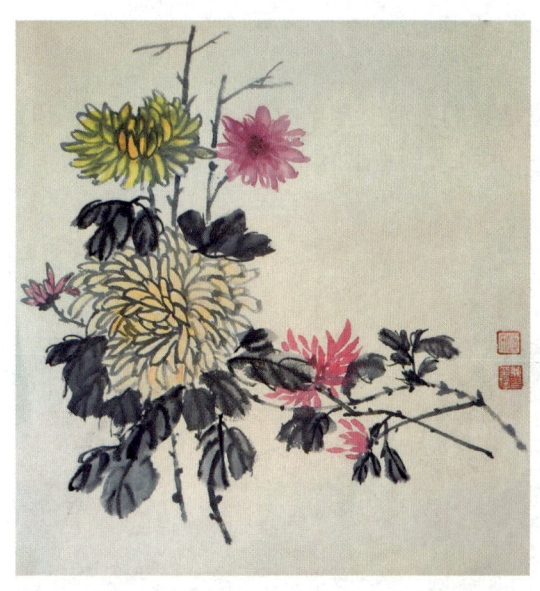
《丛菊》

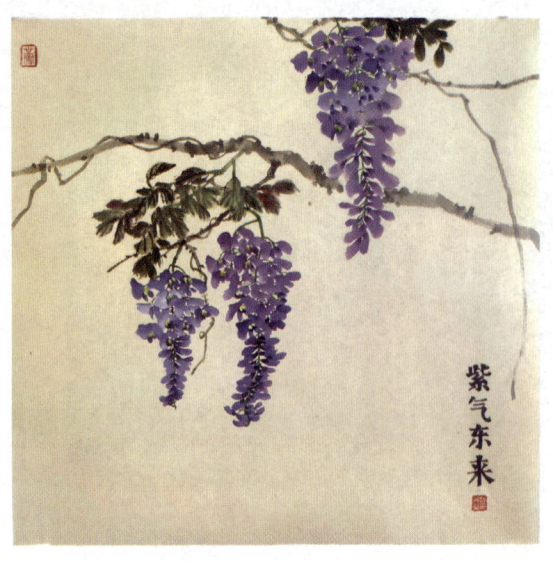
《紫气东来》

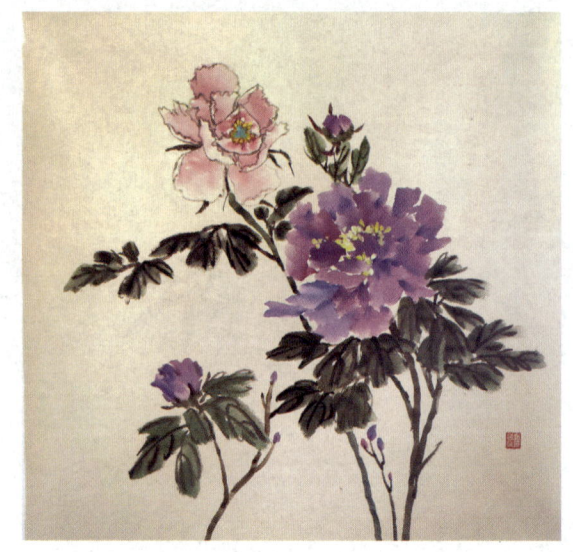
《东风》

学习建议

1. 临摹蔬果、花卉，掌握常见蔬果花卉的水墨表现方法。
2. 尝试用蔬果、花卉题材创编水墨画，体现儿童意趣。

模块三 水墨动物表现

　　动物种类繁多，包括飞禽走兽、鱼虾虫蝶，它们形象可爱、色彩丰富、姿态灵动，是儿童最喜爱的绘画题材之一。齐白石的笔下创作了多种多样的可爱动物，值得我们学习。在创作中，借鉴传统水墨技法的同时，我们更应该多观察和感受，带着儿童的天性表达自己的直观感受，从而体现画面的儿童趣味性。

一、绘画技法

（一）飞禽画法

1. 麻雀

　　麻雀是我们生活中常见的鸟，栖息于居民点和田野附近，小巧玲珑活泼可爱，画麻雀时应仔细观察它的形态，并力求刻画出麻雀活泼灵活的特征。

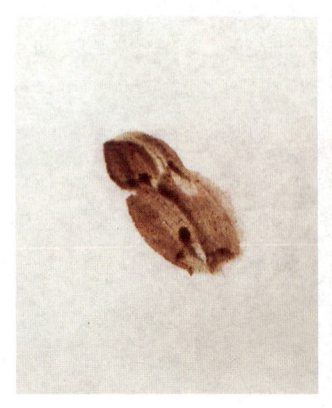 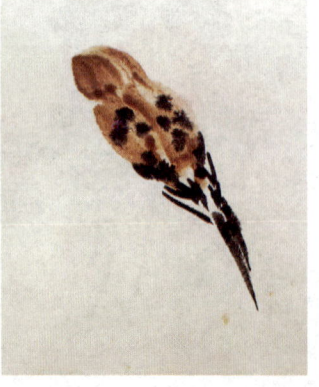 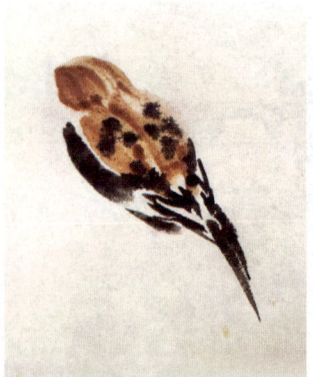 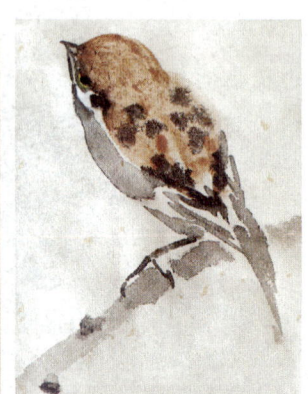

麻雀画法步骤

麻雀画法步骤：

① 用赭墨点画头，再以侧锋用笔画后背及翅膀。

② 浓墨勾画翅膀羽毛、尾巴、点画身上斑点。

③ 赭墨勾出下颚及腹线。

④ 中锋勾画嘴巴、眼睛及小腿和爪子。

以同样的方法可画出造型各异的麻雀，在熟练的基础上可进行有主题的创编。如作品《春的消息》，加入了梅枝，不同动态的麻雀跃然纸上，好似有了春来的消息，趣味感十足。

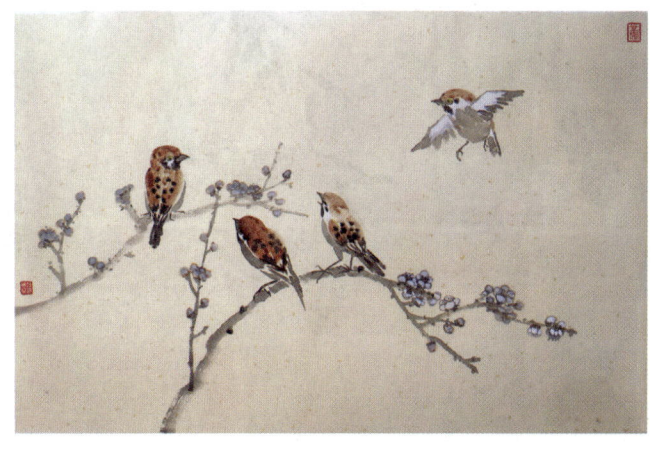

《春的消息》

2. 鸡

鸡在中国的传统文化中被认为是"五德之禽"，鸡又与"吉"读音相近，寓意吉祥，备受人们的喜爱，因此鸡也成了水墨作品中最常见的题材内容之一。

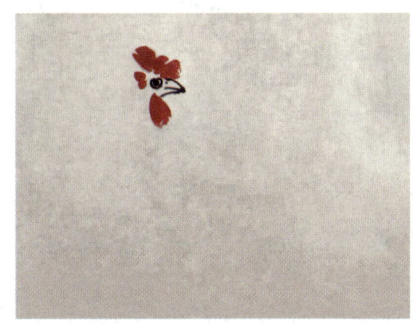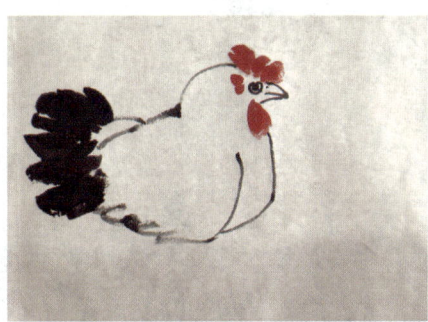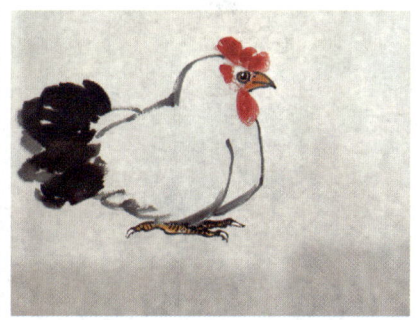

公鸡画法步骤

公鸡画法步骤：

① 浓墨勾画公鸡的嘴巴眼睛，大红加朱磦点染红色鸡冠和肉垂。

② 淡墨勾画身体，浓墨侧锋画黑色尾巴。

③ 浓墨勾勒出鸡脚，朱磦加赭石点染嘴巴眼周及鸡脚。

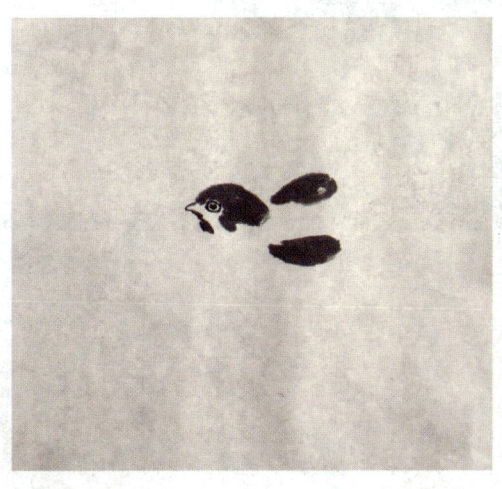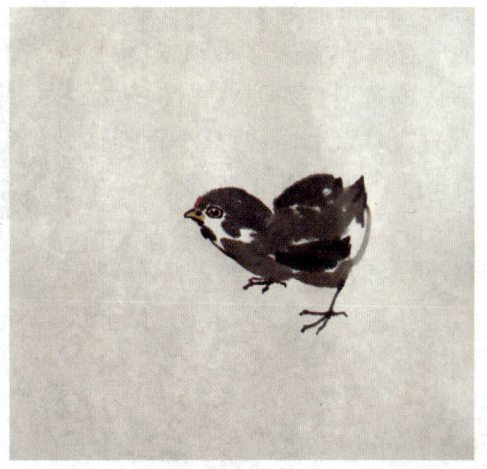

小鸡画法步骤

小鸡画法步骤：

① 浓墨中锋勾出小鸡的眼和嘴，重墨点画头部及双翅。

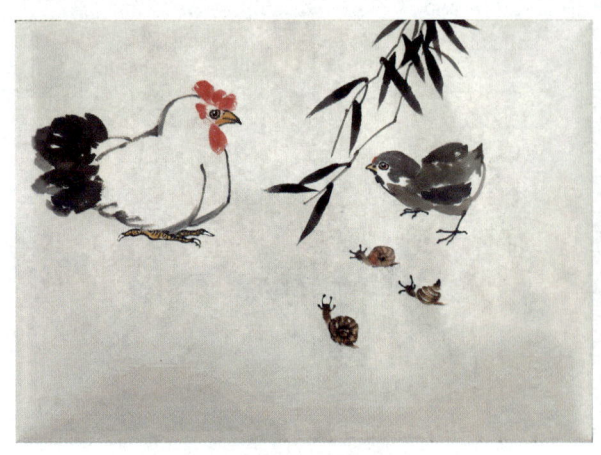

《三位来客》

❷ 淡墨画出小鸡腹部、勾画尾部，浓墨勾勒双脚。

学会了鸡的画法，生活中多观察，尝试练习不同造型的鸡。在此基础上可根据主题进行水墨画创编，如作品《三位来客》，加入了三只小蜗牛，并添画了竹叶，画面童趣感十足。

（二）水族画法

1. 青蛙

青蛙活泼可爱，大眼睛、花衣裳、白肚皮和长有力的后腿，再加上它又是名副其实的吃害虫能手，因此青蛙的形象深受儿童的喜爱。

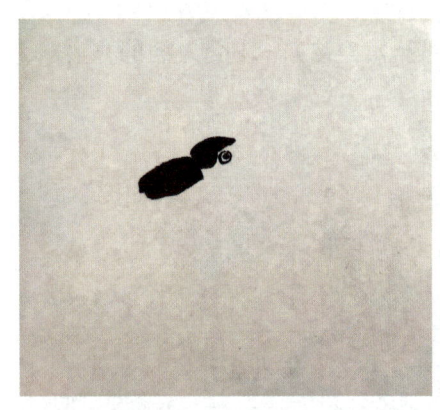 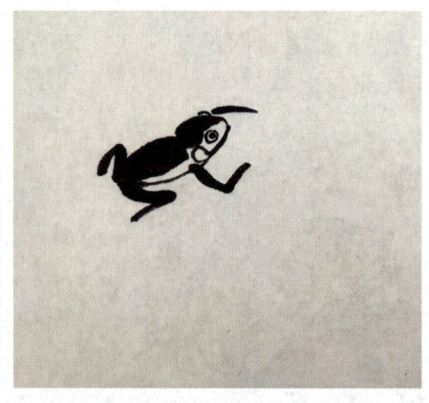 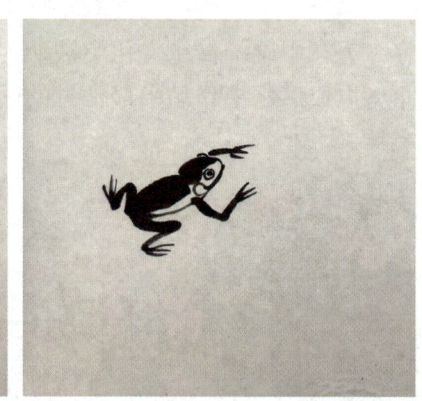

青蛙画法步骤

青蛙画法步骤：
❶ 淡墨中锋下按转侧锋画青蛙的眼睛头和背。
❷ 画身体、后肢再添画前肢。
❸ 最后画出前后爪，应注意青蛙的动态表现要灵活。

我们在表现青蛙的时候要注意观察，并抓住青蛙的形态特征，练习多种动态，才能画出青蛙活泼的造型。如创编作品《你好呀》，添画石头、水草、水面，两只小青蛙像是在见面打招呼，画面充满了情景感。

2. 金鱼

金鱼，有着可爱的外形，优美的姿态，

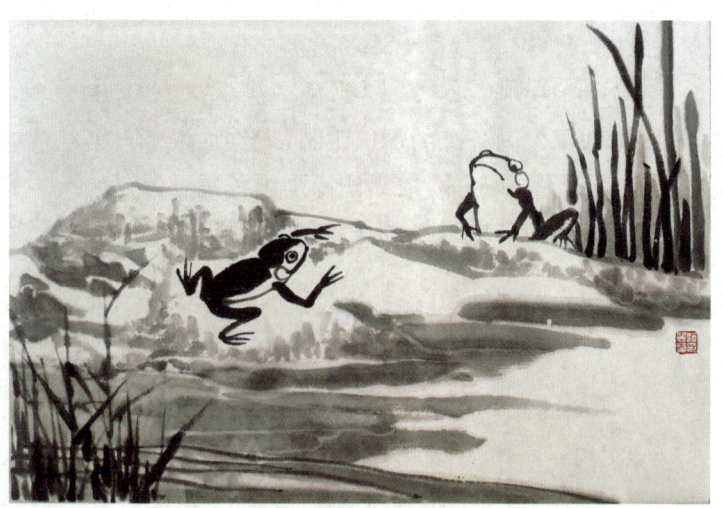

《你好呀》

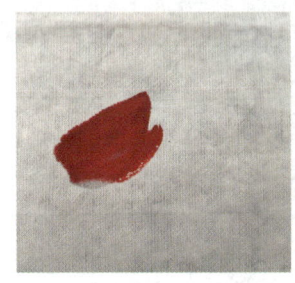 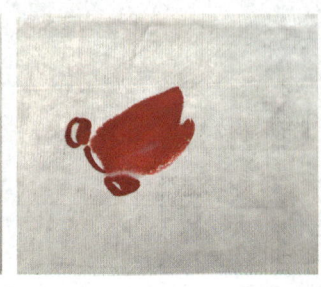 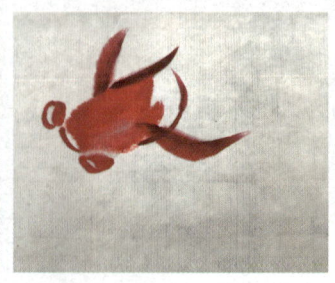 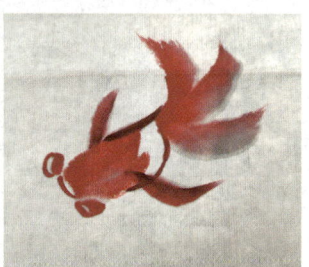

金鱼画法步骤

游动起来似长裙般的尾巴飘逸灵动,再加上金鱼和"金玉"谐音,有着美好的寓意,因此深受人们的喜爱。

金鱼画法步骤:

① 曙红加朱磦色画出金鱼身体。
② 曙红勾画金鱼眼睛和嘴巴。
③ 胭脂加曙红中锋勾出金鱼背部及肚子,侧锋画出金鱼鳍。
④ 曙红加朱磦侧锋画出金鱼尾巴

学会了金鱼的基本画法,多注意观察,可画出不同造型和动态的金鱼,多条金鱼组合时应注意疏密关系和动态变化。如作品《池塘》,将夏日荷花和充满动感的金鱼群组合构图,画面动静结合,夏日池塘的趣味性便跃然纸上。

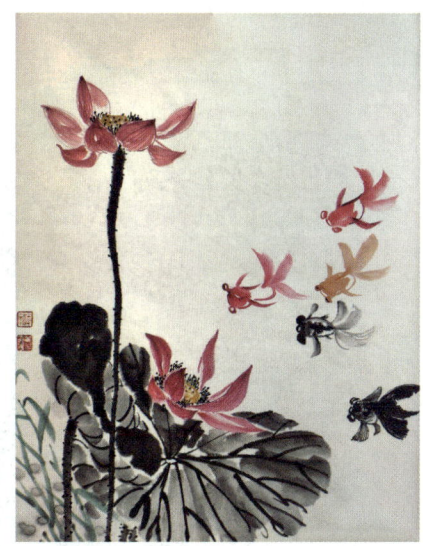

《池塘》

(三)走兽画法

"猴"在中国的传统文化中与"侯"谐音,"侯"是"福禄寿禧"中"禄"的重要组成部分,因此自古以来猴代表着非同一般的美好寓意与祝愿。猴子聪明伶俐,活泼有趣,再加上"美猴王"的形象渗透,猴子成了儿童最喜爱的动物形象之一。

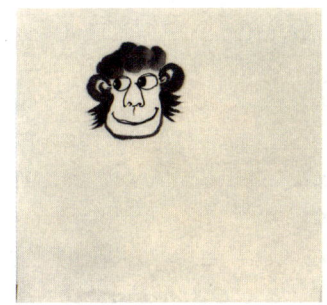 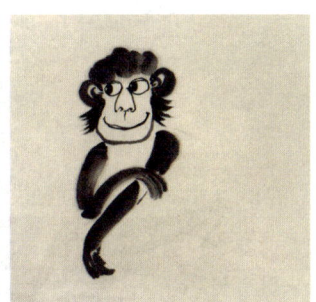 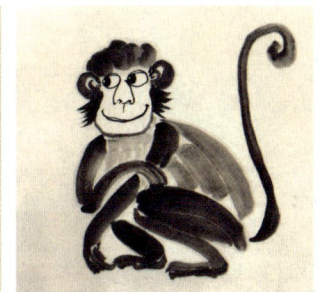 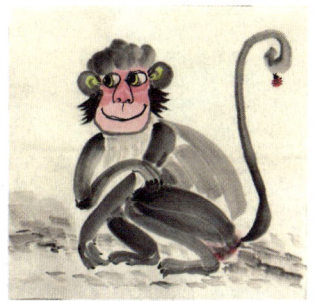

猴子画法步骤

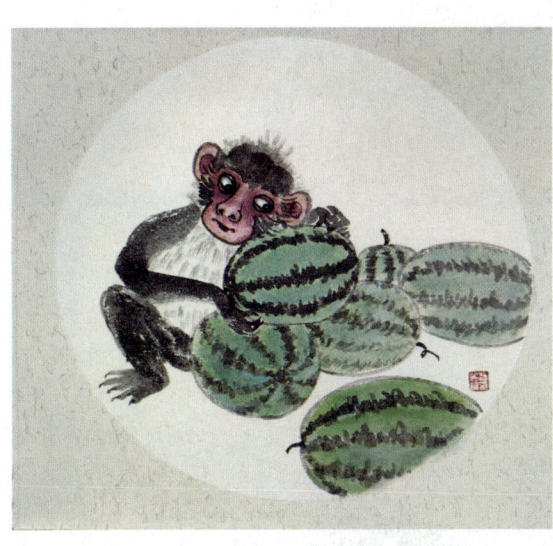

《西瓜熟了没?》

猴子画法步骤:

① 重墨勾出眼睛、鼻子及嘴巴,焦墨点眼珠,中间可以留出高光,重墨画脸上的毛,淡墨勾勒出耳朵,重墨侧锋画出头顶。
② 重墨侧锋用笔画猴子前肢,力求造型生动。
③ 淡墨侧锋画出猴子身体,重墨侧锋画猴子下肢及尾巴,干笔淡墨画猴子头部及腹部的毛。
④ 淡赭石和淡胭脂染出面部结构和血色,藤黄染眼睛和耳朵。

学会了猴子的基本画法后可举一反三,以儿童的视角结合生活主题创编。如作品《西瓜熟了没?》,画面中猴子和西瓜组合,构图饱满、主次突出、层次分明,小猴敲西瓜的表情和神态让人忍俊不禁,充满了童趣。

二、作品表现

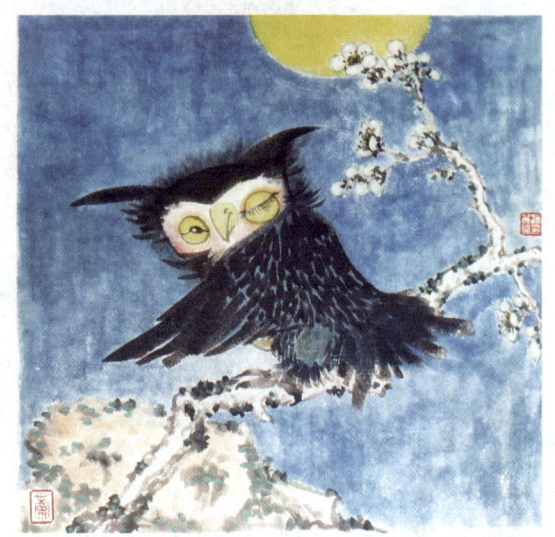

《夜巡》

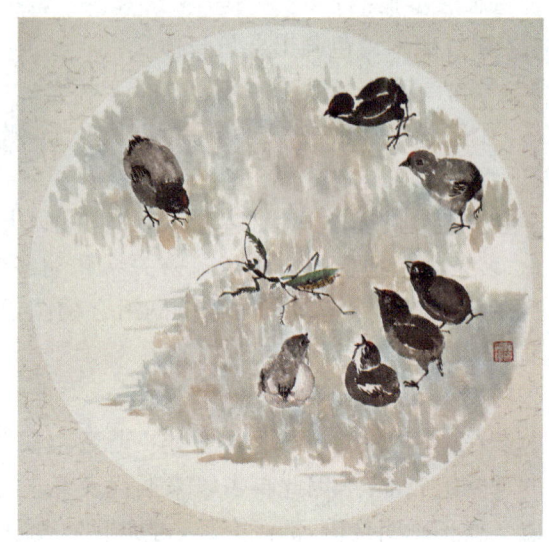

《不速之客》

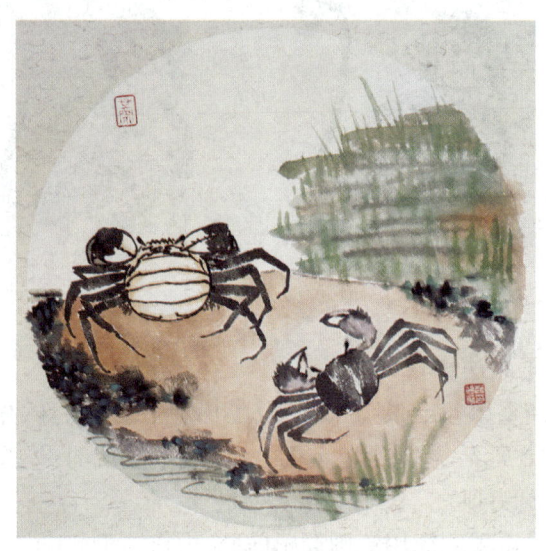

《舞》

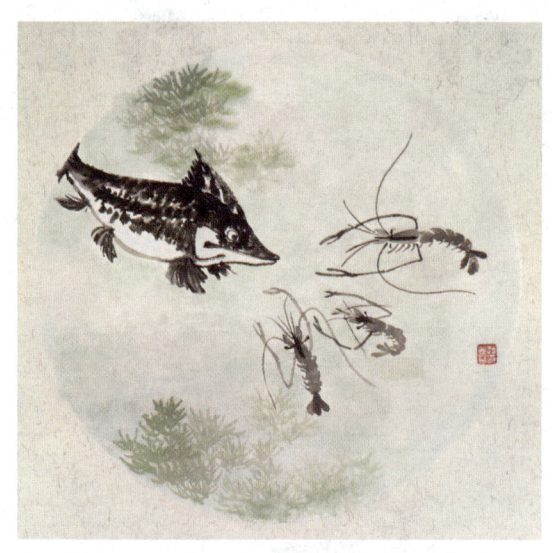

《讨论》

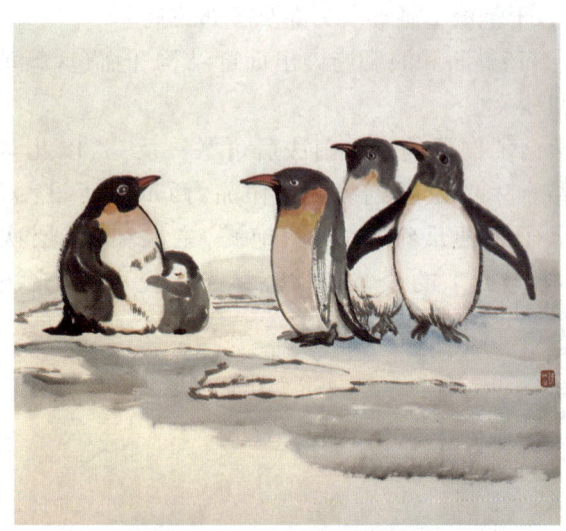

《南极主人》

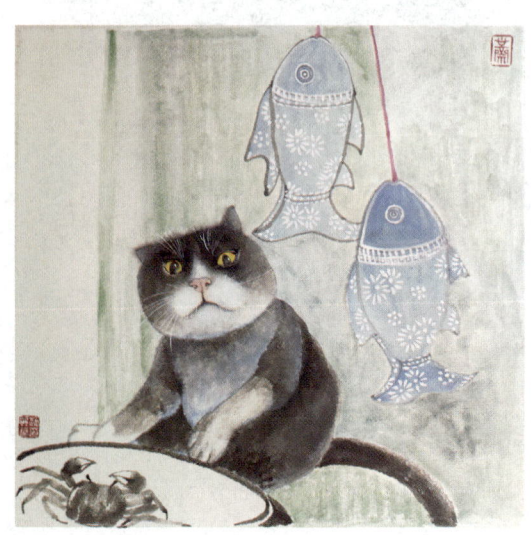

《这是什么鱼儿?》

学习建议

1. 临摹动物一幅,掌握常见动物的水墨表现方法。
2. 尝试用动物题材创编水墨画,体现儿童意趣。

拓展与提高　水墨人物表现

人物题材表现广泛,不同性别、年龄的人物有各自不同的特征,我们在绘画时应抓人物特点,多观察、多想象、多练习,尤其是儿童,特征鲜明区别于成人。我们还可以将人物结合生活场景,按个人立意,以水墨意趣自由表达。齐白石就有不少表现人物的作品,他往往把自己对社会的观察、看法等融入画作中,极具寓意。

一、人物画法步骤

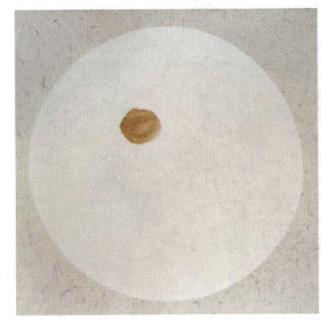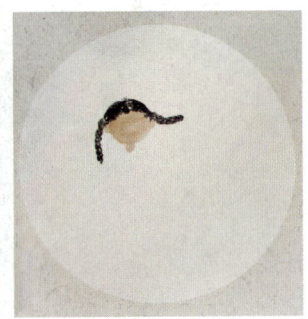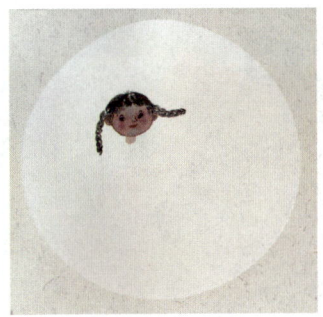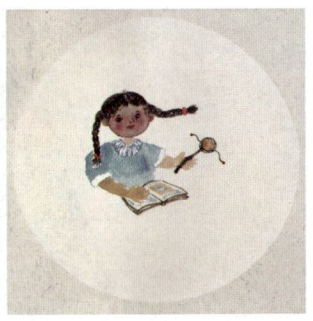

人物画法步骤

人物画法步骤:

① 淡赭石加三绿调出基本肤色,点出人物脸蛋。
② 进一步画耳朵及脖子,浓墨画头发。
③ 重墨勾五官,淡胭脂点染血色,用淡淡的白色染出额头、鼻子及下巴。
④ 朱磦加大红点出头饰,淡花青勾皴衣领,并画出上衣。接着用之前调好的肤色没骨画出胳膊及双手。淡墨勾出书本及手中的拨浪鼓,点染完成。

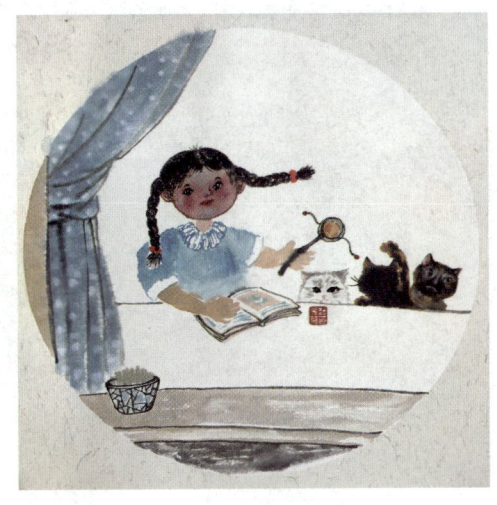 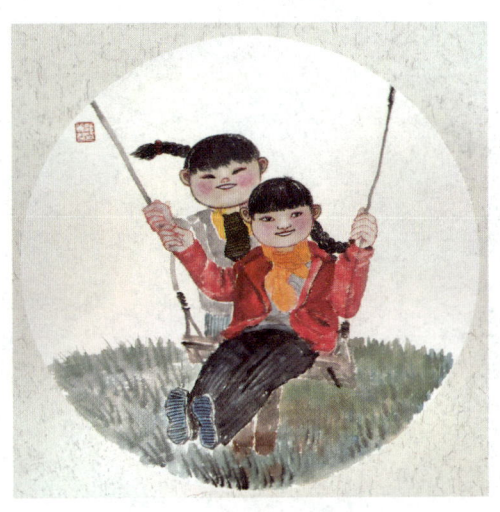

《拨浪鼓》　　　　　　　　　　　《荡秋千》

学会了人物的基本画法，我们可以和生活场景或者故事场景结合，创编水墨意趣的儿童题材作品，如最后的完成作品《拨浪鼓》，添加了窗台、窗帘，添画了活泼可爱的小猫，小女孩窗前读书、逗猫的场景表现得活灵活现，充满了生活趣味。

　　组合人物绘画时需要考虑画面整体的布局，要合理安排并注意人物之间的前后、远近和疏密关系。还应抓住不同人物的特征及动态，并根据主题适当添画场景，增加画面的趣味性。

　　如作品《荡秋千》，作品以一前一后、一动一静的两个孩童的巧妙组合，表现了儿童熟悉的生活场景。草地概括点染，水墨味十足。

二、作品表现

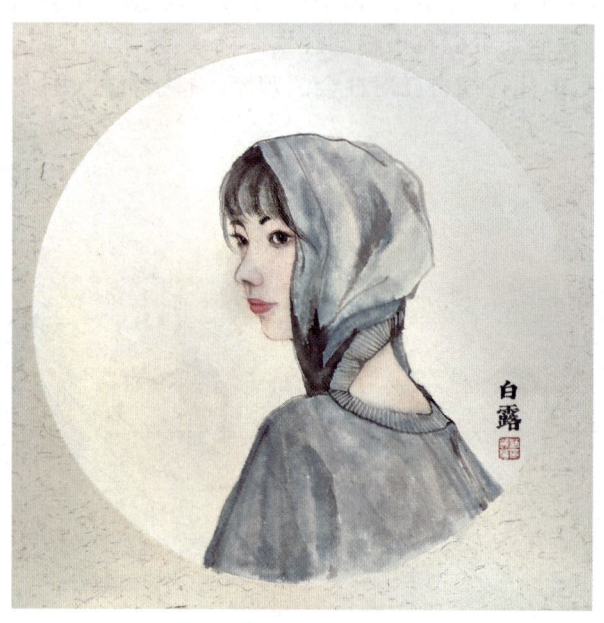

《白露》

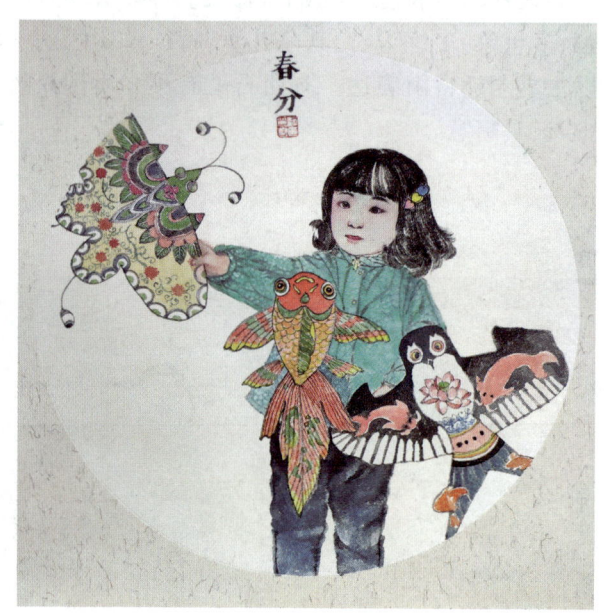

《春分》

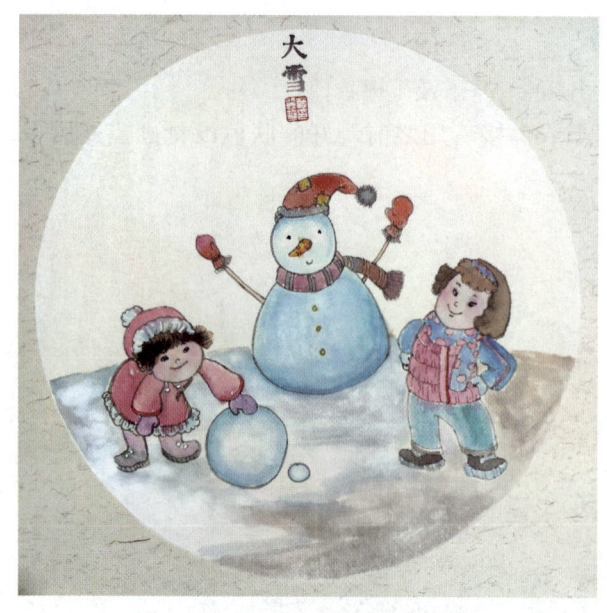

《大雪》

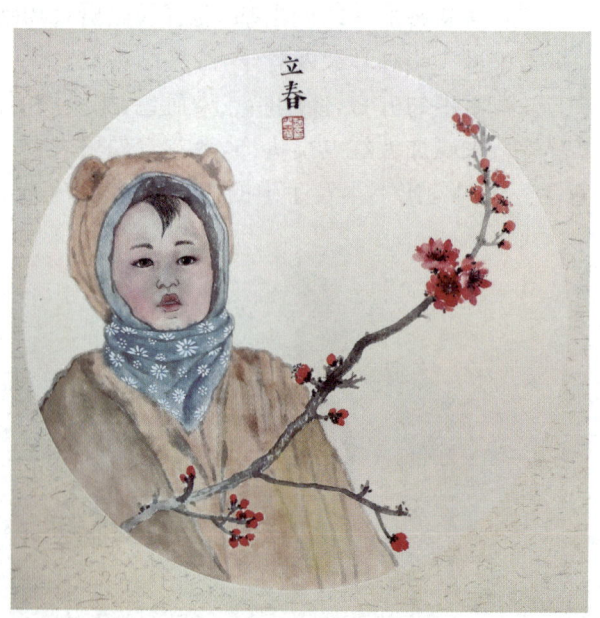

《立春》

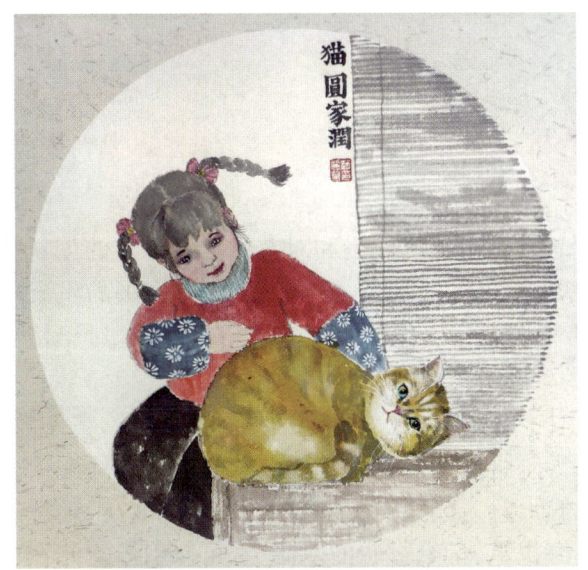 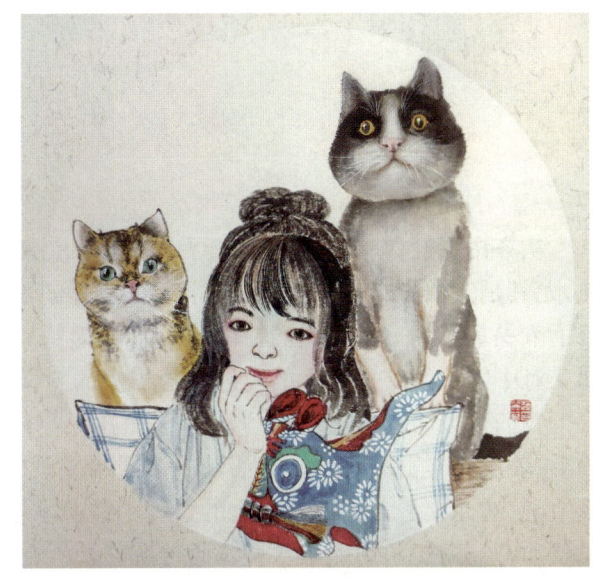

《猫圆家润》　　　　　　　　　　　　　　　《闲坐有狸奴》

 学习建议

1. 临摹人物。
2. 尝试用人物题材创编水墨画,体现儿童意趣。

第三部分　幼儿园实践与运用

从齐白石经典水墨艺术的探寻中我们感受到了白石老人对生活的热爱和对艺术孜孜以求的创新精神,尤其是齐白石自创的"红花墨叶"画法,开创了气势磅礴的大写意风格,更是为现代中国画的发展添上了浓墨重彩的一笔。我们在体验了水与墨精彩表现的基础上应引导幼儿走进水墨世界,这对于培养幼儿对中国传统文化艺术的爱好有着积极的意义。

我们可以将水墨应用于幼儿园的教学实践中,针对不同年龄的幼儿设计合理的教学内容。在儿歌、故事、表演等丰富多彩的游戏活动中渗透水墨画的教学目标,将水墨知识和笔墨技法潜移默化地融入游戏中,使幼儿在看、听、说、画、玩的过程中体验水墨游戏的乐趣。让幼儿在干湿浓淡的墨色变化、随意的线条和有趣的想象中探索水墨画的传统意蕴。在幼儿掌握执笔、运笔方法的基础上,可以引导幼儿在观察体验中以水墨意趣表现幼儿园户外的花草昆虫,让他们在传统文化的熏陶中感受水墨创作的快乐。

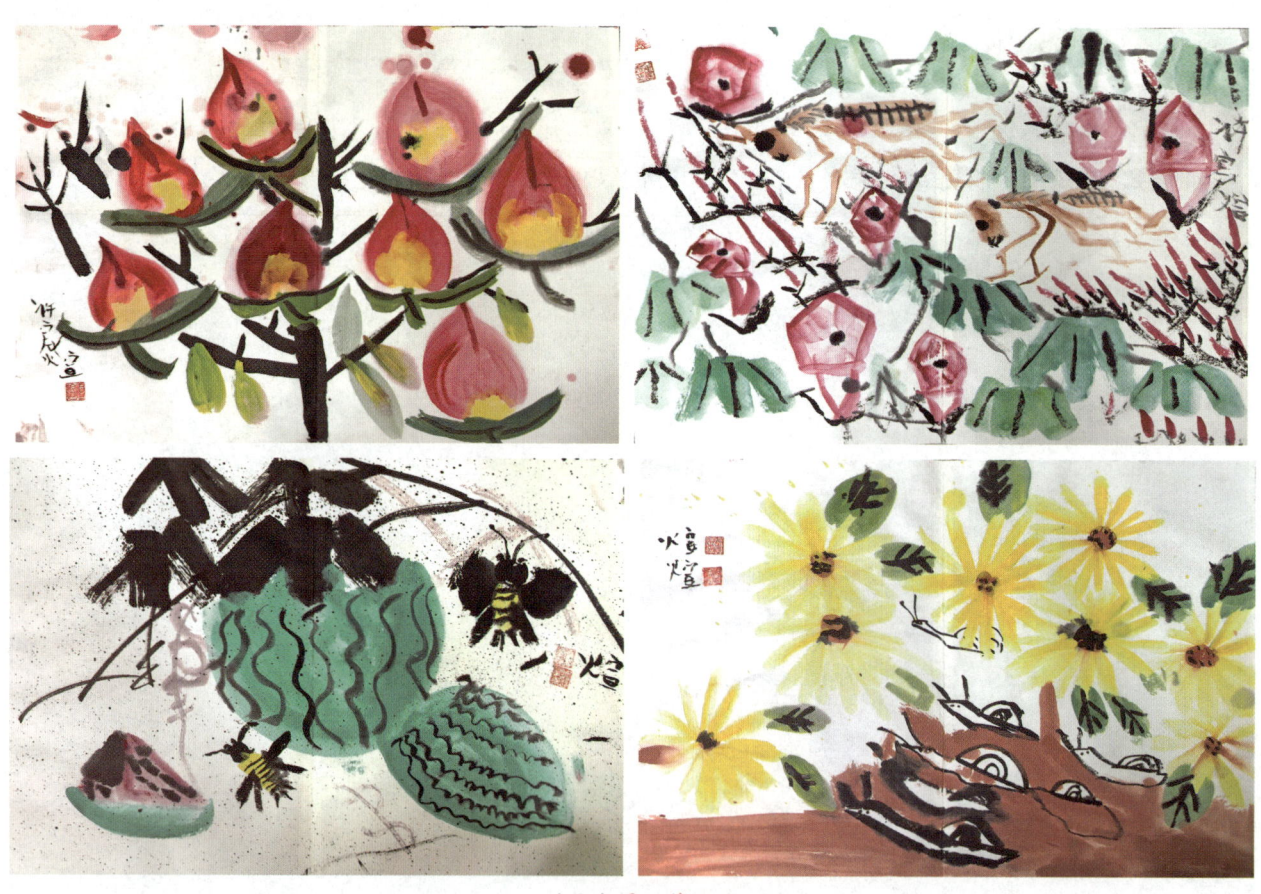

幼儿水墨画作品

我们可以在班级中设置水墨区角,为幼儿提供水、墨、颜料、宣纸、毛笔等必需的工具材料,还可以投放能蘸墨画线的棉签、树枝、毛线等工具,让幼儿自主玩色、画画。在区域游戏中,幼儿可以感受到水墨的丰富变化,同时引发幼儿对墨、色结合的兴趣。

我们还可以将名家经典水墨作品用于幼儿园的环境布置,如齐白石的《墨虾图》、徐悲鸿的《奔马图》、吴冠中的《水乡》等,这些作品构图灵活、意趣生动,符合幼儿认知水平特点。让幼儿与大师直接"对话",在潜移默化中提高他们的艺术审美能力。除此,我们还可以在园区环境布置中展示幼儿水墨画作品,不仅能增强幼儿绘画创作的自信,还能使充满传统文化气息的水墨环境布置多一份童真与活力。

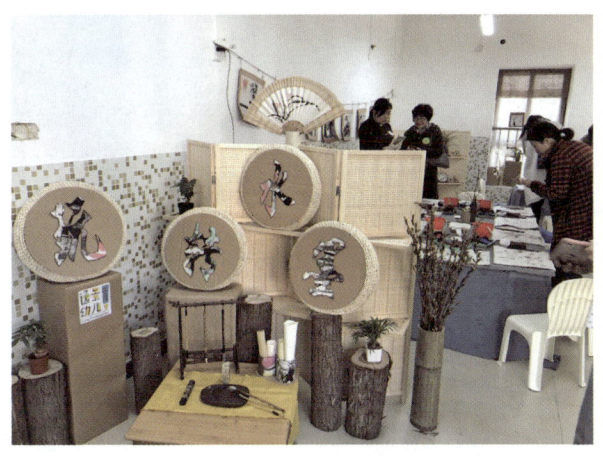
幼儿园水墨区角创设

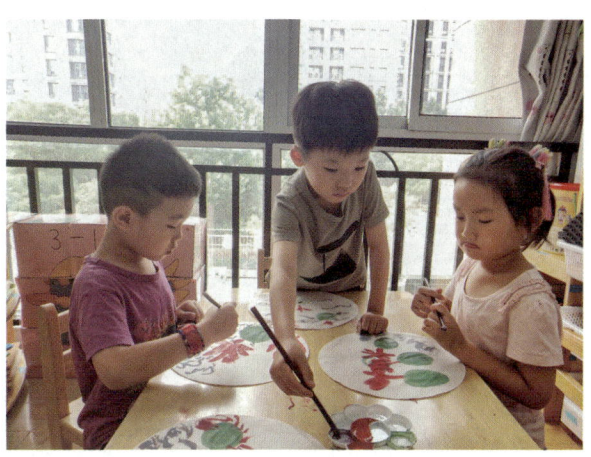
幼儿水墨体验

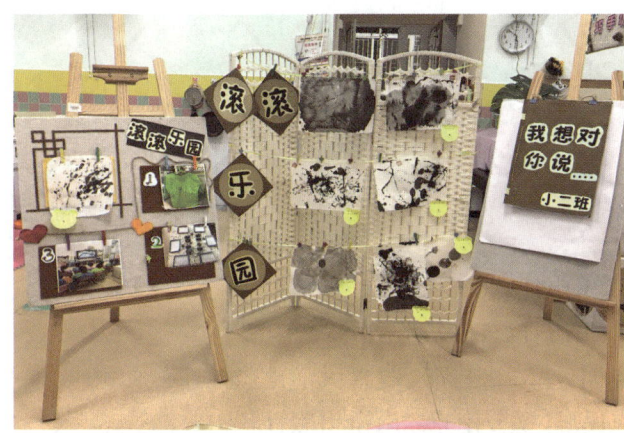
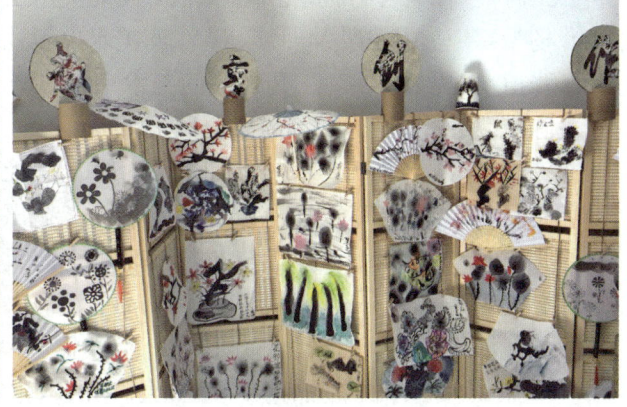
幼儿园水墨作品展示

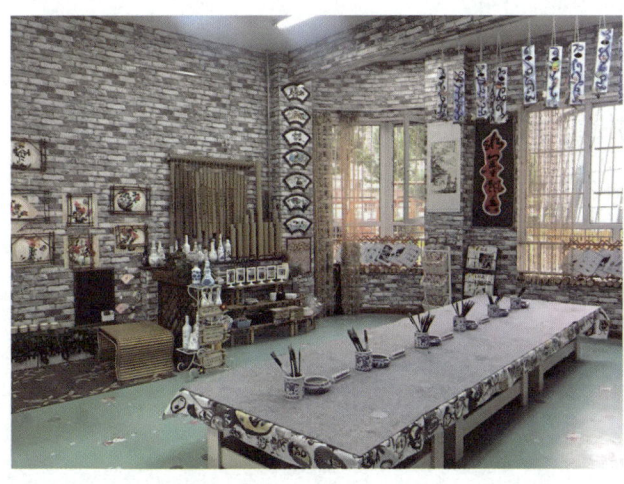
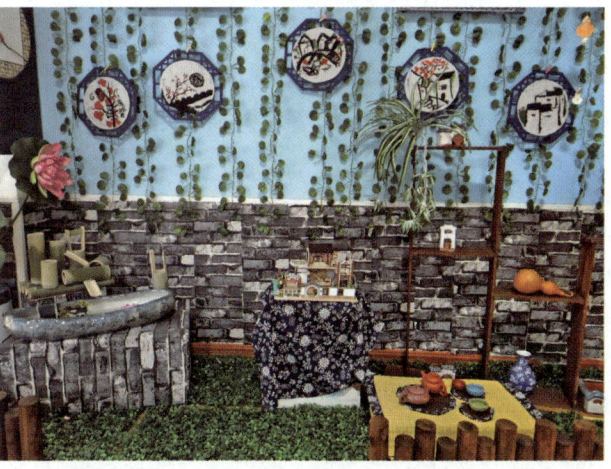
幼儿园水墨环境布置

水墨画作为我国特有的绘画艺术形式，是我们传统文化的一部分。我们要引导幼儿在观察、探索、尝试和游戏中感受水墨意趣，在欣赏交流中增强自信，在体验实践中加深对传统文化的认识。

学习建议

1. 以小组为单位，搜集周边幼儿园有关水墨画教学的资料，分组交流并讨论。
2. 针对不同年龄段的幼儿，如何开展水墨画教学活动。

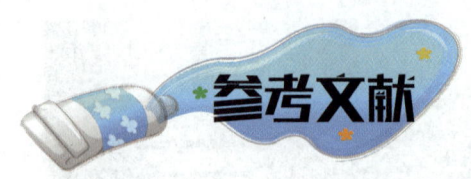

参考文献

[1] 萧军.永乐宫壁画[M].北京：文物出版社，2008.
[2] 周霞.学前实用绘画（第二版）[M].上海：复旦大学出版社，2018.
[3] 王海霞.社火马勺脸谱[M].武汉：湖北美术出版社，2018.
[4] 杨为霖.马勺脸谱[M].江苏：江苏美术出版社，2013.
[5] 张道一.美哉汉字——传统民间美术字[M].台湾：英文汉声出版股份有限公司，2010.
[6] 陈江.黎锦[M].北京：科学出版社，2016.
[7] 韩靖.库淑兰剪纸艺术[M].北京：金盾出版社，2014.
[8] 张慧玲.儿童创意线描[M].北京：化学工业出版社，2017.
[9] 张树华.美术——设计工艺[M].南京：河海大学出版社，2004.
[10] 温巍山.美术——造型表现[M].南京：河海大学出版社，2004.
[11] 沈建洲.图案·装饰——幼儿园平面设计与环境创设[M].上海：复旦大学出版社，2011.
[12]《中国六合农民画精品集萃》编委会.中国六合农民画[M].南京：南京出版社，2018.
[13] 刘燕妮.美韵民间——江苏民间美术[M].南京：江苏美术出版社，2012.
[14] 路上路.橡皮章插画狂想曲[M].广东：广东旅游出版社，2018.
[15] 刘永涛.中国艺术大师图文馆：齐白石[M].太原：山西教育出版社，2010.
[16] 杨枫.幼儿园教育环境创设与玩教具制作[M].北京：高等教育出版社，2006.
[17] 陈艺红，杨斐声.儿童水墨画实用教程[M].北京：北京出版社，2019.

图书在版编目(CIP)数据

绘画:从民艺赏析到童趣表达/陈夏贤主编. —上海:复旦大学出版社,2021.6(2023.8重印)
ISBN 978-7-309-15539-6

Ⅰ.①绘… Ⅱ.①陈… Ⅲ.①图画课-学前教育-教学参考资料 Ⅳ.①G613.6

中国版本图书馆 CIP 数据核字(2021)第 044114 号

绘画:从民艺赏析到童趣表达
陈夏贤 主编
责任编辑/查 莉

复旦大学出版社有限公司出版发行
上海市国权路 579 号 邮编:200433
网址:fupnet@fudanpress.com http://www.fudanpress.com
门市零售:86-21-65102580 团体订购:86-21-65104505
出版部电话:86-21-65642845
杭州日报报业集团盛元印务有限公司

开本 890×1240 1/16 印张 13.5 字数 409 千
2023 年 8 月第 1 版第 2 次印刷

ISBN 978-7-309-15539-6/G·2219
定价:55.00 元

如有印装质量问题,请向复旦大学出版社有限公司出版部调换。
版权所有 侵权必究